SUMMA PUBLICATIONS, INC.

Thomas M. Hines
Publisher

William C. Carter
Editor-in-chief

Editorial Board

Benjamin F. Bart
University of Pittsburgh

William Berg
University of Wisconsin

Germaine Brée
Wake Forest University

Michael Cartwright
McGill University

Hugh M. Davidson
University of Virginia

John D. Erickson
Louisiana State University

Wallace Fowlie
Duke University
(emeritus)

James Hamilton
University of Cincinnati

Freeman G. Henry
University of South Carolina

Grant E. Kaiser
Emory University

Norris J. Lacy
Washington University

Edouard Morot-Sir
University of North Carolina, Chapel Hill
(emeritus)

Jerry C. Nash
University of New Orleans

Albert Sonnenfeld
University of Southern California

Philip A. Wadsworth
University of South Carolina
(emeritus)

Orders:
Box 20725
Birmingham, AL 35216

Editorial Address:
3601 Westbury Road
Birmingham, AL 35223

Le Roman camerounais
d'expression française

Le Roman camerounais d'expression française

Claire L. Dehon

SUMMA PUBLICATIONS, INC.
Birmingham, Alabama
1989

Copyright 1989
Summa Publications, Inc.

ISBN 0-917786-72-6
Library of Congress Catalog Number 89-62177

Printed in the United States of America

All rights reserved

à mes parents

Remerciements

Je dois ma fascination pour l'Afrique à mes parents et à leur esprit de découverte. Grâce à eux, j'ai fait la connaissance d'un continent plein de surprises et de leçons pour le monde occidental. En fait, l'expérience de la société coloniale dans les années cinquante laissa des marques profondes et éveilla chez l'enfant et puis chez l'adolescente que je fus de nombreuses questions. Celles-ci me poussèrent à m'intéresser à la littérature africaine en particulier. Evidemment, l'ampleur de ce domaine m'a forcée à limiter mes recherches à un sujet bien circonscrit. J'ai choisi les romans camerounais parce qu'ils présentent aux lecteurs européens et américains un défi à leurs habitudes et à leurs goûts artistiques.

Fruit d'une lente évolution, un tel livre ne pouvait voir le jour sans le concours de diverses personnes et institutions. Je tiens d'abord à remercier les écrivains et les intellectuels camerounais qui ont accepté de me rencontrer et de subir le barrage de mes questions: Madame Lydie Dooh-Bunya et Messieurs Francis Bebey, Eno Belinga, Mongo Beti, Jean Dihang, Patrice Etoundi-Mbala, François-Borgia Marie Evembe, Jacques Fame Ndongo, Bernard Fonlon, Patrice Kayo, Alexandre Kum'a Ndumbe, Charly-Gabriel Mbock, Rémy Gilbert Medou Mvomo, Pabe Mongo, Samuel Mvolo, Désiré Naha, Bernard Nanga, Patrice Ndedi Penda, James Oto, Guillaume Oyono-Mbia, René Philombe, Kashim Ibrahim Tala et Etienne Yanou. Le personnel des bibliothèques suivantes a facilité mes recherches: la Bibliothèque Royale de Belgique, la bibliothèque de la School of Oriental and African Studies à Londres, la Bibliothèque Nationale à Paris, la bibliothèque de l'université de Yaoundé, les Archives Nationales du Cameroun à Yaoundé, sans oublier le personnel de la bibliothèque à la Kansas State University et parmi eux celui des prêts inter-bibliothèques grâce à qui j'ai pu me procurer des textes difficiles à obtenir. Enfin, je ne désire guère omettre dans cette longue liste ni le bibliothécaire du journal *Cameroon Tribune* qui a fait tout ce qu'il a pu pour faciliter la consultation d'anciens journaux ni Hilde Sagaert qui a relu les épreuves avec grand soin, travail ingrat s'il en est.

Plusieurs institutions m'ont aidée financièrement. L'American Council for Learned Societies a payé mon voyage à Budapest pour que je puisse rencontrer des spécialistes et participer à la Deuxième Conférence Internationale: Le Folklore en Afrique aujourd'hui (1984). Le National Endowment for the Humanities a financé un congé sabbatique et un séjour au Cameroun, en France, Belgique et Angleterre bien nécessaires pour amasser les matériaux et les informations dont j'avais besoin. La Kansas State University a suppléé quand une bourse ne suffisait pas, elle m'a fourni les moyens d'acheter des livres et périodiques introuvables dans les bibliothèques universitaires américaines et elle a participé aux frais d'impression de cet ouvrage.

Je dois ma profonde reconnaissance aux professeurs Richard Bjornson, John Erickson et Ronald Tobin. D'abord, ils ont accordé toute leur confiance dans ce projet. Ensuite, au cours des années, ils m'ont donné d'excellents conseils et ils ont généreusement partagé leurs connaissances. Grâce à leur soutien et grâce à l'exemple de leurs propres recherches, j'ai pu persévérer dans mon entreprise et la mener à bien. Il me reste à exprimer toute ma gratitude à Albert Hamscher. Non seulement parce qu'il a toujours soutenu sans faiblesse ni égoïsme mes diverses activités professionnelles au détriment de son confort mental et physique, mais aussi et surtout parce qu'il représente pour moi le modèle à suivre de l'universitaire soucieux de produire des ouvrages qui font réellement progresser les connaissances humaines. J'espère par ma modeste contribution m'être montrée bon disciple.

Manhattan, Kansas, le 12 février 1988
—*C. L. D.*

Table des matières

Remerciements	ix
Introduction	1

Première Partie
Chapitre I. La Condition de la création littéraire	13
A. Géographie et histoire	13
B. Les Ecrivains et leurs lecteurs	30
C. Le Commerce du livre	40

Deuxième Partie
Chapitre II. Le Roman engagé	59
A. Avant l'indépendance	63
B. Après l'indépendance	79
Chapitre III. Le Roman de mœurs	101
A. Avant l'indépendance	101
B. Après l'indépendance	114

Troisième Partie
Chapitre IV. Les Personnages	147
A. Description	147
B. Les Types des personnages	169
C. Les Fonctions des personnages	176
Chapitre V. Le Monde physique et la vie quotidienne	191
A. Les Aubes	191
B. La Nature	195
C. Villes et villages	211
D. Les Objets	215
E. La Vie quotidienne	220

Table des matières

Chapitre VI. Les Conceptions artistiques	241
A. Les Fonctions de l'écrivain et du livre	241
B. La Notion de littérature artisanale	247
C. La Notion de beau	252
D. Les Influences occidentales	266
E. Les Influences africaines	269
Conclusions	275
Notes	285
Bibliographie des romans camerounais	329
Bibliographie des ouvrages consultés	331
Index	351

Introduction

La curiosité éveillée par la thèse de Lilyan Kesteloot aussi bien que par des sentiments libéraux que la question coloniale avait incités, les critiques universitaires s'intéressèrent dès les années soixante à la littérature écrite de langue française en Afrique noire et particulièrement au roman[1]. Etant donné leur but, ils observèrent fort bien les aspects sociaux, historiques ou politiques de cette littérature, mais ils ne firent pas assez attention à son esthétique[2]. Trop souvent en effet, ils soulignèrent les traits généraux du fond sans reconnaître l'originalité des conceptions artistiques et cela en dépit de nombreuses remarques perspicaces[3].

Plusieurs raisons expliquent leur indifférence. Tout d'abord, c'est la question coloniale qui engendra cette littérature et qui éveilla l'intérêt occidental pour elle. Par conséquent, les problèmes politiques dominèrent les préoccupations artistiques dans l'esprit de tout un chacun. Ensuite, il faut admettre que l'étude d'un art jeune présente des difficultés qui ne se résolvent qu'avec le temps puisque les observations faites sur un petit nombre d'exemples ne se trouvent pas toujours vérifiées devant un échantillon plus large. Par ailleurs, les travaux se basèrent sur des suppositions qui ne sont pas nécessairement vraies. La première consistait à rendre ces romans, parce qu'écrits en langue française, tributaires de la littérature métropolitaine. L'appareil critique de cette dernière a, ainsi, servi à les étudier et cela sans subir d'altération. On justifiait cette manière de faire en observant que les écrivains noirs avaient reçu une éducation française[4]. Sans doute, le roman d'Afrique noire possède des caractères communs avec le roman français des dix-huitième, dix-neuvième et vingtième siècles, mais ces ressemblances ne suffisent pas à expliquer le roman africain dans son entièreté comme elles ne suffiraient pas non plus aux littératures belge ou canadienne pour ne nommer que celles-là. En tout cas, ces littératures en français, nées dans d'autres contrées, prouvent que, contrairement aux déclarations de certains, une langue n'appartient pas à un seul pays et que, s'il le faut, elle s'adapte à des conditions bien différentes de celles qui ont vu sa naissance et son premier développement[5].

De cette supposition qui voit en la littérature africaine une imitation de la littérature française en découle une deuxième. Celle-ci prétend définir le roman africain à partir du français pris comme modèle de la perfection, oubliant qu'il existe des romans en de nombreuses autres langues qui possèdent leurs caractères propres. De plus, puisque la critique compare les littératures écrites africaines à la française, elle suppose, à tort, que la situation des écrivains, que le commerce du livre et que le goût des publics noir et blanc se ressemblent[6]. Cette supposition entraîne parfois la critique à utiliser des théories comme celles de Lucien Goldmann sur le roman produit d'une bourgeoisie capitaliste ou de Jean-Paul Sartre sur l'existentialisme[7]. Personne ne doute que, grâce à elles, ces auteurs ont élucidé des points obscurs de la littérature française, mais conviennent-elles sans adaptations préalables aux littératures d'Afrique noire qui se développent dans d'autres circonstances? Evidemment non. Cependant, ces prises de position viennent d'habitudes de penser tellement ancrées qu'on ne voit pas toujours l'impropriété de leur application ni qu'elles faussent les jugements des chercheurs.

On pouvait s'attendre à ce que les critiques africains, en dépit de leur éducation française, apportent une façon de voir qui rendrait justice à l'œuvre de leurs compatriotes. Malheureusement, ils n'ont pas la tâche plus facile que leurs confrères occidentaux et, eux aussi, préjugent à l'occasion de ce que doivent être les littératures africaines en langue française. Bien qu'ils adoptent souvent un point de vue neuf, il leur arrive de partir d'idéologies qui les empêchent de formuler des jugements objectifs. Ainsi, reprenant à l'ethnographie le concept selon lequel l'œuvre d'art en Afrique avait une fonction précise dans la société tribale, ils l'appliquèrent tel quel à la littérature écrite contemporaine et ils exigèrent que les romans contiennent un message bien visible et politique de préférence. Ils oublièrent que la plupart des contes avaient pour fonction principale de distraire et d'amuser tout en donnant une leçon morale et non pas politique[8]. D'un autre côté, quelqu'un comme Bernard Mouralis apprécie un roman suivant la manière dont ce dernier décrit ce qu'il appelle une « authentique » culture africaine. Il affaiblit son argument toutefois en définissant cette authenticité à partir de notions idéalisées sur le passé africain. De son côté, Olympe Bhêly-Quénum simplifie la littérature négro-africaine lorsqu'il réduit son inspiration thématique à la lutte contre le colonialisme ou contre le néo-colonialisme et Jean-Pierre Makouta M'Boukou, écrivain lui-même, mesure les romans des autres par rapport aux siens. Toutes façons de faire justifiables sans doute, mais pas du point de vue de la critique universitaire[9].

En plus des suppositions erronées, des prises de positions idéologiques et du manque d'informations sur les cultures africaines, il faut encore mentionner deux défauts de méthode communs aux critiques africains et occidentaux. Le premier consiste à n'étudier que quelques œuvres privilégiées, détachées de leur contexte littéraire comme si, fleurs rares s'épanouissant au milieu d'un champ de mauvaises herbes, elles seules méritaient l'attention. A cette erreur s'en ajoute une autre, celle de considérer les œuvres de tous les pays ensemble. Elle a une double origine: elle provient du nombre restreint de romans à étudier et du désir pan-africaniste de considérer les pays d'Afrique noire comme un tout homogène. Elle entraîna les critiques à inclure dans leurs études des romans sans faire de distinctions historiques, sociales ou religieuses en un amalgame que le titre générique « Afrique noire francophone » couvre mal[10]. Personne ne voudrait traiter la littérature européenne de langue française d'une façon si superficielle. Sans doute, il existe un fond culturel commun dans ces contrées et l'expérience du colonialisme les rapprocha, mais ni l'un ni l'autre n'empêchent l'existence de particularités locales d'autant plus que ces pays ne connaissent pas les mêmes développements politiques ou économiques depuis les indépendances et que leurs littératures évoluent séparément aussi. Enfin, l'habitude de les considérer ensemble insinue, sérieuse erreur, que les artistes africains ont une pauvre imagination et qu'ils créent tous les mêmes types d'œuvres.

Simplifier ainsi les complexités africaines est bien regrettable. Il faut observer, cependant, que l'énumération des insuffisances de la critique littéraire donne une vue déformée de la situation. A la décharge des chercheurs, les erreurs de tactiques citées ci-dessus ont fortement diminué avec le temps et elles n'annihilent pas les nombreux commentaires de valeur qu'ils ont faits[11]. Toutefois, puisque plus d'un demi siècle a passé depuis ses débuts et puisque les difficultés provenant du nombre limité de livres tendent à diminuer, c'est le moment de réévaluer la littérature négro-africaine d'expression française, de la considérer comme un art et non pas comme un ensemble d'informations écrites sur le continent. Cette réévaluation permettra, en outre, de dissiper une fois pour toutes le malentendu qui voit en elle une imitation de la littérature française dans laquelle des personnages aux noms bizarres évoluent sur un fond de paysages exotiques. Elle prouvera aussi qu'il s'agit bien d'une littérature originale se développant dans un environnement différent du français et répondant à d'autres besoins intellectuels et artistiques.

Comme une démonstration de l'originalité et de la variété de la littérature négro-africaine exigerait plusieurs volumes, l'étude qui suit se limitera au roman camerounais. La décision d'employer le Cameroun comme point de départ à cette réévaluation n'a rien d'arbitraire quoique ce pays n'ait pas connu d'histoire plus glorieuse que d'autres et quoiqu'il ne puisse se prévaloir d'un écrivain aussi célèbre que Léopold S. Senghor. Pourtant, dans la région comprenant grosso modo la ville portuaire de Douala, la capitale Yaoundé, le centre d'exportation cacaoyère d'Ebolowa et la ville touristique de Kribi, sont nés la plupart de ses romanciers, c'est-à-dire une trentaine, nombre impressionnant comparé à d'autres pays du continent noir. Ce groupe d'origines tribaliques différentes, mais proches culturellement, publie des romans dont le nombre et la variété constituent un excellent échantillon d'œuvres négro-africaines en langue française. Autre avantage du Cameroun, il a fait l'objet d'études historiques, sociologiques et ethnographiques suffisantes pour bien étayer un travail qui cherche à décrire son esthétique romanesque. De plus, aspect non négligeable dans une Afrique parfois méfiante à l'égard des chercheurs occidentaux, son gouvernement leur permet d'y séjourner, d'y rencontrer les écrivains, de consulter les archives littéraires et de fréquenter les bibliothèques universitaires avec un minimum de formalités administratives.

Le roman camerounais a déjà fait l'objet d'études littéraires. La thèse de Jarmila Ortová publiée en 1971 tentait d'en relever les particularités, mais elle ne s'arrêta qu'à Mongo Beti et à Ferdinand Oyono[12]. Elle traitait superficiellement six autres auteurs ayant publiés avant 1970 sans expliquer son choix. Ses conclusions ont, en outre, vieilli[13]. Après elle, d'autres critiques s'intéressèrent au roman camerounais et de nombreux articles parurent dans des revues spécialisées, toutefois presque exclusivement sur les quatre romanciers les plus connus: Francis Bebey, Mongo Beti, Ferdinand Oyono et René Philombe. Or, malgré leurs qualités, ces articles offrent fatalement une vue fragmentée de la situation littéraire au Cameroun puisqu'ils ne décrivent pas les conditions générales dans lesquelles vit cette littérature et puisqu'ils ignorent les auteurs secondaires, mais influents. Cet état des choses à lui seul justifie une étude sur le roman camerounais.

Dans ce pays donc, sous domination française entre 1918 et 1960, des hommes, et quelques femmes, écrivent en français. La découverte grâce à l'école française de l'écriture et d'une littérature présentée comme admirable tout autant que l'habitude traditionnelle de raconter des histoires pour s'amuser et pour s'instruire firent que la littérature écrite au Cameroun commença en 1934 avec les *Fables de Douala* de Isaac Moumé Etia, recueil qui mettait déjà en présence les deux traditions, l'orale et l'écrite[14]. Ainsi, dès ses débuts, la littérature camerounaise en langue française se voulait une symbiose. Cependant, pour des raisons politiques et culturelles, elle ne connut son véritable essor qu'après 1954, date de parution de *Ville cruelle* par Eza Boto[15]. A partir de ce moment, poèmes, pièces de théâtre, romans et nouvelles paraissent en France et au Cameroun.

Parmi les différents genres littéraires, le roman offre une gamme très variée. De plus, son étude ne comporte pas les difficultés matérielles inhérentes à celle du théâtre qui demanderait un long séjour au Cameroun et qui exigerait de consulter des textes souvent introuvables[16]. Ceci ne signifie pas que les pièces de Guillaume Oyono Mbia ou celles d'Alexandre Kum'a Ndumbe ne méritent pas l'attention, simplement que le chercheur occidental consulte les romans avec plus de facilité. Quant à la poésie et aux nouvelles, elles comptent encore trop peu d'exemples pour en rechercher dès maintenant les caractères généraux. Par roman, il faut entendre ici un texte principalement en prose, comptant au moins une cinquantaine de pages, publié comme un tout et commercialement, ayant une intrigue et des éléments fictifs. Ne sont donc pas inclus dans cet ensemble, par exemple et respectivement, le « chant-roman » de Werewere Liking *Elle sera de jaspe et de corail; Les Innocents* de James Ndeng Monewosso qui tient plus de la nouvelle; *Le Berceau de mon âme* par Abel Moumé Etia; *Vive le président, la fête africaine* par Daniel Ewande parce qu'il ne contient pas d'intrigue; *Tout pour la gloire de mon pays* de Victor Fotso et *Doigts noirs* de Jacques Kuoh-Moukouri, ouvrages autobiographiques sans plus.

Comme la littérature et la critique africaines n'en sont qu'à leurs débuts—historiquement parlant—la méthode d'analyse utilisée ici découle nécessairement des théories artistiques, philosophiques et ethnologiques de l'ouest. Cependant, elle tente de rectifier l'appareil critique français et occidental en ayant recours à la manière de penser des Camerounais et des Africains[17]. Quand l'occasion se présente, comme lors de la discussion sur la fonction d'une œuvre artistique, la référence aux idées exprimées par les philosophes et par les critiques camerounais ou africains découvrira des points de vue précieux, car, jusqu'ici, peu utilisés par la critique occidentale.

Le vocabulaire critique vient nécessairement de l'Occident, mais il n'aura pas toujours la même signification. Par exemple, dans la littérature française, le mot « roman » annonce en général une œuvre en prose d'une certaine longueur dans laquelle des personnages, décrits plus ou moins psychologiquement et physiquement, évoluent et vivent des événements placés dans un contexte historique et présentés le plus souvent d'une manière à faire voir le particulier. Au Cameroun, ce genre possède d'autres caractéristiques principales. Il ressemble souvent à une longue nouvelle, les événements inclus soulignent le général et se suivent sans toujours se préparer vraiment. Les personnages paraissent ne pas penser et ne pas connaître de délibérations intérieures. Manifestement, si le mot « roman » ne signifie pas tout à fait la même chose en France et au Cameroun, d'autres mots tels « personnage » ou « intrigue » eux aussi prennent un sens un tant soit peu différent. Ces glissements sémantiques exigent des éclaircissements et c'est ce que l'on tentera de faire tout au long de cette étude.

Puisque la méthode utilisée louvoie entre deux systèmes de référence—le français et le camerounais—elle présente le danger d'apprécier une œuvre d'art par rapport à des règles ou à des habitudes qui lui sont étrangères. Par exemple, on pourrait expliquer la présence d'un aspect du texte en le rangeant parmi les faiblesses de style au lieu de le compter parmi les traits caractéristiques. Une mauvaise attribution de ce type s'observe quand le critique perçoit comme un manque de psychologie ce que d'autres considèrent comme une habitude venant de la littérature orale dans laquelle il y a peu ou pas d'explications psychologiques[18]. Il ne faut donc pas perdre de vue que tout le monde ne partage pas la fascination française pour l'analyse de sentiments vraisemblables. Les romanciers camerounais ont d'autres préférences littéraires et cela en dépit de leur éducation française.

Evidemment, malgré les précautions prises pour s'assurer une étude objective et experte, l'appartenance culturelle tout aussi bien que l'emploi des techniques et du vocabulaire occidentaux influenceront les jugements du critique. Il ne peut échapper totalement à une vue occidentale de la littérature camerounaise. Et, quand le chercheur aura évité avec plus ou moins de succès tous les écueils placés sur son passage par les préjugés, les idéologies, les différences de vocabulaire, de conceptions et de cultures, il n'aura plus qu'à esquiver la critique de complaisance qui flatte les écrivains et les chefs d'états, critique aussi destructrice selon l'écrivain camerounais Mongo Beti qu'une critique raciste[19].

A vrai dire, ces problèmes méthodologiques ne trouveront de solution qu'avec la parution de nouveaux ouvrages de fiction et de critique. En attendant, le chercheur se trouve dans l'obligation d'en diminuer les conséquences. Une façon d'y circonvenir consiste à étudier les romans sans décider à l'avance s'ils méritent l'attention, s'ils ont une valeur artistique, s'ils sont authentiquement africains ou même s'ils participent efficacement à la lutte du peuple. On aura toujours le temps plus tard de faire le tri. Au demeurant, des romans comme ceux dits de marché ou populaires donnent, malgré leur naïveté et leur simplicité, des détails intéressants sur les sujets préférés et sur le goût littéraire des Africains, car ils contiennent des « recettes » à succès, des clichés et des lieux communs qui assurent leur vente. Leur lecture devient nécessaire avant de pouvoir établir les critères de qualité et plusieurs pages leur seront consacrées.

Pour arriver au but proposé, cette étude s'est basée sur les cinquante-cinq romans que l'on a pu se procurer, sur la lecture des critiques occidentaux et africains et aussi sur une série d'entrevues entre les romanciers et l'auteur. Parce que les critiques n'ont pas toujours l'occasion d'en faire, ces entrevues ont apporté des informations précieuses sur la vie et sur le métier de l'écrivain comme sur divers aspects de la création littéraire. Elles ont eu lieu en 1981 et 1982 pendant le séjour de l'auteur au Cameroun et en France.

Le livre se divise en trois étapes qui établissent la situation, les genres et le style des romans. La première partie situe le roman camerounais géographiquement et historiquement et elle donne les conditions générales de la création littéraire. La deuxième se subdivise en deux chapitres qui départagent les œuvres en romans engagés et de mœurs, car cette division permet de comprendre quels types de récits intéressent les auteurs et les lecteurs. La troisième partie, composée de trois chapitres, prend un autre point de vue, celui de la forme de l'expression. Elle montre comment les romanciers décrivent leurs personnages, le monde environnant, la vie quotidienne et quels sont les concepts littéraires qu'ils ont suivis.

La première partie, constituée par un seul chapitre, donne des informations générales sur les aspects de la vie camerounaise que l'on ne peut qualifier d'artistiques, mais qui influencent la littérature. Le roman ne naît pas *ex nihilo*. La géographie d'un pays, son histoire, son évolution politique et sociale lui servent de fond dans lequel il puise le passé des personnages, le décor qui les entoure et les événements qu'ils vivent. Dans ces conditions, et puisque le lecteur occidental ne connaît pas bien le

Cameroun, un résumé de sa situation générale devient utile. Il est nécessaire aussi d'inclure des renseignements à propos des écrivains, de leur public, des principales conditions du commerce et de la création littéraire dans la mesure où ils agissent sur le contenu des romans. Cependant, laissant aux spécialistes le soin d'interpréter et d'expliquer le pourquoi des choses, cette partie se limitera à relever les caractères généraux qui influent sur les romans.

Une fois toutes ces informations de base données, la deuxième partie de cette étude se tourne vers les œuvres elles-mêmes. Quand on parle du roman camerounais, on se réfère ici à un corpus publié principalement entre 1954 et 1984 et qui comprend plus d'une cinquantaine de titres. Un tel nombre demande une classification pour y voir clair. Sans décider au préalable de leur valeur artistique, les romans se départagent en deux larges groupes suivant leur contenu: le roman engagé, c'est-à-dire ici celui qui prend une position politique ou qui défend une thèse sociale et le roman de mœurs qui sert principalement à relever les faiblesses humaines. Le deuxième chapitre examine donc le roman engagé, ses thèmes, ses idées, la manière de présenter les histoires, les histoires elles-mêmes et les diverses interprétations auxquelles elles donnent lieu. Une division supplémentaire s'impose entre romans de l'époque coloniale et ceux qui viennent après, car elle justifie des changements dans le contenu.

Le plus grand nombre de romans camerounais ne sont pas engagés dans une lutte politique ou dans la défense d'une cause sociale. Ils préfèrent critiquer les travers de l'homme. Par conséquent, le troisième chapitre en cherche les thèmes principaux, observe les caractères spécifiques et interprète le contenu. Outre la division d'avant et après 1960, nécessitée, comme pour le roman engagé, par la fin du régime colonial, le roman de mœurs est partagé en plusieurs sous-groupes qui mettent en évidence leur principale veine d'inspiration: le roman de mœurs proprement dit, le roman d'amour, historique, traditionnel, populaire et le récit[20]. Chaque groupe possède ses propres caractéristiques, mais ils ont en commun des sujets, des thèmes et des idées.

Les romans de mœurs et les romans engagés révèlent ce que les auteurs pensent de la société non seulement au travers des thèmes et des intrigues, mais aussi au travers des personnages et de leur environnement. Par suite, la troisième partie de cette étude observe—sans plus faire de distinction entre romans engagés et de mœurs—comment les auteurs décrivent les personnages, le monde physique qui les entoure et la vie quotidienne. Le quatrième chapitre fait découvrir, par la façon dont les personnages parlent et se conduisent, les concepts des auteurs sur l'amour, le destin et le bonheur, combien ces notions essentielles dans le genre romanesque diffèrent des vues occidentales et combien elles se rapprochent des anciennes conceptions locales. Quant au cinquième chapitre, il observe la manière dont les romanciers décrivent la nature, les villages, les villes, les objets et la vie quotidienne.

Les procédés stylistiques employés dans la description des personnages et du monde environnant contribuent—avec les idées, les thèmes et les sujets—à imposer au lecteur une façon particulière de concevoir la littérature. Ils apparaissent dans toutes les œuvres, employés plus ou moins souvent, avec plus ou moins d'efficacité selon le talent de l'auteur, parce que les romanciers partagent un bon nombre d'idées sur le roman. Le dernier chapitre expose alors les concepts artistiques généraux qui les dirigent tels ceux d'une littérature artisanale, de l'engagement, du didactisme, du réalisme et de l'humanisme. Il décrit, en outre, comment les deux courants d'inspiration littéraire, l'occidental et l'africain, marquent le roman.

En ne négligeant pas les apports de la culture et de la littérature orale traditionnelles dans le contenu et dans la forme du roman camerounais et en considérant ce dernier dans son contexte historique et social—et non pas simplement comme un appendice à la littérature française—cette étude décrit ses caractères originaux et elle établit sa valeur intrinsèque. Elle représente donc une étape nécessaire pour une réévaluation des littératures africaines non seulement en français, mais aussi en anglais et en portugais. Cette étude démontrera, par ailleurs, que les écrivains camerounais n'ont pas appauvri leur culture en créant des romans; plutôt, ils ont donné une nouvelle impulsion à la littérature africaine.

Première Partie

Chapitre I

Les Conditions de la création littéraire

AYANT DÉBUTÉ EN 1954 AVEC LA PARUTION de *Ville cruelle* par Eza Boto (alias Mongo Beti), le roman camerounais ne naquit pas soudain et sans fond culturel pour le soutenir. Il est le produit d'une société, d'une histoire et d'une culture. Aussi convient-il avant d'en aborder l'étude de le situer, de détailler les conditions de sa création et de donner des informations générales sur les aspects de la vie camerounaise qui ont influencé le roman et qui continuent à lui donner ses caractères propres, mais qui n'ont rien à voir directement avec le côté artistique. Par conséquent, ce chapitre décrit brièvement la géographie du pays et il conte rapidement son histoire. Puis, il s'intéresse aux romanciers et à leurs lecteurs. Qui sont-ils, quelles places occupent-ils dans la société? Ensuite, le chapitre se tourne vers des points qui ont rapport à la publication des livres: le marché, la censure, l'attitude négative du gouvernement vis-à-vis de l'écriture et de la lecture des romans. Tout cela pour mettre en relief les problèmes qui n'existent pas ou qui n'ont pas la même acuité dans la littérature occidentale et pour marquer, dès l'abord, une distance entre la création camerounaise et la française.

A. Géographie et histoire

Situé entre le bassin du Niger et celui du Congo, entre les 2e et 12e degrés latitude nord et le long de la cassure géologique qui va du golfe de Guinée au lac Tchad, le Cameroun fut créé par le hasard des explorations occidentales et des traités commerciaux avec les tribus indigènes[1]. À cause de cette formation plus accidentelle que voulue et à cause de sa situation unique dans le continent africain, il offre une variété géographique inattendue pour un pays un peu moins large que l'Espagne. Au sud-ouest, le Cameroun s'ouvre sur l'océan Atlantique. Les terres côtières sont basses, marécageuses, couvertes d'une végétation luxuriante car il y fait très chaud et très humide. Il y pleut en abondance et si la couche de nuages habituelle dans cette région se lève par extraordinaire, elle découvre la masse imposante du Mont Cameroun, volcan toujours actif. Le long de la cassure ouest et à partir du golfe de Guinée s'élèvent trois chaînes de montagnes: le massif de l'ouest, l'Adamaoua qui partage le Cameroun en deux zones, l'une nord et l'autre sud, et enfin les monts du Mandara. Un climat doux et une riche végétation qui change avec l'altitude et avec la qualité du sol y ont de tout temps attiré une population importante. Au sud-est, un plateau coupé par de nombreuses rivières et d'une altitude variant entre 500 et 1.000 mètres joint le sud du Cameroun au Gabon et à la République du Congo. Il se continue plus au nord le long de la frontière est avec la République Centrafricaine. Une forêt équatoriale dense et à très hauts arbres y pousse. Avec la raréfaction des pluies, elle s'éclaircit progressivement en une savane boisée puis arbustive. La chaîne de l'Adamaoua interrompt alors le plateau et, entre elle et le lac Tchad, se déroule un paysage singulier. En effet, la cuvette de la Bénoué est une plaine semée de pics rocheux nus atteignant parfois 1.000 mètres d'altitude[2]. Au fur et à mesure qu'elle s'approche du lac Tchad, la savane se dessèche pour se transformer en une région semi-désertique. Les précipitations y tombent en une très courte saison et elles inondent alors tout le paysage qui de roux devient vert et de désertique devient marécageux.

A chacun de ces reliefs correspondent un climat et une végétation propres, mais aussi différentes ethnies. Elles se répartissent en six grandes catégories: « les groupes côtiers centrés sur les villes de Douala et Victoria; les peuples forestiers du Cameroun oriental; les peuples forestiers du Cameroun occidental; les lamidats peuls de l'Adamaoua et les sultanats musulmans au sud du lac Tchad »[3]. Ces groupes se divisent en de nombreux sous-groupes et Victor T. Levine estimait qu'il y avait au moins 136 ethnies identifiables dans le Cameroun français. Pourtant, malgré tous ces groupes, le pays n'est pas surpeuplé, certaines régions comme le Nord ne nourrissent qu'une faible population, par contre le massif de l'ouest et les deux grandes villes de Douala et Yaoundé connaissent un peuplement dense[4].

La distribution inégale des habitants coïncide forcément à la répartition des plantations et des industries, concentrés tous deux au sud. De ces deux secteurs de l'économie, l'agriculture domine parce que plus de 70% de la population s'y adonnent et parce qu'elle constitue le gros des exportations (cacao, café, coton et bois entre autres). Quelques mines d'étain et de bauxite, des puits pétroliers, des industries d'aluminium, textiles et alimentaires contribuent à une situation économique modeste, mais enviée par beaucoup de pays africains. Sans doute, l'économie camerounaise pourrait connaître une croissance plus rapide si les voies de communication étaient plus nombreuses et en meilleur état. Toutefois, les difficultés du terrain et les dégâts provoqués par chaque saison des pluies ont de tout temps entravé l'entretien et les projets de construction des routes et voies ferrées[5]. Ainsi, la ligne de chemin de fer commencée par les Allemands avant 1914 à partir de Douala vient seulement d'atteindre Ngaoundéré, ville située à égale distance entre la côte et le lac Tchad. Après soixante-dix ans d'efforts, il reste donc à en construire l'autre moitié. Le coût et les problèmes associés à l'établissement de cette voie de chemin de fer sont tels qu'en attendant sa réalisation, le gouvernement camerounais a ouvert quatre aéroports au nord de Ngaoundéré dans l'espoir de renforcer les communications entre le nord et le sud. Pourtant, malgré des réseaux ferroviaires et routiers peu étendus, malgré l'immobilisme, la corruption et autres problèmes communs aux pays du Tiers Monde, tout bien considéré, le Cameroun offre l'image d'un pays qui cherche à se moderniser et à nourrir une population toujours croissante. Il semble aussi ménager ses richesses naturelles tout en essayant de surmonter les obstacles imposés par son relief et par son climat.

La géographie du Cameroun a marqué le roman notamment dans les descriptions du milieu environnant (relief, climat, végétation). De plus, un de ses éléments a donné à la littérature de ce pays un caractère un peu spécial. Il s'agit de la chaîne de l'Adamaoua. Dans le passé, ces montagnes dressaient une barrière difficilement franchissable entre les groupes peuls islamisés du nord et les peuplades bantoues animistes de la forêt et de la côte. De nos jours, les communications se sont améliorées puisqu'une route importante traverse la chaîne et puisque le traffic aérien relie le nord au sud. Cependant, les montagnes ont empêché le brassage des populations. Elles ont divisé culturellement le pays. Il en résulta que peu d'écrivains sont originaires du nord alors qu'au sud il y a plus d'une cinquantaine de romanciers, dramaturges et poètes[6]. La barrière de l'Adamaoua, en plus des problèmes économiques et de communication qu'elle pose, a empêché, jusqu'ici, le développement d'une littérature véritablement nationale au profit d'une littérature régionale du sud, française et anglaise, chrétienne et adaptée à la vie citadine. Ce trait est particulier au Cameroun et il n'existe pas au Mali, par exemple, où les cultures musulmane et chrétienne vivent l'une à côté de l'autre et parfois même s'interpénètrent[7].

Si cette séparation culturelle entre le nord et le sud a donné un caractère original à la littérature camerounaise, de même l'histoire y a laissé des empreintes profondes. En ce qui concerne le contenu historique de la littérature camerounaise, les romanciers n'ont guère remonté très loin dans le passé car, même si la région fut habitée pendant des millénaires ainsi que le prouvent les découvertes archéologiques de Yaoundé, Maroua et Bidzar entre autres, le manque de documents archéologiques et écrits empêche de savoir avec précision comment vivaient les populations avant le dix-neuvième siècle. Aucun romancier ne s'est essayé à reconstituer un passé aussi mal connu. Certes, on sait qu'il y eut des changements entre les quinzième et dix-neuvième siècles, mais on connaît surtout ceux qui touchèrent les Européens. En tout cas, l'arrivée du navigateur Fernando Po vers 1472 et celle d'autres vaisseaux portugais dans les années suivantes révélèrent aux indigènes l'existence d'une civilisation mercantile. Plus tard, les Portugais établirent les premiers ports d'échanges où ils achetèrent aux populations côtières de l'ivoire, des denrées tropicales et des esclaves. A cause de ces relations limitées, le Cameroun se trouve uniquement mentionné dans les documents qui se rapportent aux échanges commerciaux ou qui concernent la traite des esclaves[8]. Dans la suite, les Hollandais continuèrent le trafic, mais vers le milieu du dix-neuvième siècle, les Anglais, désireux d'éliminer la traite des esclaves, commencèrent des relations plus officielles avec les tribus de la côte. Ils signèrent les premiers traités avec les chefs locaux en 1842 ce qui permit à l'Anglais Alfred Saker de fonder la première mission protestante à Douala en 1845[9]. Elle se complétait d'une école et d'un dispensaire et elle allait former la première génération de Camerounais lettrés.

A partir de 1850, des commerçants français et allemands joignirent les Anglais. Parmi eux, Adolphe Woermann de Hambourg se montra un homme d'affaires agressif. En fait, il influença le développement futur du Cameroun, car à son instigation Bismarck et le gouvernement allemand décidèrent de ne plus se contenter d'échanges commerciaux et d'installer une administration qui protégerait les biens et les tractations des négociants[10]. Or, entre 1873 et 1896, l'Europe se débattait contre la Grande Dépression. Le sentiment d'insécurité qu'elle produisit encouragea le protectionnisme non seulement sur le continent, mais en Afrique aussi, chacun voulant défendre ses intérêts. Les gouvernements occidentaux prirent alors une attitude plus impérialiste. Au Cameroun, ils signèrent des accords avec les indigènes, qui pour se préserver un monopole, qui pour fixer des tarifs avantageux. Cependant quelques tribus qui ne comprenaient pas le sens de ces engagements, signèrent des traités avec plusieurs pays à la fois créant une confusion territoriale telle que l'Allemagne et l'Angleterre furent sur le point de se déclarer la guerre[11]. Profitant de l'absence du consul anglais reparti au pays pour y recevoir les ordres de son gouvernement, les Allemands traitèrent avec King Bell et Prince Akwa de Douala en 1884. Un an plus tard, les tensions et les disputes territoriales sur la côte et la limite ouest se trouvèrent résolues par le Traité de Berlin qui délimita pour l'Allemagne et pour l'Angleterre non pas les territoires à exploiter, l'idée ne leur était pas encore venue, mais plutôt les zones d'échanges commerciaux[12]. Quant à la frontière est, elle ne fut tracée qu'en 1894 sur le 15e degré de longitude ouest après des discussions entre les Français et les Allemands[13]. Ainsi naquit le territoire qui portera le nom de Cameroun, mot portugais qui signalait la présence abondante de crevettes dans l'estuaire du fleuve Wouri.

La colonie allemande débuta sans l'élaboration de projets grandioses, la métropole ne voulant pas y investir des fortunes et ne prévoyant pas en tirer des revenus substantiels. Malgré cela, Julius von Soden et les gouverneurs qui lui succédèrent participèrent à l'exploration et à la pacification du pays. Ils employèrent leurs médiocres ressources à construire les premières routes et la ligne de chemin de fer entre Douala et Yaoundé pour pénétrer plus avant dans le pays. Ce faisant, ils rencontrèrent des difficultés de tous ordres: des tribus désireuses de se battre afin de préserver leurs monopoles sur le trafic des esclaves, d'autres opposées à n'importe quelle domination, un climat débilitant, des maladies (malaria et fièvre jaune entre autres) et un relief qui rend presque impossible la construction des voies de communication tant il est abrupte. Tous ces problèmes n'empêchèrent pas les Allemands d'établir des écoles, des hôpitaux et des églises (mission Basler fondée à Victoria en 1886)[14]. Ces constructions attirèrent commerçants et planteurs qui, par leur seule présence, entraînèrent l'implantation progressive de services publics et sociaux. Et, avec l'installation des colons se développa l'idée d'exploiter le pays.

La colonisation allemande dura une trentaine d'années, mais elle ne toucha qu'une faible partie de la population. Elle se caractérisa par le despotisme des travaux forcés contrebalancé par une certaine liberté locale pourvu que les Camerounais ne tuent plus les esclaves et les veuves et qu'ils cessent la pratique du cannibalisme. Malgré sa sévère discipline, le régime laissa un souvenir idéalisé dans la mémoire des Camerounais qui le qualifient encore aujourd'hui de dur mais juste[15]. Après leur défaite en 1918, les Allemands abandonnèrent une région qui avait un début d'infrastructure et où l'agriculture commençait à se développer. Il faudra attendre la fin de la Deuxième Guerre Mondiale pour que les Français dépassent les efforts des Allemands. Au reste, en dépit des deux guerres mondiales et des saisies, les Allemands gardèrent des intérêts au Cameroun. De nos jours, et surtout depuis l'indépendance en 1960, leur gouvernement organise des échanges culturels et scientifiques. Des compagnies privées construisent des ouvrages d'art, elles équipent le pays de diverses installations techniques comme des terrains d'aviation et, en général, elles participent au développement économique[16].

La Première Guerre Mondiale terminée, la Convention de Londres en 1919 partagea le Cameroun en deux territoires inégaux, le plus petit à l'ouest revint à l'Angleterre, celui de l'est à la France. La Ligue des Nations se gardait le droit de contrôler la gestion des deux mandats et exigeait des rapports réguliers sur leur état. A partir de ce moment-là et jusqu'en 1961, les deux Cameroun connurent un destin différent. Le côté anglais, considéré comme un prolongement du Nigéria, se vit imposer des institutions et habitudes anglaises: justice, enseignement, langue, poids et monnaie. Les régions de ce territoire propices à l'agriculture furent exploitées en de grandes plantations (hévéa et cacao), mais il n'y eut pas de véritable développement industriel ou minier avant la Deuxième Guerre Mondiale, pas plus que dans la partie française d'ailleurs, et le régime du *indirect rule* laissa aux tribus le soin de se diriger elles-mêmes. Un peu ignoré du gouvernement anglais, ce territoire l'était encore par le premier gouvernement local malgré sa réunion au reste du pays en 1961[17]. Dans la République camerounaise actuelle, après avoir été état fédéré, il est devenu province, le voilà donc englobé et dominé par les provinces françaises plus nombreuses et plus peuplées. Il tient donc toujours le rôle du parent pauvre.

Quant au Cameroun français, il se trouva lui aussi dans une situation fausse. D'abord mandat de la Ligue des Nations, puis territoire sous tutelle suivant la Charte des Nations Unies, le gouvernement français ne le considéra jamais comme une vraie colonie. Pour ne pas se donner beaucoup de mal, la métropole lui imposa le même régime politique et administratif que l'Afrique Equatoriale Française (la République Centrafricaine actuelle). Toutefois, son indifférence vis-à-vis de cette région laissa aux gouverneurs et aux commandants de cercle une grande liberté d'action[18]. Il s'ensuivit que l'administration au Cameroun répondait plus aux besoins des colons français qu'à ceux des indigènes, qu'elle oubliait à l'occasion sa mission humanitaire et qu'elle n'appliqua pas à fond le concept d'assimilation cher à Paris, laissant ainsi aux Camerounais une certaine liberté intellectuelle qu'ils vont mettre à profit dans leur lutte nationaliste.

Les quarante ans de domination française se partagent en deux périodes séparées l'une de l'autre par la Deuxième Guerre Mondiale. Pendant la première, celle de l'entre-deux-guerres, l'administration française s'installa au Cameroun. Elle tenta d'éliminer tout sentiment de fidélité envers le premier régime en interdisant l'usage de l'allemand et en évinçant de leurs postes administratifs les employés camerounais qui avaient servi l'empire[19]. Elle chercha d'autre part à diminuer l'animosité et la disparité entre les ethnies et à les rassembler en une nation. Dans ce but, elle leur imposa une administration et un système judiciaire communs, la langue française et un enseignement copié sur le sien[20]. Cependant, les difficultés de transport aussi bien que l'organisation très structurée des lamidats et sultanats au nord firent que les régions côtières subirent l'influence française avec le plus de force.

Pour les Camerounais, une puissance en remplaça une autre et l'état général des choses ne changea pas pour autant, un colonialisme en vaut bien un autre[21]. Tout comme les Allemands, les Français entreprirent des travaux publics et ils employèrent le système abhorré des travaux forcés pour déboiser, tracer des routes et faire des constructions d'intérêt général. Les travaux forcés, méthode déjà indéfendable en elle-même, mais utilisée à cause d'un maigre budget et du manque d'enthousiasme de la part des populations pour des ouvrages dont elles ne saisissaient pas l'importance, provoquèrent des excès. En plus des misérables conditions de vie faites aux travailleurs, en plus des difficultés familiales et tribales dues à la séparation des hommes loin des leurs, les indigènes qui étaient chargés par l'administration de recruter le personnel abusèrent de leur pouvoir. Ils profitèrent de leur position pour obtenir eux-mêmes des travailleurs gratuits et divers autres avantages de la population qu'ils terrorisaient. La dureté du système qui séparait ainsi les familles, qui gaspillait les vies humaines et qui surtout était en complète contradiction avec l'enseignement chrétien finit par embarrasser tellement le gouvernement français qu'il y renonça[22]. En fait, les travaux forcés durèrent si longtemps qu'ils laissèrent une amertume tenace dans le cœur de bien des Camerounais. Ils en parlent encore avec horreur aujourd'hui, plus de quarante ans après leur abolition.

Cette première phase du colonialisme français au Cameroun se distingua en outre par l'implantation de l'Eglise catholique. Aux missions protestantes d'abord anglaises, puis allemandes, suisses et américaines, à l'islamisme implanté au nord depuis le dix-huitième siècle, vint donc s'ajouter une troisième religion révélée[23]. La présence de toutes ces religions, en plus de celle de l'animisme qui compte encore des adeptes dans près de la moitié de la population, fait que les Camerounais même s'ils croient avec sincérité, ne prennent pas toujours au sérieux les habitudes de vivre particulières à chaque religion et qu'ils gardent des traditions comme la polygamie malgré leur adhésion au christianisme[24].

Pourtant, bien que l'Eglise n'ait pas encore gagné sa bataille contre la polygamie, cela ne signifie pas que son influence au Cameroun a été superficielle. En convertissant les Camerounais, son premier but, l'Eglise en remplit d'autres bon gré mal gré. Par exemple, elle s'attaqua à des pratiques traditionnelles qui lui répugnaient et que les Allemands n'avaient pas réussi à éliminer tout à fait comme les épreuves infligées aux veuves, le cannibalisme et les mises à mort rituelles. Cette attitude qui ignorait le rôle culturel et social des rites païens eut pour premier effet de corroder les habitudes de vie et de penser des Camerounais. La cohésion sociale s'affaiblit ce qui facilita la perpétration d'abus au nom d'une tradition vite dégénérée. Si l'attitude de l'Eglise provoqua l'éclatement du noyau familial, elle eut pour effet contraire de diminuer les antagonismes entre clans, premiers pas vers l'entente intertribale nécessaire pour la formation d'un pays uni. Ses écoles concoururent à ce but non seulement grâce à leur enseignement religieux prônant la paix entre voisins et l'amour du prochain, mais aussi en rassemblant plusieurs ethnies sous le toit commun du dortoir scolaire. Les écoliers découvrirent de cette façon que l'amitié pouvait exister entre membres de tribus rivales.

Les Camerounais ont d'ailleurs accepté l'école sans hésitations. Elle attira tout de suite les jeunes, car après une dizaine d'années passées sur ses bancs, ils entraient sans difficultés dans l'administration, carrière la plus prestigieuse qui se trouvait alors à leur portée. L'école devint à partir de cette époque synonyme de réussite sociale malgré ou à cause des sacrifices qu'elle exigeait. En effet, pour y aller, il fallait souvent soit faire de longs trajets à pied, soit vivre pauvrement loin de sa famille. Les enfants devaient à l'occasion gagner de l'argent dès l'âge le plus tendre afin de payer leur nourriture et les fournitures. Aussi nombre d'entre eux ne mangèrent pas à leur faim. Ils étaient assurés, par contre, d'un avenir meilleur[25]. Cette idée prévaut encore aujourd'hui alors qu'il y a pléthore d'étudiants possédant un diplôme d'école primaire ou secondaire[26].

L'enseignement favorisa le développement d'une élite curieuse d'apprendre et d'imiter la manière de vivre des Français. Cette élite se distingua des villageois en copiant les habitudes françaises comme elle les voyait aux colonies. L'évolué, ou l'occidentalisé, portait costume, cravate, chaussures et lunettes alors que la plupart de ses compatriotes n'avaient guère les moyens de se payer des vêtements. Son apparence extérieure l'isola du reste de la population qui se moquait parfois de lui et qui enviait, en même temps, son statut et son bien-être financier relatif. Le mouvement de la négritude réagit contre lui dès les années quarante en ridiculisant son admiration sans borne pour le monde occidental, en vantant les beautés de la tradition et en revalorisant le passé africain[27]. De nos jours, des Camerounais continuent à prendre dans la culture française des manières de s'habiller, de décorer leur maison et de se nourrir. Néanmoins, leur influence sur les goûts de la société camerounaise est contrebalancée par des personnes qui cherchent à créer une culture authentiquement camerounaise et qui tentent d'adapter des habitudes et l'esthétique traditionnelles à la vie moderne. Ces deux tendances existent dans tous les aspects culturels alors que le manque d'industries locales et que les traités économiques forcent toujours les Camerounais à acheter la plupart des objets de consommation à l'extérieur leur imposant ainsi des goûts étrangers.

En introduisant les jeunes à une culture totalement différente de la leur, l'école affaiblit elle aussi la structure sociale, mais son influence s'exerça sur d'autres plans que celle de l'Eglise. En effet, comme il n'y avait pas encore beaucoup de Camerounais éduqués, l'enseignement scolaire assurait aux jeunes un avancement rapide dans les rangs subalternes de l'administration. Leur ascension sociale contrevenait à la coutume où les personnes âgées possédaient le plus de biens, exerçaient le plus de pouvoir et suscitaient le plus de respect[28]. Si l'école désagrégeait les sociétés tribales en présentant la civilisation française comme le seul modèle à suivre, elle apportait aussi la possibilité de se libérer du joug colonial. Les missionnaires et, plus tard, les professeurs laïcs pensaient préparer les jeunes gens à une vie chrétienne donc soumise à l'autorité de l'Eglise et de l'Etat. Or, en leur enseignant le français et la lecture, ils leur offraient en même temps l'occasion d'apprendre l'existence d'autres systèmes politiques que le colonialisme, de comparer ces systèmes, de les critiquer et de se faire une opinion sur eux.

Après la Seconde Guerre Mondiale, comme le manque de professeurs qualifiés, de livres et d'autres matériaux didactiques empêchait l'équivalence absolue des diplômes avec ceux de la France, les étudiants les plus capables et les plus ambitieux allèrent y finir leur lycée. Ils s'exposaient de cette façon à une variété d'idées politiques et sociales inconnues jusqu'alors[29]. Ces facteurs créèrent une situation ironique. D'un côté, l'école prêchait la soumission et de l'autre, elle favorisait la résistance contre l'impérialisme français. Il faut admettre que le statut particulier du pays, l'esprit frondeur de ses habitants, les mécontentements dûs au peu de libertés politiques et aux positions subalternes réservées aux indigènes avaient encouragé les revendications. Aussi, dès 1934, les Camerounais avaient demandé leur indépendance à la Ligue des Nations[30].

Toutefois, très peu fut fait pour calmer ces exigences avant la fin des hostilités. La guerre les excita d'autant plus que les Camerounais virent dans la défaite de la France la preuve de sa faiblesse. D'autre part, pour augmenter les forces de la France libre, Charles de Gaulle vint en Afrique y recruter des soldats, blancs et noirs, et parmi eux des Camerounais. Ceux-ci rencontrèrent dans l'armée des Blancs qui les traitaient comme des égaux, preuve qu'ils n'étaient pas destinés à l'état inférieur du colonisé ce qui augmenta leur désir, déjà bien vif, de voir chez eux un régime politique libéralisé. Mais alors que les Camerounais commençaient à s'opposer activement aux colonisateurs, les Français eux, par contre, découvrirent les avantages pécuniaires qu'ils pouvaient tirer du territoire. Ils en exigèrent un effort économique spécial qui consista à leur procurer des matières premières comme le caoutchouc dont la France avait grand besoin pour remettre en marche son économie d'après-guerre. Il résulta de cette situation complexe que le gouvernement français accorda diverses concessions politiques à partir de la Conférence de Brazzaville (1944) et qu'à la fois il soutint un développement économique dirigé uniquement dans le but de servir ses propres intérêts[31]. L'évolution vers l'indépendance prit alors quinze ans pendant lesquels le gouvernement français permit la création de syndicats et de partis politiques. Promulguée en 1956 par le ministre de la France d'Outre-Mer, Gaston Deferre, la Loi-Cadre donnait le droit au pays de se choisir une assemblée législative et un gouvernement exécutif élus au suffrage universel[32]. Cette loi eut pour effet principal de relier, du moins politiquement, le sud au nord et dès l'année suivante André-Marie Mbida fut élu Premier Ministre. Le Cameroun se choisit alors un drapeau, un hymne national et une devise[33].

En même temps qu'il accordait ces concessions, souvent plus « décoratives » que réelles, le gouvernement français investissait des fonds pour développer l'économie du pays. Toutefois, il ne cherche pas à implanter une production diversifiée qui permettrait au Cameroun de vivre sans dépendre de la métropole. Convaincu qu'il œuvrait pour le bien-être de tous, il soutint la production de ce qu'on appelle en anglais *cash crop*, c'est-à-dire des produits agricoles destinés uniquement à l'exportation, les indigènes n'ayant ni l'habitude ni le goût pour eux. Si le *cash crop* faisait entrer de l'argent dans les coffres de la colonie, par contre il ne favorisait pas le développement d'une industrie et d'une agriculture pour subvenir aux besoins d'une population toujours croissante. La production peu variée obligea le Cameroun, comme bien d'autres pays africains, à importer de la nourriture et divers produits de première nécessité[34]. Cette situation continue de nos jours. Elle a donné naissance au néo-colonialisme, système qui laisse les Camerounais officiellement maîtres de leur pays, mais qui les oblige à compter sur l'aide occidentale, leur économie n'étant pas assez diversifiée et ne parvenant pas toujours à adoucir les brutales variations de l'offre et de la demande. Pareille dépendance force les Camerounais à se soumettre aux conditions de marché des pays importateurs et à prendre des décisions politiques ou économiques qui favorisent ces derniers[35].

Pourtant, ne voir en la France qu'un pays profitant des richesses d'un territoire auquel elle imposa ses lois n'est pas tout à fait juste. La mise en exploitation d'une colonie exige certes l'installation d'une administration, d'une infrastructure, d'un équipement hospitalier et d'un enseignement, tous orientés pour faciliter cette exploitation. La France fit plus toutefois. Elle améliora le sort des populations. Imaginer les Camerounais du siècle dernier comme vivant heureux et tranquilles dans une nature aimable et toujours prodigue de nourriture et ne connaissant aucun problème sérieux, manque de réalisme. Les populations faisaient face à de dures conditions de vie. Elles devaient fournir beaucoup d'efforts avant d'obtenir quoi que ce soit d'une nature plus hostile que généreuse. Mal nourries à l'occasion et souvent affaiblies par une mauvaise hygiène, elles résistaient difficilement aux maladies, à la famine, aux guerres intertribales et à la traite des esclaves[36]. Au vingtième siècle, avec l'aide d'abord de l'Allemagne puis de la France, le Cameroun fit de nets progrès sur le plan humain grâce à des lois qui protégeaient la personne, tout autant que grâce aux efforts de l'enseignement et de la médecine. On ne peut ignorer entre autres ceux du Docteur Jamot et de ses successeurs qui limitèrent les ravages faits par des maladies telles que la lèpre, la trypanosomiase et la variole[37].

Pour la puissance colonisatrice si promouvoir l'individualisme au travers des soins médicaux, de l'enseignement et de la religion diminuait l'importance de certaines habitudes traditionnelles qui lui répugnaient comme l'esclavage, les ordalies et la mise à mort des veuves, esclaves ou ennemis, par contre cela favorisait aussi les entreprises personnelles, parfois contre ses propres intérêts. Cette dualité déjà observée dans l'enseignement—la lecture incitant la soumission aussi bien que la rébellion—le gouverneur du Cameroun la découvrit aussi en politique dans ses relations avec le premier parti camerounais: l'Union des Populations du Cameroun. Le Cameroun fut le seul pays d'Afrique noire à avoir, avant 1960, un parti d'opposition vraiment nationaliste qui joua, grâce à la personnalité remarquable de Ruben Um Nyobé, un de ses fondateurs, un rôle significatif dans son histoire. Ce parti, créé en 1948, se donnait pour tâche, ainsi que son nom l'indique, la réunification des deux Cameroun, l'anglais et le français, afin de refaire le Kamerun allemand et d'exiger l'indépendance. Toutefois, comme l'UPC avait des liens avec le communisme international et comme il soutenait des demandes syndicales contraires aux intérêts des colons, il s'attira les foudres de l'administration française[38]. Déclaré illégal, le parti s'insurgea contre le pouvoir central et perpétra des actes de terrorisme. Le Gouverneur Pré aidé de ses troupes camerounaises et françaises réprima l'insurrection avec sévérité. En 1958, des soldats tuèrent Ruben Um Nyobé dans une embuscade et l'UPC perdit sa chance de devenir parti national[39]. Cependant, en dépit de sa mort prématurée, Um Nyobé influença l'histoire du Cameroun puisque son rêve de réunification se réalisa en partie quand le sud du Cameroun anglais rejoignit le français après les plébiscites de 1959 et 1961[40]. Maintenant que les années ont passé, qu'il n'y a plus d'opposition politique et que le Cameroun se cherche des hommes à admirer et à honorer, Um Nyobé est devenu héros national alors que sa lutte pour un gouvernement démocratique a été assimilée à une lutte anticolonialiste[41].

L'ère coloniale modifia définitivement le destin du Cameroun et, par suite, elle influença l'évolution de ses arts et de sa littérature. Elle le fit sur les trois composantes de la technique, de l'imagination et des idées que contiennent les romans. Quand ils apprirent la technique de l'écriture les Camerounais virent tout un nouveau domaine s'ouvrir devant eux. Leurs premiers essais littéraires furent des pastiches ou des adaptations de contes. Mais bientôt, au lieu d'employer l'écriture pour continuer leur littérature orale en composant des contes, des *mvet*—sorte de poèmes épiques—, ils s'en servirent pour combattre le colonialisme. Ironiquement donc, le colonialisme enseigna aux Camerounais une technique artistique que ces derniers utilisèrent pour le combattre. Les écrivains n'ont d'ailleurs pas totalement oublié la littérature traditionnelle. Ils prouvent sa vitalité et leur admiration pour elle en lui empruntant des sujets, des thèmes et des manières de s'exprimer et parfois même en l'incorporant dans leurs œuvres[42].

Sans doute, la puissance colonisatrice imposa sa langue puisque l'apport de l'écriture ne pouvait se réaliser indépendamment de son enseignement et puisque les dialectes locaux n'intéressaient guère les autorités. A vrai dire, l'usage d'une langue occidentale offrait plusieurs avantages non négligeables. Tout d'abord, elle existait sous une forme écrite, il ne fallait donc pas inventer une écriture qui transcrirait les nombreux vernaculaires. Ensuite, elle servait et elle sert encore de nos jours à unifier le pays, c'est-à-dire à éviter qu'une tribu domine culturellement et par suite politiquement les autres. Enfin, comme la France possédait d'autres colonies en Afrique, le français facilite les relations entre elles et assure à leurs intellectuels un public à travers le continent[43]. Ces raisons expliquent pourquoi tous les pays d'Afrique noire ont adopté une langue occidentale comme langue officielle. Le cas du Cameroun n'est donc pas unique. Il se différencie pourtant des autres pays d'Afrique noire par le fait que, comme trois puissances européennes possédèrent le tout ou une partie du territoire, des auteurs ont utilisé dans leurs œuvres littéraires trois langues: l'allemand, l'anglais et le français. Toutefois, à part Alexandre Kum'a Ndumbe qui écrivit quelques pièces en allemand par une sorte de respect pour une époque qu'il n'a pas connue, personne d'autre n'a suivi son exemple et la littérature en langue allemande n'a pas d'importance pour le moment. Par contre, la littérature anglaise est représentée par plusieurs poètes et dramaturges tels Victor Musinga et Sankie Maimo et par des romanciers comme Mbella Sone Dipoko et J. A. Ngongwikuo[44]. Quant à la littérature d'expression française, elle est la plus active et la plus variée des trois. Elle comprend romans, pièces, poèmes, nouvelles, contes de type traditionnel en plus d'essais philosophiques et politiques.

Si l'emploi d'une langue européenne offrait des avantages pratiques, d'un autre côté, il soulevait des questions importantes à savoir est-ce qu'une langue étrangère est apte à exprimer les particularités de l'âme camerounaise? Un art constitué d'éléments allogènes est-il jamais authentique, peut il vraiment traduire le fond culturel de cette société? Ecrivains, critiques, politiciens ont débattu ces questions avec chaleur[45]. Beaucoup ont d'abord répondu par la négative, mais ensuite ils ont changé d'avis. Les auteurs finirent par accepter le français. En effet, outre le public plus large qu'il leur ouvrait, ils s'aperçurent qu'au plus ils écrivaient, ils apprenaient à l'utiliser pour décrire leur manière de voir le monde. Ils sont parvenus ainsi à lui adapter des techniques d'expression camerounaises traditionnelles telles que les proverbes et les images littéraires protéiformes.

Quant aux critiques, après avoir lu un ouvrage comme *The Palm-wine Drinkard* du nigérian Amos Tutuola, ils découvrirent que les Africains pouvaient créer des œuvres originales à partir d'une langue empruntée. D'ailleurs, la réponse à ces deux questions ne se trouve pas dans les théories élaborées à partir de points de vue idéologiques, mais bien dans les œuvres elles-mêmes. En fait, plus de vingt ans après leur indépendance, les écrivains continuent à publier en français pour le plaisir d'un public peu nombreux mais intéressé. Certains, les plus âgés et ceux qui ont le plus subi l'influence du milieu traditionnel, regrettent avec René Philombe de ne pouvoir écrire dans leur langue maternelle. Ils se plaignent à l'occasion des difficultés de transposer en français des expressions typiques venant de leur vernaculaire. Par contre, d'autres, plus jeunes, ceux qui sont nés et qui vivent en ville, qui n'ont jamais parlé une langue locale et qui ne connaissent que le français, ne comprennent même pas le débat[46]. Aussi, qu'ils le veuillent ou non, les écrivains camerounais se voient tous dans l'obligation d'employer le français et ils essaient d'en tirer le meilleur parti. Par conséquent, avec le passage du temps et avec chaque nouveau livre, les deux questions se posent avec de moins en moins d'urgence.

Outre l'écriture et la langue, la France colonisatrice fit découvrir aux jeunes Camerounais sa littérature. Comme le colonialisme était un régime plus soucieux des bénéfices financiers qu'il tirait d'un pays que de la liberté d'expression de ses citoyens ou que de leur droit de recevoir des informations non censurées, on s'attendrait à ce que les cours de littérature présentassent seulement des œuvres choisies dans le but de soutenir le régime et de produire des jeunes gens respectueux des lois françaises. Or, il n'en fut rien. Inattentive à ce genres de détails, inconsciente ou au contraire confiante en la qualité de son enseignement, en la toute puissance de la raison, du bon sens et de la modération, l'administration française imposa aux colonies—la France d'Outre-Mer ne l'oublions pas—des programmes et des livres scolaires semblables à ceux de la métropole. Peut-être s'agissait-il tout simplement d'une solution de facilité qui permettait d'utiliser de vieux livres démodés et rejetés par les programmes officiels de la métropole.

Toujours est-il que les jeunes Camerounais se familiarisèrent avec les grands auteurs français y compris avec ceux qui n'avaient pas hésité à critiquer leurs compatriotes et leur propre pays. Dans ces conditions, il n'y a rien d'étonnant à ce que Voltaire et Jean de La Fontaine figurent parmi les écrivains préférés par les Camerounais, le premier pour avoir ridiculisé les hommes en place, laïcs et religieux, et le second pour s'être raillé des faiblesses humaines[47].

La lecture de la littérature française offrait des modèles à suivre tant pour la forme que pour le fond. Néanmoins, à part quelques références à des œuvres spécifiques, les Camerounais n'ont pas repris les sujets des exemples proposés par les écoles. Leur vie quotidienne et les événements historiques qu'ils vivaient les intéressaient bien plus. La période coloniale leur fournissait d'ailleurs des situations romanesques en abondance. Elle continue de le faire, bien qu'officiellement terminée depuis 1960 et cela pour plusieurs raisons. Tout d'abord, l'expérience coloniale est une source inépuisable de souvenirs, de personnages remarquables et de conflits adaptables sans peine au genre. Ensuite, le colonialisme s'est transformé au cours des années en néocolonialisme puisque le pays continue à dépendre économiquement de la France et puisque l'administration camerounaise se montre aussi peu démocratique qu'à l'époque coloniale. Les défauts du premier se perpétuent dans le second et parler de l'un équivaut à parler de l'autre. Comme la censure empêche de critiquer le système au pouvoir, les auteurs ont parfois recours au colonialisme pour ridiculiser indirectement le gouvernement actuel. Ce stratagème réussit d'autant mieux que les autorités en place aiment voir fustiger les anciens colonisateurs. Reprocher aux Blancs leur cupidité et leur brutalité allège leurs propres reponsabilités dans les affaires locales[48].

Il y a plus. L'importance du colonialisme ne se limite pas à l'apport de nouveaux moyens artistiques tels que l'écriture, le genre romanesque et les sujets qu'il a inspirés, elle s'observe aussi dans la conception de la vie et de l'être que se font les romanciers. Certes, tous les changements provoqués dans ce domaine par le colonialisme et par le christianisme qui le soutenait n'ont pas une importance essentielle pour le roman camerounais. Cependant, parmi eux, il faut citer l'individualisme puisqu'il a apporté une série de vues inconnues jusqu'alors au Cameroun. Enseignés par l'éducation religieuse et laïque, plusieurs concepts associés à l'individualisme, comme la valorisation de la personne, comme le droit de se choisir un conjoint ou un métier, apparaissent dans les romans encourageant les lecteurs à poursuivre leur bonheur personnel sans l'accord de leur famille ou de leur tribu. Toutefois, les vues des auteurs camerounais ne correspondent pas entièrement à celles de l'Occident, car elles présentent un mélange d'attitudes traditionnelles et nouvelles caractéristique d'une société qui évolue d'une économie de subsistance vers une économie de consommation.

La période coloniale officiellement terminée en 1960, la vie au Cameroun ne changea pas d'une manière appréciable, du moins pour la plupart de ses habitants, car le nouveau pays reçut une constitution à fort régime présidentiel copié sur celui de Charles de Gaulle. En outre, au lieu de se libéraliser, ce régime se transforma dans l'espace d'une dizaine d'années sous la présidence de Ahmadou Ahidjo, un Peul du nord, en une dictature « paternaliste » avec une chambre, un parti, un syndicat et un président tout puissant[49]. En fait, bien qu'élu tous les cinq ans au suffrage universel, Ahmadou Ahidjo réussit à évincer toute opposition à commencer par l'ancien Premier Ministre André-Marie Mbida et à rester au pouvoir de 1961 à 1982, année où il renonça de lui-même à son office en faveur de son Premier Ministre Paul Biya[50]. En tant que président, il était chef de l'état, du gouvernement et de l'armée. Il définissait la politique de la nation, il choisissait ses ministres et fonctionnaires et il décidait des relations avec l'extérieur ce qui centralisait tous les pouvoirs dans les mains d'une seule personne[51]. Se déclarant le Père du peuple, il considérait que n'importe quelle opposition mettait en danger l'unité et la sécurité du pays et qu'elle empêchait le progrès. Cette intransigeance assura au moins la stabilité politique au Cameroun parce qu'elle permit d'apaiser les esprits après la révolte des Bamilékés qui prolongea pendant plusieurs années l'affaire de l'Union des Populations du Cameroun[52]. Enfin, Ahmadou Ahidjo déploya suffisamment de diplomatie pour que les intérêts ou les exigences des divers groupes ethniques soient satisfaits et pour s'assurer leur loyalisme par là-même. Quant à Paul Biya, il semble suivre les traces du premier président en tous points, excepté qu'il a purgé des rangs de l'administration les fidèles de son prédécesseur.

Divisé en provinces, départements, arrondissements, districts, communes et enfin chefferies, le pays est couvert d'un réseau administratif étendu hérité en partie du modèle français, mais renforcé à cause de plusieurs facteurs[53]. En effet, le prestige qu'a la fonction publique, les difficultés de communication entre l'administration et les citoyens éloignés des centres urbains, les nécessités d'accommoder les habitudes traditionnelles au monde moderne et celle de distribuer des faveurs, tout gonfla les rangs de cette administration. Cependant, malgré le grand nombre de fonctionnaires, seuls les conseils municipaux et les membres de l'Assemblée nationale sont élus par le peuple[54]. Tous les autres représentants se voient nommés soit par leur supérieur hiérarchique, soit par le Président lui-même. Visiblement, ce système ne laisse pas grand choix aux citoyens.

Si le régime n'a pas évolué sur le plan politique vers une libéralisation, sur le plan économique la situation s'améliore, mais avec lenteur parce que le taux d'accroissement de la population contrebalance en partie les progrès faits par l'industrie et par l'agriculture. Il faut remarquer ici que la stabilité politique—un fait rare en Afrique—, qu'un usage circonspect des revenus pétroliers et que les efforts du gouvernement pour augmenter la production agricole produisirent leurs effets[55]. Par contre, en dépit des discours officiels, l'équipement hospitalier ne s'est guère renouvelé et l'enseignement ne reçoit pas un budget suffisant pour accomplir sa tâche, l'armée étant bien mieux traitée proportionnellement que ces deux postes[56].

La société camerounaise contemporaine se caractérise par le gouffre qui existe entre les populations paysannes pauvres, illettrées et la petite élite, non pas intellectuelle, mais politique, riche et toute puissante des hauts fonctionnaires[57]. Entre ces deux groupes se trouve une classe moyenne définie plus par les diplômes et places obtenus que par les avantages financiers dont elle profite et qui sont très variables. Cette classe comprend des propriétaires terriens, une « bourgeoisie » commerçante, une « bourgeoise » de petits fonctionnaires et une autre rassemblant les professions libérales: médecins, avocats et le corps enseignant. Elle se différencie de la bourgeoisie française puisqu'une partie de ses membres ne gagne pas assez d'argent pour s'offrir un logement confortable, encore moins tout ce que l'Occident associe de nos jours à une vie bourgeoise: meubles, objets de décoration, vêtements et voiture. Dans cette société où l'usage du transistor n'a pas éliminé la puissance des forces occultes, où beaucoup vivent encore dans des huttes de pisé à toit de chaume alors que seule une petite minorité connaît le luxe d'une maison climatisée, les contrastes sont permanents et les accommodations entre la vie dite traditionnelle et la vie moderne nombreuses et variées[58].

Une telle société connaît beaucoup de problèmes qui touchent différemment les groupes sociaux. Pour la classe moyenne, celle qui nous occupe car elle comprend les écrivains et leurs lecteurs, les problèmes les plus importants sont le népotisme tribal—le mérite comptant moins que l'appartenance à un clan déterminé—la corruption qui détourne des sommes substantielles du trésor public, les difficultés de trouver un travail qui plaise et qui soit bien rémunéré, le manque de liberté d'expression et d'information, la condition inférieure de la femme qui, malgré les réformes, reste toujours dépendante d'une volonté paternelle ou maritale toute puissante, l'alcoolisme, le parasitisme familial qui ralentit toute montée sociale et enfin les dépenses de prestige qui empêchent d'économiser[59].

B. Les Ecrivains et leurs lecteurs

Dans cette société, vivent des romanciers aux talents très variés. Originaires pour la plupart de la région sud-est comprise entre Douala, Yaoundé, Ebolowa et Kribi, leur vie, leur culture, leur religion et leur éducation semblent les avoir amenés à écrire tandis que leurs compatriotes du nord, parce qu'ayant moins subi les influences occidentales, ou bien parce que plus attachés à leur littérature orale, n'ont presque rien publié jusqu'à ce jour. La plupart des romanciers vécurent une petite enfance libre et sans histoire dans un village forestier entourés de leurs nombreux parents. Ils y commencèrent leur éducation traditionnelle en imitant les gestes de leurs aînés et en participant aux travaux et fêtes. Ils parlèrent le vernaculaire local et ils s'initièrent aux différentes formes de la littérature orale. Ainsi, ils exercèrent leur mémoire et leur imagination en posant des devinettes, ils entendirent et retinrent tout un choix de proverbes utilisés par les villageois pour illustrer leurs discours et ils écoutèrent les contes que leur disait un adulte en veine d'amuser les jeunes pendant la soirée. De ce fait, la littérature orale a une influence persistante sur eux si bien qu'un bon nombre de ses caractéristiques apparaissent dans les romans.

L'enfance paradisiaque de l'*Enfant noir* n'exista toutefois pas pour les futurs romanciers. Tôt ils durent quitter le milieu protecteur du village natal pour aller à l'école située souvent dans un village lointain[60]. Aussi, dès l'âge de treize ans, ceux qui s'inscrivirent au lycée découvrirent les merveilles et les turpitudes des centres urbains modernes en particulier ceux de Douala et de Yaoundé. Pour beaucoup, ce séjour à la ville se prolongea au-delà des études puisqu'ils y trouvèrent du travail et il interrompit définitivement le cours de l'éducation traditionnelle. Aujourd'hui, devenus citadins, les romanciers n'ont plus que des contacts sporadiques avec le village natal. Quant à la nouvelle génération, comme on l'a observé plus haut, elle naît et croît en ville. Pour la plupart, elle n'a donc ni relations suivies avec les paysans ni connaissance de leur façon de vivre ce qui explique son intérêt exclusif pour les sujets urbains et l'emploi moins fréquent des techniques littéraires orales.

Les romanciers naquirent entre 1921 (Joseph Owono) et 1954 (Kume Tale), ils ne connurent le régime allemand que par on-dit de sorte qu'ils en ont une vue idéalisée. Par contre, la plupart prirent conscience des ambiguïtés et des injustices de la société coloniale française pendant leur adolescence. Cette période du développement, difficile pour tous les hommes, le fut particulièrement pour eux parce qu'elle leur révéla l'existence de deux sociétés très différentes vivant côte à côte, mais l'une se posant comme supérieure à l'autre et la méprisant. Les jeunes Camerounais apprirent au lycée à admirer la civilisation française et, en même temps, à ignorer si pas à ridiculiser leur propre passé. La dichotomie ne pouvait qu'aggraver la crise de l'adolescence. On comprend, dès lors, l'importance que cette période de leur vie eut et pourquoi tant de leurs personnages principaux sont des jeunes hommes. A travers eux, les romanciers revivaient leur jeunesse et les crises auxquelles ils firent face. D'ailleurs, pendant ces années plusieurs avaient déjà senti le besoin de raconter par écrit leurs expériences, leurs humiliations et leurs rêves. En fait, Mongo Beti montra la voie à ses camarades puisqu'il écrivait dès cette époque les premières pages d'une œuvre qui dénonçait les pratiques du colonialisme et qui deviendra plus tard *Ville cruelle*[61].

Les romanciers camerounais firent des études d'une durée variant entre quatre et dix-huit ans. Samuel Mvolo, par exemple, commença l'école à l'âge de dix ans et il n'y resta que quatre ans. Il passa le Certificat d'Etudes Primaires qui lui donne droit maintenant à un modeste poste d'employé à l'Office National des Sports[62]. Pour lui, comme pour tant d'autres Camerounais, le nombre d'années passées à l'école dépendait non pas des dispositions intellectuelles ou de l'application de l'enfant, mais bien de la proximité des établissements scolaires et des possibilités financières de la famille. Ainsi, François-Borgia Marie Evembe dut interrompre son lycée pour travailler et gagner de quoi nourrir ses frères et sœurs. Il ne put finir ses études de journalisme que des années plus tard et grâce à l'obtention d'une bourse[63]. Plusieurs ont fait des études professionnelles ou universitaires, la plupart en France, car l'université ne fut fondée à Yaoundé qu'après l'indépendance. Le manque de personnel qualifié a forcé Bernard Nanga, alors professeur de philosophie à l'université de Yaoundé, à demander un congé en 1981 pour poursuivre son doctorat en France[64].

La grande différence entre les niveaux d'éducation montre que si l'intérêt de ces hommes et femmes pour la littérature écrite peut s'expliquer par leur région d'origine—un sud plus en contact avec l'Occident—par contre le niveau de scolarisation ne prédispose pas à l'acte d'écrire, mais il influence évidemment la qualité de la langue et du style. Aussi, soucieux de se faire bien comprendre, de ne pas paraître ignorants et de se perfectionner en même temps, ceux qui ne sont pas restés longtemps à l'école comme Samuel Mvolo et Désiré Naha n'hésitent pas à soumettre leurs écrits à des amis qui corrigent les fautes[65]. Cependant, malgré tous les efforts faits pour obtenir un texte correct les livres contiennent encore des erreurs de grammaire, de syntaxe et des expressions employées mal à propos. Pour juger les romanciers camerounais avec objectivité, le lecteur occidental doit se rappeler que la plupart d'entre eux sont polyglotes. Outre leur langue maternelle et le français, ils connaissent souvent d'autres langues locales et le pidgin du pays. Pour la plupart, le français est donc une langue d'adoption plus ou moins bien apprise à l'école. Il n'y a donc rien d'étonnant à ce qu'il se trouve modifié par des interférences venant d'autres langues.

A vrai dire, le fait que des personnes sans prétentions intellectuelles ou artistiques comme les deux auteurs cités ci-dessus tout autant qu'un directeur de service au Premier Ministère tel Etienne Yanou publient des romans suggère que le droit d'écrire appartient à tous ceux qui en ont le talent ou l'envie. Ce n'est pas une activité réservée à une coterie. Le meilleur et le pire coexistent par conséquent. D'autre part, comme le public cherche plus à se distraire qu'à lire une œuvre immortelle, il arrive, fait courant dans le commerce du livre, que les romans les moins « artistiques », mais les plus passionnants, obtiennent le plus de succès. Bref, selon René Philombe qui parle non seulement des romanciers mais aussi des autres écrivains camerounais:

> Pris globalement, les auteurs camerounais présentent un échiquier où évoluent des éléments de tous âges, de tous talents, de toutes conditions sociales, de toutes croyances religieuses. On les trouve au village comme à la ville..., à la plantation comme au bureau, sous un taudis comme dans un palais[66].

Et, non sans raison, il voit dans la variété des origines et des talents la richesse même de la littérature camerounaise.

Après des études aussi variées, les romanciers occupent des postes qui sont de niveaux également divers, cela va de soi. Quelques-uns se contentent d'une situation peu importante tel Patrice Etoundi M'Balla journaliste au *Cameroun Tribune*. D'autres obtiennent des places élevées dans l'administration comme Etienne Yanou, Delphine Zanga Tsogo et Pabe Mongo, ce dernier étant directeur adjoint au Ministère de l'Information et de la Presse. Il y a des professeurs: Mongo Beti enseigne dans un lycée à Rouen et Bernard Nanga donnait des cours universitaires. On trouve parmi eux aussi des chercheurs dont Charly-Gabriel Mbock qui s'intéresse aux questions littéraires pour l'Institut des Sciences Humaines à Yaoundé; un pasteur, Lazare Sanduo; deux avocats, Benjamin Matip et Thérèse Kuoh-Moukouri; un ingénieur Daniel Etounga Manguélé; un homme d'affaires, Patrice Ndedi Penda qui dirige sa propre compagnie de transit et deux musiciens, Francis Bebey et Rémy Gilbert Medou Mvomo[67]. Ils font donc partie de la classe moyenne dont ils expriment les rêves et les aspirations. Quant à Etienne Yanou et Pabe Mongo, s'ils font aujourd'hui partie de l'élite des fonctionnaires, s'ils jouissent d'un pouvoir et d'un bien-être inaccessibles aux autres, il n'en demeure pas moins qu'ils viennent de cette classe moyenne et qu'ils y retourneront lorsqu'ils auront cessé de plaire ou lorsque leur mandat aura expiré. Toutefois, ils diffèrent de leurs collègues par le fait qu'ils choisissent avec soin leurs sujets et thèmes pour ne pas critiquer le gouvernement et pour rester en dehors de toutes querelles, sinon ils pourraient perdre leur place et leurs privilèges.

Le niveau de vie des romanciers présente évidemment le même écart que les études faites et les places obtenues. Par exemple, l'appartement de Mongo Beti à Rouen ou celui de Francis Bebey à Paris prouvent, malgré leur ameublement modeste, que leurs locataires reçoivent un salaire régulier leur permettant de s'acheter des biens de consommation. Par contre, la « cambuse » de René Philombe, la maison en pisé sans eau ni électricité d'Etoundi M'Balla et la cahute où Désiré Naha exerce son métier de stoppeur démontrent combien plus précaires et rudimentaires sont les conditions de travail des romanciers vivant au Cameroun et qu'elles correspondent rarement à celles des écrivains français.

Les différences dans les niveaux de vie proviennent aussi du fait que, malgré leur naissance et jeunesse passées au Cameroun, tous les romanciers n'y résident pas. Ferdinand Oyono a habité à l'étranger pendant des années pour y poursuivre sa carrière diplomatique qui l'éloignait et de son pays et de la littérature. Marie-Thérèse Assiga-Ahanda séjourne à

Brazzaville parce que son mari y travaille dans un organisme international. Lydie Dooh-Bunya s'est fixée dès 1954 en France où elle s'est mariée tandis que Jean Ikelle-Matiba demeure en Allemagne Fédérale et il exerce la fonction de Directeur assistant de l'Académie Evangélique d'Iserlohn[68]. En général, ils vivent à l'étranger parce qu'ils y découvrirent un travail plus intéressant et plus rémunérateur que ce qu'ils auraient jamais pu obtenir au Cameroun. Ainsi Francis Bebey qui, après avoir quitté les services de la radio de l'UNESCO à Paris, fonda sa maison de disques, puis se lança dans la carrière de guitariste, chanteur et compositeur, carrière qu'il n'aurait pu mener avec autant de succès dans son pays pour des raisons techniques et financières. Mongo Beti lui vit en France depuis 1961. Son loyalisme envers la cause de Ruben Um Nyobé, son opposition à Ahmadou Ahidjo, son activité et ses publications antigouvernementales l'ont rendu *persona non grata* au Cameroun[69]. Par conséquent, ce qui aurait dû n'être pour lui qu'un séjour d'études et de formation professionnelle devint un exil. Ne pouvant même pas y retourner voir sa famille ou passer des vacances ainsi que Francis Bebey le fait assez souvent, Mongo Beti manque de contacts directs avec son pays.

Sa situation particulière ne l'a pas totalement éloigné de ses collègues et elle n'a pas éliminé l'existence de nombreux points communs. Ainsi—et malgré un travail littéraire plus intense dû surtout à la publication de son magazine *Peuples noirs, peuples africains* —il ne fait pas de la littérature un métier. Ecrire est pour Mongo Beti, et pour les romanciers camerounais, une activité secondaire, prise plus comme un délassement que comme la lente et difficile élaboration d'une œuvre immortelle, ciselée dans une matière incorruptible. Plusieurs raisons expliquent leur attitude et on reparlera de quelques-unes dans le sixième chapitre, mais ici il convient de donner celles qui ont trait aux conditions dans lesquelles les écrivains travaillent. Certes, tout comme un bon nombre de leurs collègues occidentaux, ils composent quand ils ont le temps, le soir, le week-end, pendant les vacances, en tout cas après leur journée de travail. A cause de l'étroitesse et de l'inconfort du logement, ils écrivent parfois entouré d'une famille et d'amis bruyants ou parfois à la lueur vacillante d'une lampe-tempête. Ces conditions ne favorisent pas la concentration intellectuelle et elles ont probablement causé des erreurs de langue aussi bien que des erreurs de logique dans le récit.

Les conditions du travail littéraire dans la société camerounaise diffèrent des françaises sur d'autres points encore. Ainsi, l'écrivain, même s'il le désire, n'a pas l'occasion de se retirer dans sa tour d'ivoire, d'ignorer le monde autour de lui et de ne pas répondre aux exigences du public. Plusieurs exemples illustrent ce point: des jeunes impatients de lire son troisième livre harcèlent Désiré Naha dans la rue; après la publication de la *Nasse*, Ndedi Penda reçut des lettres de lecteurs outrés par la fin du roman, car, disaient-ils, elle suggérait que les riches gagnent toujours; des étudiants qui avaient échoué à un examen contenant des questions sur ses romans insultèrent Francis Bebey[70]. Parfois la famille, les amis demandent que l'écrivain lise à haute voix son œuvre ce qui arrive quand Pabe Mongo retourne près des siens au village natal[71]. Il se rend compte de cette façon quels passages touchent et lesquels soulèvent des questions. De plus, soucieux de plaire à ses compatriotes, il prend note des contes et historiettes qu'ils viennent lui raconter espérant les utiliser un jour dans un de ses romans. Assurément, la familiarité de ces relations entre auteur et public varie d'une personne à l'autre, chaque écrivain n'imitant pas Pabe Mongo. En tout cas, elles favorisent la publication d'ouvrages sensibles aux goûts du public, mais, par contre, elles empêchent une conception trop indivi dualiste de la création artistique et, par là, elles limitent l'imagination, l'originalité et la liberté de l'expression.

Pour une société qui exige que l'écrivain assume des responsabilités sociales et politiques et qui contient à peine 19% de lettrés, l'acte d'écrire a une certaine dignité en lui-même, non seulement parce que la majorité ne peut l'exécuter, mais aussi parce qu'il demande de sacrifier l'argent nécessaire pour les fournitures[72]. Celles-ci, alors qu'elles ne font l'objet d'aucune inquiétude chez les auteurs occidentaux, posent des problèmes à leurs confrères camerounais. En effet, elles coûtent proportionnellement bien plus au Cameroun qu'en France à cause de la cherté de la vie, des taxes et des frais de transport qu'entraîne l'importation de ces objets. Evidemment tous les écrivains ne ressentent pas ce problème avec la même acuité. En plus de ceux qui vivent en France et qui ne connaissent pas de grosses difficultés matérielles, Bernard Nanga et Pabe Mongo gagnent relativement bien leur vie. Ils n'ont donc pas les problèmes financiers d'un René Philombe, par exemple, qui se trouve réduit à une pension modique pour nourrir sa famille et pour qui l'achat de cahiers représente une dépense hors de l'ordinaire.

Malgré les exigences pécuniaires, écrire est un plaisir, tenir un crayon, un stylo à bille en main, couvrir d'une écriture serrée les pages d'un cahier d'écolier font partie de la joie de raconter. Pourtant tous n'y sont pas sensibles. Francis Bebey raconte que, quand il fréquentait le Lycée Leclerc à Yaoundé avec Mongo Beti, il admirait celui-ci, car il écrivait de longues histoires à la main alors que lui, Francis Bebey, trop impatient d'en voir les résultats, ne voulait pas passer tout ce temps à remplir une feuille de papier. Cependant, du jour où il découvrit la machine à écrire et qu'il apprit à l'utiliser, la création d'un roman ne présenta plus d'obstacles et il conçut *Le Fils d'Agatha Moudio*[73]. Cette anecdote amusante rappelle qu'une activité intellectuelle comme la création d'un livre dépend de circonstances sur lesquelles les hommes n'ont pas toujours prise. Ici, la machine à écrire, la technique moderne, favorisa l'éclosion d'un talent. Par contre, les termites, c'est-à-dire la nature camerounaise, ont empêché la publication d'un ouvrage de René Philombe quand ils ont dévoré le manuscrit[74]. En fait, les conditions matérielles qui entourent la création littéraire sont si souvent adverses au Cameroun qu'elles expliquent en partie la minceur des livres.

Le plaisir d'imaginer des personnages et des événements pousse l'écrivain à prendre la plume, mais il en accepte les souffrances créatrices principalement parce qu'il sait que des gens le liront. Or, s'il crée un livre sans penser à qui il le destine, son ouvrage pourrait bien ne plaire à personne. Par contre, s'il connaît bien son public, il choisira des éléments narratifs captivants. A cause de cette éventualité, savoir qui compose le public camerounais permettrait au critique d'expliquer la présence de caractères littéraires distinctifs et à la fois d'apprécier si l'auteur est sensible aux besoins artistiques de son milieu. Interrogés pour savoir qui les lisait, les romanciers camerounais répondirent n'en avoir qu'une idée vague basée sur la correspondance qu'ils reçurent de leurs lecteurs ou sur des conversations qu'ils eurent avec eux. L'imprécision des informations reçues lors d'un séjour au Cameroun en 1981 requérait la lecture d'études spécialisées. Malheureusement, des travaux qui analysent les habitudes de lecture des Camerounais, la quantité et le genre de livres lus n'existent pas. Il a fallu se référer à deux articles très généraux, et sans doute déjà dépassés, qui englobent tous les pays d'Afrique noire francophone et qui ne posent pas toujours des questions identiques. Les dissemblances entre les deux études ne facilitent pas l'interprétation des statistiques et les informations que l'on en dégage restent encore trop imprécises. Cependant, en attendant mieux, elles permettent au moins de se faire une opinion sur le public camerounais surtout lorsqu'on les compare à des statistiques faites pour découvrir qui lit en France.

Au Cameroun, 81% de la population ne sait pas lire tandis qu'en France 31% ne lit jamais bien qu'officiellement lettré. Selon l'article anonyme de *Liaison AGECOP* et selon celui de Jacques Chevrier, le public africain n'a pas trente ans et il vit dans les villes[75]. Il se compose principalement d'élèves, d'étudiants et de fonctionnaires masculins (80%). La plupart lisent régulièrement (70%), ils se divertissent et s'instruisent en consultant des journaux, en écoutant la radio et en allant au cinéma, aucune de ces activités ne faisant réelle concurrence aux autres. Le sondage Express-Louis Harris révèle que les jeunes Français (18-24 ans) lisent le plus, qu'ils ne dédaignent pas pour autant les autres distractions et que le public féminin a augmenté en France de 37,5% (1960) à 60% (1978) alors que les Africaines lisent peu ou pas du tout[76]. Les Africains lisent des romans (25% de leurs lectures), des romans policiers (16%), de la littérature africaine (15%), mais ils lisent aussi des livres scolaires (22%), des ouvrages de droit, philosophie, histoire, sociologie et médecine (20%). Quant aux Français, leur préférence va à la littérature d'imagination[77]. Le pourcentage de livres didactiques et de fiction lus par les Africains manifeste le respect de la société pour tout ce qui est « pratique » et sa réserve envers les œuvres d'imagination. Certes, les chiffres donnés par les études consultées ici fluctuent d'année en année, ils ont sans doute changé depuis 1978, mais ils correspondent aux impressions que les écrivains avaient de leur public en 1981. Enfin, il ressort de toutes ces statistiques que les Africains s'intéressent relativement peu à la littérature publiée par leurs compatriotes de sorte que les écrivains camerounais ne peuvent espérer en toucher qu'une petite proportion[78].

Si les statistiques données ci-dessus ne tracent qu'une image floue de la minorité lettrée, il y a moyen d'en affirmer quelques traits grâce au modèle que Suzanne Sniader Lanser appelle le lecteur « degré zéro ». Elle a établi ce profil théorique à partir des points les plus communs partagés par tous les lecteurs occidentaux[79]. Une comparaison entre les lecteurs « degré zéro » occidental et camerounais montre qu'ils se ressemblent en bien des points. Le contraire eût étonné. Ils connaissent la culture et la langue du narrateur, ils sont capables de raisonner logiquement, de se rappeler ce qu'on leur dit et ils savent suivre la progression linéaire et temporelle du texte. Toutefois, à l'encontre du lecteur occidental, le lecteur camerounais n'est pas tout à fait habitué aux lois du genre. Après tout, cette littérature n'existe que depuis trente ans et une de ses sources principales, le roman français, lui vient d'une civilisation connue plus intellectuellement que vécue. En outre, il connaît presque toujours une autre langue que celle du texte qu'il lit et, à l'occasion, il trouve dans celui-ci des expressions de son vernaculaire traduites avec plus ou moins de fidélité[80]. De plus, les lecteurs camerounais n'ont pas encore perdu l'habitude de s'exclamer lorsqu'ils entendent ou lisent une histoire. Aussi, les écrivains cherchent-ils à obtenir des réactions orales de leur public et ils placent à l'occasion dans leurs textes des apostrophes, incitant les lecteurs à réagir tout haut[81]. Souvent d'ailleurs, ils se conduisent envers leur matériel écrit comme s'il était oral. Certes, la technique existe également dans le roman français, mais bien plus rarement. En fait, la comparaison entre les lecteurs « degré zéro » français et camerounais montre surtout que leurs caractéristiques se mesurent mieux en degré d'intensité—un lecteur plus ou moins passif que l'autre, plus ou moins éclairé—qu'en réelles différences. Cependant, celles-ci sont suffisamment substantielles pour conditionner le contenu de sorte que le critique ne doit pas oublier d'en tenir compte lorsqu'il juge cette littérature.

Toutes les observations faites sur les lecteurs camerounais jusqu'à ce point révèlent que le nombre réduit des lettrés et celui plus restreint de lecteurs empêchent les écrivains de s'adresser au peuple. Cette situation bien des critiques la perçoivent comme voulue et créée par les écrivains. Ils reprochent aux romanciers d'écrire et d'écrire en français. Ils les accusent de ne songer qu'aux lecteurs blancs et à une élite noire. Selon eux, à cause de ce public que les auteurs recherchent, ils se dissocient du peuple[82]. Ces reproches manquent d'équité, car vraiment les auteurs n'ont pas le choix. S'ils veulent raconter une histoire en dehors du cercle familial et ne pas l'écrire, ils doivent ou bien la présenter à la radio ou au théâtre. Malheureusement, la première appartient au gouvernement. Il n'y passe que des textes acceptés par des bureaucrates qui se font une idée très pratique et limitée des possibilités de ce moyen de communication et ils ne permettent que la diffusion d'informations scientifiques, scolaires ou d'intérêt général. Le second demande des fonds, des collaborateurs, une salle et des techniciens de sorte que bien des écrivains ne désirent pas faire face aux nombreux problèmes pratiques qu'il pose. Enfin, la censure se fait sentir d'autant plus lourdement que la radio et le théâtre sont des moyens de communication publics. Dans ces conditions, on comprend facilement pourquoi tant d'écrivains ont recours au roman. Au reste, s'ils ne s'adressent pas aux paysans, ils touchent un public qui n'est pas toujours celui de l'élite puisque les groupes les plus larges de leurs lecteurs se composent de lycéens et d'étudiants d'université. Or, même si ces jeunes jouissent d'un niveau de vie plus élevé que celui des campagnards, ils ne possèdent aucun pouvoir et, à quelques exceptions près, ils mèneront une vie modeste. Certes, la plupart mangent à leur faim, ils possèdent des habits et quelques objets dits de luxe tels une radio à transistor et des livres, mais cela ne fait pas d'eux une élite. En fait, ces reproches sont d'autant plus injustes que plusieurs écrivains produisent sciemment des ouvrages qui demandent un niveau intellectuel que les jeunes de 15 à 18 ans—leurs lecteurs les plus assidus—atteignent sans difficulté. Certes, ils ne demanderaient pas mieux que le peuple les lise[83]. Mais en attendant ces conditions idéales, ils tentent de plaire à un public le plus large possible d'où la simplicité si pas la naïveté de certains romans.

    Ce public, si peu nombreux soit-il, s'adonne à son passe-temps de la lecture dans les mêmes conditions que celles subies par les romanciers quand ils écrivent: exiguïté de l'espace, entourage bruyant, lumière inadéquate (le Cameroun se trouve près de l'équateur et il fait noir toute l'année dès six heures). Les jeunes se voient parfois obligés de profiter de l'éclairage public et de lire debout sous un réverbère bien qu'ils aient accès aux bibliothèques scolaires où ils peuvent s'asseoir et lire dans un calme relatif. Quand ils sont encouragés par leurs professeurs de littérature comme le poète Patrice Kayo qui enseigne à l'Ecole Normale, ils s'intéressent aux auteurs de leur pays et ils lisent leurs ouvrages avec avidité[84]. Cependant, une fois l'école terminée, beaucoup de Camerounais cessent de lire. Jacques Chevrier a attribué cette désaffection au fait que la société camerounaise n'a pas encore abandonné l'oralité et n'a pas totalement accepté l'écriture. Elle considère toujours le livre comme un luxe ou comme un objet magique dont on doit se méfier[85]. Cette explication, aussi vraie soit-elle, ne tient pas compte d'autres facteurs qui entrent en ligne de compte. En premier lieu, bien que les enfants qui cessent l'école vers l'âge de quinze ans soient supposés savoir lire, le manque d'enseignants qualifiés, de matériaux didactiques et de discipline scolaire empêchent d'atteindre ce but. Beaucoup de lycéens lisent avec difficultés et une fois qu'ils ont quitté l'école, plus rien autour d'eux n'encourage cette activité[86]. Lire pour eux n'est pas un plaisir, mais une tâche ardue. A cause de cette situation et parce que souvent ils n'ont pas besoin de lire pour gagner de quoi vivre, ils oublient ce qu'ils ont appris et retournent à l'état de non-lettrés.

    Ces problèmes ajoutés aux difficultés matérielles de la création littéraire prouvent que les circonstances dans lesquelles les écrivains travaillent laissent à désirer. Aussi aimeraient-ils les voir s'améliorer. Pourtant, ils ne se laissent pas entraîner par des rêves de grandeur. Ils ne veulent pas posséder la Mercedes obligatoire pour tous les personnages importants, dîner au champagne à la Présidence ou devenir des héros plus adulés que les joueurs de football. Les satisfactions matérielles les touchent moins que le peu de considération qu'a la société pour eux. A vrai dire, ils se contenteraient fort bien de la position qu'avait —et qu'a encore de nos jours dans les campagnes—le griot, le conteur et poète professionnel de la société traditionnelle[87]. Au moins lui, on l'écoute avec un mélange de plaisir et d'admiration quand il raconte ses histoires même lorsqu'il ridiculise l'homme et sa société. Personne ne l'accuse d'être un détracteur ou un anarchiste ainsi qu'on le fait quand un auteur ose critiquer ses compatriotes[88]. Devant l'attitude méprisante et anti-intellectuelle de la classe privilégiée, les écrivains pensent, puisqu'il leur faut surmonter tant de difficultés artistiques, sociales et matérielles, qu'ils méritent le respect. Enfin, ils regrettent en général que la société camerounaise ne les encourage pas assez à créer une littérature vivante et diversifiée.

C. Le Commerce du livre

Outre le peu de respect de la société envers les auteurs et leurs créations et outre le nombre limité de lettrés qui peuvent en jouir, d'autres circonstances empêchent un développement florissant de la littérature. Elles ont rapport au commerce du livre. Cet objet, grâce auquel l'écrivain communique ses idées, subit les lois de l'art tout autant que celle de sa fabrication et de sa vente. Ces deux aspects du livre influencent quelque peu son contenu. Comme ils diffèrent parfois d'avec ceux qui existent en France, il convient de s'étendre ici sur les aspects matériels de la création littéraire.

Le premier caractère du commerce du livre qui frappe dès l'abord est qu'au Cameroun, comme dans le reste de l'Afrique noire francophone, il n'y a pas grand choix de maisons de publication. Toutefois, les Camerounais ont l'avantage sur leurs confrères africains d'avoir un accès facile à la plus ancienne maison d'édition fondée en Afrique noire francophone: le Centre de Littérature Evangélique mieux connue sous le sigle CLE, située à Yaoundé et fondée en 1964 grâce à la générosité de protestants allemands et hollandais. Cette maison s'était donné pour premier but de diffuser des ouvrages religieux, mais très vite elle sentit le besoin d'élargir l'éventail de ses collections. Elle décida alors de publier des auteurs africains pour leur donner une chance de se faire connaître aussi bien que pour préserver et encourager les littératures orales et écrites[89]. En 1975, sur les 121 auteurs publiés depuis sa fondation, 54 étaient camerounais et le nombre total des livres imprimés s'élevait à plus d'un million. Il y eut des années plus ou moins prospères, en 1971, elle publia vingt-cinq titres, mais en 1974 et en 1978, huit seulement, variations dues plus au manque de fonds qu'à un affaiblissement de la créativité des écrivains. Ses difficultés financières la poussèrent à chercher un soutien de maisons comme la Librairie Protestante et Larousse avec qui elle partage une librairie à Yaoundé. Elle reçoit aussi une subvention importante de l'ACCT, le fonds de l'Aide et de la Coopération[90]. Elle publie plusieurs collections: une collection « Pour Tous » comprenant de courts romans, des contes et des nouvelles pour les lecteurs qui savent tout juste lire dans le but de soutenir leur habitude de lecture; des collections de romans, pièces et poèmes plus exigeants pour ceux qui lisent avec facilité et qui cherchent une stimulation intellectuelle; une collection d'études et de documents africains pour les chercheurs; des séries sur la religion, la philosophie, la médecine, la sociologie et une collection « Pratique ». CLE cherche donc à s'adapter au marché camerounais et africain, à répondre aux besoins divers tout autant qu'à éveiller la curiosité et à préserver la culture camerounaise.

Dans ce but elle choisit avec soin les titres qu'elle imprime en suivant quelques principes de base. Ils se résument ainsi: il faut que le livre décrive la scène africaine, qu'il présente des problèmes africains et qu'il projette l'image d'une Afrique multiforme. Bien entendu, ce que vivent les Africains en dehors de leur continent et les difficultés qu'ils rencontrent là-bas intéressent aussi CLE.

Toute maison d'édition qui se respecte adopte les nouveaux titres avec l'aide d'un comité de lecture. Pour CLE, il varie selon les genres. Ainsi, quand Jean Dihang, l'actuel éditeur en chef, reçoit le manuscrit d'un roman, il le donne à trois lecteurs: à « un technicien du roman », à une personne « qui a du bon sens » et à quelqu'un « qui a une grande culture ». Il le lit lui-même, fait la synthèse des rapports de lecture et décide avec ses trois lecteurs si le livre mérite la publication[91]. Cette procédure devrait assurer une certaine objectivité dans le jugement final, mais diverses pressions s'exercent sur le comité de lecture, celle des prêteurs de fonds, celle du gouvernement ou bien encore celle des sympathies personnelles. Les décisions prises ainsi ne vont pas toujours en faveur des meilleurs ouvrages ni même envers des livres qui pourraient devenir des best-sellers. Une fois le manuscrit accepté, le contrat de publication est signé, évidemment ses dispositions varient suivant que l'auteur a déjà publié ou non, selon son succès dans le premier cas et selon les espérances des éditeurs.

Si pour une raison ou une autre, le romancier camerounais ne désire pas soumettre son manuscrit à CLE, il a le choix: ou bien l'envoyer aux Nouvelles Editions Africaines, ou bien se faire imprimer en France ou encore s'adresser à une petite entreprise locale. Fondées par Hachette en 1971 avec le soutien financier des gouvernements locaux, les Nouvelles Editions Africaines ont leur siège à Dakar, Abidjan et Lomé (capitales du Sénégal, de la Côte-d'Ivoire et du Togo respectivement). Elles cherchent à dominer le marché en Afrique noire francophone[92]. Elles publient avec de plus grands moyens financiers que CLE et elles se permettent de sortir des ouvrages plus ambitieux et plus chers. Elles offrent aussi la même gamme de lecture allant d'un texte pour personnes qui savent tout juste lire à l'étude littéraire pour universitaires. Diffusés dans la plupart des grandes villes francophones d'Afrique, ses livres reçoivent plus de publicité que ceux de CLE et ils ont donc une meilleure chance d'intéresser le public. A cause de ces avantages de publicité et de diffusion, Francis Bebey a soumis son dernier manuscrit *La Nouvelle Saison des fruits* à NEA[93]. Il espère s'assurer ainsi un plus grand succès en librairie, une vente plus rapide et il soutient à la fois—geste qui a son importance pour lui—une entreprise africaine, même si celle-ci dépend d'une maison française.

Le marché africain n'étant pas toujours suffisant pour que deux compagnies se fassent concurrence, CLE et NEA ont à l'occasion publié ensemble un même ouvrage comme dans le cas de l'étude de Jean-Pierre Makouta M'Boukou sur le roman négro-africain. Le livre comptait plus de 300 pages et il exigeait donc une mise de fonds trop considérable pour une seule maison[94]. Il se peut que dans l'avenir ces deux maisons multiplient leurs publications communes et qu'elles s'entendent sur quelles œuvres publier ensemble. Elles domineraient alors le marché francophone d'Afrique noire d'une telle façon qu'elles imposeraient leurs choix et préférences. Elles monopoliseraient alors le commerce du livre. Une telle perspective inquiète à l'avance des auteurs comme René Philombe et Mongo Beti, car, l'existence même de ces maisons dépendant de la bonne volonté des chefs d'état et ceux-ci ne se souciant guère de la liberté d'expression, les deux écrivains y voient la possibilité d'imposer le silence à toute opposition politique[95].

En France, pendant les années cinquante et soixante surtout, quelques maisons d'édition publièrent des auteurs africains. Elles le firent pour au moins deux raisons totalement opposées: les unes parce qu'elles voulaient encourager le mouvement anticolonialiste en révélant au public français les injustices du système telles qu'un Ferdinand Oyono les voyait, par exemple, les autres parce qu'au contraire elles désiraient prouver au monde les bienfaits de la colonisation française qui transformait des « primitifs » en écrivains de talents! Corrêa, Edgar, Julliard, Laffont, Lacoste, bon nombre d'entre elles offrirent l'occasion aux écrivains camerounais de voir leurs manuscrits imprimés. De nos jours, il leur est beaucoup plus difficile de trouver un éditeur en France parce que, une fois la question coloniale résolue, le public français ne s'intéressa plus guère à l'Afrique, à ses problèmes et encore moins à sa littérature. Néanmoins quelques maisons continuent à publier des auteurs africains. Parmi elles, Présence Africaine fait figure d'exception puisqu'elle se consacra totalement à l'Afrique. Fondée en 1947 par Alioune Diop, cette maison a de tout temps soutenu et participé activement aux lettres africaines. Elle a publié les Camerounais Mongo Beti, François-Borgia Marie Evembe, Jean Ikelle-Matiba, Bernard Nanga et Ferdinand Oyono, cherchant les valeurs sûres et les auteurs qui laisseront une marque durable. La revue qu'elle publie depuis sa fondation sous son nom de *Présence Africaine* fait connaître les livres qu'elle imprime. De plus, elle soutint le mouvement anticolonialiste et elle revalorisa les cultures noires en propageant le concept de la négritude que Léopold S. Senghor avait lancé avec d'autres écrivains noirs[96]. Par là-même, elle démontra à ses lecteurs africains qu'ils avaient des aspirations et des problèmes communs. Sans aller jusqu'à proposer le panafricanisme cher à Kwame Nkrumah qui ignore les particularités locales pour exalter l'âme africaine, elle entretint l'idée que s'il y a des différences entre tribus et pays, elles sont moins importantes que les ressemblances. Cette idée prévaut encore de nos jours chez des écrivains comme Francis Bebey et René Philombe qui ne croient donc pas à la spécificité de la littérature camerounaise[97].

Aujourd'hui, le rôle de la revue *Présence Africaine* semble avoir diminué, du moins au Cameroun. Ce fait s'explique parce que seul un petit nombre a l'occasion de se l'offrir et parce que peu de bibliothèques y sont abonnées. De plus, elle a perdu de son attrait maintenant qu'elle évite les controverses et qu'elle ne cherche plus tant à exciter la curiosité des lecteurs. Enfin, comme la revue et la maison d'édition s'intéressent à une littérature plus intellectuelle que populaire, elles ne servent qu'un public très restreint. Toutefois, malgré que l'influence de Présence Africaine ait baissé dans le monde intellectuel camerounais, des écrivains continuent à lui soumettre leurs manuscrits à cause de son prestige et de la qualité de son service commercial (Bernard Nanga avec *Les Chauves-souris* en 1980 par exemple).

Quelques auteurs camerounais ne veulent pas soumettre leurs manuscrits à ces maisons bien établies, parmi eux il faut compter Mongo Beti. Comme il s'opposait au gouvernement d'Ahmadou Ahidjo et que celui de Paul Biya ne semble pas plus recevoir ses suffrages, aucune maison africaine ne veut le publier de peur de se voir interdire dans l'un ou l'autre pays africain. Il faut se rappeler ici que, pendant les dernières années de la période coloniale, le gouvernement français avait laissé ceux qui s'opposaient au régime exprimer leur mécontentement, du moins en France, et qu'il n'avait pas censuré de textes anticolonialistes. Par contre, aucun gouvernement africain ne laisse paraître des critiques sur leurs actions si possible. Ils tentent même à l'occasion d'empêcher qu'elles paraissent à l'étranger. Par conséquent, Présence Africaine évite de publier un auteur aussi mal vu par son gouvernement[98].

Elle a quand même réédité son premier roman *Ville cruelle*, mais elle l'a fait pour des raisons de profits, l'œuvre étant devenue un « classique » de la littérature africaine. Cette réédition ne fit pas plaisir à Mongo Beti parce qu'elle fut imprimée sans lui donner l'occasion de corriger les épreuves. Aussi, garda-t-elle les nombreuses fautes laissées dans la première édition et le pseudonyme d'Eza Boto auquel il renonça pourtant dès 1956. L'irritation de Mongo Beti devant pareille indifférence vis-à-vis de l'amour-propre d'un auteur se comprend. Personne n'aime être accusé d'ignorer la langue dans laquelle il écrit. Les écrivains africains sont particulièrement sensibles à ce genre de reproches. En effet, ils y voient, non sans raison, une manière facile de les rabaisser ou de les ignorer. Finalement, fatigué des embarras qu'il avait eus avec cette maison, Mongo Beti chercha d'autres entreprises. Il publia lui-même un de ses livres et il fit imprimer ses deux derniers *Les Deux Mères de Guillaume Ismaël Dzewatama, futur camionneur* et *La Revanche de Guillaume Ismaël Dzewatama* chez Buchet-Chastel.

Ici encore le cas de Mongo Beti est particulier vu qu'il avait déjà beaucoup publié et qu'il a une réputation internationale inégalée par ses confrères camerounais. Il peut donc s'adresser à des maisons d'édition réputées. Il n'en est pas de même pour les écrivains aux ambitions beaucoup plus modestes qui vivent au Cameroun. Là, à part les éditions CLE, ils ne peuvent choisir qu'entre de petites entreprises qui vendent leurs produits sur le marché local[99]. Il y a d'abord le Centre d'Edition et de Production de Manuels et d'Auxiliaires de l'Enseignement qui imprime outre des livres scolaires, des pièces de théâtre comme *Le Chômeur* de Stanislas Awona. Pour les auteurs moins conformistes ou moins soumis aux doctrines officielles, René Philombe lança Semences Africaines. Cette maison publie de courts ouvrages à bon marché telle sa propre pièce *Africapolis* (1978) ou des romans pour de jeunes lecteurs qui savent tout juste lire comme *Sur les pistes d'aventure* d'Epato P. Nzodom (1980).

Quelques maisons d'édition ont apparu, puis disparu ou ont changé de nom. La revue *Abbia* avait ainsi sorti un roman de René Philombe, *Sola, ma chérie* (1966). Au Messager publia *Ngonda* de Marie-Claire Matip (1958) et *Tante Bella* de Joseph Owono (1959); le Flambeau imprima *Le Journal d'une suicidée* de Kume Tale (1978). Enfin, il reste le très populaire Désiré Naha, dit « l'enfant maudit » qui publie ses propres livres[100]. Un peu à la manière du parisien Restif de la Bretonne au dix huitième siècle, il écrit ses romans, les fait imprimer et les vend lui-même. *Sur le chemin du suicide* a été publié par des éditions qu'il a nommées « du demi-lettré » et *Le Destin a frappé trop fort* par les Editions Populaires de Yaoundé. Il a visiblement choisi ces noms pour ne pas intimider son public et pour attirer sa sympathie, technique qui lui a fort bien réussi.

Les petites entreprises personnelles comme celles de Désiré Naha et de René Philombe attestent de la volonté de s'exprimer librement et de ne pas toujours suivre les directives officielles. Elles prouvent aussi l'existence d'une propension vers une pensée personnelle donc individualiste dont on verra d'autres manifestations au cours de cette étude. Sujettes à la même censure que les « grandes » maisons, les petites entreprises restent malgré tout plus indépendantes puisqu'elles ne reçoivent pas d'aide gouvernementale. En outre, elles ne cherchent pas à élever le niveau artistique ou intellectuel de la production littéraire. Plus qu'à défendre un idéal, plus qu'à proposer des concepts, elles cherchent à plaire et cette attitude leur assure des revenus en dépit de la précarité du commerce du livre.

Qu'elles aient un chiffre d'affaires modique ou qu'elles fassent partie d'un consortium international, les maisons d'édition ont rarement des relations harmonieuses avec les écrivains. Les romanciers camerounais n'ont guère évité les démêlés ordinaires. Ainsi que beaucoup d'autres auteurs, les romanciers disent gagner peu et recevoir leur dû en retard. Ils pensent que les éditeurs mentent sur le nombre de livres vendus pour ne pas payer tous les droits d'auteur, que souvent les épreuves ne sont pas bien corrigées et qu'il faut un temps infini avant de voir leur livre sortir[101].

Quant aux problèmes spécifiques que les écrivains ont avec les maisons d'édition, ils existent à cause de la nature même de ce commerce—les auteurs dépendant de la bonne foi des éditeurs—mais aussi parce que les écrivains ne savent pas toujours comment obtenir un contrat avantageux et que soit ignorance, faiblesse, timidité ou manque de moyens financiers, ils ne parviennent pas à se défendre contre ces maisons et à les forcer à respecter les termes du contrat. La distance entre les deux favorise les abus d'autant plus que pour plusieurs les timbres, les lettres de réclamations, les envois recommandés et les avocats coûtent trop pour leurs revenus modiques[102]. Ensuite, toujours à cause des frais et parce que les romanciers ne prévoient pas le pire, ils ne possèdent parfois qu'une copie de leur manuscrit, celle qu'ils envoient à l'éditeur, ce dernier s'octroyant le droit de la garder pendant de longues années quand cela lui convient, privant l'auteur de la jouissance de son bien. François-Borgia Marie Evembe a ainsi, dit-il, un manuscrit depuis plus de dix ans chez Présence Africaine. Parce que le livre pouvait susciter des controverses, Alioune Diop n'osa pas l'imprimer et il ne fit que suivre ses prérogatives d'éditeur en le gardant dix ans. Cette période écoulée, il aurait dû le renvoyer à Evembe. Or, après la mort d'Alioune Diop en 1979, Madame Diop promit à Evembe que le livre sortirait. Il attend toujours[103]. Le problème n'est donc pas résolu et les difficultés que Présence Africaine a eues avec le gouvernement camerounais lorsque tous les exemplaires des *Chauves-souris* de Bernard Nanga ont été saisis dans les librairies camerounaises (1981) n'accéléreront pas la publication du livre d'Evembe.

René Philombe n'a pas non plus échappé à ce genre de tracas. Il regrette que CLE et ensuite NEA, après avoir accepté un de ses manuscrits, se soient désistés sans doute par crainte d'indisposer les autorités. Connu pour sympathiser avec la gauche et avec d'autres groupes antigouvernementaux, Philombe a subi diverses brimades de la part de l'administration dans le but d'intimider l'opposition politique en général. En effet, comme il est respecté par une partie de la population à cause de son âge, de ses idées et de ses activités syndicales et politiques, le gouvernement semble vouloir le prendre pour cible de son ire. Ainsi, son courrier n'arrive pas toujours à destination, il s'est vu refuser un passeport en 1979 ce qui l'empêcha de participer au Festival des Arts africains à Berlin-Ouest. Il fut mis en résidence surveillée et il connut la prison[104]. L'attitude des autorités vis-à-vis d'un homme handicapé qui se déplace à l'aide de béquilles rappelle aux Camerounais que critiquer l'administration même dans un roman est un crime.

L'immixtion directe et indirecte du gouvernement dans les relations entre maisons d'édition et auteurs ne facilite pas et même réprime le commerce du livre, on s'en doute. Elle explique en partie pourquoi le chiffre d'affaires de CLE, la maison d'édition la plus prospère au Cameroun, n'est pas très important bien qu'elle diffuse ses publications dans la plupart des pays francophones d'Afrique noire, en France et au Canada. D'autres causes ralentissent le développement de cette entreprise. Tout d'abord, le nombre de personnes qui, au Cameroun et en Afrique, non seulement aiment lire, mais achètent des livres ne s'élève qu'à un fragment de la population lettrée. De plus, les livres coûtent cher: dans le passé parce qu'imprimés en France; depuis 1980—date à laquelle CLE a commencé d'imprimer au Cameroun—parce que tous les matériaux nécessaires pour les produire viennent encore de l'étranger. A cause de ces facteurs, les tirages ne comptent jamais beaucoup d'exemplaires de 1.500 à 3.000 pour le premier ce qui limite évidemment les profits[105]. Après cela, le livre n'est plus imprimé à moins qu'il n'ait obtenu un gros succès ou à moins que l'ouvrage ne fasse partie du programme scolaire. Ainsi, utilisé dans les écoles du Niger pour promouvoir une « révolution verte », *Afrika Ba'a* de Rémy Gilbert Medou Mvomo en est à son septième tirage et approche les 16.000[106]. *Un Enfant comme les autres*, petit ouvrage de la collection « Pour Tous » de CLE par Pabe Mongo a atteint les 10.000 exemplaires parce que lu dans les lycées camerounais. Ces tirages ne sont pas très élevés lorsqu'on les compare à ceux de *Ville cruelle* de Mongo Beti—un classique—et à ceux du seul auteur dramatique camerounais à succès Guillaume Oyono Mbia dont la pièce la plus connue *Trois Prétendants et un mari* a dépassé les 100.000 exemplaires et cela malgré son prix élevé[107]. En tout cas, les tirages des romans camerounais francophones paraissent ridicules en comparaison des livres anglais[108].

Si les maisons d'édition ne font pas de grosses affaires, de même les auteurs n'ont pas bâti de fortune avec les revenus de leurs livres. D'ailleurs, ils ne s'y attendaient guère. Ils sont unanimes, ils écrivent par plaisir et par exigence intérieure[109]. Cela n'empêche que la question des droits d'auteur a son importance. Interrogés à ce sujet, les écrivains ont donné des informations évidemment vagues, mais qui permettent de se rendre compte du peu de profit qu'ils en tirent. La plupart admettent gagner entre dix et douze pour cent de droits d'auteur ce qui s'accorde avec les droits offerts pour de petits tirages en France. Seuls Mongo Beti, parce que sa carrière littéraire couvre une période de trente ans et parce que plusieurs de ses livres ont connu un succès international, et Désiré Naha, parce que ses courts ouvrages se vendent comme « des petits pains », estiment avoir gagné des sommes substantielles. Ce sont des exceptions. Etienne Yanou reçut 200.000 francs CFA de droits d'auteur et un prix littéraire de 100.000 francs CFA pour les 7.000 exemplaires de *L'Homme-dieu de Bisso*, l'équivalent selon lui du prix de trois costumes! Francis Bebey, lui a déclaré que sa chanson « Agatha » rapportait plus que *Le Fils d'Agatha Moudio*, le livre sur le même sujet bien que celui-ci en soit déjà à sa huitième édition[110]. Certes, les traductions en anglais et en allemand ajoutent aux revenus des écrivains, mais seuls les plus renommés comme Francis Bebey, Mongo Beti, Ferdinand Oyono et René Philombe en profitent[111].

Les livres s'écoulent avec lenteur et la publicité engendrée par un prix littéraire n'en accélère pas vraiment la vente. *L'Homme-dieu de Bisso* d'Etienne Yanou ne se vend pas malgré qu'il ait obtenu le Grand Prix Littéraire de l'Afrique noire en 1975. L'auteur attribue ce peu de succès au coût du livre. En effet, bien qu'il y ait fait des coupures, malheureuses selon lui, mais imposées par l'éditeur, le livre de 150 pages se vend 1.500 francs CFA, prix élevé quand on le compare à celui du *Destin a frappé trop fort* de Désiré Naha: 600 francs CFA pour 125 pages[112]. On voit ici toute la différence entre une maison d'édition établie comme CLE qui doit payer des campagnes publicitaires, des frais d'entrepôt, divers intermédiaires et l'entreprise personnelle d'un homme qui vend lui-même ses livres dans la rue.

Dans les pays du Tiers Monde, les prix des livres ont une grande importance parce que le pouvoir d'achat en général peu élevé les fait considérer souvent comme des objets de luxe. Par conséquent, si l'on désire comprendre le commerce du livre au Cameroun, si l'on veut saisir pourquoi éditeurs et écrivains gagnent peu et pourquoi il n'y a pas plus de lecteurs, il faut s'y arrêter. Or, estimer si un livre coûte comparativement plus cher au Cameroun qu'en France n'est guère une tâche facile. De nombreuses variables influencent les prix. En outre, les salaires, les dépenses et les frais divers ne suivent pas la même proportion dans les deux contrées. Pourtant, malgré le manque de statistiques, il y a moyen de se faire une idée à ce sujet grâce à une comparaison empirique. Si au Cameroun, en 1981, un employé de banque ou toute autre personne qui possède le baccalauréat—le diplôme de fin d'études secondaires—gagne 80.000 francs CFA par mois, sa paie à l'heure s'élève à 500 francs CFA. Comme le livre le moins cher sur le marché coûte 600 francs CFA, il lui faut donc un peu plus d'une heure de travail pour s'acheter un livre neuf et qui vient de paraître. Par contre, en France, le salaire minimum s'élève à 17 francs français l'heure environ et un livre de poche du genre Harlequin coûte au minimum 10 francs français, c'est-à-dire moins d'une heure de travail. La comparaison, aussi approximative soit-elle, entre un employé de banque au Cameroun et un travailleur français non qualifié permet de voir que les prix des livres sont comparativement bien plus élevés au Cameroun qu'en France[113]. De plus, l'inflation de ces dernières années a fait monter les prix. Un ouvrage publié il y a cinq ans environ voit son prix presque doubler. *La Corbeille d'ignames* (CLE, 61 pages) de Penda coûtait, en 1976, 150 francs CFA, en 1981, la même édition revenait à 225 CFA tandis qu'un nouveau titre de 95 pages publié en 1981 atteignait 1.089 francs CFA[114]. Visiblement les prix montent. Cette augmentation n'encourage pas le Camerounais qui, une fois l'école finie, ne comprend ni la nécessité ni l'importance de préserver sa compétence à la lecture, d'autant plus que les exigences du budget familial aussi bien que l'attitude générale de la société vis-à-vis des œuvres de fiction l'en détournent.

Evidemment, une nation en voie de développement a des problèmes autrement plus urgents que de favoriser la création et l'utilisation d'œuvres d'art. Aussi trop peu incite les Camerounais à la lecture. Des institutions comme le cabinet de lecture ou comme la location de livres chères au dix-neuvième siècle français n'existent pas. Les autorités n'essaient pas de multiplier les bibliothèques. Elles se conduisent comme si tous les écrits de fiction, romans, poèmes, pièces de théâtre, pamphlets mettaient en danger l'unité du pays. Cependant, pour ceux qui cherchent bien, il y a quand même des bibliothèques quoique tout le monde n'y ait pas accès. Situées surtout dans les villes, elles ne contiennent pas beaucoup de romans[115]. Lorsqu'elles offrent des œuvres d'imagination comme les bibliothèques des centres culturels allemand, américain et français à Yaoundé, elles n'ouvrent que quelques heures par semaine et il n'y a pas de salle de lecture. Quant à la bibliothèque de l'université seul le personnel enseignant et les étudiants ont le droit de l'utiliser. Elle ferme d'ailleurs le soir et les week-ends. Les Archives Nationales, les bibliothèques religieuses et celles des écoles contiennent elles aussi une variété d'ouvrages. Pourtant, si les bibliothèques permettent d'étancher la soif de lecture des fervents malgré leurs heures d'ouverture limitées, elles ne parviennent pas à soutenir l'intérêt des « tièdes » qui ont besoin d'encouragements plus vifs et encore moins à convertir de nouveaux adeptes. Le peu d'intérêt pour la lecture s'observe aussi dans le nombre de librairies. Yaoundé, la ville la plus intellectuelle puisque l'université s'y trouve, en compte quatre pour une population estimée à 500.000 habitants, Douala, la ville la plus peuplée et la plus commerciale en a seulement deux et mal fournies ce qui prouve que le commerce du livre ne prospère pas[116]. Il y a bien des revendeurs dans les rues, mais leurs petits stocks contiennent surtout des livres scolaires usagés. Ni bibliothèque ni librairie n'attirent un large public pas plus d'ailleurs que les autres activités artistiques qu'on ne peut accuser de détourner les lecteurs potentiels car elles ne sont ni assez nombreuses ni facilement accessibles. Les quelques salles de cinéma des grandes villes n'ont guère la possibilité de satisfaire tous les besoins de divertissements; le théâtre, rare quoique fort apprécié, ne touche pas plus de 50% de la population à Yaoundé par exemple et une place y coûte le prix d'un livre (1.000 francs CFA); les expositions d'art, les concerts sont encore moins fréquentés et la télévision n'en est qu'à ses débuts[117].

    Tout montre ainsi que la société considère les divertissements artistiques, et la lecture en particulier, comme des activités qui ne méritent pas sa sollicitude, bien au contraire du football, distraction populaire s'il en est. Même, la situation s'est détériorée au cours des années qui suivirent l'indépendance. Le gouvernement y a une grande part de responsabilité. Outre qu'il ne subventionne pas assez les écoles ou les bibliothèques, il a éliminé les programmes littéraires de la radio. Dans les années 60 et 70, elle annonçait la parution de nouveaux ouvrages, elle diffusait des pièces, des commentaires de critiques et des interviews avec les auteurs, programmes suspendus depuis plusieurs années sans que le public en sache la raison[118]. Perte importante à laquelle s'ajoute la fin des comptes rendus artistiques publiés dans le quotidien officiel le plus diffusé au Cameroun, le *Cameroon Tribune*. Celui-ci publiait une page artistique chaque semaine, depuis son premier numéro en 1974 jusqu'en décembre 1980, consacrée aux expositions, aux concerts et à une rubrique sur les derniers livres parus. Depuis lors, le journal n'imprime plus que les discours du Président, des nouvelles nationales et sportives. Suivant la personne à qui l'on demande les raisons de cette disparition, les réponses diffèrent bien entendu. Le *Cameroon Tribune* prétend que le public ne s'intéressait pas à cette page et qu'il n'y avait pas assez de critiques pour la remplir. Un des critiques qui l'écrivait, Jacques Fame Ndongo, lui se plaint que le journal ne payait pas assez[119]. Toutes ces justifications peuvent être vraies en même temps, mais il en résulte que ni la radio ni les journaux ne tiennent les Camerounais au courant des activités artistiques de leurs compatriotes ce qui les empêche d'atteindre une notoriété quelconque. Il y a bien le journal littéraire *Abbia*, mais il ne touche qu'un petit nombre de lecteurs et ses difficultés financières le forcent à paraître irrégulièrement. En outre, ses jours semblent comptés malgré des donations venant de l'extérieur. Après lui il n'y aura plus de critique littéraire dans le pays en dehors de l'université[120]. Cette évolution ne présage rien de bon pour le développement d'une littérature indépendante des doctrines officielles et elle va de pair avec les changements politiques d'un pays qui d'une république démocratique s'est transformé en un pouvoir présidentiel personnel.

Qu'on ne se méprenne pas, une totale liberté d'expression n'a jamais existé au Cameroun. Déjà pendant la période coloniale, les autorités filtraient les nouvelles venant de l'extérieur et les publications locales ne paraissaient qu'avec l'approbation du gouverneur ou de l'évêque[121]. Cependant, avec l'indépendance et la constitution qui reconnaissait le droit à la liberté d'expression, les Camerounais avaient espéré une libéralisation de la censure. Le contraire se produisit. Le nouveau gouvernement ne la supprima pas. En fait, si des lois ordonnent quand et comment un auteur doit soumettre son manuscrit aux autorités, d'un autre côté, la procédure s'avère longue et l'autorité des fonctionnaires est soit mal définie soit abusée[122]. Il s'ensuit de cette situation parfois courtelinesque que même si les employés préposés à la censure autorisent la publication d'un ouvrage, un personnage politique peut le faire saisir.

Une mésaventure de ce genre arriva à Patrice Ndedi Penda dont la pièce *Le Caméléon* avait été jouée plusieurs fois dans les théâtres de Douala, Yaoundé et Buéa sans rencontrer d'opposition officielle. Pourtant, une fois imprimée, elle fut saisie[123]. *Les Chauves-souris* de Bernard Nanga subirent un sort semblable. Le manuscrit fut accepté par la commission de censure, mais quand les librairies de Yaoundé se mirent à vendre le livre, un fonctionnaire se sentit visé par la critique sociale qu'il contenait et il ordonna son envoi au pilon. Plus tard, on donna à Bernard Nanga des explications à cette saisie. Le livre avait choqué, car son auteur attaquait le régime et il s'était placé en censeur de la société. On l'accusait de vouloir diviser la nation parce qu'il opposait les classes défavorisées aux autres.

A cette occasion, on lui interdit aussi de parler en public en dehors de l'université[124].

Ces incidents mettent en évidence deux conséquences de la censure qui entravent la création littéraire et la diffusion des livres. La première a trait aux aspects financiers. Chaque fois que le gouvernement saisit un volume publié, l'auteur ne gagne rien, l'éditeur perd une somme considérable ce qui diminue ses revenus, l'empêche de prospérer et d'améliorer sa production. Bref, cette attitude augmente la précarité de ce commerce déjà bien fragile. D'autre part, si les lois ne sont pas appliquées à la lettre et si elles connaissent des variations imprévisibles par les auteurs et par les éditeurs, un climat de peur s'installe. Ni les uns ni les autres ne désirent créer ou publier des livres qui discutent d'une manière trop ouverte des problèmes sociaux, économiques ou politiques controversés. Chacun finit par pratiquer une « auto-censure ». La littérature d'imagination risque dès lors de perdre tout contact avec la réalité et de se confiner dans des limites qui la rendent totalement inoffensive, totalement gratuite. Elle devient une sorte « d'art pour l'art » ce qui va à l'encontre des désirs des écrivains, des critiques et . . . du gouvernement pour qui l'art doit enseigner[125].

Qu'il s'agisse de l'attitude gouvernementale ambiguë—favorisant une littérature didactique mais non-engagée—de lois qui ne sont pas respectées, toutes ces manifestations de l'administration dans le commerce du livre reflètent les vues contradictoires du président Ahmadou Ahidjo envers les arts et la littérature en particulier. Ainsi, le chef de l'Etat reçut René Philombe au Palais et le décora, mais ce rare honneur n'arrêta ni brimades ni vexations comme on l'a relevé plus haut[126]. En outre, puisque le Président se présente comme le Père du Peuple, tout ce qu'il dit et fait prend une importance exceptionnelle jusqu'à remplacer la loi. Par exemple, la constitution garantit la liberté d'expression « dans les limites fixées par la loi », or il la restreint quand il déclara en 1974:

> Toute action culturelle authentique implique que la nation entière soit globalement prise dans son mouvement et pas simplement des individus ou des groupes particuliers. . . . Ainsi toute action culturelle efficace est fondamentalement une entreprise, sinon politique, du moins civique[127].

Un tel discours accuse les écrivains d'élitisme et leurs lecteurs de manquer à leurs devoirs de bons citoyens. Il laisse par là même le champ libre à tous les abus de pouvoir puisque n'importe quel officiel peut déclarer que le peuple, composé de 80% d'illettrés, ne comprend pas un texte spécifique. De cette façon, comme seule une minorité de la population sait lire, tout écrit devient automatiquement suspect. C'est condamner à l'avance les écrivains et leur donner le sentiment inconfortable que leur activité s'oppose à l'unité camerounaise. Le Président suggère en plus que si un écrivain voit son livre publié, il ne le doit qu'à la tolérance bienveillante des autorités et non pas à son droit à la libre expression de ses pensées.

D'un côté donc, un Président et son gouvernement hostiles vis-à-vis de la création littéraire, une censure capricieuse, une culture qui se méfie de l'écrit et des difficultés matérielles de toutes sortes entravent la publication des romans. De l'autre, quelques institutions tentent de soutenir les efforts des écrivains. Il y a d'abord l'Association des Poètes et Ecrivains Camerounais, l'APEC, fondée en 1960 par René Philombe et par Rémy Gilbert Medou Mvomo. Elle se donnait pour but de

> contribuer activement à l'élaboration d'une littérature nationale, de sensibiliser la masse à la culture camerounaise et de contribuer à l'histoire de la littérature nationale en rassemblant tous les documents utiles[128].

Elle publia un recueil de poèmes et un journal *Le Cameroun littéraire*, elle soutint la publication du magazine littéraire bilingue *Abbia*, elle permit aux écrivains de se rencontrer et d'échanger leurs idées. Malheureusement au cours des années, comme tant d'autres entreprises intellectuelles au Cameroun, elle perdit son dynamisme, il y eut des schismes tant et si bien qu'Alexandre Kum'a Ndumbe essaie depuis 1981 de la remettre sur pied. Il rêve de ressusciter *Le Cameroun littéraire*, de louer un local réservé pour l'association, d'organiser des réunions littéraires, d'ouvrir une bibliothèque contenant toutes les œuvres des Camerounais et d'obtenir une libéralisation de la censure[129]. Sans préjuger s'il réussira à réaliser ses projets, pareils efforts révèlent qu'en dépit du gouvernement, toute initiative personnelle dans le domaine de la littérature n'est pas encore morte.

Outre les activités de l'APEC, l'université participe elle aussi à la création d'une atmosphère propice aux lettres particulièrement lorsqu'elle organisa le Colloque sur la Littérature et la Critique Camerounaises à Yaoundé du 17 au 22 avril 1977. Ce colloque réunit une bonne centaine d'auteurs et d'aspirants écrivains. Il fit découvrir à la communauté universitaire l'existence d'une vie littéraire variée. D'ailleurs, plusieurs professeurs d'université y prennent part directement: Bernard Nanga avec *Les Chauves-souris* et *La Trahison de Marianne* et Alexandre Kum'a Ndumbe avec *Kafra-Biatanga* et avec *Nouvelles interdites*. D'autres la soutiennent indirectement: Bernard Fonlon enseignait les littératures africaines et il a écrit des articles critiques, Jacques Fame Ndongo, directeur de l'Ecole Supérieure des Sciences et Techniques de l'Information, a publié des commentaires sur plusieurs romans camerounais dans le *Cameroon Tribune*, Kashim Ibrahim Tala encourage les étudiants non seulement à lire les écrivains francophones et anglophones du pays, mais aussi à créer eux-mêmes des œuvres originales[130]. La bibliothèque contient une collection représentative des auteurs camerounais et plusieurs professeurs font écrire par leurs étudiants des travaux sur eux[131]. Il faut encore citer les prix littéraires—entre autres le Grand Prix Littéraire de l'Afrique noire—qui aident et encouragent les écrivains en dépit du fait que le Cameroun n'en offre guère lui-même. Jean Ikelle-Matiba reçut le Grand Prix Littéraire de l'Afrique noire pour *Cette Afrique-là*; François-Borgia Marie Evembe l'eut en 1966 pour *Sur la terre en passant*; Francis Bebey l'année suivante avec *Le Fils d'Agatha Moudio* et Etienne Yanou en 1975 avec *L'Homme-dieu de Bisso*[132]. Enfin, même si les efforts de l'Association des Ecrivains de Langue Française (l'ADELF) qui organise ce Grand Prix Littéraire, même si ceux de l'université à Yaoundé et de l'APEC paraissent bien faibles face aux actions qui freinent la création littéraire, leur existence donne aux artistes le courage de persévérer.

Malgré l'humble place qu'il tient dans la société, le roman camerounais remplit ses fonctions puisqu'il divertit, éduque, perpétue des valeurs anciennes et dissémine des concepts nouveaux. En cela, et par bien d'autres détails, il ressemble au roman français. Cependant, trop d'éléments historiques, économiques, philosophiques et artistiques séparent les deux pays que pour y voir une réelle dépendance. D'ailleurs, tout au long de cette étude, le lecteur ne devra jamais perdre de vue que le Cameroun appartient à une société en transition qui évolue de l'oralité à l'écriture, d'une économie de subsistance à une économie basée sur le profit et la consommation. De plus, ce genre de transformation ne se passe pas toujours d'une manière harmonieuse ou progressive. Ni les campagnards ni les citadins n'ont complètement abandonné leur façon de concevoir l'homme et la vie que leur avaient enseignée leurs ancêtres bien que nombre d'entre eux aient adopté la foi chrétienne ou musulmane. L'évolution du pays exige, en outre, qu'il adapte à ses besoins des concepts venant de l'Occident comme ceux de l'état, du gouvernement, de l'économie capitaliste sans bouleverser totalement la chaîne de l'autorité établie par la coutume[133]. Puisque la société se cherche une voie moderne sans pour autant renier son passé, les créations des écrivains vont refléter les mêmes contradictions et hésitations aussi bien que la continuité avec le passé.

Deuxième Partie

Chapitre II

Le Roman engagé

LA CINQUANTAINE D'ŒUVRES QUI constituent le corpus romanesque camerounais forment un tas confus impossible à aborder sans classifications préalables si l'on veut en saisir la variété et la richesse. Aussi une division en catégories représentatives des tendances principales s'avère-t-elle indispensable et cela en dépit des plaintes d'Olympe Bhêly-Quénum qui ne voyait pas la raison d'étiqueter la littérature africaine avec des termes stéréotypés[1]. Il faut admettre que la difficulté consiste justement à choisir des classifications qui rendent justice aux divers romans. Se feront-elles suivant un ordre chronologique, suivant les genres, les thèmes, sujets ou bien d'après des méthodes narratives ou même d'après les différents niveaux artistiques tels le roman intellectuel et le roman populaire? Parmi toutes les catégories possibles, la première division qui s'impose partage les romans camerounais en deux groupes avec d'un côté les œuvres publiées pendant l'époque coloniale et de l'autre celles écrites après l'indépendance. Evidemment l'existence d'une division chronologique ne signifie pas qu'il y eut un changement total. Toutefois, elle reconnaît une coupure dans la création littéraire puisque, à l'exception de Mongo Beti, les auteurs qui écrivirent pendant la période coloniale se turent ensuite et puisque Mongo Beti lui-même ne publia rien entre 1958 et 1972 et quand il reprit la plume, son ton avait changé.

Malgré les observations intéressantes qu'elle permet, cette première division ne suffit pas pour bien comprendre la création romanesque au Cameroun et d'autres groupements deviennent nécessaires. Parmi ceux qu'ont suggéré les critiques comme le roman psychologique, autobiographique, de la formation, de l'angoisse ou de la contestation, s'ils permirent des remarques pénétrantes sur la littérature africaine en langue française des années cinquante et soixante vue dans son ensemble, ils conviennent assez mal aux romans camerounais parce qu'ils représentent des concepts peu courants dans ce pays[2]. Les utiliser aurait pour résultat de souligner les ressemblances entre les romans français, africains et camerounais alors que cette étude cherche au contraire à montrer l'originalité de ces derniers. Après tout ces termes « psychologique » et « autobiographique » impliquent une conception occidentale de l'homme—encore courante de nos jours malgré sa mise en question—celle d'un individu irremplaçable, raisonnable, capable de maîtriser ses instincts et de diriger son destin, mais qui n'existe pas au Cameroun en dépit de la christianisation et de l'éducation française. Quant aux thèmes de l'angoisse, du désenchantement et du refuge dans le passé, ils ne se manifestent pas assez souvent ici pour justifier des catégories particulières. Finalement, la classification qui paraît le mieux convenir aux romans camerounais, et au but de cette étude, tient compte des deux sources principales d'inspiration, celle du roman engagé et celle du roman de mœurs.

La distinction entre roman de mœurs et roman engagé se fera suivant que l'auteur insiste plus sur la critique de l'individu que sur celle de la société. Ainsi, *Mission terminée* de Mongo Beti se moque de la sottise qu'il y a pour Medza de se croire supérieur aux paysans de la forêt plus que des relations entre colonisateurs et colonisés[3]. Par contre, un auteur comme Ferdinand Oyono dans son roman *Une Vie de boy* montre le racisme et le manque d'humanité des Blancs qui tyrannisent et méprisent les Noirs. Certes, cet ouvrage ne passe pas sous silence les défauts de l'homme, mais son but principal consiste à révéler l'injustice du système colonial. De plus, le sens sartrien du terme lui convient parce que les personnages, même s'ils ne se révoltent pas comme ceux de Ousmane Sembene dans *Les Bouts de bois de Dieu*, sentent qu'ils sont en situation, qu'ils font partie d'un système politique et économique et, surtout, que ce système n'est pas immuable[4]. Il y a donc entre roman de mœurs et engagé outre une différence de point de vue, une de ton ce qui n'empêche pas l'usage de thèmes et d'idées identiques.

Liste des romans mentionnés

I. Les Romans engagés

Epoque coloniale:	Après l'indépendance:
Le Pauvre Christ de Bomba, 1956	Afrika Ba'a, 1969
Une Vie de boy, 1956	Perpétue et l'habitude du malheur, 1974
Tante Bella, 1959	Remember Ruben, 1974
	Sociétés africaines et « high society », 1978
	Le Drame d'un pays, 1979
	La Ruine presque cocasse d'un polichinelle, 1979
	Le Bal des caïmans, 1980
	Les Chauves-souris, 1980

II. Les Romans de mœurs

A. Les Romans de mœurs proprement dits:

Epoque coloniale:	Après l'indépendance:
Ville cruelle, 1954	Sur la terre en passant, 1963
Le Vieux Nègre et la médaille, 1956	Sola, ma chérie, 1966
Mission terminée, 1957	Le Fils d'Agatha Moudio, 1967
Chemin d'Europe, 1960	Le Journal de Faliou, 1972
	La Poupée ashanti, 1973
	L'Homme-dieu de Bisso, 1974
	Le Roi Albert d'Effidi, 1976
	Les Deux Mères de Guillaume Dzewatama futur camionneur, 1980
	La Croix du cœur, 1982
	La Revanche de Guillaume Dzewatama 1982
	La Reine captive, 1986

B. Les Romans d'amour

Rencontres essentielles, 1969
Mon Amour en noir et blanc, 1971
La Nasse, 1971

B. Les Romans d'amour (suite)

Ramitou mon étrangère, 1971
Le Fruit défendu, 1975
La Brise du jour, 1977
Lettre ouverte à sœur Marie-Pierre 1978
La Trahison de Marianne, 1984

C. Les Romans historiques

Afrique nous t'ignorons, 1956
Le Roi miraculé, 1958

Cette Afrique-là, 1963
Un Sorcier blanc à Zangali, 1969

D. Les Romans traditionnels

La Corbeille d'ignames, 1971
Les Fiancés du grand fleuve, 1973
Quand saigne le palmier, 1978

E. Les Récits

Ngonda, 1958

Un Tour du Cameroun en 59 jours à bicyclette, 1965
Une Dure Vie scolaire, 1972
Un Enfant comme les autres, 1972
La Colline du fromager, 1979

F. Les Romans populaires

Siang, 1971
Pris entre deux forces, 1975
Fanatisme criminel, 1978
Journal d'une suicidée, 1979
Sur le chemin du suicide, 1979
Bogam Woup, 1980
Le Destin a frappé trop fort, 1980
Nègre de paille, 1982
Vies de femmes, 1983

Ce tableau ne contient que les romans que l'on a pu consulter pour cette étude. Pour une liste plus complète, prière de se référer à la bibliographie.

A. Avant l'indépendance

A cause de cette distinction entre romans engagés et de mœurs, seules trois œuvres publiées avant 1960 se classent parmi les premiers. Il s'agit du *Pauvre Christ de Bomba* par Mongo Beti, d'une *Vie de boy* par Ferdinand Oyono et de *Tante Bella* par Joseph Owono. Des trois romans, une *Vie de boy* a le plus de succès à cause de ses qualités littéraires et de son message qui intéressent toujours un public non seulement local, mais aussi international. *Le Pauvre Christ de Bomba*, ayant irrité les autorités religieuses, n'a jamais pu être vendu librement au Cameroun. Il n'a, bien entendu, pas connu la diffusion du roman précédent[5]. Quant à *Tante Bella*, la vigueur avec laquelle le livre dénonce les traitements abusifs que les Camerounais infligent à leurs femmes ont tellement indisposé les critiques locaux qu'ils évitent d'en parler donc d'en promouvoir la lecture. Pourtant, l'ouvrage offre un grand intérêt si l'on veut comprendre en quoi consiste le roman camerounais.

Ecrit en quelques semaines par Joseph Owono, un ingénieur agronome devenu diplomate de carrière à l'indépendance, *Tante Bella* représente l'engagement de son auteur dans la lutte pour l'affranchissement de la femme. Il s'élève contre la « dot » ou compensation matrimoniale qui semble avoir beaucoup augmenté depuis le début du siècle forçant la famille du jeune homme à payer des sommes toujours plus grosses et à s'endetter lourdement[6]. Cet échange devient alors si contraignant que le mari y trouve une excuse pour traiter sa femme comme un vulgaire bien acheté et qu'elle, si le mariage ne lui convient pas, n'a plus la possibilité de racheter sa liberté. La forte insistance sur les problèmes suscités par le mariage dotal fait que, malgré son sous-titre de « roman », *Tante Bella* ne ressemble pas beaucoup à un ouvrage d'imagination suivant le concept occidental. Cela se voit notamment dans la première partie qui contient la relation peu romancée de réunions entre amis et dans la seconde qui prétend retranscrire le « vrai » récit de la vie de Tante Bella.

En fait, l'histoire de cette tante de J. R. Abanda, un ami du narrateur, est introduite par une lettre garantissant la véracité des événements racontés (122). Le désir d'authentifier une œuvre en affirmant que l'auteur se limite à copier un document ou à raconter des faits vérifiables se retrouve à d'autres occasions dans la prose camerounaise comme on le verra par la suite dans cette étude[7]. Avec des déclarations de ce genre, les écrivains se défendent d'inventer, ils assurent que les personnages ont vraiment existé et que leurs aventures se sont passées dans la réalité. Leur volonté de raconter le « vrai » provient du fait que, dans une société où le livre coûte cher, écrire un roman pour le plaisir seul de raconter une histoire n'est pas acceptable. L'art pour l'art, c'est-à-dire un art sans but utilitaire bien visible, apparaît un luxe inutile. Les auteurs se voient forcés de raconter « la vérité », c'est-à-dire de représenter la réalité sous un aspect qui corresponde à la perception générale que la société camerounaise s'en fait[8]. Cette prétention de décrire la réalité sans aucun ajout imaginaire sert bien l'auteur de *Tante Bella*, car il veut corriger des habitudes sociales déplorables. Pourtant, la quantité d'événements malheureux qui arrivent à la tante et l'héritage quasi miraculeux que sa fille reçoit à la fin du livre doivent mettre le lecteur sur ses gardes. Ils paraissent trop invraisemblables que pour s'être réellement passés[9].

Roman, récit romancé ou histoire vécue, le livre se divise en deux parties de longueurs à peu près égales et chacune s'occupe d'une matière différente bien que toutes deux aient comme thème central les problèmes relatifs au mariage dotal. Dans la première, le narrateur discute avec ses amis les conséquences que cette vieille coutume a aujourd'hui. Pour prouver le bien fondé de ses critiques, il raconte l'histoire de Dora, une jeune femme qu'il avait rencontrée à Douala et qui s'était prostituée après avoir fui un mauvais mariage. Pris de pitié pour cette victime de la cupidité et de la concupiscence masculines, il lui avait trouvé une place d'aide-infirmière. Depuis la jeune femme vit honnêtement. Elle lui démontra ainsi qu'elle n'avait pas choisi ce triste métier par vice ou par turpitude, mais bien parce qu'elle n'avait pu trouver d'autre gagne-pain (30-39). Sans contredit, pour le narrateur, la situation de la femme dans la société camerounaise manque d'agréments. Toutefois, l'homme n'en a pas l'entière responsabilité. Les femmes, elles aussi, devraient faire un effort parce que, si elles essayaient de bien soigner leur famille, bon nombre de problèmes seraient au moins aplanis (59-68).

Après avoir décrit quelques situations typiques de la scène contemporaine, Joseph Owono utilise dans la deuxième partie l'histoire de tante Bella pour illustrer sa position en faveur de l'affranchissement de la femme et de l'élimination de la dot. Encadrés par la lettre du neveu et par l'épilogue quelque peu incroyable de l'héritage, les chapitres racontent les tribulations de la vieille tante, une Camerounaise née aux environs de 1873 et qui meurt en 1951. Grâce à l'exemple de sa vie, Owono décrit des attitudes et des manières traditionnelles de décider du sort des femmes.

Suivant les coutumes et à cause de diverses circonstances, la famille de tante Bella l'a donnée en mariage à huit hommes, sans compter un neuvième qu'elle épousa par amour. Promise à un vieux chef dès l'âge de deux ans en paiement d'une dette que son village avait contractée (137), à la mort de son premier mari, elle fut enlevée par sa propre famille qui la maria à un autre homme (218-19). Après le décès de ce dernier, elle revint à un de ses beaux-fils qui la perdit au jeu. Elle épousa par amour un officier allemand qui mourut pendant la Première Guerre Mondiale. Elle fut remariée plusieurs fois alors que deux hommes se la disputaient (261). Enfin, comme trop vieille elle n'avait plus de valeur « marchande », on laissa son neveu la ramener au village natal pour l'y laisser finir ses jours. Parmi tous les maris qu'elle eut, seul l'officier allemand se comporta bien avec elle, car si certains la traitèrent sans trop de brutalités, la plupart se montrèrent indifférents, égoïstes, s'inquiétant moins de son bien-être que du gain qu'elle leur rapportait par son travail dans les champs et du nombre d'enfants qu'elle leur donnait. De cette façon, tante Bella vécut misérablement sans connaître la tendresse, mais aussi sans se plaindre parce que, comme toutes les Camerounaises de son époque, elle avait accepté les habitudes des siens.

De nos jours, il paraît difficile de comprendre comment elle se laissa manipuler d'une pareille façon. Aussi, à cause de la distance qui existe entre la vie coutumière telle qu'elle se vivait pendant la première moitié du vingtième siècle et ses lecteurs citadins d'aujourd'hui, Joseph Owono a noté avec précision des méthodes employées par les hommes pour imposer leurs volontés. En général, ils forçaient les femmes à leur obéir en créant un climat de peur: peur des tabous transgressés et des maléfices, peur des punitions brutales infligées à celles qui n'avaient pas respecté les habitudes sacrées (224, 226). Ainsi, à la mort d'un de ses maris, tante Bella dut subir l'*akus,* un emprisonnement rituel qui se passait dans de très mauvaises conditions hygiéniques. Elle fut, tout comme les autres veuves, battue et ensuite donnée à un des fils du mort sans son assentiment (233-39). Constamment menacée par des traitements violents, Bella, ainsi que les autres femmes, ne trouva de protection que dans la passivité et elle expliqua ses malheurs par la présence d'esprits malfaisants. Peut-être connut-elle quelques rares plaisirs, mais le bonheur n'exista ni pour elle ni pour ses consœurs.

A vrai dire, la vie traditionnelle dans un village de la forêt équatoriale ne fut jamais douce pour personne et l'éducation avait pour but principal d'enseigner l'endurance. Les hommes eux-mêmes subissaient des traitements pénibles soit lors d'une initiation d'âge, soit lorsqu'ils faisaient la guerre et qu'ils devaient supporter des peines physiques avec équanimité[10]. Cependant, le christianisme et la colonisation avaient cherché à adoucir les mœurs en interdisant les ordalies, le cannibalisme et les mises à mort rituelles. Joseph Owono estimait-il que les hommes avaient renoncé à la plupart des traitements brutaux envers eux-mêmes alors qu'ils préservaient ceux contre les femmes, méthode efficace s'il en est pour dominer ces dernières? Il ne s'explique pas là-dessus. En tout cas, avec un souci constant de précision, il essaya de reconstituer pour ses lecteurs des coutumes qu'il condamnait et à plusieurs endroits il arrêta son récit afin de décrire des cérémonies comme l'*akus* et l'*essana* ou funérailles du chef (205-15; 233-39) aussi bien que des particularités de l'habillement, de l'armement, des manières de construire des trappes et même des jeux d'enfants (140, 143, 198-200).

Il prit visiblement plaisir à relater ces épisodes, mais il dut se rappeler aussi les admonestations de Mongo Beti contre les écrivains africains qui utilisaient des détails ethnographiques pour recréer un passé idéalisé[11]. En fait, il critiqua tant les coutumes que plusieurs personnes s'en indignèrent[12]. Pourtant, il utilisa ces descriptions afin de faire vrai, afin de faire revivre « cette Afrique-là que nous ne reverrons plus jamais » pour reprendre l'expression de Jean Ikelle-Matiba[13]. Il voulut préserver le souvenir de coutumes en voie de disparition dans l'espoir que les générations futures se rappelleront la manière de vivre de leurs ancêtres, mesureront le chemin parcouru et se choisiront, en toute connaissance de cause, de nouvelles valeurs. Le sous-titre du livre: « roman d'aujourd'hui et de demain » exprime la volonté de l'auteur de lui voir servir ce noble but.

Bien que les intentions de ce roman soient claires, elles laissent deux questions en suspens. A savoir pourquoi raconte-t-il si longuement l'histoire d'une paysanne pour des lecteurs évidemment citadins et pourquoi ne touche-t-il pas au problème colonial alors si discuté? Comme Joseph Owono était ingénieur agronome, il dépendait de l'état et il pouvait perdre son poste en critiquant le système en place. Mongo Beti et Ferdinand Oyono n'avaient réussi à publier leurs ouvrages *Le Pauvre Christ de Bomba* et *Une Vie de boy* que parce qu'ils l'avaient fait en France où la censure sévissait avec beaucoup moins de rigueur qu'au Cameroun[14]. Il est possible aussi qu'il partageât à ce moment-là l'opinion selon laquelle le colonialisme valait mieux que la menace toujours possible d'un retour en arrière, d'un retour au tribalisme ou peut-être même à l'esclavage noir ou arabe.

La deuxième question que *Tante Bella* soulève touche à l'emploi d'une paysanne comme personnage central. Les problèmes de la dot et de l'affranchissement de la femme étant actuels, il aurait pu, comme dans la première partie avec la prostituée Dora, illustrer ses théories par un exemple plus contemporain et culturellement plus proche de ses lecteurs, citadins pour la plupart. Voulut-il montrer les deux faces de la question féminine au Cameroun ou suggérer avec l'histoire de Tante Bella que malgré la nouvelle situation issue du colonialisme il n'y avait pas eu de progrès dans le traitement des femmes? L'un ou l'autre est possible. En tout cas, soucieux non pas de renier, mais de renoncer aux habitudes traditionnelles, il écrivit un livre courageux même si à l'occasion il épousa des préjugés qui venaient directement des journaux féminins de l'époque (62-68). Ses idées feront sans doute sourire les féministes d'à présent. Or, la date à laquelle le livre a été publié (1959) et la hardiesse nécessaire à son auteur pour s'attaquer avec une telle fermeté aux privilèges masculins excusent ces faiblesses. Peu d'auteurs osèrent tant à l'exception de Mongo Beti dans *Perpétue et l'habitude du malheur* (1974) et Bernard Nanga dans *Les Chauves-souris* (1980).

Sans doute, le courage d'un écrivain ne constitue pas une qualité artistique intrinsèque. Il faut bien admettre que l'engagement d'Owono lui fit perdre de vue qu'il écrivait un roman et non pas une étude sur les problèmes occasionnés par la dot[15]. Cependant, le message du livre garde toujours sa pertinence. En effet, même si à première vue la vieille paysanne Bella n'a pas beaucoup de points communs avec les jeunes citadines d'aujourd'hui, en y regardant de plus près, on découvre que les jeunes filles sont toujours forcées d'obéir à leurs parents. En outre, maintenant que la peur des tabous et de la magie ont perdu de leur puissance parmi les citadins, l'argent, maître absolu selon Mongo Beti et Bernard Nanga, fait d'elles des victimes de l'autorité masculine tout autant que leurs grand-mères[16].

Parler d'une vieille paysanne avait donc le double avantage de préserver sur papier des habitudes en voie de disparition et de souligner le peu de chemin parcouru vers une libéralisation des attitudes à l'égard des femmes[17]. Mais, il y a plus. En effet, la position tenue par les femmes dans une société touche d'une certaine façon à sa politique. L'attitude plus ou moins tolérante qu'elle se donne envers elles se répercute dans les institutions. Le droit de vote, la liberté dans le choix d'un conjoint, d'un métier, toutes ces expressions des désirs de l'individu influencent l'économie tout comme la politique. En proposant de libérer les femmes de la tyrannie des traditions, l'ouvrage mine l'autorité masculine et il menace ses privilèges sociaux aussi bien que son pouvoir politique[18].

Cette intention non avouée fut bien comprise par Mongo Beti et par Bernard Nanga qui la reprirent à leur compte dans leurs deux romans. Cependant, à cause de l'interdiction de vendre qui les frappe au Cameroun, *Tante Bella* reste dans ce pays l'ouvrage le plus accusateur pour tout ce qui touche la condition de la femme surtout que Joseph Owono y décrivait les effets néfastes des coutumes et qu'il en soulignait les abus sans en expliquer le pourquoi de leur existence et de leur développement. Cherchant à éliminer des coutumes qu'il jugeait mauvaises, il ne s'est pas soucié d'objectivité ni de montrer les côtés positifs d'habitudes anciennes. Sa manière de s'exprimer plus subjective que scientifique fut reprise par d'autres romanciers camerounais parmi eux Jean Ikelle-Matiba dont le personnage prétend que sa « vie n'a été jusqu'à présent qu'une suite d'affreux épisodes » alors qu'en fait il ne vécut qu'une courte période vraiment difficile et par Ferdinand Oyono dans son premier roman *Une Vie de boy* (1956) où Toundi subit les effets extrêmes, donc rares, d'une situation courante[19].

Le parti pris de dénoncer la brutalité envers les femmes et la dureté du colonialisme au travers de destins émouvants sans chercher à faire la part des choses explique en partie pourquoi *Une Vie de boy* provoqua tant de controverses lors de sa parution. Il choqua l'opinion publique non seulement parce qu'il démystifiait la mission civilisatrice de la France dans ses colonies, mais aussi parce qu'il venait d'un Camerounais, donc d'un Africain éduqué par la généreuse France. Certains se demandèrent si elle avait réchauffé un serpent dans son sein. En vérité, depuis la fin de la Deuxième Guerre Mondiale, de plus en plus de Français s'opposaient à cette forme de gouvernement. Par conséquent, l'attitude du public métropolitain commençait à changer et le moment était venu de le toucher au cœur. *Une Vie de boy* apparut donc en temps opportun pour soutenir la lutte anticolonialiste. Son efficacité vint, comme le dit Francis Anani Joppa, de son:

> engagement . . . qui consiste non seulement à décrire la réalité, mais à la mettre au service de sa cause. Il veut agir sur l'oppresseur, sur le colonialiste, sur l'Occidental, l'informer de ce qui se fait en Afrique au nom de la civilisation, lui faire honte, lui donner le désir de réparer[20].

A cause de son opposition au colonialisme, à cause de l'évolution des idées occidentales envers le régime, à cause de ses qualités littéraires et parce que le terrain avait été préparé par des ouvrages aussi célèbres qu'un *Voyage au Congo* d'André Gide, l'œuvre de Ferdinand Oyono fit sensation en France[21].

Le roman n'a pourtant pas de grandes prétentions artistiques. L'intrigue simple, qui avait emprunté certains événements à la vie d'un cousin de l'auteur, a la forme peu affectée d'un journal[22]. Une introduction explique l'existence du journal et, ensuite, deux parties racontent la vie du jeune homme. La première décrit son ascension, la seconde sa chute. Le rythme dans le récit est établi par l'alternance de scènes variant entre quelques lignes et une dizaine de pages comme s'il s'agissait vraiment de souvenirs rapportés sans apprêt aucun. Cependant, bien qu'il y ait une tentative, surtout dans la deuxième partie, d'adapter la longueur du passage à l'action, celle-ci dépend plus du fait qu'il y a une scène « à faire », il faut comprendre ici des scènes qui montrent les abus les plus typiques du colonialisme. Par exemple, à la Résidence où les Blancs expriment leur racisme dans leurs conversations mondaines; à l'église où les chrétiens noirs étaient séparés des Français et où les prêtres exigeaient un comportement des indigènes qu'ils n'osaient demander de leurs propres compatriotes; au Cercle où le propriétaire terrorisait les Noirs—venus regarder les Blancs s'amuser—en leur lançant son chien dans les jambes et en provoquant ainsi une débandade qui faisait rire les consommateurs. Bref, presque tous les endroits où s'exerçait la puissance du colonialisme se trouvent décrits ainsi qu'un bon nombre de coloniaux typiques: les ingénieurs, instituteurs, administrateurs et prêtres.

Désireux de faire vrai, tout comme le voulait Joseph Owono, Ferdinand Oyono donna à son livre la forme d'un journal, bien que, contrairement aux habitudes occidentales, le passage du temps soit noté seulement par des indications peu précises telles que « aujourd'hui », « cet après-midi » (74, 146). La forme journal apparaît néanmoins artificielle parce que le roman se termine par les journées passées en prison et par les heures vécues à l'hôpital alors que Toundi n'aurait pu avoir réalistiquement ni de quoi écrire ni la force nécessaire pour tenir son journal[23]. En fait, ce qui compte ici, plus que la logique d'une forme littéraire, était la volonté d'élever un personnage au niveau de témoin. Toundi n'a guère d'importance en tant qu'individu, mais il est « l'oeil », la personne qui enregistre dans sa mémoire des événements[24]. Plus tard, il les reproduira sur papier afin de les conserver. Ne note-t-il pas à propos du journal de son protecteur lu en cachette qu'il ressemble à un « véritable grenier aux souvenirs. . . . J'ai retrouvé ce coup de pied que me donna le père Gilbert. . . . J'en ai senti à nouveau la brûlure aux fesses. C'est curieux, moi qui croyais l'avoir oublié. . . » (15). Grâce aux mots écrits, le journal a donc le pouvoir de faire revivre le passé. Evidemment, il ne parvient à ce but que par l'intermédiaire des yeux, organes qui ont dès lors beaucoup d'importance dans le roman.

Les regards de Toundi lui donnent des informations sur le monde colonial. Par exemple, il découvre que le Commandant est incirconcis donc que son « supérieur » n'a jamais dû prouver son endurance à la peine et qu'il n'a ni plus de courage ni plus de sagesse que lui, son boy. Il s'aperçoit, en outre, que cet homme pour lui tout puissant ne résiste guère aux charmes de sa femme malgré qu'elle l'ait humilié publiquement (154). L'observation du monde colonial lui démasque la grossièreté des Blancs qui laissent voir au grand jour des choses honteuses comme les serviettes hygiéniques de Madame (123). Elle lui en fait saisir aussi toute la brutalité lors de la bastonnade de deux indigènes (116-17). En tout cas, ainsi que l'a démontré Arthur Flannigan, les regards dans *Une Vie de boy* établissent des rapports de force et ils « percent à nu la faiblesse des Blancs »[25]. De plus, ils mettent au jour les rouages de la société et surtout ils donnent la possibilité de juger les hommes.

Comme Ferdinand Oyono a employé les regards de ses personnages pour cristalliser l'incompréhension qui régnait entre les deux cultures, la technique l'a obligé à ne discuter que certains aspects du colonialisme, ceux qu'un boy avait l'occasion d'observer. Malgré cette limite, l'auteur réussit à décrire dans ses grandes lignes la vie que menaient la plupart des Noirs en ville. Ainsi, chaque fois qu'ils rencontraient des Blancs, l'ordre implacable du colonialisme régnait: les Blancs étaient les plus forts, les Noirs les plus faibles. Toundi parle du Commandant et de lui-même en ces termes. Il surnomme son patron « souche d'acajou », car, comme elle, « il ne ploie sous aucune tornade » (35), alors que lui se compare à un chien: « je serai le boy du chef des Blancs: le chien du roi est le roi des chiens » (32) et il se considère comme « la chose qui obéit » (36). Basées sur ces axiomes, les relations entre maître et serviteur sont établies dès le début; chacun joue le rôle qui lui revient et, bien huilés, les engrenages du système tournent sans heurts.

Cependant, Toundi, qui aurait pu mener une double vie bien tranquille ainsi que le faisaient ses collègues à la Résidence, c'est-à-dire se conduire en valet devant les Blancs et dans sa case agir avec sa fierté traditionnelle, a deux défauts. Il est gourmand, donc il lui faut toujours plus que les autres et il se croit supérieur à ses compatriotes. « Esprit chimérique enclin à la folie des grandeurs » (120), il perd tout contact avec la réalité qu'il décrit pourtant dans son journal. Il s'imagine que le Commandant l'apprécie en tant qu'homme et non pas en tant que boy facilement remplaçable. Il en oubliera son rôle servile et il deviendra le témoin de la déchéance sexuelle de l'homme blanc. Dans un système qui marche parce que chacun, sans se poser de questions, sans révolte ou attitude aberrante, accepte son rôle, pareille découverte équivaut à connaître les secrets des dieux et les Blancs devront faire disparaître le jeune homme.

En choisissant comme personnage central de son roman un boy pour symboliser les relations humaines résultant du colonialisme, Ferdinand Oyono laissait de côté de nombreux aspects, bons et mauvais, du système, il n'en montrait ses effets ni sur la vie coutumière, ni sur l'hygiène et la santé, ni sur l'économie bien qu'il y fasse allusion à plusieurs reprises. S'il se limita, ce fut pour s'attaquer avec d'autant plus de force au caractère immoral du colonialisme. En effet, pour l'auteur, le système se base principalement sur l'hypocrisie qui permet l'éclosion de mauvaises tendances généralement réprimées dans les sociétés policées[26]. Ceux qui incarnent le plus cette hypocrisie sont les prêtres parce qu'ils se conduisent peu chrétiennement eux-mêmes, parce qu'ils laissent les Blancs convoiter la femme du voisin et brutaliser les Africains alors qu'ils interdisent aux Camerounais la polygamie coutumière, les ordalies et autres rites païens. Le Père Vandermeyer, par exemple, a oublié ses voeux de pauvreté. Il se laisse entraîner par sa cupidité quand il s'empare de l'argent de la quête ou quand il fait suivre Toundi partout au cas où il aurait avalé des pièces de monnaie et qu'il les évacuerait (25). Du reste, il trahit son sadisme en ordonnant aux catéchistes de battre des pécheresses noires dévêtues (26). Même le Père Gilbert, le protecteur de Toundi, ne paraît pas au-dessus de tous reproches. La preuve en est qu'il meurt écrasé par la branche d'un fromager (26-27). Or, selon les notions populaires, on meurt comme on a vécu[27]. Par la mort brutale et sanglante du Père, l'auteur suggère donc qu'il n'avait guère mérité mieux.

Si les prêtres, si les gardiens attitrés de la morale, laissent leurs bas instincts se manifester aussi librement, il est évident que les autres Blancs feront de même. Le Commandant, qui se conduit pourtant en fonctionnaire capable, n'hésite pas à écraser la main de Toundi sous son talon afin de lui rappeler sa place dans la hiérarchie, acte qu'il ne commettrait jamais en France, mais qui, selon l'auteur, appartient à la vie coloniale. De même, le chef de prison fait battre les prisonniers avant qu'ils ne soient reconnus coupables d'un crime (114-15). Aucun Blanc n'échappe à l'influence pernicieuse de ce laisser-aller. Même la femme du maître d'école soi-disant plus éclairée que les autres apprécie seulement les élèves de son mari et, sans observer le manque de logique de sa réflexion, elle s'exclame : « Tous les autres ne valent pas la peine qu'on s'intéresse à eux » (51). Le complexe de supériorité occidental, le système, le climat, les cultures africaines, tout transforme les Blancs en tyrans vicieux. Travailler aux colonies équivaut à se prostituer, quiconque le fait perd son intégrité morale. Dans ces conditions, être un « bon » Blanc devient impossible puisque « son destin est précisément d'être en mauvais termes avec les aborigènes »[28].

D'ailleurs, l'évolution du personnage de Madame Decazy au cours du roman représente celle de tous les Blancs. Au début de son séjour, elle traite les Noirs comme des serviteurs français, comme des êtres respectables, leur posant des questions ou les félicitant pour un travail bien fait (86-89). Plus tard, afin de raffermir sa position dominatrice affaiblie par le scandale de sa conduite, elle les insulte, leur impose des tâches dégradantes et, sans aucun remords semble-t-il, elle trouve un prétexte pour faire arrêter Toundi (158-60). A l'hypocrisie de sa conduite, Madame Decazy ajoute une violence d'abord verbale puis physique. En fait, toujours présente, la violence rend le système d'autant plus insupportable qu'elle reste imprévisible dans ses manifestations et qu'elle frappe sans discernement[29].

Pourtant, les Blancs ne sont pas les seuls à faire du colonialisme la machine qui fonctionne bien. Les Noirs y ont aussi leur part de responsabilité : la plupart à cause de leur passivité, certains comme Toundi parce qu'ils vivent dans l'illusion que les Blancs les laisseront les égaler. Toutefois, et c'est là que réside l'ironie du roman, le jeune boy va troubler le système non pas grâce à son courage ou à sa force morale, mais bien à cause de ses défauts personnels, à cause de sa vanité et de sa curiosité. Sorte d'antihéros, il ne cherche pas à dominer son propre destin, par conséquent, il ne peut même pas prétendre être le défenseur des faibles. En fait, il ressemble à un grain de sable qu'un vent capricieux a déposé dans les rouages du colonialisme. Seul, il fait grincer les engrenages, mais il n'enraie pas leur mouvement.

L'ironie du texte ne vient pas exclusivement de ce hasard, mais aussi de ce que le jeune boy trouble l'ordre sans le vouloir vraiment[30]. En effet, à part l'épisode pendant lequel il crache dans la tasse du Commandant, Toundi est le seul à toujours vouloir bien travailler, à ne pas se révolter et à ne pas abuser de sa situation. Au contraire, Sophie vole son maître, Kalisia et le *washman* insultent la femme du Commandant derrière son dos et le cuisinier triche sur la quantité des denrées dont il a besoin. Malheureusement, en servant Madame, Toundi trahissait le Commandant et s'il avait refusé de porter les billets doux, il aurait été tout aussi bien puni. Ebloui par la beauté de la femme blanche, croyant que sa complaisance lui attirerait des faveurs supplémentaires, il n'a pas compris que le système colonial se base sur deux poids, deux mesures.

La représentation du colonialisme par des images qui en soulignent le dualisme prouve que Ferdinand Oyono en avait très bien saisi les contradictions. D'après lui, le système cherchait d'un côté à élever des populations primitives au niveau d'une civilisation technique, mais de l'autre, il refusait l'égalité aux individus qui avait acquis sa science. En outre, lorsqu'il souligne l'immoralité et l'hypocrisie du régime symbolisées par la gangrène qui dévore à la fin le corps du jeune boy, l'auteur étend ses critiques au-delà du système lui-même[31]. Il suggère d'une façon générale que les hommes bâtissent des empires sur la mauvaise foi et qu'ils se laissent trop facilement entraîner par leurs tendances dominatrices dès que les circonstances s'y prêtent. A vrai dire, ces idées sous-entendues imprègnent si bien son récit qu'elles continuent à le valoriser malgré la fin officielle du colonialisme au Cameroun[32].

En dépit de son importance, la question coloniale n'est pas l'unique thème du roman. Il existe dans *Une Vie de boy* différents niveaux interprétatifs qui réduisent le côté éphémère conféré par l'engagement de son auteur. Ainsi, l'ouvrage contient une veine biblique, une autre provenant de la littérature orale camerounaise et une troisième, occidentale celle-là, du *Bildungsroman*. La veine biblique se base sur l'histoire de Joseph, fils de Jacob et de Rachel, vendu par ses frères à Putiphar. La femme de ce dernier tomba amoureuse de Joseph, elle essaya de le séduire et comme elle avait échoué, elle chercha à le punir de son dédain. On ne peut manquer de comparer ce récit aux aventures du boy Toundi qui se prénomme Joseph et chez qui l'épouse du Commandant éveille des désirs sexuels (73-74; 77, 125). Pourtant, malgré une tirade lyrique et malgré les remarques ironiques de ses collègues à la Résidence, le jeune boy n'admet pas ouvertement son attirance pour cette Suzanne peu vertueuse (95-98). Les circonstances, et non pas ses qualités morales ainsi qu'on l'a déjà remarqué, l'empêchent d'oser,

Au reste, avec l'histoire de Joseph et de la femme de Putiphar, la Bible montrait comment un maître juste se conduit vis-à-vis de ses serviteurs alors qu'une *Vie de boy* expose les fautes d'un chef qui se laisse manipuler par une mauvaise femme et par le système inique du colonialisme.

Outre ces références à la Bible, d'autres comme celles provenant de la littérature orale camerounaise ajoutent une dimension au roman. C'est ainsi qu'on peut interpréter les aventures de Toundi comme les épreuves nécessairement pénibles d'une initiation d'âge[33]. Suivant ce point de vue, Joseph, un garçon désobéissant, gourmand et irrespectueux envers son père, quitte les siens avant de subir la circoncision. Il croit en sa force et en sa capacité de faire face à la vie bien qu'il n'ait pas été initié. Il va en ville, au pays des Blancs c'est-à-dire des morts, des fantômes, puisque c'est leur couleur suivant la tradition[34]. Là, il découvre leurs secrets, leur hypocrisie et leurs défauts. Comme il n'a pas été circoncis et comme il n'a pas suivi l'enseignement qui va de pair avec l'initiation, il n'a pas appris la sagesse nécessaire pour recevoir ces informations et pour savoir qu'en faire. Selon la tradition, il doit donc se soumettre à une punition exemplaire[35].

Cette interprétation d'une *Vie de boy* a ses conséquences dans l'étude du roman camerounais. Certes, à lire les critiques qui ont répété au cours des années que le roman africain en langue française se contentait d'imiter le roman français et qu'il était écrit seulement pour les Européens et pour quelques rares évolués, on aurait fini par le croire[36]. La découverte de cette veine traditionnelle dans un des premiers romans camerounais apporte un démenti à ces opinions puisque l'influence de la littérature orale ne peut être comprise que par des Africains ou par quelque personne ayant eu des contacts avec elle. Or, en 1956, très peu d'Européens s'y connaissaient assez pour comprendre ces allusions. Sans doute, elles sont parfois vagues et pas toujours suivies—l'auteur ne mentionne plus la gourmandise de Toundi après les premières pages—mais elles suffisent aux lecteurs africains. En tout cas, rien ne forçait Ferdinand Oyono de dire que Toundi était incirconcis ou de le rendre aussi gourmand que le phacochère des contes. Ces détails révèlent pourtant à ceux qui se rappellent les histoires du folklore camerounais que le jeune homme ne verra pas le danger qui le menace, qu'il ne connaîtra pas l'amour et qu'il lui arrivera inévitablement bien des déboires[37]. L'auteur mit donc ces détails pour plaire à ses lecteurs africains et un bon nombre de romanciers camerounais suivront son exemple.

Assurément, les influences africaines et les références bibliques ne doivent pas faire oublier celles de la littérature occidentale qui pénètrent le roman dans tous ses aspects, cela va de soi. Ainsi, pour ne citer que quelques-unes, *Une Vie de boy* imite la forme d'un journal, il contient des personnages individualisés, des descriptions du milieu et une évolution de la situation. De plus, rien n'empêche d'interpréter le récit comme l'apprentissage d'un jeune homme et de l'apparenter au *Bildungsroman*[38]. Suivant cette perspective, Toundi découvre pendant une période relativement courte les rouages de la société coloniale alors que sa fatuité l'empêche de s'y adapter. Ce défaut le rend semblable à un personnage tragique puisque, incapable ou même inconscient de la nécessité d'en diminuer les effets, il ne parvient pas à le cacher et par conséquent il excite l'animosité des Blancs. S'obstinant dans une voie, il ne cherche pas à changer son destin, il ne comprend pas ce qui lui arrive et il meurt en se demandant: « que sommes-nous? Que sont les nègres dits français? »[39].

Ces questions de Toundi, tous les Africains un tant soit peu éduqués se les posèrent durant les années cinquante. Par conséquent, elles se retrouvent, avec des variantes bien sûr, dans la plupart des romans de cette époque, en particulier dans *Le Pauvre Christ de Bomba* par Mongo Beti où l'on voit un prêtre français et son jeune boy camerounais découvrir des vérités sur le monde et sur eux-mêmes. Paru la même année qu'*une Vie de boy*, ce livre lui ressemble en plusieurs points. Il a la même forme de journal intime tenu par un jeune homme, sans doute pour « transcender l'imaginaire », c'est-à-dire pour mieux prétendre dire la vérité[40]. Aussi, bien qu'il n'y ait aucune tentative d'expliquer l'existence du journal, l'auteur déclare, comme l'avait fait Joseph Owono et Ferdinand Oyono, que les anecdotes et circonstances du livre sont « rigoureusement authentiques » (6).

Le deuxième point commun entre les deux romans s'observe dans les systèmes de référence principaux. Tout comme *Une Vie de boy*, *Le Pauvre Christ de Bomba* renvoie à la Bible parce que le père Drumont est associé au Christ et parce qu'il suit une sorte de chemin de croix. Il s'arrête seulement à douze villages, mais chaque fois qu'il visite un endroit, il apprend un détail supplémentaire sur l'impiété de ses ouailles ce qui le fait souffrir un peu plus. L'œuvre rappelle la littérature occidentale d'une manière générale par la forme romanesque, mais aussi parce que chacune des trois parties est introduite par des extraits d'Arthur Koestler, de Fédor Dostoievski et de Maxime Gorki qui donnent le point de vue sous lequel les chapitres inclus doivent être lus (9, 145, 285). Quant au troisième système de référence, la littérature orale traditionnelle, si elle n'apparaît pas avec autant d'évidence que dans *Une Vie de boy*, du moins le milieu et des habitudes coutumières y figurent (132-40).

Malgré ces ressemblances entre les deux romans, *Le Pauvre Christ de Bomba* est une œuvre originale qui porte la marque de son auteur, car, comme dans la plupart de ses livres, Mongo Beti a utilisé un voyage pour faire découvrir à ses personnages le monde, la société et leur propre personnalité[41]. Grâce au périple, l'organisation du récit est claire. Elle se divise en trois parties: la première décrit le départ en tournée et les premiers changements dans la pensée du père; la deuxième raconte comment Denis pécha et les inquiétudes qui s'ensuivirent et dans la troisième, le père se rend compte que ses ouailles lui échappent alors que Denis découvre qu'une confession incomplète n'entraîne pas les terribles répercussions qu'il avait imaginées.

Au lieu de l'intrigue unique d'une *Vie de boy*, *Le Pauvre Christ de Bomba* en a une double puisqu'il raconte l'évolution de deux personnages principaux[42]. L'un découvre en couchant avec une femme le remords et ses tortures, mais aussi les délices de l'assouvissement sexuel. L'autre comprend qu'il avait basé sa vie de missionnaire sur une illusion, sur sa croyance en la perfectibilité de l'homme par la seule église catholique. Que la découverte des plaisirs de l'amour soit mise en parallèle avec la prise de conscience d'une erreur intellectuelle et spirituelle ne doit pas trop surprendre chez Mongo Beti. Si pour certains pareille juxtaposition paraît irrévérencieuse, chez lui la découverte des plaisirs charnels va de pair avec la maturation de l'esprit. On ne devient pas homme sans eux. En outre, cela ajoute au comique de situation et cela rappelle aux hommes de ne pas trop se prendre au sérieux[43].

D'ailleurs, les destinées des deux personnages servent l'auteur à mieux diriger ses critiques contre l'Occident et l'Eglise, sans faire du boy un héros au cœur pur et sans rendre le père Drumont pareil au tyrannique Vandermeyer d'une *Vie de boy*. Cependant, il donna au père des défauts qui symbolisent les mauvais côtés de l'évangélisation en Afrique aussi bien que ceux des Blancs. Son manque de pitié et sa brutalité surtout le rendent peu sympathique (226). Il se rachète quand même à la fin du livre quand après avoir vu l'inutilité de ses prêches et de ses admonestations, il se pose des questions sur la valeur de sa mission et sur les raisons pour lesquelles elle a échoué. Elles font prévoir un revirement dans ses idées et dans son attitude (359-60). Quant à son boy Denis, il symbolise le Camerounais en général, le jeune homme sans dessein ou grande ambition qui n'a rien de remarquable à part sa naïveté sans limite. A rire d'elle, le lecteur ne voit pas celle du missionnaire. Or, les deux personnages centraux se ressemblent, malgré les différences de race et d'éducation, puisque aveuglés par leur idéal de sauver les Noirs et de les préserver de l'enfer, ils partent pleins de zèle avec l'espoir illusoire de chasser une fois pour toute le péché.

Alors qu'il avait quitté la France et avait commencé l'évangélisation avec une ardeur d'apôtre, le père finit par abandonner la mission de Bomba et par admettre son échec. D'après Mongo Beti, il échoue à cause de quatre facteurs principaux. En premier lieu, les Français, et les colonisateurs en général, ont méprisé le monde africain. Ils l'ont traité comme un désert culturel, comme si les coutumes n'avaient aucune valeur, comme si elles ne reposaient sur rien. De plus, les missionnaires, tout comme les administrateurs, se sont fait souvent aider par des indigènes qui profitaient sans honte de leur situation. Par exemple, le cuisinier Zacharie n'a rien du prophète dont il porte le nom parce qu'il s'enrichit aux dépens des pauvres villageois et Raphaël, ce faux archange, au lieu de diriger la sixa, en fit une maison de tolérance sans que le père s'aperçoive de leurs agissements immoraux[44]. Il l'avoue lui-même, il manqua d'esprit d'observation, il ne chercha pas à comprendre ceux qu'il était chargé d'amener à Dieu et il ne vérifia pas si les hommes à qui il confiait des tâches les menaient à bien. Enfin, par impatience ou par suffisance, le prêtre ne fit aucun effort d'adaptation et il s'opposa, sans en saisir le sens ou l'utilité, à des coutumes telles que la danse et la polygamie malgré que les Camerounais y tiennent beaucoup.

Si ne plus danser le dimanche n'affectait pas la population en profondeur puisqu'elle pouvait toujours le faire les autres jours, par contre la rigidité de l'Eglise envers la polygamie créa des situations compliquées et parfois même cruelles qui encourageaient les hommes à l'hypocrisie et au mensonge. Dans une société où le nombre de femmes et d'enfants forçait le respect de tout un chacun, la monogamie sous-entend médiocrité et avarice, de sorte que les chrétiens qui se contentaient d'une seule épouse étaient ridiculisés. De plus, beaucoup de femmes souffrirent des situations équivoques que l'attitude des missionnaires entraîna parce que, délaissées en faveur d'une femme plus jeune épousée religieusement, elles perdirent leur prestige, confort et protection.

Pour Mongo Beti, tout comme pour Ferdinand Oyono, l'Eglise a donc manqué dans sa mission d'élever le niveau moral des populations camerounaises vers son propre idéal. Elle a plutôt participé à son abaissement surtout à cause de la décadence qu'elle avait provoquée dans les mœurs coutumières. Peut être avait-elle eu de bonnes intentions, mais les hommes ont empêché leurs réalisations, les Blancs à cause de leur complexe de supériorité et les Noirs parce qu'ils pensaient plus à s'enrichir qu'à devenir meilleurs[45].

Visiblement, pour ces auteurs, tout comme ce l'était pour Joseph Owono, il n'y a pas un seul coupable bien que quelques-uns méritent plus de blâmes que les autres et tous les hommes partagent la responsabilité de ces situations honteuses. Cette façon de voir la société coloniale comme issue de l'arrogance des Blancs et de l'opportunisme des Noirs explique en partie pourquoi aucun de ces auteurs ne propose une révolte pour la corriger, la violence organisée ne pouvant s'exercer que contre un groupe non seulement identifiable avec facilité, mais aussi vu comme fondamentalement mauvais par un autre groupe qui lui se considère bon ou du moins dans son droit.

S'ils ne recommandent pas une action politique brutale, par contre les trois écrivains expriment leur désir de voir l'homme changer. Ils veulent qu'il renonce à ses préjugés, qu'il fasse un effort pour comprendre et pour améliorer la société dans laquelle il vit et, aussi, qu'il domine ses tendances à priver les êtres de leur liberté et de leur dignité. Nées à cause du colonialisme, les opinions de ces auteurs restent valables de nos jours ce qui prolonge l'efficacité de leur engagement. La preuve en est que les jeunes Camerounais les lisent encore au point où ils sont devenus des « classiques », des auteurs que tout le monde veut et doit avoir lus.

Il faut encore ajouter que la durée de leur réussite, ils la doivent non seulement à leur engagement, à l'universalité des thèmes et à la qualité de leurs œuvres, mais aussi à l'évolution de la société camerounaise contemporaine. En effet, si le colonialisme en tant que tel a disparu, les séquelles du système continuent à produire des attitudes et des comportements qui ressemblent à ceux des temps passés, d'où leur nom de néocolonialistes. A vrai dire, ce terme s'utilise pour décrire deux caractères distincts de la société. L'acceptation première du mot a été employée par les économistes. Elle reconnaît que, malgré le départ de l'administration française, le pays ne prospérerait pas sans l'appui continuel de la France puisqu'il n'a ni la technologie ni les finances nécessaires pour s'en libérer. La deuxième, celle qui intéresse plus directement le Camerounais lettré peu au courant des tractations entre trusts internationaux et gouvernements, fait allusion à la manière dont se conduisent les fonctionnaires. Arrogants, cherchant plus à s'enrichir qu'à servir leurs compatriotes, n'hésitant guère à abuser de leur autorité, ou à employer la police pour obtenir divers avantages personnels, ils ne diffèrent pas beaucoup, selon l'opinion communément répandue, de leurs prédécesseurs français[46].

Cette prolongation imprévisible du colonialisme donne aux romans de Mongo Beti et de Ferdinand Oyono un sens auquel ils ne s'attendaient guère. Leurs œuvres deviennent de cette façon des métaphores qui décrivent non pas un passé révolu, mais la vie sous le régime d'Ahmadou Ahidjo et même encore sous celui de Paul Biya. Pour les Camerounais, privés par la censure de livres qui critiquent l'administration en place et les hommes qui la composent, les romans anticolonialistes leur donnent l'occasion d'y retrouver ces rapports de force entre ceux qui possèdent le pouvoir et ceux qui le subissent. Certes, seul un petit nombre de lecteurs a l'éducation suffisante pour faire consciemment ce genre de transition, mais cela suffit pour sauvegarder l'esprit critique et la clairvoyance chez quelques-uns. Il reste à souligner ici, à propos de l'intérêt durable des romans, que leur popularité dérive d'une autre cause encore, celle du plaisir mêlé de fierté qu'ont les Camerounais à retrouver dans leurs pages la preuve qu'ils ont souffert sous le joug colonial mais qu'ils s'en sont libérés, sentiment non négligeable pour un jeune état qui cherche à établir sa souveraineté.

Grâce à ce sentiment de fierté qu'ils instillèrent et grâce à leurs qualités littéraires, les premiers romans camerounais engagés dans la lutte contre le colonialisme et contre l'autocratie masculine donnèrent le ton pour leurs successeurs. Ils trouvèrent d'emblée des thèmes populaires venant de leur propre monde, des manières de les exprimer d'origine européenne et camerounaise et ils habituèrent le public à la lecture d'œuvres qui critiquaient le monde occidental aussi bien que la société camerounaise, parfois avec humour, parfois avec âpreté, mais toujours avec perspicacité.

B. Après l'indépendance

A cause de leur succès prolongé, les romans engagés de l'époque coloniale exercent une influence durable sur le roman camerounais en général. Elle s'observe notamment dans les deux voies qu'ils avaient tracées de l'engagement politique et de l'engagement social que les romans publiés après 1960 vont suivre. Ce groupe contient *Afrika Ba'a* de Rémy Gilbert Medou Mvomo, *Le Bal des caïmans* de Yodi Karone, *Les Chauves-souris* de Bernard Nanga, *Le Drame d'un pays* de James Oto, *Perpétue et l'habitude du malheur*, *Remember Ruben* et *La Ruine presque cocasse d'un polichinelle*, tous trois de Mongo Beti et enfin *Sociétés africaines et « high society »* de Marie-Thérèse Assiga-Ahanda[47]. Cette classification ne doit pas faire croire que ces livres se ressemblent tous. Sans doute, la plupart des écrivains ne flattent ni ne glorifient les hommes tout occupés qu'ils sont à montrer les imperfections de la société humaine. Cependant, malgré des buts analogues, de grandes différences existent. Ainsi, entre les romans de Mongo Beti et le « reportage » de James Oto, il existe une distance aussi grande qu'entre des œuvres écrites par un écrivain chevronné et un amateur. De même, la fin idéaliste d'*Afrika Ba'a* inventée par Rémy Gilbert Medou Movmo n'a rien à voir avec le pessimisme d'un Bernard Nanga. Il ne faut donc pas y voir une production littéraire totalement uniforme bien que cette étude ait pour but de souligner les ressemblances entre les œuvres et non pas l'originalité de chacune.

Laissant de côté, pour le moment, les ouvrages moins caractéristiques ou moins significatifs, le premier des romans auquel on s'arrêtera ici s'intitule *La Ruine presque cocasse d'un polichinelle*. Mongo Beti y raconte la lutte de trois personnages qui veulent évincer un mauvais chef pendant la première année de l'indépendance. La trame du récit est simple. Chargés d'atteindre le village d'Ekoumdoum, en plein pays Bamileke, Mor-Zamba, Jo le Jongleur et Evariste quittent Fort-Nègre (Douala) pour semer les premières graines de la révolution et pour préparer le retour de leur héros Abéna à son village natal[48]. Le roman fait suite à *Remember Ruben* publié cinq ans auparavant. Celui-ci racontait la jeunesse d'Abéna et de Mor-Zamba entre 1940 et 1958, la vie de ce dernier dans un camp de travaux forcés à Fort-Nègre et les événements qui précédèrent l'indépendance. *Remember Ruben* explique l'origine et le développement des deux jeunes et il prépare l'action qui se déroulera dans *La Ruine presque cocasse d'un polichinelle*, sa suite. Le récit de leurs aventures dans ce roman-ci repose, comme souvent chez Mongo Beti, sur une construction tripartite dont l'action est d'abord ascensionnelle, puis descendante et remontant à la fin, mouvement qui crée le suspense[49]. Le premier tiers du livre consiste en un voyage au cours duquel les trois personnages principaux apprennent à se connaître, à s'organiser et à combattre un ennemi commun. Ce voyage n'a rien de confortable, leur impécuniosité les force à marcher des jours durant, à se contenter de peu de nourriture, d'un sommeil précaire et à se protéger de tout danger possible, excellente préparation pour les aguerrir. Ici, comme dans *Le Pauvre Christ de Bomba* et dans d'autres romans camerounais, le voyage ressemble à une initiation puisque durant leur périple, les trois personnages subissent diverses épreuves. En particulier, quand ils doivent confronter des hommes qui terrorisaient des paysans en abusant de l'autorité conférée par des uniformes militaires volés (52-76).

La partie centrale raconte alors les premières tentatives pour gagner le pouvoir à Ekoumdoum. Elles échouent à cause de deux facteurs principaux. En premier lieu, elles étaient basées sur un mensonge puisque pour gagner les villageois à leur cause, Jo le Jongleur s'était déguisé en marabout, en devin musulman. A cause de cette tromperie, il se conduisit aussi mal que les faux soldats de la première partie du roman. Au lieu de faire croire en son soi-disant pouvoir maléfique, il aurait dû s'attirer les sympathies. De plus, les trois compagnons laissèrent participer à leur lutte des hommes comme l'accordéoniste Mor-Eloulougou qui manquent de valeur morale et qui se vendent au plus offrant (il rappelle Zacharie dans *Le Pauvre Christ de Bomba*, 187). Pour réussir finalement, il leur faudra utiliser des tactiques révolutionnaires telles que désarmer les missionnaires et organiser une grève. Mor-Zamba devra aussi apprendre comment soigner des bébés malades. En fait, l'épidémie qui les décimait semble une excellente occasion pour faire accepter le trio par les villageois surtout que les prêtres ne s'en étaient pas occupés. Si ce passage dit qu'une révolution doit profiter de n'importe quelle circonstance pour s'insinuer dans les bonnes grâces de la population, il suggère, en outre, que les rebelles doivent acquérir les connaissances techniques nécessaires pour améliorer le bien-être du peuple.

Le message de l'auteur se voit facilement bien que le livre ne se termine pas d'une manière claire. Certes, le vieux chef est parti et ses femmes ou sont retournées dans leurs familles ou ont épousé leurs amants et la mort du père Van den Ritter a libéré les villageois du défrichement obligatoire de la plantation des missionnaires. Mais toute cette agitation, des mois de préparation n'ont-ils gagné que cela? La révolution n'a-t-elle servi qu'à atteindre ces buts dérisoires? Le lecteur doit retourner aux dernières pages du roman précédent, de *Remember Ruben*, pour apprendre que Mor-Zamba devient le chef du village et, qu'en fait, il reprend sa place légitime. Pourtant, dans ses œuvres comme *Le Roi miraculé* ou *Mission terminée*, Mongo Beti n'a jamais défendu les chefs dits traditionnels, bien au contraire. Que suggère-t-il donc par là? Il faut supposer que ce n'est pas tant la légitimité de Mor-Zamba qui importe, mais bien ses qualités morales et son courage qui lui font mériter sa place de chef. En tout cas, grâce à lui, les paysans ont obtenu deux gains essentiels. Il s'agit du droit de s'exprimer librement sans crainte de représailles et de la certitude que s'ils le veulent, ils pourront renverser tout gouvernement qui oserait les tyranniser. Voilà les deux premières conditions pour qu'un peuple se sente souverain, du moins selon l'auteur. Sans doute, les événements qui se passèrent à Ekoumdoum en 1961 ne sont qu'un commencement et « il se trouvera des gens pour sourire au souvenir de ces préliminaires brouillons, ainsi fait-on en songeant aux jeux innocents de l'enfance », mais ces modestes débuts annoncent la révolution future (*Remember*, 313).

Le message que Mongo Beti transmet au lecteur est politique et si un roman tel que *Le Drame d'un pays* se termine seulement par une exortation à la révolte, *La Ruine presque cocasse d'un polichinelle* présente une image, un scénario possible. Il le fait à partir d'événements historiques connus. Effectivement, le premier janvier 1960 à Douala, une insurrection provoquée fort probablement par les Bamileke qui continuaient la lutte de Ruben Um Nyobé explosa et fit quarante-trois morts[50]. Dans ces circonstances, qui n'auguraient rien de bon pour le pays bientôt libéré du joug colonial, l'auteur trouva l'occasion de relier son récit à la réalité historique bien qu'elle n'importe plus guère après le premier chapitre et bien que les aventures ultérieures des jeunes gens n'auront rien à voir avec ces émeutes.

La situation dans le passé fait que le message est à la fois optimiste et pessimiste puisqu'il suggère que les Camerounais ont laissé échapper l'occasion de se révolter contre le gouvernement Ahidjo et puisqu'en même temps, l'ouvrage présente une insurrection comme un acte légitime. Cette ambiguïté avait déjà été remarquée par Eloïse Brière qui l'attribuait à la déception de son auteur de voir Ahmadou Ahidjo conserver si longtemps le pouvoir[51]. De longues années passées en France sans l'espoir de rentrer au pays natal ont certainement effrité les rêves de l'écrivain, mais à cette ambiguïté dans le ton s'ajoute celle d'intention. A-t-il voulu écrire un roman révolutionnaire comme l'illustration de la page de couverture le suggère ou au contraire un roman « au confluent de la fable et du mythe » comme le prétend le texte sur la quatrième page de la couverture?

De fait, malgré l'illustration qui représente un barreau de prison se transformant en un poing vengeur, il ne s'agit pas ici d'un ouvrage qui décrit un soulèvement populaire comme *Les Conquérants* d'André Malraux l'ont fait, par exemple, avec ses batailles de rues et l'atroce règlement de comptes[52]. *La Ruine presque cocasse d'un polichinelle* ne rend pas hommage à des partisans qui luttent pour renverser un régime pourri et qui meurent dans un glorieux bain de sang. Le roman ne ressemble pas non plus à une satire de la littérature révolutionnaire comme son titre aurait pu le faire croire. Certes, les éléments nécessaires pour entamer une révolution sont présents: armes, grèves, propagande, mais ils n'ont pas une ampleur suffisante pour engendrer un mouvement national. En fait, le rapetissement de l'action révolutionnaire paraît un refus conscient de tout ce qui touche à l'épique et il ne se défend que si Mongo Beti avait conçu son livre comme une métaphore, comme une image volontairement déformée de la réalité, mais qui porte en elle un message[53]. Cette façon de lire le roman expliquerait alors les contradictions relevées plus haut.

L'ambiguïté de l'auteur vis-à-vis de son roman—est-il révolutionnaire ou une symbolique de la sédition—s'observe aussi dans l'usage de tactiques qui paraissent exagérées par rapport au but poursuivi. Ainsi, les jeunes gens s'emparent des quelques armes des missionnaires, mais ils ne tirent que pour effrayer les gens et ils se débarrassent du chef sans les utiliser (267, 277). De même, ils écrivent un pamphlet insultant contre les autorités, pourtant en pleine forêt qui sait le lire (173-74)? Ou encore, ils incitent les jeunes gens à faire grève alors qu'il n'y a pas de gendarmes pour les obliger à travailler ou pour les forcer à une confrontation armée (271). Rien de grand donc, une insurrection à l'image du village où elle a lieu. Elle a pourtant ses violences et ses victimes aussi, mais elles ne sont pas le fait du trio.

Sans doute, le caractère peu sanguinaire de cette prise de pouvoir provient de son but modeste tout comme du fait que Mongo Beti répugne aux excès et aux brutalités. Il a probablement dû préférer cette représentation métaphorique parce qu'elle avait l'avantage de dépasser son engagement contre le gouvernement Ahidjo et de dénoncer, par là même, tout chef qui abuse de ses pouvoirs. Ne rappelle-t-il pas aux Camerounais que:

> en dépit des apparences, c'est ainsi que commence véritablement cette histoire, drame aux mille retournements . . . destin de notre peuple voué aux déclins répétés, mais se réveillant toujours, se redressant quand même chaque fois . . . (313)

Pour l'auteur, aucune situation ne dure éternellement puisque les hommes finissent toujours par reconquérir leur liberté en renversant le pouvoir qui les opprime.

De cette manière, *La Ruine presque cocasse d'un polichinelle* exprime les principales idées politiques de l'écrivain. Il y demande surtout la liberté d'expression puisque la critique des hommes et des institutions garantit la démocratie. Plus de précision ne lui paraît pas nécessaire parce qu'une fois cette condition remplie, une meilleure société surgira nécessairement même si elle préserve des attaches avec le passé. En vérité, Mongo Beti refuse de briser tout ce qui relie les Camerounais à leur culture traditionnelle en dépit de ses nombreuses critiques envers elle, comme il ne veut pas non plus rejeter la technique sous prétexte qu'elle a été transplantée en Afrique par le colonialisme. Il le dit bien à travers les deux missionnaires. Le père Van den Rietter représente le colonialiste intransigeant et incompréhensif. Il meurt fort à propos pour laisser le frère Nicolas construire de nouveaux bâtiments avec les villageois dans le même esprit généreux que son saint patron. Eloïse Brière voyait néanmoins dans ce personnage le sinistre présage de la persistance du néocolonialisme[54]. Sans nier la plausibilité de cette interprétation, plusieurs villageois exprimant leur méfiance vis-à-vis des intentions du Blanc, il semble qu'on puisse y voir aussi une autre idée. La présence du frère suggère que les Occidentaux possédant des connaissances particulières auront la possibilité de participer au développement de la nouvelle société. Cependant, ils ne pourront le faire, et cela est essentiel pour l'écrivain, que dans les conditions établies par les Camerounais eux-mêmes et non pas dans le but de servir leurs propres intérêts.

En tout cas, cette société nouvelle à Ekoumdoum n'acceptera plus pour chefs des vieillards lubriques rongés par la syphilis qui ne songent qu'à jouir de leurs sens, à accumuler des biens et à accaparer le plus grand nombre de femmes possible. A plus forte raison que ces dernières goûtèrent aux plaisirs de la révolte lorsqu'elles participèrent au limogeage de leur mari. Enfin, libérées de leur joug, elles attendront le retour d'Abéna, le héros de la révolution. Cet autre fils d'Ekoumdoum, le lecteur ne le voit jamais en action, complotant ou agitant les foules dans *La Ruine presque cocasse d'un polichinelle*. Plus mythique que réel, le personnage personnifie néanmoins l'esprit de la révolution. Vraie image du Christ, « cet enfant . . . haï sans raison, torturé et même trahi » terminera ce qu'il avait commencé quand il rejoindra les siens, car il « va certainement revenir. . . . C'est une affaire de mois, de semaines, à condition de lui préparer la voie. Comment? En combattant » (296, 316, 318).

Ces dernières lignes, Jo le Jongleur les adresse aux villageois, à un « nous » qui apparaît d'abord page 97 et puis qui revient irrégulièrement dans les pages suivantes (132, 224, 225, 230, 256, 257, 312). Le changement dans le mode de narration, d'un narrateur omniscient et objectif à un « nous » collectif a de quoi étonner surtout que son usage sporadique ne commence que dans la deuxième partie du livre et que rien apparemment n'explique la nécessité d'un nouveau point de vue. Il y a pourtant des justifications possibles. Premièrement, comme l'auteur avait d'abord publié le roman en feuilleton dans sa revue *Peuples noirs, peuples africains*, il se pourrait qu'il s'agisse d'une faute d'inattention[55]. Cette explication ne suffit toutefois pas parce que le même genre de changements existe dans d'autres romans de cet auteur. Ainsi, dans *Ville cruelle,* le narrateur passe de « il » à « je » en un paragraphe ou de « il » à « vous » et dans *Mission terminée* de « je » à « il » puis à « vous »[56]. La réapparition de ce changement dans les autres romans de Mongo Beti doit donc faire croire à une habitude stylistique. Enfin, comme un « nous » collectif représentant des hommes du village apparaît aussi dans *Remember Ruben*, il se peut que l'auteur ait voulu renouer avec le ton de ce roman[57]. Quelle que soit la raison de son usage, dans *La Ruine presque cocasse d'un polichinelle*, ce « nous » s'insinue insensiblement dans la conscience du lecteur, il l'implique directement dans le texte et à l'impassibilité du début se substitue un appel urgent à l'action.

L'usage de ce « nous » qui force le lecteur à accepter le point de vue de l'auteur ajouté à celui des métaphores à interprétations multiples prouvent que Mongo Beti aime présenter ses idées d'une manière labyrinthique. Visiblement, il mène ses lecteurs par des voies secondaires pour les obliger à découvrir seuls les principales[58]. En conséquence de quoi, rien n'interdit de voir dans *La Ruine presque cocasse d'un polichinelle* l'image d'une insurrection possible. *Le Pauvre Christ de Bomba* fournit une autre preuve de cette habitude parce qu'il raconte non seulement l'évolution de Denis et du père, mais aussi il démontre l'échec de l'évangélisation en Afrique noire. Quant à *Perpétue et l'habitude du malheur*, autre roman engagé de Mongo Beti, tout en relatant la vie d'une jeune Camerounaise, il continue la lutte commencée par Joseph Owono dans *Tante Bella* pour l'affranchissement de la femme, pour son éducation et pour, si pas l'élimination pure et simple de la dot, du moins sa stricte limitation. En même temps, le roman sert de métaphore représentant le sort de tous les opprimés en général, victimes, comme les femmes, d'un petit groupe d'êtres puissants aussi cupides que dépravés.

Dans cette œuvre, le frère de Perpétue, Essola, revient d'un camp où il fut interné pour raisons politiques par les hommes de Baba Toura (c'est-à-dire Ahmadou Ahidjo, même nom dans *Remember* et dans *Ruine*). Quand il arrive au village natal, il apprend la mort de sa sœur. Parce qu'il ne parvient pas à accepter les faits, il commence une enquête pour apprendre comment elle vécut pendant son absence. Ses recherches le mènent du village à la ville, des manières traditionnelles de se conduire envers les femmes aux nouvelles habitudes citadines. A travers ce voyage, l'auteur donne une vue très complète de la question féminine. Cependant, à force de vouloir montrer tous les malheurs possibles pouvant arriver à une femme, il écrit comme Joseph Owono qui a concentré en un seul personnage tant d'événements que le roman perd de sa vraisemblance. Ce défaut suivant l'esthétique occidentale ne semble pourtant pas le troubler, car seul lui importe que chaque fait rapporté se soit vraiment passé.

A cause du souci pour une représentation véridique de la réalité, l'histoire de Perpétue est typique et les événements qui lui arrivent sont suffisamment courants pour que les lecteurs camerounais ou africains reconnaissent avoir déjà rencontré des cas semblables. Les malheurs de la jeune femme, au nom d'une sainte martyre africaine, commencent quand sa mère lui fait interrompre ses études pour la marier à Edouard, un jeune clerc au soi-disant bel avenir. Le fait que son prétendant ne l'intéresse pas vraiment et qu'elle désire acquérir avant le mariage un diplôme d'infirmière n'entrent pas en ligne de compte. Sa mère cherche avant tout à soutirer la dot la plus élevée possible afin de bien marier son deuxième fils avec l'argent ainsi gagné. Malheureusement, au cours des mois qui suivent son mariage, Perpétue découvre tous les mensonges cachés derrière la richesse apparente de son mari. Edouard n'a en outre ni les qualités intellectuelles ni la capacité de travail nécessaire pour devenir un bon employé. Aussi, n'obtient-il de promotion qu'en utilisant les charmes de sa femme auprès du commissaire de police, personne tout aussi influente dans la société actuelle que son homologue blanc l'était dans la coloniale.

Etablie en ville, Perpétue doit faire face à la corruption de l'administration, se soumettre aux hommes et à leur recherche effrénée des plaisirs. Victime d'un mari jaloux, brutal et égoïste, elle ne trouve d'affection qu'auprès de quelques amis et d'un footballeur qui veut l'épouser. Ce dernier ne parvient pas à obtenir la liberté de Perpétue parce qu'il doit rembourser au mari non seulement le montant de la dot, mais aussi tous les frais encourus pendant le mariage, somme énorme que même un athlète adulé ne peut rassembler surtout dans un pays où les habitudes d'économiser ne sont pas bien ancrées (254-57). Maîtresse d'un joueur de football par amour, maîtresse d'un commissaire de police par nécessité, humiliée, dédaignée et battue par son mari, la pauvre Perpétue sent les rets du filet se resserrer sur elle toujours plus étroitement sans aucun espoir de fuite possible. Elle perd toute ambition, elle se laisse aller, elle ne se soigne plus. Enfin, enceinte pour la troisième fois, elle ne reçoit pas les traitements nécessaires et, faute de médecins et de médicaments, elle meurt.

Dans ses recherches sur les événements qui ont entraîné la mort de sa sœur, Essola recueille divers témoignages. Il apprend d'où sont venus les malheurs de Perpétue et il tire ses conclusions selon lesquelles tout le monde est en partie coupable. Essola lui-même parce qu'il a abandonné sa sœur pour poursuivre un idéal politique. En s'éloignant d'elle, il l'a laissée sans défense. Ensuite, sa mère et son frère la vendirent littéralement à un fonctionnaire qui ne songeait qu'à profiter d'une aubaine. Ses amis, eux ne réagirent pas avec assez de force pour la libérer de son mariage tyrannique. Quant à Baba Toura, il a créé un état policier dans lequel rien ne s'obtient sans payer des pots-de-vin et il est soutenu par des Blancs qui bâtirent les assises de cette misérable société. Ces derniers ont une lourde responsabilité puisque sans leur soutien militaire Baba Toura n'aurait pu régner en potentat ni écraser le mouvement libérateur de Ruben Um Nyobé. D'ailleurs, la phrase célèbre venant du *Candide* de Voltaire et mise en exergue: « C'est à ce prix-là que vous mangez du sucre » (7) rappelle aux lecteurs occidentaux que leur façon de vivre et de profiter du travail des autres a toujours de sérieuses conséquences en Afrique malgré la fin du colonialisme.

Manifestement, en moraliste convaincu que l'homme n'est ni bon ni innocent, Mongo Beti étendit ses critiques sur tous les membres de la société. Mais il fit plus. Tout comme l'avait fait Joseph Owono dans *Tante Bella*, il élargit l'histoire de Perpétue pour en faire celle de n'importe quelle femme et pour symboliser la vie des petites gens au Cameroun. Il obtint ce résultat, d'une part, grâce à quelques phrases disséminées dans le texte pour souligner combien le sort de Perpétue ne diffère en rien de celui des autres femmes (49, 87). D'autre part, il contrasta la dégradation de la jeune femme, et implicitement celle du peuple, avec l'ascension d'Edouard dans le parti. Ce dernier finit par se transformer en une sorte de petit Baba Toura qui terrorise le quartier (248, 260).

Il n'y a maintenant plus de doute. Le système encourage la naissance de tyranneaux, tous acharnés à faire souffrir les plus faibles. Par suite, Perpétue, image des Camerounais sans pouvoir, ressemble à « une épave à la dérive dans une eau stagnante » (260). Cette phrase implique que la population entière ne parvient pas, dans ces conditions, à garder vigueur ou ambition, qu'elle n'a jamais l'occasion de donner le meilleur d'elle-même et que tant que dure cet état des choses, le pays est voué à la misère. Ce phénomène, au lieu de diminuer avec le temps, augmente au contraire puisque ceux qui s'opposaient au régime, y compris Essola, finissent par abandonner la lutte, par adhérer au parti unique, donc par s'intégrer dans ce monde pourri. Au reste, si le colonialisme selon Ferdinand Oyono dégradait tous ceux qui y participaient, de même le régime d'Ahmadou Ahidjo rend coupable ceux qui ne s'y opposent pas avec énergie.

Pour Mongo Beti, si Ruben Um Nyobé avait vécu, Perpétue n'aurait pas connu un si triste sort. Les hôpitaux auraient eu tous les médicaments nécessaires pour la soigner parce que personne ne les aurait vendus au marché noir (72). Ces médicaments, comme ceux administrés par Mor-Zamba aux bébés malades dans *La Ruine presque cocasse d'un polichinelle*, symbolisent la technologie, la science, tout ce qui sert à améliorer les conditions de vie, mais que Baba Toura se garde de partager avec son peuple, préférant accumuler l'argent dans son compte en banque suisse, s'acheter une villa à la côte d'Azur et permettre à ses ministres de participer à la délapidation des biens du pays pour n'en laisser que des miettes à la population (177).

Le roman décrit non seulement une société amoindrie, mais aussi punie car:

> Quand un peuple accepte le lâche assassinat de son seul juste, quelle vénération désormais les mères attendront-elles de leurs fils . . . , les chefs de leurs subordonnés? Vous avez tué Ruben ou bien vous vous êtes accommodés de son meurtre pour continuer à vendre vos filles. . . . Maudits, oui nous le sommes tous depuis le 13 septembre 1958 où le seul juste de Sodome et Gomorrhe est tombé au coin d'un obscur fourré sous les balles de vils mercenaires[59].

Au lieu du ton naïf et humoristique du boy Denis dans *Le Pauvre Christ de Bomba*, au lieu de ridiculiser quelques hommes grotesques, Mongo Beti accuse maintenant le peuple camerounais d'avoir trop facilement accepté le tyran. Il aurait dû mieux défendre Ruben Um Nyobé et chercher à préserver son idéal. Se faisant, l'auteur transforme le syndicaliste en un être mythique. Conscient que les temps changent et que les morts sont vite oubliés, il grandit cet homme dont la carrière politique fut trop brève pour bien en juger la valeur. A vrai dire, cette transfiguration va de pair avec l'aspect métaphorique du roman. De plus, elle révèle le talent de l'auteur qui comprend la nécessité pour un peuple de se donner des modèles admirables surtout qu'après la mort de Ruben Um Nyobé, il n'y eut plus d'hommes capables de s'opposer au régime en place ni d'exciter autant que lui l'imagination du peuple. Le temps, la prison et la mort ont fini par faire taire ceux qui ne s'entendaient pas avec le président. Il ne reste donc plus que le souvenir d'un héros qui cherchait à défendre l'autonomie de son pays et à assurer les fondements d'une démocratie.

L'amertume que l'auteur exprime au travers de ses idées révèle un changement de ton. Ses rêves pour une meilleure société se sont évanouis. Il faudra attendre la publication de *Remember Ruben* et de *La Ruine presque cocasse d'un polichinelle* pour lire un message moins récriminateur et plus constructif. En attendant, les sentiments de l'auteur imprègnent *Perpétue et l'habitude du malheur* d'une tristesse acrimonieuse alors que plusieurs passages s'approchent de l'invective. Ils ressemblent par la virulence du ton à *Main basse sur le Cameroun*[60]. En particulier, vers le centre du livre, Mongo Beti s'étend longuement sur les impositions que la langue française a exercées en Afrique noire. Selon lui, l'obsession de l'accord du participe passé a empêché les Africains d'apprendre d'autres choses plus immédiatement nécessaires. De plus, comme cette langue représente une culture étrangère, elle influence négativement la société et cet « humus empoisonné », pour reprendre son image, ne laisse pas grandir de plantes saines (130-32). Enfin, à l'occasion de ce passage, l'auteur montre la supériorité intellectuelle de Perpétue et, à travers elle, il s'insurge contre le gaspillage d'intelligence qu'entraînent les attitudes traditionnelles envers les femmes.

Publié en 1974, *Perpétue et l'habitude du malheur* donnait de la situation de la femme au Cameroun une image qui datait du dernier séjour de Mongo Beti au pays en 1961 mais enrichie par ses lectures et par des conversations avec ses compatriotes qui y habitaient encore. A cause de ses connaissances peut-être dépassées et à cause de ses préférences artistiques, l'auteur choisit de rendre son personnage et les événements qu'elle vécut suffisamment courants et typiques que pour continuer à intéresser les lecteurs bien des années après la publication du livre[61]. Bernard Nanga chercha aussi à faire « vrai » dans *Les Chauves-souris* puisqu'il décrivit des mœurs contemporaines à son récit[62]. Cependant, moins soucieux que Mongo Beti d'approfondir son histoire grâce à plusieurs niveaux interprétatifs, il se contenta de créer un livre qui reflète la société des hauts fonctionnaires habitant la capitale. Professeur de philosophie à l'université de Yaoundé, il regarda son monde sans s'illusionner, tout en voulant donner des leçons. Pour ce faire, il peignit un tableau non idéalisé d'Eborzel (dans ce surnom pour la capitale, il faut y lire le mot « bordel » surtout que deux de ses quartiers s'appellent Bordelchic et Bordelsain, 50, 107). Moraliste, satiriste parfois, moins dogmatique que Mongo Beti, il n'en décrivit pas moins un monde où la loi du plus fort règne, où le fonctionnaire-roi remplace le colonialiste-Commandant de Cercle.

Paru à Paris avec la permission de la censure camerounaise, le roman ne fut vendu que pendant quelques jours dans les librairies de Yaoundé et de Douala jusqu'à ce qu'un membre du gouvernement se sentant visé par les critiques de l'auteur ordonna son envoi au pilon[63]. La colère de cet officiel se manifesta parce qu'en plus de la question féminine, déjà sujette à controverses comme on le vit à propos de *Tante Bella*, Bernard Nanga s'attaquait à la classe privilégiée des hauts fonctionnaires.

Le lecteur occidental s'étonnera sans doute de cette décision d'éliminer le livre vu que la faute commise ne lui paraît pas très sérieuse. Cependant, dans une contrée où toute critique est vue comme une atteinte à l'intégrité du pays, où les nouvelles sont filtrées par une radio et par une presse d'état, où il n'y a pas de débats publics, peu de personnes apprennent à lire avec un esprit critique. Ni l'éducation ni le système politique n'encouragent la mise en question des textes. Rares sont ceux qui font une nette différence entre la fiction et des ouvrages de recherches, confusion déjà observée dans *Tante Bella*, d'autant plus que bien des romans prétendent raconter de « vraies » histoires[64]. De là, à chercher qui se cache derrière tel ou tel personnage, il n'y a qu'un pas. Dans ces conditions, le fonctionnaire anonyme considéra *Les Chauves-souris* comme une attaque personnelle alors que l'auteur avait surtout cherché à rendre son personnage typique et vraisemblable[65]. Il faut ajouter que le narrateur avait consigné un pamphlet antigouvernemental écrit par un personnage (*Chauves-souris*, 143-44). Comme ce texte exprime des pensées politiques révolutionnaires, il rend assurément toute l'œuvre subversive.

Les circonstances qui suivirent la parution du livre l'entourent d'une aura de mystère d'autant plus que son titre évoque un animal énigmatique. Bernard Nanga l'avait choisi seulement pour rappeler l'expression d'un journaliste qui, selon la rumeur publique, aurait comparé les employés du gouvernement aux chauves-souris de Yaoundé. Endormis le jour comme ces animaux nocturnes, ils ne s'activent qu'après le coucher du soleil dans les boîtes de nuit (82). L'expression aurait été peu appréciée des autorités ce qui lui aurait valu un départ précipité du pays[66]. A cette explication banale du titre, on peut en ajouter d'autres plus artistiques. Ainsi, selon Jean Chevalier et Alain Gheerbrandt, la chauve-souris symbolise dans la conception bantoue « un être dont l'évolution spirituelle aurait été entravée, un raté de l'esprit », image qui convient bien au personnage central de Bilanga, car, malgré son intelligence, il agit dans le seul but de servir ses ambitions comme s'il n'existait pas d'autres manières de concevoir la vie[67]. Outre ce symbole, les deux auteurs citent une tradition peule (un large groupe ethnique dont une partie vit dans le nord du Cameroun) selon laquelle la chauve-souris possède une double signification, l'une positive et l'autre négative. D'après cette dernière, la chauve-souris représente celui qui hait la lumière, c'est-à-dire la vérité et qui voit à l'envers donc selon une fausse optique. En groupe, les chauves-souris forment un « entassement par grappes de puanteurs et laideurs morales ». Appliquer ces caractères à Bilanga et à ses confrères ne présente aucune difficulté. Ils ne cherchent pas le bien du peuple, ils ne conçoivent leur mission que sous l'angle de l'opportunisme et ils laissent leur avidité diriger toutes leurs actions (345-46). D'autre part, la signification positive de la chauve-souris souligne sa perspicacité, sa capacité de voir dans la nuit et d'entendre les sons les plus faibles[68]. Voilà des qualités que Bilanga possède réellement et figurativement, même si elles ne lui servent qu'à se diriger dans la nuit de l'immoralité.

Avec son roman au titre si évocateur, Bernard Nanga s'est principalement engagé dans la double lutte pour la libération de la femme et pour l'élimination de la corruption, deux des maux les plus pernicieux selon lui. Afin de remplir ces buts, il décrit quelques moments caractéristiques dans la vie privée et professionnelle d'un personnage central. Les scènes montrent comment Bilanga se conduit envers divers représentants de la société camerounaise: obséquieux et rusé vis-à-vis de ses supérieurs, insultant quand il rencontre des paysans et impérieux lorsqu'il parle aux femmes. Dans ses relations avec elles, il se montre abusif, violent et exigeant. Il révèle son indifférence envers la personne elle-même, ne cherchant que son plaisir ou son profit. Si une d'entre elles lui résiste comme Marie, il essaie d'abord de la brutaliser et puis de l'acheter avec des promesses de cadeaux fabuleux. Le cœur n'est jamais pris et il évite toute responsabilité. Avec ses collègues, comme Montegui et l'inspecteur du service de renseignements, Bilanga découvre au lecteur son machiavélisme, sa capacité d'adaptation à une situation immorale et la facilité avec laquelle il distribue des faveurs pour en obtenir de retour. Pourtant, tout n'est pas totalement mauvais dans homme et quelques phrases à la fin suggèrent un revirement possible de sa part (202). Peut-être que si la corruption n'en avait pas fait un bourreau tout autant qu'une victime, il aurait pu devenir un bon fonctionnaire.

Outre ses relations avec ses collègues et les femmes, le livre décrit celles que Bilanga a avec son village natal. Dans la société camerounaise, un homme qui « monte » à la capitale se doit de ne pas oublier son village. Un fonctionnaire aussi « riche » et bien placé que lui se voit forcé d'aider matériellement ses parents et de favoriser le village de ses origines. Par conséquent, il distribue des bonbons aux enfants, des cadeaux lors d'occasions spéciales, de l'argent à sa mère. Il a fait construire un pont qui facilite la vie des paysans, une villa moderne dont ils peuvent s'enorgueillir et il a introduit des techniques agricoles plus rentables. Pourtant, le village n'est pas satisfait, il veut toujours plus et il accuse le fonctionnaire d'avarice (62-64). Pour montrer leur mécontentement, les paysans battent et chassent les hommes de Bilanga venus distribuer les cadeaux d'usage avant les élections. A vrai dire, ces relations où chacun exige des autres une aide concrète pour lui faciliter son intégration dans le monde du travail et où chacun se fait des illusions sur les moyens des autres sont courantes au Cameroun. Elles révèlent la cassure économique et culturelle qui existe entre la ville et le village et les difficultés que les gens ont à faire coïncider mentalité et nouvelles habitudes sociales[69].

Ces passages décrivant le personnage central aux prises avec les paysans complètent le triste tableau que Bernard Nanga fait de la vie d'un haut fonctionnaire. Cependant, soucieux de composer une œuvre vraisemblable et sachant qu'il avait fort chargé Bilanga, il ajouta d'autres personnages que l'on peut qualifier de « bons ». Parmi eux, on compte Marie parce qu'elle résiste aux propositions masculines, le médecin et l'infirmière qui soignent le fils de Bilanga parce qu'ils refusent un pot-de-vin et la femme de Bilanga parce qu'elle ignore les avances des collègues de son mari.

A travers cette dernière, Marie et autres personnages féminins, Bernard Nanga traite la question de la femme dans la société camerounaise. Son livre montre qu'elle a évolué depuis les années cinquante. La raison principale à ce changement réside dans le fait que les personnages n'habitent plus le village et que leurs liens avec lui s'affaiblissent. En effet, si Bilanga retourne chez les siens pour écraser les petites gens par le luxe de ses possessions dans l'espoir de se faire respecter et élire, par contre Marie n'a aucune relation avec sa famille. L'auteur ne dit même pas où elle est née—

fait rare dans le roman camerounais—et il lui donne pour tout parent une mère qui semble n'avoir aucune autorité sur la jeune femme. Il n'y a ni père, ni frères, ni oncles pour la forcer à épouser un homme de leur choix. Elle est devenue citadine.

    La nouvelle classe de Camerounais à laquelle elle appartient adapte la vie coutumière à ses besoins et quand une habitude la gêne, elle la change. Ainsi, cette classe remplace les devoirs basés sur les liens du sang par les obligations qu'ont les gens envers les personnes qui leur ont procuré du travail et à la solde desquelles ils sont. Dans ce monde où les mœurs traditionnelles ont évolué, la femme ne s'obtient plus en offrant une compensation matrominiale aux membres de sa famille, mais en lui remettant à elle-même des cadeaux. Certes, si une femme reçoit robes, bijoux, logement, elle se doit d'obéir à l'homme qui les lui donne, mais les habitudes ont tellement changé qu'il arrive que certaines femmes « appartiennent » à plusieurs hommes (19). C'est l'exception quand même, car le plus souvent les femmes vivent « dans une ambiance pourrie, . . . comme ce sont les hommes qui ont l'argent et qui détiennent le pouvoir . . . » (155), elles ne jouissent guère de la libération de leur famille et, en dépit de quelques exceptions notables, elles n'ont pas plus la chance de faire valoir leurs désirs que Tante Bella. Le fait que les hommes seuls possèdent de l'argent explique pourquoi Clotilde, catholique pourtant, était prête à accepter Marie comme coépouse. Pareille solution lui donne la préséance sur la jeune femme et avantages financiers alors que le divorce lui aurait fait perdre maison, revenus, prestige et peut-être même ses enfants[70]. L'urbanisation favorise toutefois une certaine indépendance féminine. En effet, si le métier de couturière rapporte peu et irrégulièrement, il procure à Marie assez d'argent pour nourrir sa mère et ses enfants ce qui lui permet d'attendre un prétendant convenable.

    En racontant l'histoire de ses personnages, Bernard Nanga montre une société où les coutumes anciennes s'adaptent tant bien que mal aux nouvelles exigences de la population urbaine. Les changements, cela n'a rien d'étonnant, se font parfois en sens contradictoires. D'un côté, ils tendent vers l'individualisme comme lorsque Marie décide seule d'épouser Bilanga. De l'autre, ils vont en sens contraire exigeant de la part de l'être une soumission passive. Ainsi, la vie politique n'admet aucune opposition, pas même le pamphlet écrit par le professeur Biyidi et les relations entre les Camerounais se basent sur l'argent obligeant le « client » à se soumettre à son patron et la femme à l'homme qui l'entretient.

A cause de la transformation des mœurs, les gens ne paraissent plus chercher la sécurité dans la communauté traditionnelle, mais bien dans la possession de l'argent et dans l'acquisition du confort qu'il procure[71]. La recherche obsessionnelle de l'argent s'explique en partie par le fait qu'il n'est pas facile de s'en procurer. Après tout, dans une société où il n'y a pas beaucoup d'emplois bien rémunérés et où le nombre de candidats qualifiés dépasse les possibilités d'embauche, pareille attitude n'étonne guère. L'argent offre la stabilité et protège contre les fluctuations du sort surtout que la faveur peut subitement porter un homme au pinacle un jour et le disgrâcier le lendemain[72]. L'argent représente, dès lors, la base la plus solide sur laquelle s'appuyer et sa possession devient une hantise qui ressemble fort aux pires exemples occidentaux dont le matérialisme est pourtant méprisé par les Camerounais[73]. Cette attitude explique la quinzaine de pages réservées aux tractations financières de Bilanga (91-105).

L'argent achète les hommes et son influence est devenue aussi pernicieuse que celle de l'hypocrisie dans le système colonial. Tout comme elle, il entraîne des comportements déshonorables, il dégrade et il asservit. L'opinion publique s'en sert néanmoins pour définir l'être, car elle respecte la richesse d'une personne non pas comme preuve de son travail, mais bien de sa puissance[74]. Or, les Camerounais attachent beaucoup d'importance à cette notion puisque le pouvoir qu'une personne a sur une autre explique bien des événements et situations. La tradition attribuait d'ailleurs la malchance, la maladie, la mort à l'action d'une personne voulant du mal à la victime. Dans la société contemporaine où les façons de penser anciennes persistent toujours, l'argent remplace le « blindage », c'est-à-dire les protections contre la malchance, la maladie et la mort obtenues par la médecine locale, par des cérémonies d'initiation, de purification ou autres[75].

L'argent offre donc une protection efficace contre les vicissitudes de la vie et, de plus, contre les variations de l'opinion publique. Il faut s'arrêter ici à cette notion d'opinion publique parce qu'elle participe non seulement à la propagation des nouvelles, vraies ou fausses, mais en outre à la considération que la société a pour ses membres. En effet, au Cameroun, la réputation d'un homme varie suivant les humeurs de la rumeur publique transmise, pour employer l'expression locale, par « radio-trottoir »[76]. Aussi Bilanga apporte-t-il tous ses soins à se la préserver. Par exemple, il soudoie l'éditeur du journal local pour que son nom ne soit pas associé à celui d'une jeune femme morte des suites d'un avortement—un acte particulièrement honteux. Il cherche à acheter le silence du médecin et de l'infirmière qui ont soigné son fils après sa tentative de suicide et il organise une soirée pour prouver que, contrairement aux racontars, il n'avait pas été tué dans un accident d'auto (115, 177-80). A cause de l'importance de l'opinion publique, il ne s'agit pas seulement pour lui de sauvegarder sa carrière politique, mais bien de défendre son existence même.

Les efforts que Bilanga déploie servent à démontrer comment la rumeur publique participe au cercle vicieux de la corruption puisqu'en donnant une fête il s'achète la bonne volonté des invités. De plus, elle présente, selon Bernard Nanga, un autre grave danger. N'étant jamais soumise à la critique, ne devant jamais fournir de preuves à ses dires, elle fait et défait des réputations sans toujours avoir des raisons valables. Elle perpétue de cette manière l'habitude d'apprécier les gens sur leur apparence et non pas sur leurs vraies réalisations. A cause d'elle, la société dédaigne les hommes réellement capables et elle ne respecte que ceux qui paraissent avoir réussi. Ainsi, dans un pays où l'appartenance ethnique ou familiale tend à avoir plus d'importance qu'un diplôme pour se procurer du travail, la renommée et l'argent remplacent le talent et les qualifications. Ils tiennent lieu de passe-partout qui servent à ouvrir les portes du succès[77].

Comme on le voit, l'engagement de l'auteur contre la corruption et pour la libération de la femme le fait toucher à des problèmes sociaux aussi bien que moraux. Il n'hésite pas non plus à donner son point de vue sur des questions économiques. Par le truchement de Roger, l'auteur estime que l'économie du pays est encore trop subordonnée à celle de la France, que trop de richesses venant du Cameroun quittent la contrée et profitent à l'ancienne puissance colonisatrice (83). Le professeur Biyidi, son nom évoque peut-être Alexandre Biyidi, c'est-à-dire Mongo Beti, propose quant à lui une plus large distribution des biens et il cherche à éliminer les grandes fortunes pour que les petits jouissent eux aussi des bienfaits d'une économie en expansion (143-44). Enfin, le roman contient une leçon politique quand l'auteur rappelle aux politiciens leurs responsabilités et leurs devoirs envers leurs concitoyens parce qu'ils sont les « vrais médecins » et qu'ils doivent « guérir le mal dont souffre le pays » (169).

Bernard Nanga parle dans *Les Chauves-souris* de problèmes bien connus et il y suggère les premiers pas à faire pour les résoudre. Cependant, la bonne volonté de l'auteur n'a pas beaucoup d'effets sur la société camerounaise vu que son livre y est interdit et que seul un très petit nombre a pu se le procurer. Il n'a donc pas l'occasion de toucher le public auquel il avait adressé son œuvre tout comme Mongo Beti dont les romans publiés après l'indépendance n'apparaissent pas dans les librairies locales. Par conséquent, si leurs ouvrages influencent la littérature camerounaise, ce ne peut être que par des voies détournées. Leur existence semble toutefois préserver vivante la veine du roman engagé malgré la censure et les diverses brimades subies par les écrivains. Deux courts romans le prouvent: *Le Drame d'un pays* de James Oto et *Le Bal des caïmans* de Yodi Karone. Tous deux décrivent les menaces qui pèsent sur les citoyens quand un état a un gouvernement totalitaire. James Oto a imaginé un personnage vivant pendant la dictature de Francisco Macia Nguema durant laquelle le gouvernement de la Guinée espagnole se permit tout: arrestations illégales, exécutions arbitraires, organisation d'une jeunesse policière toute puissante qui avait pour seul but de terroriser la population, élimination systématique des intellectuels et des religieux sans compter la mise à sac du pays par les représentants du régime[78]. Quant au *Bal des caïmans*, il décrit les conditions épouvantables dans lesquelles les prisonniers politiques vivent en plus de l'indifférence, de l'incapacité et de la complicité du système judiciaire.

Ces œuvres de moindre qualité littéraire sont vendues au Cameroun. Elles doivent leur diffusion probablement au fait qu'elles prétendent décrire un monde étranger ou imaginaire et non pas la société camerounaise. *Le Drame d'un pays* se passe en Guinée espagnole et *Le Bal des caïmans* dans un pays inventé[79]. Néanmoins, les deux romans disent plus qu'il ne paraît. Simplement la censure n'a pas lu dans les pages finales du premier la reconnaissance d'un droit à la révolte dès qu'un gouvernement se montre injuste (135) ni dans le second une attaque indirecte contre la justice au Cameroun. On ne peut manquer de se demander, d'une part, pourquoi l'administration laissa faire ces auteurs et, d'autre part, d'où leur est venue cette idée de situer leurs romans dans un pays autre que le Cameroun. Peut-être ont-ils trouvé leur modèle dans une œuvre de Francis Bebey. En effet, il avait décrit dans *La Poupée ashanti* une révolte de femmes contre le gouvernement central, mais au Ghana. Or, malgré la description d'une foule assaillant le siège du gouvernement, la censure camerounaise ne l'a pas inquiété alors qu'elle n'avait pas accepté l'insurrection plus modeste et moins subversive d'un village contre les employés de Bilanga dans *Les Chauves-souris*. La différence essentielle, en fin de compte, réside dans le fait que Francis Bebey avait situé l'action de son livre à l'étranger.

A cette technique efficace pour critiquer la société tout en évitant des difficultés avec la censure s'en ajoutent d'autres. Plusieurs furent utilisées par Rémy Gilbert Medou Mvomo dans *Afrika Ba'a*. Ainsi, il ne concentra pas ses critiques en un seul homme comme Bernard Nanga l'a fait, il les diffusa à travers plusieurs personnages secondaires, par conséquent aucun fonctionnaire ne put y retrouver son portrait. Par ailleurs, outre ses reproches acerbes contre les employés du gouvernement, il ajouta un message qui plaisait trop à l'état pour le censurer. En effet, le gouvernement avait lancé à cette époque la campagne dite de la « Révolution verte » pour augmenter la production agricole. Or, il s'agit dans son livre d'un jeune homme qui ne réussit pas à trouver du travail dans la capitale—elle s'appelle symboliquement « Nécroville »—et qui retourne au village. Là, grâce à son énergie et à son savoir-faire, il rénove l'agriculture, il entraîne les paysans dans son mouvement de réforme et il les sauve de la misère.

Sans doute l'auteur a diminué l'importance et le nombre d'obstacles rencontrés par son héros Kambara pour mieux exalter sa réussite, mais le programme qu'il propose est si précis et si applicable que Dorothy S. Blair a qualifié le roman avec justesse de « tract moral »[80]. D'un côté, il conseille aux Camerounais fortunés de placer leur argent dans leur propre pays pour financer un renouveau agricole. De l'autre, il estime que les paysans doivent varier leurs cultures, faire pousser fruits et légumes pour s'assurer une riche nourriture et étaler leurs revenus sur toute l'année. A cette fin même, ils devraient pratiquer l'artisanat dont les profits serviraient à adoucir les variations des prix agricoles. Les paysans devraient aussi profiter des dons de l'état et suivre les stages techniques qui leur sont offerts. Grâce à ces méthodes, ils auront non seulement à manger, mais ils pourront aussi se protéger contre les mauvais jours et vivre dans des conditions plus agréables.

On comprend que le gouvernement ait apprécié ces leçons d'autant plus que, au contraire de Emeke P. Abanime qui n'y avait vu que les désillusions de l'auteur, il lut dans *Afrika Ba'a* la promesse d'un monde meilleur façonné par les Camerounais eux-mêmes et non pas par les Blancs[81]. D'ailleurs, il dut reconnaître dans la devise de Kambara: « l'avenir ne résiste pas à ceux qui osent le toiser » (138) un de ces slogans simplistes, mais efficaces, qu'il utilise lui-même pour rallier les citoyens à des causes communes.

De la sorte, l'engagement dans le roman de Rémy Gilbert Medou Mvomo prit un tour singulier puisque personne avant lui n'avait énuméré aussi clairement les étapes nécessaires pour améliorer le sort des populations pauvres[82]. D'autres écrivains avaient suggéré des changements dans la vie journalière, toutefois il s'agissait surtout de ceux qui touchaient à la vie privée (mariage sans dot, effort personnel pour améliorer sa propre condition).

Certes, la liste des réformes donne au roman un didactisme accusé, mais c'est pour cette raison même qu'il fait partie des programmes scolaires et qu'il a par conséquent un large public.

Malgré cette singularité, *Afrika Ba'a* fait bien partie du corpus romanesque camerounais parce qu'il considère lui aussi l'homme—noir et blanc—non pas comme un être essentiellement mauvais, mais comme éternellement voué à errer. A ce propos, Francis Anani Joppa avait souligné la tendance générale des auteurs africains à présenter les mauvais côtés de l'homme dans son étude sur *L'Engagement des écrivains noirs de langue française*. Ce faisant, il avait donné à l'engagement des romanciers camerounais un ton beaucoup plus antioccidental qu'il ne l'est en réalité[83]. Il a ignoré en particulier l'humour d'un Mongo Beti et d'un Ferdinand Oyono qui adoucissait leurs critiques et qui rejetait la responsabilité sur tous les hommes. Il n'a pas vu que, quand ces deux écrivains mettaient en présence les deux races, ils évitaient de parler en termes simplistes. Si, pour eux, il y avait parfois un « mauvais » Blanc, il n'y avait jamais un « bon » Noir, car le colonialisme dura tant justement à cause des attitudes des deux races, les uns imposant leur supériorité et les autres l'acceptant comme une loi divine. Leur témoignage contre le colonialisme n'est pas « essentiellement [de] dénonciation, [de] récrimination, [de] plainte » (156) et il n'a pas ce ton protestataire parce que pour eux l'homme noir n'est pas innocent. En effet, le lecteur comprend que si Toundi n'avait pas été aveuglé par son importance, il aurait quitté la Résidence sans attendre de voir le Commandant humilié par sa femme et que si Zacharie n'avait pas tant exploité les villageois au nom des missionnaires, le christianisme aurait eu des chances d'être mieux compris et mieux vécu (*Une Vie de boy, Le Pauvre Christ de Bomba*). D'ailleurs, les exemples de responsabilités partagées abondent et la raison principale à cette quantité vient du caractère moralisateur souvent observé dans le roman engagé.

Les romanciers camerounais ne partagent pas non plus le point de vue de Francis Anani Joppa selon lequel la littérature a pour « nécessité . . . de remettre en valeur ce que le colonisateur a détruit ou défiguré » (156). Pragmatiques, il savent que les changements sont inévitables et ils ne s'accrochent guère à des coutumes idéalisées parce que venant du passé, à plus forte raison quand elles leur paraissent dures et cruelles (*Tante Bella, Perpétue et l'habitude du malheur*). De même, ils ne pensent pas que « pour aboutir à la reconnaissance des valeurs africaines, il [faille] passer par une surestimation des valeurs africaines seul moyen de contrebalancer le poids du racisme culturel du colonisateur » et ils ne prêchent pas en faveur d'idéaux tel que le « collectivisme africain » (174, 200). Se méfiant des grands mots qui décrivent mal la réalité, sans illusions sur l'homme, ils s'opposent au colonialisme et au néocolonialisme, c'est-à-dire, à tout système qui assujettit les femmes et les petites gens, à tout ce qui favorise la corruption et qui perpétue la passivité. Ils veulent une plus grande liberté d'action et d'expression, du travail pour leurs concitoyens et assurer par là leur dignité.

Il faut bien le dire, cet engagement qui a pour but de transformer la société n'incite pas à la révolte et cela en dépit des critiques parfois acerbes. Pour les romanciers agir sur l'individu leur paraît plus important que de soulever des foules par des discours enflammés. Ils préfèrent changer les mentalités sans encouragement à la violence surtout que s'ils vivent au pays, ils n'ont pas la liberté d'accuser publiquement le système. C'est pourquoi, comme l'avait remarqué Francis Anani Joppa, les « révoltés du roman négro-africain de langue française restent dans le fond des êtres pacifiques. Ils ne semblent ni sanguinaires ni même partisans d'actions violentes » (247) ce qui força d'ailleurs un autre critique, Jingiri Achiriga, à redéfinir le mot « révolte » comme une opposition mentale à un aspect particulier de la société, comme une mise en question et non pas comme un recours à la force[84].

Cette révolte plus intérieure qu'extérieure n'empêche toutefois pas les explosions de violence dans les récits, mais à part quelques exceptions, elle ne s'exerce pas contre un ordre social et elle n'est pas le fait d'un groupe organisé. La conduite pacifique des personnages pour résoudre des problèmes sociaux ou politiques ne s'explique pas facilement. Plusieurs raisons sont plausibles sans qu'aucune ne réponde d'une manière satisfaisante à la question. Il y a évidemment la censure, mais les romanciers refusent peut-être aussi de décrire des solutions politiques brutales parce qu'ils sont convaincus qu'elles ne profiteront pas au peuple. Il ne faut pas oublier non plus que, d'un côté, la vie coutumière avait des systèmes fort complexes pour enrayer toute révolte contre le pouvoir et que, de l'autre, l'éducation encourageait au conformisme et à l'acceptation de son sort. Les auteurs n'ont donc pas de modèle à suivre venant de leur milieu culturel. Certes, la littérature française leur en procure plusieurs, mais ils ne s'y sont pas encore intéressés peut-être parce qu'ils ne leur disent rien artistiquement.

Ce refus de ne proposer aucune action violente contre le gouvernement en place ne veut pas dire que le roman camerounais engagé accepte le défaitisme et l'apathie ainsi qu'on l'a vu au cours de ce chapitre. D'ailleurs, l'évolution des personnages le prouve. En effet, dans les romans de l'époque coloniale, les personnages subissaient leur sort sans chercher à l'éviter comme Toundi dans *Une Vie de boy* et comme Denis dans *Le Pauvre Christ de Bomba*. Cependant, depuis les années soixante, quelques-uns d'entre eux paraissent prendre leur destin en main comme Kambara dans *Afrika Ba'a* et le jeune couple de *Sociétés africaines et « high society »*. Insatisfaits par leur vie, ils décident de la changer en revitalisant l'économie de leur village, ou en résistant aux pressions diverses qui s'exercent sur eux. Cette évolution va de pair avec la montée de l'individualisme déjà observée plus haut. Par contre, elle contrecarre les plans gouvernementaux qui cherchent à former un pays uni au détriment du développement personnel[85].

Avec ces conflits entre individus et société, les romanciers « dévoilent les racines sociales de l'oppression coloniale [et néocoloniale] et ils démontrent que pour lutter avec elle il faut non pas retourner . . . vers le passé, mais avancer vers l'avenir, rejetant tout ce qui empêche ce mouvement » pour reprendre, et moderniser, les lignes que F. M. Breskina écrivait à propos de Mongo Beti et de Ferdinand Oyono[86]. On ne trouve donc pas chez les romanciers camerounais de vains regrets, mais bien une vue optimiste de l'évolution sociale. De cet optimisme inébranlable vient leur refus d'accepter le théorème d'Irène Almeida selon lequel « l'engagement ne sera effectif que dans la mesure où les écrivains s'adressent aux masses »[87]. Ils ne perdent pas leur temps à attendre ce moment idéal où la population sera lettrée en majorité et intéressée par des questions sociales ou politiques. Sachant que peu de gens les liront et qu'un plus petit nombre encore profitera vraiment de leurs messages, ils jettent leurs romans sur le marché comme le jeune capitaine d'Alfred de Vigny lançait sa bouteille à la mer, avec le même espoir que « Dieu la prendra du doigt pour la conduire au port ».

Chapitre III

Le Roman de mœurs

Suivant la distinction faite au début du chapitre précédent, le roman engagé s'attaque à des problèmes sociaux ou politiques, au colonialisme, à la corruption, aux abus provoqués par une dot trop élevée alors que le roman de mœurs met en question divers comportements humains courants au Cameroun. Cette deuxième source d'inspiration doit plaire aux romanciers puisqu'elle contient le plus grand nombre de titres publiés jusqu'à ce jour. La raison de l'intérêt suscité par le roman de mœurs se trouve dans ses origines et dans la situation particulière de la littérature au Cameroun. En effet, il vient directement de la littérature orale traditionnelle dont les contes ridiculisent les travers de l'homme. Il procède aussi des convictions personnelles chez les auteurs qui les poussent à décrire l'homme sans l'idéaliser. Enfin, depuis l'indépendance, il provient de la censure gouvernementale qui force les auteurs à choisir pour s'exprimer un territoire littéraire neutre n'offrant aucune possibilité de controverses politiques[1]. Ce groupe de romans se partagent en plusieurs catégories: celle du roman de mœurs proprement dit, celle du roman d'amour, du roman historique, du récit, du roman traditionnel et du roman populaire[2]. Une séparation entre romans de l'époque coloniale et ceux publiés après 1960 existe aussi, comme dans le cas des œuvres engagées, mais seulement pour les romans de mœurs proprement dits, car les autres groupes n'ont pas assez produit avant 1960 pour mériter une catégorie spéciale.

A. Avant l'indépendance

Le groupe constitué par les romans de mœurs publiés pendant la période coloniale comprend de Mongo Beti *Ville cruelle*, *Mission terminée* et *Le Roi miraculé* et de Ferdinand Oyono *Le Vieux Nègre et la médaille* et *Chemin d'Europe*. Le premier roman auquel on s'arrêtera, *Le Vieux Nègre et la médaille*, sert d'excellent point de départ ici vu que son sujet illustre avec clarté la distinction à faire entre roman engagé et roman de mœurs. Ecrit par Ferdinand Oyono durant ses études en France, il sortit la même année qu'une *Vie de boy* et il provoqua autant de réactions contradictoires que ce dernier. Les uns y voyaient les méfaits du colonialisme, les autres s'offensaient parce que, selon eux, l'auteur y avait ridiculisé les Noirs[3]. En fait, il semble avoir eu le double but de critiquer certains caractères des Français aussi bien que des Camerounais, mais en insistant cette fois sur les fautes de ces derniers.

L'histoire du personnage central est simple, racontée par un narrateur omniscient et basée sur une structure tripartite qui lui donne une assise régulière. Elle comprend l'annonce de l'événement, cet événement et ensuite ses résultats. Un jour, Meka reçoit une lettre disant que le gouvernement français l'avait choisi pour lui décerner la Médaille de l'Amitié et il se rend à la ville où la cérémonie a lieu. Après, lors de la réception en l'honneur des médaillés, il se soûle, il se fait emprisonner pour vagabondage et quand il est libéré, il rentre chez lui.

A la place de concentrer son attention sur la manière dont les Blancs se comportent en tant que colonialistes qui méprisent ou qui donnent des ordres ainsi qu'il l'avait fait dans *Une Vie de boy*, l'auteur se tourne vers les Camerounais et vers leurs façons de se comporter. Le système colonial ne sert pas de cible principale ici parce que Ferdinand Oyono s'intéresse à une autre question, à la folie de Meka. En quoi consiste-t-elle? Dans l'illusion, dans cette erreur de perception qui nous fait mal interpréter les attitudes des autres. Certes, tous les hommes se font des illusions, mais quand se rencontrent deux sociétés aussi dissemblables, aussi ignorantes l'une de l'autre comme le furent les Européens et les Africains de ces années-là, alors les erreurs de perception sont nombreuses. Chacun s'attend à des réactions auxquelles son groupe l'a accoutumé et cette attente est toujours déçue. Aussi illusion et déception vont-elles de pair. A deux, elles empêchent les êtres de communiquer et, à cause de leurs effets dans la vie quotidienne, elles renforcent les barrières déjà trop solides qui existent entre les deux sociétés.

Les illusions que Meka se fait sur les Blancs s'observent quand il s'exagère l'importance de l'homme qui va le décorer. Il ne s'agit plus du « grand chef des blancs », mais du « plus grand chef des blancs » qui par delà les frontières, les montagnes et les mers aurait entendu parler de lui

(27, 118). Il en arrive à oublier la hiérarchie coloniale et à se croire supérieur au commerçant grec qui reçoit une décoration en même temps que lui (119). Ayant une idée exagérée de l'honneur qu'on lui fait, il oublie les sacrifices auxquels il a consenti pour obtenir ce petit morceau de métal, les dépenses extravagantes encourues pour le recevoir dignement et les souffrances endurées pendant la cérémonie (19-20, 31, 72, 100, 110-18). Il croit visiblement qu'il change de statut, qu'il devient l'égal des Blancs. Son illusion s'observe quand il propose au Haut-Commissaire de venir manger chez lui. Malheureusement, ignorant la signification du geste, l'officier français refuse et un Camerounais d'observer: « qui de vous a rencontré la main d'un blanc dans un même plat de nourriture? » (140).

Cette remarque remet dans l'esprit les accusations d'hypocrisie portées contre les Français par les Noirs dans *Une Vie de boy*. Ces accusations n'étonnent plus guère maintenant qu'elles sont vues dans la perspective du thème de l'illusion. La folie de Meka consiste dès lors à ne pas comprendre qu'il existe des différences culturelles et à prendre à la lettre un discours officiel. Aussi, avant de saisir toute l'étendue de son erreur, il devra subir des épreuves, comme se faire insulter par des gendarmes et passer une nuit en prison (155, 163).

Pourtant, la folie de Meka n'est pas la sienne propre. Sa famille, ses amis, ses voisins la partagent aussi. Ferdinand Oyono ne ridiculise donc pas un Noir puisqu'il s'attaque à des habitudes de se conduire communes aux Camerounais[4]. La critique ne se concentre pas sur un individu, mais sur les hommes en général comme le démontre le long passage consacré à Engamba, le beau-frère de Meka (39-61). Quand le messager lui annonce que Meka va recevoir une médaille, Engamba déclare aussitôt que l'épouse du premier « deviendra une femme blanche », il pense que « les corvées et tous les autres embêtements, tout ça c'est fini pour lui [Meka] » et tous renchérissent: « il te suffira de dire au Commandant que tu es le beau-frère de celui qu'est venu décorer le chefs des blancs » (49, 50). Engamba rêve gloire: « l'ami du chef n'est-il pas lui-même un peu chef »? (55) et il fait le même raisonnement que Toundi dans *Une Vie de boy* qui se croyait supérieur à ses compatriotes depuis qu'il servait le Commandant des Blancs (32). Tous deux réagissent suivant le proverbe traditionnel selon lequel « l'ami du roi est roi », sans se rendre compte que les temps ont changé et que d'autres cultures ne partagent peut-être pas ce point de vue[5].

Les critiques—et les plus clairvoyants—n'ont vu le roman que sous l'angle du colonialisme destructeur. Pour Douglas Alexandre, par exemple,

« le tragique provient du fait que l'Africain se voit défini et chargé d'une identité bien différente de celle qu'il s'applique à lui-même »[6]. Or, les Camerounais font la même erreur que les Français, chacun juge l'autre d'après sa propre perception culturelle de l'apparence extérieure (63-64, 117-18). L'illusion aveugle les deux groupes. Les Blancs pensent amadouer les Noirs et les manier plus facilement grâce à des honneurs de pacotilles et les Camerounais, entraînés par leur vanité, les acceptent dans l'espoir de gagner des avantages et de la considération.

Tout comme Toundi, Meka s'exagère son prestige. Pourtant, lors de la cérémonie, le fait qu'un cercle de chaux le séparait des autres assistants aurait dû lui révéler que les Français ne le considéraient pas comme un des leurs. De plus, chaque fois qu'il veut se conduire d'égal à égal avec eux, un regard impérieux le remet à sa place (120, 123, 128). Sa fatuité l'aveugle donc. Elle sert en plus de catalyseur, car elle provoque des réactions aussi sûrement que s'il s'agissait d'un produit chimique. A cause d'elle, Meka ira chercher sa médaille sans se poser de questions sur la vraie signification de la cérémonie et il se soûlera sans même se demander si c'est une conduite acceptable pour un nouveau médaillé. Heureusement, les effets de la potion magique qu'est l'illusion ne durent pas. Une fois qu'ils ont disparu, le vieil homme aura la sagesse d'apprendre sa leçon. Celle-ci dit qu'il ne faut pas s'attendre à beaucoup des Blancs ou des étrangers en général, qu'il faut se méfier des promesses et qu'il ne faut pas être si imbu de soi-même pour en oublier sa place dans la société. Leçon qui n'offre rien d'original vu qu'elle vient directement des contes et proverbes traditionnels[7].

Au contraire de Toundi, cet autre esclave de la vanité, Meka, qui a donné ses terres à l'Eglise et ses fils à la France dans l'espoir d'en obtenir du respect, finit non seulement par comprendre le message caché derrière ses aventures, mais aussi par retrouver sa dignité (124, 135, 167, 172). Le rire va l'aider. En effet, rentré chez lui, il découvre une ressemblance frappante entre sa truie familière et le visage du chef des Blancs, le forçant à rire (179). Par ailleurs, lorsqu'un ami demande ce que l'officiel aurait fait si Meka n'avait pas porté un costume mais son *bila* traditionnel, il ne parvient pas à rester sérieux. L'idée qu'un Blanc, ressemblant à un cochon, serait forcé de se baisser pour épingler une médaille sur un morceau de tissu noué autour de ses reins amuse le vieil homme et « le rire éclata avec une violence d'une eau bouillante longtemps contenue » (207). Si sa fatuité l'avait asservi, maintenant le rire le libère de ses chaînes. Sans doute, le rire seul ne parviendra pas à détruire les barrières entre les deux sociétés, mais comme « la Vérité pousse toujours la conscience à rire aux éclats », Meka grâce à lui retrouve sa dignité d'homme[8].

Malgré l'évidence de la leçon, Mathieu-François Minyono-Nkondo a surtout vu un Meka révolté, « se dépouiller de tout le vernis colonial extérieur pour redescendre en soi-même, pour . . . railler la futilité de ses rêves, mais aussi du monde blanc qu'il voulait embrasser . . . »[9]. Meka renonce bien à son costume zazou et à ses souliers de cuir, mais ces objets ne constituent pas l'essence du « monde blanc ». De plus, un vieil homme alité qui se tourne vers le mur ne représente pas une image convaincante d'un homme révolté. Ce terme ne saurait lui aller à moins qu'on ne lui donne la signification de Jingiri Achiriga d'objection mentale à une situation considérée comme détestable[10]. L'expression ne convient cependant ni à Meka ni aux autres personnages camerounais, car, pour se révolter contre le système colonial, il faut avoir la conscience pure. Or, comme tout le monde a essayé d'en profiter, personne ne trouve en soi l'indignation nécessaire. En fait, bien plus que la révolte, il s'agit pour le personnage d'approfondir la sagesse. Il ne faut pas voir là une acceptation passive du destin, mais bien une compréhension des limites de la volonté personnelle, c'est-à-dire jusqu'où l'homme peut modifier sa vie et sur quoi il n'a aucune puissance. Mathieu-François Minyono-Nkondo a raison de voir le personnage « redescendre en soi-même ». Au cours de cette descente, Meka se rend compte qu'il ne peut changer l'attitude des Blancs, alors que lui, il aurait pu se conduire autrement. Sans doute, le vieil homme est une victime, mais, selon Ferdinand Oyono, il a consenti à jouer ce rôle.

Ainsi, dans l'univers romanesque d'Oyono, comme dans celui de Mongo Beti, tous les hommes sont responsables. Les Européens plus que les paysans africains parce que la civilisation occidentale leur confère une puissance presque sans limite sur des êtres qui n'ont pas les mêmes moyens de défense et parce que sa technologie devrait leur permettre d'améliorer le sort du genre humain au lieu de profiter de ses faiblesses. Comme les Camerounais associent traditionnellement richesse à générosité, la force de l'Occident lui impose le devoir moral de protéger et de donner, d'autant plus que quand une société s'estime meilleure qu'une autre, elle doit le montrer. Le colonialisme ne répondit toutefois pas à cette attente et les personnages camerounais furent souvent déçus. L'arrivée de l'indépendance n'arrangera rien. Les personnages déplaceront simplement leurs espoirs en la générosité des Blancs vers les Noirs haut placés et ils s'attendront à ce que ces derniers se montrent généreux puisqu'ils gagnent maintenant beaucoup d'argent[11]. Vains espoirs comme on l'a déjà observé lors de la discussion des *Chauves-souris*.

Illusion et déception ne disparaîtront donc pas avec la décolonisation. Certes, Ferdinand Oyono ne pouvait prévoir leur persistance, mais ce développement a eu pour effet de prolonger la vie de son œuvre. En attendant, il avait imaginé pour montrer leurs effets dans la société, outre des attitudes caractéristiques, des situations particulières telles que le voyage. Ce dernier a toujours eu de l'importance dans la littérature orale et il continue à soutenir la structure de bien des romans camerounais. Il a préservé sa popularité auprès des écrivains parce qu'il place le personnage devant des situations diverses, il lui fait voir des hommes et pays différents, il lui offre l'occasion de montrer ses qualités et défauts tout en donnant au récit une logique facile à suivre. Pour Oyono, le voyage, en tant que thème ou structure, lui permettait de montrer l'étendue du mal tout en remplissant deux autres fonctions accessoires. D'abord, il exprime la volonté de la part de Meka de ne pas se contenter de ce qu'il a et de chercher à améliorer sa position sociale. Ensuite, schéma courant dans le roman camerounais, il représente une initiation d'âge d'une manière symbolique. En effet, le vieil homme va au pays des Blancs (c'est-à-dire des fantômes, des morts), il subit des souffrances telles qu'il doit se rappeler ne pas avoir pleuré lors de sa circoncision et à la fin de ce voyage, il tire une leçon de sagesse[12]. Toundi dans *Une Vie de boy* avait suivi semblable périple, sa vanité l'avait toutefois empêché d'apprendre la leçon, quant à Medza dans *Mission terminée*, lui va recevoir une initiation si dégradée qu'il n'en tirera rien.

Ce troisième roman de Mongo Beti raconte comment Medza accepte d'aller à Kala pour ramener une femme qui s'était enfuie de chez son mari. Jeune impertinent, il ne le fait qu'à la condition d'emprunter la nouvelle bicyclette du chef du canton (34-35). Le moyen de transport a son importance. En effet, outre qu'elle facilite le voyage, la Raleigh symbolise une certaine aisance financière, empruntée assurément, mais les « péquenots » de Kala ne le sauront pas et ils admireront ce jeune homme si bien monté (28). La machine aide Medza à créer l'illusion de sa puissance et de son autorité d'autant plus que sa marque évoque Sir Walter Raleigh, le soldat, voyageur et courtisan anglais du seizième siècle qui avait participé à l'exploration des Caraïbes[13]. Le prestige conféré par l'engin lui rapportera des avantages lors de son séjour à Kala. Il excite d'ailleurs l'imagination du jeune homme au point où il l'associe à un cheval. Il se voit arrivant à Kala comme un conquistador, tel Pizarre en Amérique dont le cheval carapaçonné l'avait fait prendre pour un dieu (32, 33, 36). En vérité, ainsi que son illustre prédécesseur, il amassera un butin: la femme Niam, une épouse et divers cadeaux et il découvrira un monde primitif en apparence, mais fort complexe en réalité.

Le voyage qu'il fait en sens contraire du vieux Meka—c'est-à-dire de la ville au village—n'empêche pas que ses aventures suivent le même schéma d'une initiation d'âge d'autant plus qu'elle exigeait une réclusion dans la nature. Cependant, au lieu d'apprendre à s'intégrer dans son milieu et à respecter ses lois, but de toute vraie initiation, le séjour à Kala développe chez Medza un sentiment d'insatisfaction et d'aspiration vague qui le sépare de ses congénères: « moi, je cours éternellement après cette pureté dont Edima m'a donné le goût, et que je ne rencontrerai plus jamais, à l'allure où je vieillis » (250). Initiation d'autant plus ratée qu'elle consiste, tout comme pour le boy Denis dans *Le Pauvre Christ de Bomba*, à boire de l'alcool et à faire l'amour pour la première fois. Medza ne subit aucune épreuve physique pénible. Si les paysans lui posent des questions difficiles, ce n'est pas dans le but d'étendre ses connaissances à lui sur sa tribu, mais au contraire pour augmenter les leurs sur le monde extérieur (115).

Il y a bien son oncle Mama qui lui enseigne la signification du mot « sang » chez les gens de Kala (124-29). Le lecteur ne saura toutefois jamais si le vieil homme donne cette leçon pour démontrer qu'il est du devoir de Medza de lui donner la moitié des cadeaux reçus—après tout il le loge et le nourrit—ou si, plus simplement, le paysan rusé n'abuse pas de la coutume pour s'approprier de biens qui ne lui appartiennent pas. Enfin, l'initiation de Medza paraît ratée quand il rentre chez lui et qu'au lieu de montrer le respect dû à son père, il ose se moquer de lui (239-48). Sans doute, le séjour à Kala transforme le « bébé » en homme, mais son premier acte d'adulte consiste à se révolter contre une coutume autrefois intangible (11, 236).

Par conséquent l'initiation, au lieu de rapprocher Medza des siens, a en fait brisé les liens qui le retenaient dans la forêt ancestrale. Le jeune homme appartient dès lors à cette génération de Camerounais qui se trouvait coupée de la coutume, qui ne l'acceptait plus, mais qui n'avait pas encore constitué la nouvelle classe de citadins comme elle existe de nos jours (250). Il représente donc bien « la désorientation qui marque la jeunesse africaine sous la colonisation »[14].

N'ayant pas saisi que Mongo Beti voulait décrire ces hommes d'entre deux systèmes sociaux, Charles Nnolim lui avait reproché la fin

« ouverte » du roman, cette fin qui ne concluait rien. A quoi servait l'initiation si Medza abandonnait sa femme et s'en allait courir le monde avec son cousin[15]? L'aspect ironique de l'initiation lui a échappé, mais en plus, il semble ne pas avoir compris le message ultime. Pourtant, il a grande importance. En effet, les deux paragraphes finaux du dernier chapitre montrent le moment littéraire à partir duquel la pensée de l'auteur changea de route (250-51). Après ces pages, on ne retrouvera chez lui ni l'humour, ni le plaisir de ridiculiser les travers de l'homme comme *Le Pauvre Christ de Bomba* et *Mission terminée* les avaient exprimés. Le comique existe encore par moments dans *Le Roi miraculé*, mais sous une forme satirique et caricaturale et il n'apparaît que rarement dans les œuvres suivantes où le vif désir de convaincre et où l'acrimonie empêchent le lecteur de rire de bon cœur.

On peut supposer qu'après avoir regardé le monde d'un œil amusé, les platitudes et les horreurs de ce dernier ont fini par dégoûter Mongo Beti au point d'en perdre ses rêves et sa joie de vivre. La fin du chapitre exprime bien cette perte qui se combine d'ailleurs à une angoisse existentielle:

> le drame dont souffre notre peuple, c'est celui d'un homme laissé à lui-même dans un monde qui ne lui appartient pas, un monde qu'il n'a pas fait, un monde où il ne comprend rien. C'est le drame d'un homme sans direction intellectuelle, d'un homme marchant à l'aveuglette, la nuit, dans un quelconque New York hostile. Qui lui apprendra à ne traverser la Cinquième Avenue qu'aux passages cloutés? Qui lui apprendra à déchiffrer le « Piétons, attendez »? Qui lui apprendra à lire une carte de métro, à prendre les correspondances? (250-51)

Ainsi, sans la sagesse des coutumes et sans l'exemple de ses aînés, l'homme se trouve sans défense, sans direction, livré à lui-même et entouré par un monde indifférent. Ce passage ne doit pourtant pas faire croire que Mongo Beti regrette la disparition des coutumes traditionnelles. Il observe simplement qu'abâtardies par les anciens, elles ne donnaient plus un enseignement valable aux enfants, l'école française ne l'ayant pas remplacé (101). Dès lors, l'initiation de Medza ne servit qu'à le lancer dans la vie sans but ni direction.

A sa suite, les personnages de Mongo Beti suivront la même voie que leur créateur. Après avoir admis leur irrespect pour les valeurs anciennes dégradées, ils essaieront de se trouver une nouvelle raison de vivre. Il faudra à l'auteur, et à ses personnages, du temps et une dernière tentative de retour aux sources représentée dans *Le Roi miraculé* avant de pouvoir se renouveler. L'écrivain aura alors besoin d'une impulsion politique pour composer le pamphlet *Main basse sur le Cameroun* et pour inventer de nouveaux personnages, mais cette fois engagés dans la guerre contre les bassesses du gouvernement d'Ahmadou Ahidjo et dévoués à entretenir l'espoir en une société meilleure. Comme on pouvait s'y attendre, cette transformation ne se fit pas soudain et il fallut plusieurs années avant que Mongo Beti se remette à écrire.

En attendant, Medza paraît détaché de son milieu pour de bon d'autant plus que la légèreté avec laquelle il se conduit l'apparente au picaro. Dès la parution de l'ouvrage, les critiques ont suggéré qu'il appartenait au genre picaresque vu que des termes comme « conquistador » et « picaresque » les encourageaient dans cette voie (32, 37)[16]. Ils ont lancé le terme sans vraiment chercher à l'éclaircir. Il faut donc se tourner vers les théoriciens pour savoir s'ils ont eu raison de le faire.

Selon Robert L. Fiore, le roman picaresque apparaît comme une « tranche de vie », il est « pseudobiographique » et un narrateur témoin y vit diverses aventures[17]. Ce personnage qui se conduit parfois comme un délinquant, observe la société, il pose des questions, il examine et il montre au lecteur sa vision de la vérité. A cause de son point de vue unique, il n'offre qu'une perspective partielle et subjective du monde. Les thèmes du désir et de la désillusion apparaissent souvent parce que beaucoup d'actions du héros sont motivées par la volonté d'améliorer sa vie. Toutefois, une série d'échecs lui enlève ses illusions. Comme Medza raconte lui-même sa vie, comme il se fait des illusions sur sa mission et sur les gens de Kala et comme il critique la vie villageoise d'après les observations qu'il en fait, il ressemble au picaro en bien des points. Son nom même suggère cette parenté, car il a pour racine le verbe *a dza*, c'est-à-dire « critiquer »[18].

D'autres ressemblances existent comme ces liens ambigus avec le passé, et avec la vie coutumière, comme le départ du village natal, l'apprentissage et le contact avec une société qui pousse au conformisme[19]. Pourtant, Medza, s'il rappelle le roué du folklore camerounais lorsqu'il essaie de sortir de situations difficiles par son savoir-faire, n'est pas un délinquant, un profiteur de toutes occasions, bonnes ou mauvaises (100). En outre, à la différence du héros espagnol Lazarillo de Tormes ou du français Gil Blas de Santillane, Medza ne va pas d'un employeur à l'autre, il ne connaît pas de montée ou de chute dans sa destinée. D'autre part, alors que dans le roman picaresque les épisodes s'accumulent sans que leur ordre ait une grande importance, la structure de *Mission terminée* se base sur des épisodes reliés d'une manière organique comme l'a bien observé Charles Nnolim[20]. Ainsi, Medza doit d'abord refuser des relations sexuelles avec Eliza pour que son cousin lui propose Edima, pour qu'il se voit obligé d'avoir des rapports avec elle et pour que le village le force à la prendre pour femme. Enfin, si les Gils Blas de Santillane finissaient par s'intégrer dans la société, le jeune Camerounais ne connaît pas une telle destinée et son créateur l'abandonne au moment où il va faire face à un « quelconque New York » (251).

Les différences entre *Mission terminée* et les romans picaresques s'expliquent par le fait que Mongo Beti n'a pas tenté de les imiter en tous points. Il trouvait en eux un ton qui lui convenait, alors qu'il s'intéressait peu à leur contenu. Quant aux ressemblances, elles proviennent non seulement de la familiarité de l'auteur avec le genre, mais aussi de faits extérieurs à la création littéraire. En effet, pendant la période où le roman picaresque s'est développé en Europe, la société subissait des changements profonds et irréversibles. L'individu qui faisait partie d'une famille et dont le destin était déterminé à la naissance, commence à vouloir s'affranchir, à ne plus suivre les traces de son père, à se chercher une existence individuelle et à s'élever dans la société par ses propres talents. De même, au Cameroun, depuis la colonisation. Le fragile ensemble des valeurs coutumières, à jamais altéré par l'introduction du christianisme et de la civilisation occidentale, n'exerce plus sur ses membres la même autorité et ne leur donne plus le même soutien. Les jeunes tentent de se libérer de ces habitudes considérées, dès lors, non plus comme des limites auxquelles il est facile et nécessaire de se conformer, non plus comme l'abri protecteur contre les assauts du monde, mais bien comme une geôle qui enferme l'être et l'empêche de se développer suivant ses désirs personnels. « Tout se passe en définitive comme si des situations sociales comparables entraînaient l'emploi par les écrivains de formes romanesques comparables » ainsi que l'observait Bernard Mouralis[21]. Ces phénomènes sociaux font comprendre maintenant pourquoi quelques romans camerounais possèdent des caractères picaresques en particulier chez le Mongo Beti d'avant l'indépendance où ils apparaissent le plus visiblement et où ils sont utilisés le plus consciemment.

Parmi les ressemblances qui rapprochent *Mission terminée* du roman picaresque, la critique des mœurs tient une place importante. Elle présente des idées déjà relevées dans les œuvres engagées du même auteur: les chefs sont de vicieux accapareurs, les pères ne songent qu'à battre leurs enfants, les vieux ont perverti les traditions, ils ne veulent pas le bien d'un individu, mais cherchent à profiter de lui. Les jeunes filles, malgré leurs minauderies, se donnent à qui veut et les jeunes gens pensent plus à boire qu'à travailler[22]. Comment, dans ces conditions, chasser les Blancs et établir une meilleure société? Désabusé, Mongo Beti décrie les mœurs de ses compatriotes et, pas plus que Joseph Owono, il n'idéalise la coutume maintenant qu'elle ne couvre plus rien de sacré.

Par suite, la vie au village de Kala n'offre pas de modèle à suivre pour les jeunes, pas plus d'ailleurs que celle en ville ainsi que le démontre non seulement *Remember Ruben*, mais aussi *Ville cruelle*, le premier roman de Mongo Beti. Cet ouvrage parut en 1954 sous le pseudonyme d'Eza Boto. Il raconte une histoire un tant soit peu rocambolesque avec pour fond le village camerounais, le monde colonial et le produit de leur union morganatique: la ville. L'auteur y reproche à l'administration d'avoir instauré un système pour vérifier la qualité du cacao qui favorise la corruption et qui permet à ses employés de se conduire plus en parasites qu'en conseillers agricoles (36). Sans chercher à savoir si, malgré les abus, s'assurer de l'absence de maladie et du degré de sécheresse des fèves améliorera la production, donc les revenus des paysans, l'auteur s'insurge contre cette pratique, car il y voit surtout l'indifférence de l'administration envers les petites gens qui ont déjà assez difficile comme cela à vivre.

La critique du monde colonial classerait le livre parmi les romans engagés si elle avait une portée plus grande, mais, à la vérité, les accusations contre les hommes et leurs mœurs y dominent. De plus, comme il ne suffit pas de reprocher aux hommes leur manière de se conduire, *Ville cruelle* contient aussi une leçon de sagesse traditionnelle quand l'oncle de Banda lui suggère d'employer la ruse pour résister aux forces coloniales (55) et quand le vieux Tonga lui rappelle l'importance de suivre les conseils de ses aînés:

> Vois-tu fils, chaque fois qu'il t'arrive un malheur, cherches-en la cause en toi-même. . . . Tu ne fais pas suffisamment attention. Qui a jamais vécu comme toi, dans une telle insouciance de tout ce qui l'entoure, sans regarder ni à droite ni à gauche? . . . M'as-tu jamais écouté? As-tu renoncé aux beuveries, aux disputes, aux femmes des autres? (116, 120-27)

La chance aidant, Banda finira par reconnaître le bien fondé de ces remarques. Il prendra la responsabilité d'aider Odilia et son frère et sa nouvelle attitude lui permettra de découvrir l'amour. Il fera aussi suffisamment attention à ce qui se passe autour de lui pour apprendre l'existence de la valise contenant l'argent des Grecs. Sans doute, il la trouve par hasard, mais du moins il profite de sa découverte—au contraire de Toundi—et il en recevra une récompense. Cette récompense devient pour lui une juste rétribution puisqu'en s'appropriant sa récolte de cacao, les inspecteurs lui avaient volé le prix de son travail.

Que le roman contienne des leçons de morale traditionnelle ne devrait plus étonner maintenant, *Le Vieux Nègre et la médaille* et *Une Vie de boy* en renfermaient une aussi. Là comme ici, elle ne sert pourtant pas à glorifier un passé irrémédiablement révolu, mais bien à donner une direction à l'avenir. En effet, si la vie coutumière a perdu son intégrité, certaines de ses valeurs gardent malgré tout leur validité et les gens en ont besoin pour se diriger dans la vie. D'ailleurs, comment faire autrement quand l'homme se trouve emporté par des forces sur lesquelles il n'a pas de contrôle.

> Ainsi, Tonga et [Banda] se trouvaient dans deux pirogues différentes sur un fleuve immense dont le courant était rapide. Ils se tendaient la main. Leurs mains se touchaient, s'agrippaient l'une à l'autre et se nouaient. Ils se mettaient à s'entretirer, très fort, chacun voulant forcer l'autre à passer dans son embarcation à lui, à le rejoindre à bord de sa pirogue à lui. Mais ils tiraient indéfiniment. Le courant rapide faisait s'écarter les pirogues l'une de l'autre et chaque minute qui passait accentuait l'écart. Finalement, de guerre lasse, leurs mains se dénouaient. Et chacun s'éloignait de son côté, plein de dépit contre l'autre. (125)

Vue de cette façon, la vie entraîne l'homme vers un avenir incertain sans qu'il puisse vraiment diriger sa destinée. De plus, la métaphore concrétise clairement la séparation qui se fait entre Banda et les siens quand les habitudes de vivre et de penser subissent des transformations si profondes qu'il faut choisir entre deux camps, celui des conservateurs ou celui des novateurs.

Conscient de l'impossibilité d'un retour en arrière, Mongo Beti laisse son personnage rêver à un bonheur inconnu jusque là: une jeune femme aimante et une petite maison proprette à Fort-Nègre (40). Bonheur bien modeste que la ville et ses turpitudes menacent tout de suite (56-57, 70, 74). A vrai dire, l'ambiguïté des sentiments éprouvés par l'auteur vis-à-vis de la ville déconcerte surtout qu'il n'apprécie pas plus la vie dans la communauté villageoise. Elle s'explique pourtant par les conditions fortuites dans lesquelles la ville a grandi en Afrique. Maintenant que le tissu traditionnel s'est effiloché, la seule chance de renouveau ne viendra pas de la campagne mais des centres urbains, des milieux universitaires et commerciaux. Sans doute, la ville est cruelle, mais elle constitue aussi un mal nécessaire. Ni paradis ni enfer, elle sert tout simplement de cadre pour l'existence hasardeuse de l'homme.

Ville cruelle contient ainsi une série de thèmes chers à Mongo Beti bien qu'ils ne paraissent pas encore sous une forme très développée. Cette observation a son importance, car elle contredit le jugement que Robert Mercier et que ses collaborateurs avaient autrefois porté sur le roman. Ils pensaient que l'écrivain avait renié cette œuvre de jeunesse[23]. Si elle renferme la plupart de ses obsessions, pourquoi la rejetterait-il[24]? Il n'a aucune raison d'en avoir honte, d'autant plus que *Ville cruelle* a toujours du succès et qu'il est le seul de ses romans vendu au Cameroun. Le livre connaît ce sort singulier parce que la censure coloniale ne s'est pas inquiétée outre mesure des critiques contre elle. Quant à la censure camerounaise, elle n'y vit, et pour cause, aucune insulte contre Ahmadou Ahidjo ou contre son gouvernement.

La critique littéraire n'a pas toujours rendu justice à *Ville cruelle* surtout parce qu'elle y a lu une attaque contre le colonialisme alors qu'en fait le roman reproche principalement aux hommes leur avidité et leur manque de valeurs morales[25]. Le public camerounais y a, par contre, trouvé une série d'aventures excitantes sans toujours en saisir les idées et les thèmes centraux parce que seul un petit nombre de lecteurs sait qui a écrit l'ouvrage. En effet, Présence Africaine a publié non seulement la première édition sous le nom d'Eza Boto—premier pseudonyme de Mongo Beti—mais aussi la deuxième alors que l'auteur y avait renoncé depuis longtemps. Tous les manuels scolaires—essentiels dans la société camerounaise pour la diffusion des œuvres artistiques—ne font pas le rapprochement entre les deux pseudonymes et des critiques locaux évitent aussi d'expliquer qui se cache sous ce nom. Quand ils osent reconnaître qu'Eza Boto et Mongo Beti ne font qu'un, ils reprochent alors à ses héros de manquer d'énergie et d'optimisme, faute grave dans une société qui se veut « en voie de développement »[26].

Toujours est-il que, présenté au Cameroun suivant un point de vue officiel, *Ville cruelle* se trouve « aseptisé », ses critiques des hommes et des mœurs neutralisées. Il ne suffit donc pas à l'auteur de jeter sa bouteille à la mer, mais que le public sache aussi en déchiffrer le message. Certes, *Ville cruelle* est un cas particulier, mais il arrive que d'autres romans subissent un traitement semblable tel *Sur la terre en passant* de François-Borgia Marie Evembe comme on le verra un peu plus loin. Heureusement, la volonté gouvernementale de minimiser le message d'un livre n'a pas encore découragé les écrivains ainsi que le prouve la production littéraire qui paraît après 1960.

B. Après l'indépendance

La signature d'un traité n'a jamais rien changé dans les arts du jour au lendemain de sorte que la nouvelle souveraineté du Cameroun n'apporta pas de changement brutal dans sa littérature. Celle-ci continua sur sa lancée d'abord timidement, puis avec l'assurance de jeunes auteurs convaincus de l'importance de leur mission culturelle. A partir de là pourtant, la littérature camerounaise cesse d'être le produit de quelques hommes courageux ou privilégiés par les circonstances et par leur éducation. Elle devient une activité à laquelle chacun peut s'adonner. Un bon nombre de jeunes fascinés par la renommée de Mongo Beti, Ferdinand Oyono et René Philombe vont s'appeler écrivains qu'ils aient déjà publié ou non. Ils ont dû se dire, comme Samuel Mvolo l'a admis, que si les Européens écrivaient sur l'Afrique, eux aussi avaient le droit de le faire[27]. Cette évolution entraîne deux conséquences principales. En premier lieu, la qualité littéraire est beaucoup moins uniforme maintenant que des écrivains parfois peu éduqués publient de courts ouvrages dans le but d'amuser ou de plaire sans chercher à raffiner leur style ou à inventer des histoires et personnages complexes. En deuxième lieu, le public s'est enlargi avec l'augmentation dans le nombre et dans la variété des livres publiés. Les thèmes, idées et styles se diversifient aussi, d'où la nécessité de créer des subdivisions. Par conséquent, le reste du chapitre séparera les œuvres en romans de mœurs proprement dits, romans d'amour, historiques, traditionnels, récits et romans populaires.

Parmi la dizaine d'ouvrages qui appartiennent à la catégorie des romans de mœurs proprement dits, quatre méritent qu'on s'y arrête plus longuement qu'aux autres parce qu'ils reflètent bien l'essentiel de cette production: *Le Fils d'Agatha Moudio* et *Le Roi Albert d'Effidi* tous deux par Francis Bebey, *L'Homme-dieu de Bisso* par Etienne Yanou et *Sur la terre en passant* de François-Borgia Marie Evembe. Ce dernier parut peu de temps après l'indépendance. Il attira l'attention d'un public africain aussi bien qu'européen à cause de l'originalité de sa conception et de l'expressivité du style. Celle-ci lui valut le Grand Prix Littéraire de l'Afrique noire en 1967 ce qui explique peut-être pourquoi le gouvernement camerounais ne s'opposa pas à la diffusion du roman malgré la satire qu'il contient et malgré la déception que l'auteur montra envers les bienfaits de l'indépendance. Il fallut à l'administration quelque temps pour réagir, mais elle finit par le faire. François-Borgia Marie Evembe perdit alors sa place, il se vit accorder un emploi dans l'administration où il fut mis sous une surveillance administrative plus que policière. Quant au livre, les professeurs de littérature se contentent aujourd'hui de l'ignorer dans leurs classes[28].

Le roman, qui raconte l'histoire d'un jeune citadin mourant d'une maladie intestinale, ne mérite pas ce dédain bien qu'il faille admettre que l'image de base a de quoi dégoûter surtout que François-Borgia Marie Evembe décrit en détails les selles et les vomissements du jeune homme. Il existe, néanmoins, plusieurs manières d'expliquer le choix de l'auteur pour une telle maladie et pour l'utilisation des descriptions qui ne laissent rien à l'imagination. La première y voit la volonté ou même le plaisir de choquer. Révolté par l'indifférence de ses compatriotes et par leur superficialité, François-Borgia Marie Evembe voulait frapper fort dans l'espoir de réveiller leur conscience. La deuxième voit la maladie d'Iyoni comme une métaphore des maux apportés par l'urbanisation et par la bureaucratisation de la société, à moins que ce ne soit une image de l'indépendance qui dégrade l'être au lieu de le libérer. Ou bien encore, elle se base sur les vues occidentales selon lesquelles les déjections humaines sont choses honteuses qui prouvent la bassesse et l'animalité de l'homme[29]. Suivant celle-ci, Iyoni en éliminant ces matières vulgaires et son sang même rejette tout ce qui est dégoûtant dans l'homme, tous ses péchés. D'ailleurs, à diverses occasions, l'auteur associe son personnage au Christ soit que, comme lui, il soit venu « sur la terre en passant », soit qu'il ait été aussi humilié, que sa souffrance ait laissé des hommes indifférents ou même qu'il se charge des péchés de tous les hommes (97, 108). Sans doute, ainsi que l'a observé Richard Bjornson, Iyoni n'offre pas aux hommes leur rédemption, mais ses mésaventures leur montrent au moins comment ils ne devraient pas se conduire[30].

Une autre interprétation possible se base sur le symbolisme que les excréments ont dans plusieurs sociétés africaines. Suivant les croyances beti, les selles, surtout celles des patriarches fondateurs, des « chefs », contenaient une force qui se transmettait aux femmes et aux enfants qu'elles avaient[31]. Comprise de cette façon, la maladie d'Iyoni permet de faire passer non pas ses microbes, mais ses qualités aux générations suivantes. Cette interprétation paraîtrait trop recherchée si quelques détails du texte ne la soutenaient pas. En effet, le jeune homme ne va qu'à des toilettes publiques comme si le lieu où il se soulage a de l'importance (il n'y a pas ou il n'utilise pas de chasse d'eau). On objectera que c'est par la force des choses qu'il va en ces endroits, la plupart des citadins ne jouissant guère du luxe de toilettes modernes privées. Sans doute, mais alors pourquoi ne pas situer ces épisodes dans un coin caché de la ville, derrière un mur, ou un buisson comme cela se pratique encore de nos jours?

Cette interprétation permet, par ailleurs, d'expliquer le passage scabreux avec la maîtresse de son compagnon de chambre Abèlèkongo. Certes, les circonstances s'y prêtent, tous trois dorment dans l'unique lit de la maison, mais il se justifie aussi quand on comprend que la jeune femme utilisera les mêmes toilettes que Iyoni. De cette façon, suivant la tradition, elle recevra la « force » du jeune homme, force évidemment plus morale que physique[32]. Enfin, bien qu'il se soucie constamment de présenter des dehors propres, Iyoni ne semble guère s'inquiéter de laisser les traces ignobles de sa maladie dans des lieux publics (45). Est-ce avec l'espoir de transmettre sa « force » ou bien vomissures et déjections rappellent-elles aux hommes qu'ils doivent alléger la souffrance et non pas la mépriser?

De ce fait, le symbolisme inclus dans la maladie de Iyoni est si complexe qu'aucune interprétation à elle seule suffit pour l'expliquer. Cela est d'autant plus vrai que le roman ressemble à une parabole dont le but principal consiste à attirer l'attention des lecteurs sur l'importance de la bonté. Parabole un peu spéciale à vrai dire, car le personnage principal n'agit pas avec bonté, il subit plutôt l'indifférence d'une société qui, elle en manque. L'auteur dit bien que Iyoni symbolise la bonté, mais il ne fait rien pour mériter d'incarner un tel concept (110-11). Comme Toundi dans *Une Vie de boy*, le jeune homme n'a aucune initiative, il ne prend pas son sort en main et il laisse les événements lui arriver sans s'y préparer. Ainsi, il ne va pas voir le médecin après un mois comme cela lui a été recommandé et il n'y retourne que lorsqu'il souffre d'une crise pénible. Il ne cherche pas d'emploi et il dépend de la générosité de Nkilviagah pour lui en procurer un. De même, il compte sur ses amis Abèlèkongo et Etoli pour son logement et sa nourriture (13, 87). Il n'offre donc pas une image dynamique ou convaincante de la bonté, mais bien, comme Toundi, celle d'un personnage victime et témoin.

A vrai dire, une représentation aussi passive diminue l'efficacité du symbole central, mais heureusement pas celle du roman entier. En effet, sur le plan de la critique sociale, l'auteur se montre tout aussi capable que Mongo Beti et que Ferdinand Oyono de relever les attitudes aberrantes de l'homme. Sa critique sociale se base sur deux idées principales apparentées, celle, déjà rencontrée, de l'illusion et celle, plus rare dans le roman camerounais, du masque. L'illusion s'observe dans la manière de voir d'Iyoni. Celui-ci, bien qu'il « ne se fasse pas d'illusions », s'attend à ce que l'hôpital soit un havre de charité où tout un chacun se dévoue pour les malades (64). Au lieu de cela, le personnel se conduit pour la plupart avec indifférence, plus soucieux de poursuivre une conversation que de s'occuper des patients (15, 25, 29). Iyoni espère aussi que ses amis viendront le voir dès qu'ils apprendront qu'il est hospitalisé, mais il leur faut plusieurs jours avant de se présenter. Même son ami Etoli ne vient jamais le voir parce que, maintenant qu'il est devenu pauvre et malade, il n'a plus droit à la considération des autres (même idée dans *Fruit*, 140; *Chauves-souris*, 90).

Evidemment, le port d'un masque entretient l'illusion. Chez les hommes ce masque est constitué par la valeur abstraite de leurs titres qui d'habitude donnent droit à un bon salaire, voiture et logement administratif (109). Un mot tel que « directeur » obstrue une vue objective de son porteur et il en cache la vraie personnalité. Même s'ils ne portent pas de titre parce qu'ils se trouvent sans poste officiel à cause d'un des nombreux remaniements ministériels, les fonctionnaires dissimulent la vulgarité de leur âme sous une attitude hautaine pour en imposer au spectateur naïf. Ainsi,

> Nkilviagah fait son apparition, escorté par son sourire enjôleur, sa bonhommie de bourgeois insouciant, sa démarche de buffle et sa poignée de main électrique. Il vint à vingt et une heures, l'heure où dans un hôpital, même les moustiques ont peur de faire du bruit. (58)

Quant aux femmes, le maquillage, la manière de s'habiller servent à faire croire à une beauté et à une bonté inexistantes alors qu'ils couvrent mal les imperfections du corps et de l'âme:

> D'abord les cheveux semblaient trop luisants, trop noirs et trop souples pour être vrais. Donc une perruque, une fausseté. Ensuite la peau, tant aux joues qu'aux avant-bras, était trop veloutée, . . . pour qu'on pût affirmer qu'elle ne brillait que de l'éclat de l'usine maternelle. . . . Pour

> les lèvres . . . , elles étaient fardées, recouvertes d'un rouge à lèvres indigo [sic] outrageant. . . . Les ongles présentaient des cassures inélégantes et donnaient l'aspect d'un tableau peint. . . . Dans ces ongles, Iyoni devina la présence d'une culture de centaines de millions de virus nocifs . . . , dans les chaussures, Iyoni se dit qu'il y avait sans doute des ongles crochus et épais. (73)

Le jeune homme devine sans peine que cette femme utilise toutes les ressources possibles pour cacher la bassesse de ses désirs. De plus, lors de la soirée chez Nkilviagah, il observe une demoiselle qui: « doit avoir un soutien-gorge capable de dresser les mamelles d'un lamentin, une gaine capable elle aussi de donner une forme harmonieuse au corps d'un vieil éléphant » (91). Descriptions certes peu flatteuses, mais qui s'appliquent bien à une société composée de comédiens et de personnalités artificielles. A vrai dire, les Camerounais ont atteint un tel degré de duperie que l'être ne se reconnaît plus (90-92). Habillé d'apparences, l'homme a rejeté son costume « naturel ». Il s'en est débarrassé avec tout le dédain qu'il a pour un vieux vêtement devenu trop étriqué et, ce faisant, il s'est dépouillé des valeurs traditionnelles en particulier de la solidarité.

Parti d'un événement auquel François-Borgia Marie Evembe avait assisté lui-même—il avait vu à l'hôpital un jeune garçon se rouler par terre et vomir du sang alors que personne ne s'en occupait—il a créé un roman qui choque le lecteur non seulement à cause du graphisme de ses descriptions, mais aussi à cause de la honte qu'il lui fait ressentir[33]. Maintes pages semblent d'ailleurs n'exister que pour éveiller ce sentiment. En outre, le nom du personnage central veut dire honte, indiquant par là qu'il fait honte aux autres, mais aussi quels sont ses sentiments à lui[34]. Tout fait honte à Iyoni, sa maladie, sa pauvreté, ses vêtements peu élégants, sa position subalterne, son incapacité à ressembler à son héros Napoléon et le policier qui le maltraite parce que lors d'un malaise, il l'avait pris pour un ivrogne (96-97, 108).

Assurément, l'utilisation de la honte dans le roman individualise le personnage. De plus, comme dans *Une Vie de boy*, elle sert à donner une leçon au lecteur, à lui rappeler que la société devrait avoir mauvaise conscience pour ne pas chérir une valeur aussi importante que la compassion et pour ne pas réagir contre la déshumanisation de l'homme moderne. Idées qui ont intéressé Rémy Gilbert Medou Mvomo puisque neuf ans plus tard, dans *Le Journal de Faliou*, il faisait des observations similaires sur un schéma identique, mais au lieu d'utiliser la honte pour colorer son personnage, il eut recours à la folie de persécution. Tout comme la honte d'Iyoni, l'obsession de Faliou se retrouve à chaque page du roman, elle explique son manque d'initiative et elle fait de lui un témoin victime des erreurs de la société. Cette ressemblance entre les deux œuvres voudrait-elle dire que Rémy Gilbert Medou Mvomo a imité François-Borgia Marie Evembe? Cela se pourrait. Cependant, l'explication la plus probable vient de la psychologie des deux écrivains et de leurs manières de voir les hommes. Tous deux se sentent en marge de la société, tous deux ont difficile à réaliser leurs rêves et ils se trouvent en butte aux vexations d'un monde indifférent envers leurs talents et leurs potentiels[35]. Gênés dans leur liberté créatrice, ces auteurs estiment que la société ne les apprécie pas à leur juste valeur ce qui les pousse à s'enfermer dans leurs obsessions et à créer des romans centrés sur elles.

De là, une présentation métaphorique plus qu'une œuvre engagée dans une bataille sociale ou politique et un désintérêt pour les passages explicatifs. Aussi, le roman *Sur la terre en passant* se termine d'une manière abrupte par un court paragraphe plus sibyllin qu'explicatif: « Iyoni est mort. Mais les problèmes qu'il se posait ont-ils trouvé un début de solution? Quelqu'un avant moi l'a dit: That is the question » (111). Cette façon « ouverte » de terminer rappelle celle des contes didactiques traditionnels qui se refusent à donner des solutions toutes faites et qui forcent les gens à discuter les questions soulevées. Déjà observé dans *Mission terminée*, ce type de conclusion laisse en suspens et il ne donne pas le sentiment que les problèmes rencontrés par le personnage central ont de solution surtout que la mort d'Iyoni n'a rien d'exemplaire et qu'il est difficile de voir en lui un modèle à suivre. Le lecteur pourrait tirer du roman l'impression que la vie et la mort du jeune homme n'ont servi à rien puisqu'elles semblent n'avoir laissé aucune trace durable dans la conscience de ceux qui l'ont connu. Toutefois, s'il se réfère au symbolisme que les excréments avaient dans la tradition beti, alors le roman prend une signification plus profonde et le personnage victime et témoin devient actif dans le sens qu'il passe aux autres sa force, c'est-à-dire sa capacité à mettre en évidence les erreurs humaines.

Au contraire de Iyoni, Mbenda, le personnage central du *Fils d'Agatha Moudio*, démontre une force active au cours de son existence. En fait, les événements qu'il vit peuvent se lire suivant le schéma d'une initiation d'âge bien qu'il n'y ait ni voyage à signification symbolique, ni révélations mystiques, ni épreuves physiques douloureuses. Cependant, au cours des quatre à cinq années que couvre le roman, Mbenda change. Il se transforme d'un jeune homme dépendant de sa mère et de son village en un homme capable de construire les cases de ses femmes et de gagner assez pour les nourrir[36]. Sa transformation, en outre, s'accompagne d'un développement moral qui le conduit de la complaisance à la sagesse.

Il faut dire que la vie se charge de lui apprendre sa leçon. Ayant perdu son père dans son enfance, Mbenda épouse Fanny, la jeune femme qu'il lui avait désignée, mais aussi Agatha, celle qu'il aime vraiment. Par ces actes, le personnage central concilie tradition et modernisme puisqu'il accomplit les vœux de son père et puisque, en même temps, il reconnaît l'importance de l'amour. Or, prendre Agatha pour épouse, c'est défier le village et faire une infraction aux habitudes locales. Il doit par conséquent compenser le groupe. Il en résulte, puisque le destin se charge de nous rappeler à l'ordre, qu'il n'a engendré ni le fils de Fanny ni celui d'Agatha et que ce dernier, un petit mulâtre, réalise la prédiction faite par la mère de Mbenda. Celle-ci lui avait en effet annoncé qu'il en verrait « de toutes les couleurs! » (169, 177).

Parce qu'il avait accepté l'enfant de Fanny, il se voit obligé d'agir de même envers celui d'Agatha. D'ailleurs,

> les yeux ne devraient jamais regarder derrière, le ciel les a placés sur le devant de la figure afin qu'ils observent ce qui est devant. Le temps qui vient n'est pas derrière, il est devant. Si tu veux être un homme, c'est par là que tu dois tourner tes yeux. (130)

Il lui faut donc ignorer les fautes de ses épouses, se conduire avec elles comme s'il avait engendré leurs bébés et, par là, il prouve sa maturité.

La manière dont Mbenda atteint la classe d'âge adulte ne suit pas la tradition, car Francis Bebey, pas plus que ses collègues, ne cherchait à représenter avec précision des coutumes mourantes qu'il ne connaît que plus ou moins bien. Il a préféré montrer comment les hommes les accommodent aux temps modernes. Ainsi, au contraire de Medza dans *Mission terminée* qui n'avait de vrais liens ni avec la coutume ni avec la civilisation occidentale, Mbenda conçoit sa destinée comme placée « au carrefour des temps anciens et modernes » (61). Cela lui permettra de ne pas renier le passé et de s'adapter aux nouvelles conditions de son époque sans se sentir coupé de sa communauté.

Racontée par le personnage central, plusieurs années après les événements, l'histoire se déroule suivant l'ordre chronologique. Quelques entorses à l'exposition du sujet donnent toutefois au livre l'aspect désinvolte d'un conte inventé pour amuser plus que pour enseigner une leçon. En cela, *Le Fils d'Agatha Moudio* diffère visiblement des œuvres engagées, mais aussi de plusieurs romans de mœurs tels *Sur la terre en passant* et *Le Journal de Faliou*. Le narrateur ne cherche pas vraiment à choquer ou à provoquer une prise de conscience. Il se contente de ridiculiser certaines fautes de l'homme sans juger et, souvent d'ailleurs, on devine qu'il les observe d'un œil rieur.

L'humour et le ton dégagé n'empêchent pas le livre d'être un roman de mœurs typique parce qu'il observe des manières de vivre et de se conduire plus qu'il ne soulève de graves questions politiques ou sociales. Francis Bebey décrit avec plaisir des scènes villageoises comme celle pendant laquelle la mère Mauvais Regard prépare une « protection » pour Fanny, celle où le village punit Gros-Cœur ou encore celles qui se passent à la borne-fontaine, source d'eau pure et de discorde parce que les femmes s'y disputent souvent (41, 114, 134, 140). De ce fait, si l'auteur s'était arrêté là, il serait tombé dans le « pittoresquisme » décrié par Mongo Beti, mais il montre aussi comment les hommes rusent, mentent et agissent pour défendre leurs propres intérêts[37]. En particulier, quand la famille de Fanny prétend ne pas vouloir de dot pour en exiger une plus élevée et quand le roi Salomon a recours à l'enlèvement de la jeune femme afin de ne pas en payer le montant total (74, 100-02).

Tout cela est raconté avec bonhomie. A vrai dire, l'indulgence du narrateur s'étend jusqu'à vouloir rendre le lecteur complice. Il le fait avec des phrases telles que « vous le verrez plus tard », « autant de questions que vous posez », « il serait long de vous raconter . . . ce qui se passait dans notre ménage à trois, et je me réserve d'autant plus le droit de me taire . . . que je sais deviner le sourire amusé avec lequel vous vous disposeriez à écouter mon récit » (92, 113, 172). Ces expressions ajoutent au ton dégagé, à une manière non apprêtée de raconter l'histoire. Par conséquent, la critique des mœurs paraît sous une forme très adoucie. Tellement adoucie parfois que le lecteur se demande si Francis Bebey adhère aux idées de son narrateur sur la polygamie ou sur le droit des villageois à imposer une épreuve physique dangereuse comme celle qu'ils font subir à Gros-Cœur ou encore est-ce qu'il croit aux pratiques de sorcellerie de la mère Mauvais Regard?

Les questions soulevées par ces passages ont de l'importance non pas tant parce qu'ils décrivent des coutumes exotiques typiquement camerounaises qui permettraient de différencier les romans d'avec ceux provenant d'autres pays africains, mais parce qu'ils perpétuent des habitudes de penser et des façons d'agir. En effet, l'auteur ne condamnant pas les pratiques anciennes les rend toujours acceptables pour la société contemporaine qu'il y croit ou non lui-même. D'autant plus que des romans populaires n'hésitent pas à raconter comment des jeteurs de sort obtiennent ce qu'ils veulent ou comment les villageois font passer une épreuve traditionnelle pour apprendre qui a commis un crime[38]. C'est tellement vrai qu'un homme aussi sérieux et aussi éduqué qu'Etienne Yanou semble faire foi à des croyances traditionnelles dans son roman *L'Homme-dieu de Bisso*. Là, il raconte comment un village se choisit un homme-dieu afin de rendre les femmes fécondes à nouveau. Que l'auteur croie vraiment en la puissance d'un dieu ainsi proclamé ou qu'il le soupçonne d'avoir rendu les femmes enceintes par une méthode moins éthérée n'a pas grande importance pour la plupart de ses lecteurs qui, ainsi qu'on l'a remarqué précédemment, n'ont pas toujours un esprit très critique. En fait, comme le dit Julot: « Nous autres Bamiléké, nous ne cherchons pas à analyser 'l'étonnant' dès lors qu'il conduit à un résultat positif; nous en faisons une loi ou plutôt nous l'acceptons sans démonstration comme les mathématiciens, les postulats » (*Ramitou*, 133).

L'idée de *L'Homme-dieu de Bisso* vint à Etienne Yanou lorsque, ayant été nommé sous-préfet dans la région des Bamboutos, il avait entendu parler d'un homme-dieu. Il essaya de le contacter pour apprendre en quoi consistait son ministère, mais l'homme avait fui après avoir commis quelques malversations et participé à la rébellion bamileke. Plus tard, après la lecture d'un livre sur le kimbanguisme, il se décida à publier un roman à ce sujet pour décrire des coutumes anciennes tout en suggérant que de nos jours il faut abandonner ces superstitions et accepter le christianisme[39]. Son livre a donc des buts semblables à ceux de *Tante Bella* par Joseph Owono, mais il ne défend pas sa cause avec la même vigueur. Si le christianisme triomphe à la fin—Mem'Si, l'ancien homme-dieu, se convertit—il reste toujours menacé pas des pratiques animistes, car, comme le dit si bien un des personnages: « il y a un temps pour les affaires de la tribu et un temps pour les affaires de Dieu » (18, 92-103, 154). Un tel point de vue n'est pas rare puisqu'on le retrouve chez un des personnages de Thérèse Kuoh-Moukouri qui déclare:

> [Les sorciers] disent des choses justes.... Nous ne devons pas renoncer à croire à ces forces-là, même si nous sommes chrétiens. Bien sûr, le Très Haut, le Dieu vivant est au-dessus de toutes ces créatures. Mais il y a des forces invisibles très dynamiques, qui mènent les êtres et les choses.... Dieu nous aime, les dieux nous protègent dans la mesure où nous n'enfreignons pas leurs règles: leur action conjugée ne peut nous nuire. (*Rencontres*, 57; même idée *Ramitou*, 137)

Ainsi, pour des Camerounais, il n'y a pas de dichotomie entre le Dieu des chrétiens et ceux de l'animisme, seulement une question de hiérarchie.

A la fin de *L'Homme-dieu de Bisso*, l'auteur met en garde ses lecteurs contre les gens qui abusent des coutumes et il les encourage à ne pas se laisser duper par des promesses mirifiques. Une vie modeste dévouée au travail et à sa famille vaut mieux que le mirage des honneurs conférés par un roi de pacotille. En défendant le choix d'un travail honnête, Etienne Yanou s'alignait avec ses confrères, avec des Francis Bebey, Marie-Thérèse Assiga Ahanda, Rémy Gilbert Medou Mvomo puisqu'ils insistent sur l'importance d'un travail fait avec conscience, seule manière de participer vraiment au développement du pays. Il ne faut pas croire pourtant que cette éthique du travail vient de l'Occident. La société traditionnelle aimait aussi le travail bien fait, elle vantait les personnes qui s'y adonnaient avec cœur et elle se moquait des paresseux[40]. C'est le colonialisme, sans le savoir ou le vouloir d'ailleurs, qui a attaqué la valeur traditionnelle attachée au travail. En choisissant ses aides sans toujours bien discriminer, en ennoblissant des esclaves, les autorités coloniales avaient donné l'impression que le plus important consistait à se pousser, à profiter des occasions que l'on ait ou non droit à un poste honorable. La possibilité de monter brusquement, de sauter des échelons et, par là, de ridiculiser les vieux du village se présenta et les jeunes impatients en abusèrent[41]. Des hommes de rien s'étaient ainsi vus mis en des positions enviables auxquelles ni leur moralité, ni leur éducation, ni leur expérience ne les avaient préparés.

Outre l'importance du travail, Etienne Yanou cherche à convaincre ses lecteurs de la nécessité qu'il y a d'accepter de vivre entouré par des gens dont les coutumes diffèrent des leurs. Qu'il s'agisse de jeunes écervelés comme les *san-san* boys (104-11), des Blancs, des animistes, tous sont des hommes et ils doivent avoir le droit de vivre suivant leurs propres habitudes. Une société diversifiée ne le gêne pas du tout. Il désire qu'elle devienne un ensemble où l'individu ne se fasse pas écraser par un conformisme austère. Son approche envers la liberté individuelle diffère de celle de Francis Bebey qui, dans *Le Roi Albert d'Effidi*, incite les Camerounais non pas à s'individualiser, mais bien à attacher moins d'importance à l'origine tribale ou à la religion afin de diminuer les différences locales et d'unifier le pays en une nation moderne.

Le roman, *Le Roi Albert d'Effidi*, publié après seize ans du nouveau régime, raconte quelques mois dans la vie d'un commerçant camerounais, selon certains à l'époque des premières élections dans le pays en 1956, selon d'autres lors de la campagne électorale de 1960 pendant laquelle le frère de Francis Bebey a été incarcéré par Ahmadou Ahidjo[42]. Qu'à cela ne tienne, la date précise des événements ne tire pas à conséquence ici. En effet, l'auteur n'a pas cherché à recréer un moment historique tout absorbé qu'il était à montrer des comportements humains éternels. Pour parvenir à son but, il n'utilise pas de ton récriminatoire ou offensé et il se contente de répéter à plusieurs reprises que « les temps changent » sans prêcher la révolution ni la glorification d'une authenticité impossible à définir (40-41, 58, 123). A première vue donc, le roman ne touche pas à la vie politique du Cameroun, aux espoirs déçus par l'indépendance, aux illusions perdues. Cela ne signifie pas que *Le Roi Albert d'Effidi* n'ait aucun message, mais il faut le chercher plus en profondeur surtout que lors d'une entrevue avec Norman Stokle, Francis Bebey avait déclaré que « la situation actuelle constitue le thème sous-jacent » du roman[43]. Aussi, l'histoire d'Albert, de son mariage avec Nani et de sa défaite lors de la campagne électorale servent non seulement à montrer des comportements humains absurdes, mais en plus à mettre en relief une série de conflits qui sous-tendent la société; conflits qui surgissent entre générations, entre villages, entre classes sociales et entre la vie traditionnelle et moderne, toutes tensions qui influencent la vie politique et sociale.

Le conflit entre générations est représenté par la révolte de Bikounou contre les vieux du village, par la manière insultante et brutale avec laquelle le jeune homme s'adresse à eux et quand, refusant de reconnaître leur rôle dans ce genre d'affaire, il va seul demander à Toutouma la main de sa fille (48-49). A travers lui, Francis Bebey décrit cette génération éduquée à l'européenne qui ne désire qu'une chose: se débarrasser de la tyrannie des anciens pour s'imposer elle-même. Grâce à leurs connaissances et à l'évolution de la société, les jeunes ont maintenant l'occasion de contester l'autorité de leurs aînés et ils ne s'en font pas faute. Cette nouvelle situation provoque de nombreux problèmes, tant sur le plan psychologique puisque l'homme doit renoncer à un système auquel il était habitué que sur le plan social puisque de nouveaux concepts viennent altérer l'ordre que le colonialisme avait instauré dans les campagnes.

Quant aux conflits entre les villages, ils se manifestent lorsque les gens d'Effidi se moquent de ceux de Nkool ou vice versa. Se vanter, défier, ridiculiser les autres, les rabaisser par diverses tactiques semblent des activités dont aucun village ne peut se dispenser. L'auteur souligne le ridicule de cette attitude et, par là, donne une leçon politique. Le village doit cesser de se croire le centre du monde et accepter l'idée qu'à lui seul il ne constitue pas un « pays », mais une unité parmi d'autres (120). Avec le concept moderne de l'état, la notion de « pays » s'élargit et chaque village doit renoncer à se distinguer afin de se rapprocher des autres. Cela est d'autant plus nécessaire que, dans une contrée où l'on compte plus de 200 dialectes ou langues, la survie d'un nouvel état exige la fin des animosités locales et du particularisme coutumier[44].

Comme ce thème appartient à la rhétorique gouvernementale, des critiques ont reproché à Francis Bebey de soutenir le régime avec une œuvre qui le légitimait tout en amusant le public sans l'édifier[45]. A la vérité, Richard Bjornson a raison quand il dit que l'auteur n'a pas le choix. Il lui faut plaire au public en général, plaire au gouvernement—on a vu comme il est facile de l'irriter—et plaire aussi aux réformateurs, sans compter qu'avant toutes ces considérations, il doit exprimer des idées auxquelles il croit sincèrement[46]. En fait, Francis Bebey se montre beaucoup plus pragmatique que Mongo Beti dans le sens qu'il a réussi à présenter avec réalisme des problèmes actuels, mais sans offenser ses lecteurs qui peuvent dès lors profiter des leçons contenues dans le livre.

Outre les conflits entre les villages et les générations, *Le Roi Albert d'Effidi* présente un troisième type de conflits, ceux entre les classes sociales, entre le « syndicaliste » Toutouma et le « capitaliste » Albert[47]. Ce troisième type de conflits démontre d'abord que ces termes n'ont aucun sens parce qu'ils ne servent qu'à établir de fausses distinctions. D'ailleurs, Toutouma a beau être un « syndicaliste », en Camerounais respectueux de la politesse traditionnelle, il ne refuse pas les cadeaux du « capitaliste ». Un cynique y verrait une preuve supplémentaire de la faiblesse humaine qui ne sait résister à aucune tentation, mais Toutouma n'a pas de raison de les refuser et d'insulter le roi Albert qu'il respecte malgré son appartenance à une autre idéologie sociale. D'autre part, l'auteur a utilisé le personnage de Bikounou, le rival d'Albert auprès de la belle Nani, pour souligner les tensions qui existent entre les employés du gouvernement, la classe vraiment dirigeante, et les autres citoyens qui leur sont assujettis. Ainsi, Bikounou menace les villageois d'employer son prestige pour faire intervenir les gendarmes et il obtient que le roi Albert passe plusieurs jours en prison, alors que ce dernier n'avait ni instigué ni participé à la correction infligée à Bikounou par les jeunes gens d'Effidi (177).

Le dernier type de conflits, ceux entre la vie traditionnelle et la vie moderne apparaissent aussi avec Bikounou quand il explique au vieux chef Ndengué en quoi consistent les élections. Cependant, comme le jeune fonctionnaire ruse et évite de dire carrément qu'elles signifient la perte complète du pouvoir pour Ndengué, le thème n'est pas vraiment développé. L'auteur le suggère plutôt, mais suffisamment pour faire comprendre au lecteur les menaces que cachent les paroles du jeune fonctionnaire (118).

Exprimés d'une manière insinuée ou directe, les conflits servent à décrire la vie contemporaine bien plus que la situation particulière des années 1956 ou 1960. A travers eux, Francis Bebey se fait le porte-parole du gouvernement et, en même temps, il dit que la société ne fait pas assez d'efforts pour réduire ces conflits. Si Etienne Yanou dans *L'Homme-dieu de Bisso* semblait suggérer que la malhonnêteté d'un roi local et de quelques autres personnes était la menace la plus sérieuse au développement harmonieux de la société, par contre Francis Bebey présente la question d'une manière plus complexe. Pour lui de nombreuses forces s'exercent sur les gens alors que chacun ne songe à défendre que ses propres intérêts. De plus, au contraire de Mongo Beti qui depuis l'indépendance a vu en Ahmadou Ahidjo le grand responsable, Francis Bebey implique l'homme éduqué et capable. Pour lui, le roi Albert manque d'une certaine honnêteté parce que, d'un côté, il accepte le jeu du mercantilisme occidental et, de l'autre, il cherche à utiliser les avantages que lui procure la vie coutumière. Quand il joue comme cela sur deux tableaux—par opportunisme comme on l'a proposé plus haut ou parce qu'il choisit la voie la moins difficile de son bon plaisir—Albert, l'entrepreneur privé, l'épine dorsale du développement économique, ne présente guère un modèle admirable à la jeunesse du pays.

Le personnage d'Albert sert aussi à blâmer la manière dont les Camerounais appliquent les coutumes du mariage traditionnel quand, soutenu par les vieux du village, il épouse Nani contre la volonté de cette dernière. Toutefois, au lieu de terminer les aventures de ses personnages tragiquement comme l'avait fait Mongo Beti dans *Perpétue et l'habitude du malheur*, Francis Bebey choisit une fin optimiste et le roi Albert rend la liberté à sa femme. Qu'elle la refuse n'a guère d'importance ici. En effet, ce qui compte c'est qu'un homme de son âge et de son rang finisse par accepter l'idée qu'une jeune fille peut aimer et préférer épouser par amour quelqu'un de jeune. Montrer Albert finissant par respecter les désirs d'une femme et la libérant de ses liens matrimoniaux prouve du courage de la part de l'auteur, surtout quand on considère combien les anciens tenaient à se choisir des femmes jeunes et combien la nouvelle élite désire perpétuer cette coutume pour son propre avantage. Le triangle formé par Albert, Bikounou et Nani représente de cette façon la nécessité de libérer la femme des traditions. Quant à l'étudiante infirmière Myriam, elle exprime qu'une société qui veut se moderniser doit laisser les femmes se choisir un métier. Sans ces deux conditions essentielles, le choix personnel d'un mari et d'un métier, la situation de la femme ne changera pas. Il n'y aura donc pas d'évolution sociale possible.

D'autres thèmes s'entrelacent à celui-ci entre autres ceux qui touchent à l'illusion et à l'incompréhension entre divers groupes humains. Ils sont représentés en partie par le père Bonsot. L'homme qui porte ce nom comique—après tout l'auteur veut « vendre du rire en paquet » (172-73)—n'a aucune importance personnelle. Il a simplement pour rôle de montrer combien les attitudes des Occidentaux sont parfois ridicules. Ainsi, lorsque le père annonce aux villageois qu'ils doivent cesser de dire la messe en latin pour la faire en ewondo (29-30). A première vue, cette recommandation paraît bien anodine, mais elle provoque une sorte de révolution chez les paysans. Il faut les comprendre. Pendant des années, les missionnaires leur avaient dit de chanter en latin sinon Dieu les damnerait. Ils ne comprenaient déjà pas les raisons pour lesquelles ils iraient en enfer et, maintenant, alors que les autorités avaient strictement interdit l'usage des vernaculaires à l'école et à l'église, voilà le prêtre qui leur reproche de renoncer à leur authenticité! Pour les paysans qui ne suivent pas de près l'évolution de la pensée occidentale envers l'Afrique, ce nouveau mot ne signifie rien et la nouvelle attitude du père leur paraît aussi incompréhensible que la première. Vraiment, avec les Blancs, on ne saura jamais comment il faut se comporter.

Francis Bebey ne se contente pas de souligner l'incompréhension et les illusions qui troublent les rapports entre races. Il les montre aussi dans les relations entre l'administration centrale et les villages. Par exemple, le gouvernement publie des lois sans en expliquer le sens aux paysans qui, par conséquent, n'en saisissent pas la nécessité. A cause de leur ignorance, l'annonce des élections à Effidi provoque des réactions nombreuses qui n'ont rien à voir avec le but véritable d'un choix électoral et qui révèlent combien les villageois cherchent à faire illusions et à se faire des illusions (133-34). D'ailleurs, il suffit de voir comme les habitants d'Effidi se conduisent en hommes supérieurs et comme ils veulent en imposer aux autres. Ils cherchent à écraser les villages voisins en se vantant non pas de leurs accomplissements personnels, mais du fait que parmi eux vivent des personnages aussi remarquables que Bikounou le fonctionnaire, Albert le riche commerçant et Myriam la future infirmière qu'ils appellent par vantardise « docteur » (89).

Toutefois, malgré leur vanité, les personnages finissent par abandonner leurs rêves de grandeur et par faire face à la réalité. Aussi, les différents types de conflits présentés dans le roman se résolvent à la fin: se rendant compte de sa faute, Albert offre sa liberté à Nani; celle-ci découvre la vraie valeur de son mari; Toutouma est élu, marquant la fin de sa rivalité temporaire avec le commerçant et Bikounou semble avoir appris qu'il ne peut défier l'autorité de ses aînés sans en subir des conséquences. Fin optimiste qui s'accorde avec la personnalité de l'auteur[48].

Cet espoir en une amélioration possible dans la condition humaine se remarque aussi dans les titres des deux parties qui composent le roman: « La Route » et « Vers un monde nouveau ». La route, souvent évoquée dans le roman camerounais, symbolise le modernisme tout en éveillant des sentiments contradictoires. Inventée par les Blancs, maudite souvent parce que sa construction avait exigé l'esclavage des travaux forcés et parce qu'elle amène des camions—des monstres qui arrosent le village de poussière et qui écrasent d'innocentes victimes—appréciée, au contraire, parce qu'elle apporte les dernières nouveautés de la ville, la route symbolise les liens qu'il faut créer entre les villages et les grands centres, entre la vie coutumière et le monde moderne[49]. Grâce à elle, Bikounou montera en grade, le roi Albert continuera à s'enrichir pour le profit de tous et Toutouma se rendra à la ville afin de représenter ceux par qui il a été élu. Comme cela, elle mènera Effidi vers un « monde nouveau ».

L'optimisme contenu dans le symbole de la route reflète celui du roman entier et de son auteur. Il partage cette disposition d'esprit avec d'autres romanciers, même les plus moroses comme François-Borgia Marie Evembe et Rémy Gilbert Medou Mvomo et avec Mongo Beti dont l'engagement révèle sa croyance en une évolution possible vers la démocratie. Toutefois, en dépit de cet optimisme ressenti par tant d'écrivains, quelques-uns ont publié des livres où il ne fait pas surface et, curieusement, ces romans appartiennent presque tous à la catégorie des romans d'amour.

Pour différencier cette catégorie de celle des romans de mœurs proprement dits, il fallait que le thème de l'amour ait une importance primordiale tout en préservant la critique des hommes et de leur conduite. Cette manière de voir les romans laisse parmi les romans de mœurs proprement dits *La Poupée ashanti* et *Le Fils d'Agatha Moudio* tous deux par Francis Bebey ainsi que *Sola, ma chérie* de René Philombe alors qu'ils contiennent des histoires d'amour. Cependant, comme les auteurs les ont subordonnées à la critique des mœurs, il vaut mieux les séparer des romans d'amour. Aussi, cette catégorie ne comprend-elle que les œuvres suivantes: *Rencontres essentielles* de Thérèse Kuoh-Moukouri, *La Nasse* de Patrice Ndedi Penda; *Ramitou mon étrangère* de Joseph-Jules Mokto; *Mon Amour en noir et blanc* de Rémy Gilbert Medou Mvomo; *Le Fruit défendu* de Honoré Godefroy Ahanda-Essomba; *La Brise du jour* de Lydie Dooh-Bunya et *Lettre ouverte à Sœur Marie-Pierre* de Patrice Etoundi M'Balla.

Comme dans les autres catégories romanesques et malgré des divergences personnelles, les romans d'amour se ressemblent entre eux sur bien des points, cela va de soi. Ils parlent le plus souvent de personnages jeunes qui font en quelques mois l'apprentissage de leur cœur. Plusieurs livres décrivent une histoire qui a ses racines dans la vie de l'auteur ou d'une personne qu'il a connue tels *Mon Amour en noir et blanc, La Brise du jour* et *La Nasse*. D'une manière générale, ces œuvres montrent un désir de se raconter et d'exprimer des sentiments personnels pour se souvenir de moments agréables ou pénibles, pour se rappeler une leçon durement apprise ou même parce que l'écrivain croit avoir vécu un moment spécial.

Puisque traditionnellement au Cameroun exprimer ouvertement ses sentiments démontre la vulgarité de celui qui se laisse aller à de telles confidences, les auteurs manquent un peu de savoir-faire et les romans d'amour ne montrent pas une grande maîtrise dans l'expression des sentiments alors que les récits d'aventures prouvent leur capacité à décrire des situations et des actions. Ces romans paraissent souvent naïfs, maladroits et ils portent une marque plus profonde de l'influence occidentale. Ceci ne veut pas dire que les romans d'amour imitent de près leurs homologues français, mais à l'occasion on y retrouve des situations qui en viennent probablement. Ainsi, dans *La Brise du jour*, les deux personnages se mentent et se trompent sur leurs intentions un peu comme dans *On ne badine pas avec l'amour* d'Alfred de Musset (145-47).

La pudeur envers les sentiments explique en partie pourquoi ce genre de roman ne paraît pas avoir un très grand succès. En fait, ici, comme si souvent dans la littérature camerounaise, les auteurs n'écrivent pas exclusivement pour exprimer des sentiments, mais aussi pour faire des commentaires sur la société, sur sa manière de traiter les femmes et sur sa façon de considérer les droits de l'individu. C'est particulièrement vrai pour les deux romancières qui ont choisi cette veine d'inspiration parce que, visiblement, elles désirent montrer à travers leurs récits la triste condition de la femme[50].

La critique sociale dans les romans d'amour s'observe avec fréquence et principalement quand les écrivains parlent des problèmes soulevés par l'amour entre personnes de races ou de tribus différentes (*Amour, Ramitou*), entre membres d'une même famille (*Brise, Fruit*) et quand ils s'intéressent à ceux que l'argent ou la religion crée (*Nasse, Sœur*). Ainsi, *Mon Amour en noir et blanc* tout comme *La Trahison de Marianne* stigmatisent le racisme des Blancs, mais ils affirment, en même temps, que l'amour entre les deux races est possible. *Ramitou mon étrangère* fait une observation semblable au niveau des tribus. Outre le message antiraciste, l'auteur y explique la nécessité d'éliminer les préjugés envers les tribus traditionnellement ennemies, car ils empêchent l'unification du pays et ils ralentissent son développement économique (6; même idée dans *Roi Albert*, 120). C'est pourquoi Joseph-Jules Mokto s'étend sur l'importance d'amener les familles respectives à accepter le mariage entre le Bamileke Julot et la jeune Bamoum Ramitou, même s'il faut une longue palabre pour en arriver là (81-87). Par conséquent, l'heureuse conclusion du roman semble avoir été conçue non pas tant pour encourager les couples à vivre en harmonie ainsi que le lecteur occidental s'y attendrait, mais bien pour insister sur la nécessité de détruire les barrières que les coutumes avaient dressées entre les tribus.

Au nombre de ces barrières, il faut citer outre celles qui séparent les groupes ethniques, celles de l'inceste. La coutume interdit les relations sexuelles non seulement entre parents et enfants, entre frères et sœurs, mais aussi entre cousins. Or le cousinage existait et existe encore entre des branches très éloignées et tous rapports sexuels entre elles étaient jugés et punis très sévèrement. Par suite, Zinnia sait que les villageois n'apprécieront jamais son amour pour son cousin Patrick donc qu'il n'aura aucune chance de se réaliser et Rose n'ose pas avouer que son cousin Abima l'a violée de peur d'attirer la malédiction sur leurs familles respectives (*Brise,*

76; *Fruit*, 88). De nos jours, il semble qu'un sacrifice suffise pour contrebalancer l'entorse faite aux règles de bonne conduite, à moins que les Camerounais n'interprètent un accident comme une juste rétribution pour un acte aussi sacrilège. C'est le cas dans *Fruit défendu* où les deux « coupables » perdent accidentellement l'usage d'un organe ou d'un membre[51]. Cette coïncidence tragique leur rappelle, ainsi qu'à leurs familles, amis et connaissances, que l'homme ne peut transgresser un interdit sans s'attirer de terribles conséquences. Pour le lecteur occidental, la punition de Rose paraît imméritée puisqu'elle n'avait pas encouragé son cousin dans ses desseins honteux. Il ne s'agit pas ici de justice ou de payer une dette vu que toute infraction envers un interdit, voulue ou non, est toujours une faute que l'on soit l'instigateur ou la victime[52].

Comme si ces problèmes ne suffisaient pas pour compliquer les relations amoureuses, l'argent joue un rôle capital[53]. Le prétendant le plus riche et le mieux placé a toutes les chances d'évincer un jeune homme même si la famille le connaît bien (*Roi Albert*, 68, 77-78; *Perpétue*, 88-89; *Nasse*, 9-11). Cette attitude explique pourquoi le vieux et dégoûtant Nkonda a pu épouser la jeune et belle Sola, car « comme tous les riches laiderons [sic], il savait que l'argent est une clé qui ouvre toutes les portes de la terre y compris celle du cœur » (*Sola*, 66). Les hommes épousent ainsi des jeunes filles qui ne les aiment pas, mais cela ne les inquiète guère. Ils savent que malgré le peu de considération qu'ils ont pour elles, malgré les mauvais traitements qu'ils leur infligent, les femmes n'osent pas les quitter de peur de perdre toutes ressources financières, leurs enfants et leur statut (*Nasse*, 92; *Sola*, 66; *Roi Albert*, 112). Il en résulte que les sentiments des femmes sont ignorés la plupart du temps et que la mal mariée a souvent recours à des relations illicites à moins qu'elle ne dirige sa tendresse vers ses enfants. Le plus souvent, elle ne peut que se lamenter avec Myriam: « Ne parle pas de mon cœur. Je crois que le cœur de chaque fille de ce pays sera malade tant que la décision ne nous appartiendra pas sur le plan sentimental » (*Roi Albert*, 95). Par conséquent, peu de couples connaissent le bonheur.

D'ailleurs, on ne se marie pas pour être heureux, mais pour avoir de nombreux enfants et le vrai bonheur consiste à avoir au moins un garçon (*Fruit*, 9). Traditionnellement, une belle progéniture assure non pas la perpétuation du nom qui a peu d'importance en lui-même, mais la continuation d'une chaîne qu'il ne s'agit pas de briser parce qu'elle relie les ancêtres aux derniers nés. Sans eux, sans les soins rituels qu'ils procurent aux esprits de leurs parents disparus, la chaîne se termine. Mourir sans enfant équivaut dès lors à ne laisser aucune trace de son passage sur terre, à ne pas avoir vécu et à faire disparaître dans le néant tous les membres de la famille qui ont précédé. On comprend, dès lors, que les femmes désirent toutes avoir des enfants[54]. Cette attitude s'observe encore de nos jours dans les romans même si, à l'occasion, elle prend une forme détournée comme lorsque Florence adopte le bébé que son mari eut avec Doris morte dans un accident d'avion. De cette façon, « il reste encore un espoir » pour la jeune femme de préserver non seulement la chaîne qui relie Doris à ses ancêtres, mais aussi la sienne propre et celle de son mari (*Rencontres*, 125).

Aussi étrangers qu'ils puissent paraître de premier abord, ces principes s'accordent avec facilité au « croissez et multipliez » des catholiques tout comme à leur habitude de subordonner le bonheur au devoir conjugal. A vrai dire, l'idée occidentale du droit de chacun au bonheur n'entre pas souvent en ligne de compte[55]. Les romans ne finissent pas par un « et ils furent heureux » parce que l'amour et le bonheur ne sont ni appréciés ni recherchés (d'une manière générale et pas dans des cas particuliers). En fait, ils tiennent une place secondaire dans les préoccupations humaines. Le mariage dotal, toujours courant, les empêche de fleurir et il continue la confusion entre un paiement élevé et un sentiment profond.

En général, pourtant, les personnages évitent les solutions dramatiques. Ils finissent par se résigner à leur sort et par accepter le conjoint que leur famille a choisi. Après s'être rebellés contre la société et ses règles, ils regagnent les rangs. Aussi, ce genre de romans ne donne pas souvent une leçon très claire. En effet, s'il arrive que les écrivains reprennent à l'occasion des vues traditionnelles sur l'amour et qu'ils les renforcent par là-même, à d'autres moments, ils expriment des concepts différents diminuant ainsi l'autorité des habitudes anciennes. A cause de cette ambiguïté, les lecteurs ne savent pas toujours de quel côté est l'auteur ni quelle voie suivre, la traditionnelle ou la moderne.

Le corpus des romans camerounais contient des histoires allant de l'amour unique et impossible aux amours multiples et désinvoltes. La variété dans les idées prouve que les écrivains n'adhèrent pas à une idéologie commune. Cette multiplicité de points de vue s'explique quand on songe que, influencées par le christianisme et par l'urbanisation, les idées traditionnelles sur le mariage sont en train de changer. Ainsi, l'infidélité féminine ne paraît plus considérée comme un grand danger pour le clan. Les hommes qui ont de l'argent entretiennent plusieurs femmes non seulement parce que la polygamie a toujours des défenseurs, mais aussi parce que, dans les villes, beaucoup de femmes se trouvent dans l'obligation d'accepter cette solution si elles veulent manger à leur faim. De plus, l'homme semble maintenant avoir droit à l'amour et cette attitude commence, bien timidement, à s'étendre à la femme[56]. Enfin, bien que les personnages continuent à insister sur l'importance des diplômes et de l'argent, il leur arrive d'admettre que l'entente entre époux a une valeur appréciable pour tous les deux (*Tante*, 63-65; *Fruit*, 47).

A cause de cette disposition d'esprit qui amorce une valorisation de l'individu en lui reconnaissant parfois le droit au bonheur, le roman d'amour mine l'autorité parentale quand elle cherche à forcer les jeunes à un « mariage de raison ». Par là, et sur une plus grande échelle, ce type de roman affaiblit aussi celle que l'état a sur ses citoyens qui, maintenant que quelques-uns osent questionner des décisions prises par leurs aînés ou par leurs supérieurs, perdent de leur respect envers eux. La représentation de jeunes en butte avec leurs parents pourrait encourager l'épanouissement d'un aspect de l'individualisme dans une société qui essaie par beaucoup de moyens de limiter les aspirations personnelles au profit de celles qui unissent la population. Le roman d'amour rejoint par ce côté-là les quelques romans de mœurs et engagés où les auteurs présentaient un personnage qui cherchait à modifier et non pas à accepter sa destinée.

Les romans historiques, eux soulignent, au contraire, la puissance du destin sur la volonté personnelle. Quatre romans font partie de cette catégorie: *Afrique, nous t'ignorons* de Benjamin Matip; *Le Roi miraculé* de Mongo Beti; *Cette Afrique-là* de Jean Ikelle-Matiba et de René Philombe *Un Sorcier blanc à Zangali*. Par roman historique, il faut entendre ici une œuvre qui décrit des événements qui se sont passés si pas avant la naissance de l'auteur, du moins suffisamment tôt dans sa jeunesse pour qu'il doive recréer le milieu d'après son imagination et d'après ses connaissances sur le sujet. Les romans historiques parlent tous de la période coloniale, mais à des époques diverses et dans des buts différents. Le récit d'un *Sorcier blanc à Zangali* remonte à 1915 et il raconte les aventures d'un missionnaire blanc qui se fait passer pour médecin afin de faire accepter le catholicisme et la civilisation occidentale par un village forestier réfractaire à l'invasion blanche. Dans le *Roi miraculé*, Mongo Beti évoque les problèmes rencontrés en 1948 par les Essazam quand un missionnaire convainc le roi local de répudier toutes ses femmes à l'exception d'une. *Cette Afrique-là* décrit la vie de Mômha depuis sa jeunesse sous l'occupation allemande jusqu'à la fin de la Deuxième Guerre Mondiale. Enfin,

Afrique, nous t'ignorons recrée l'atmosphère d'une petite ville en 1940.

Les quatre romanciers dénoncent le colonialisme qu'il soit allemand ou français. Ils en soulignent les côtés négatifs sans beaucoup nuancer, mais aussi sans s'être bien renseigné sur la vie dans la forêt camerounaise avant l'arrivée des Blancs. Ils décrivent les mœurs anciennes par ce qu'ils ont vu eux-mêmes dans leur jeunesse et d'après les récits familiaux. Ils ne s'inquiètent pas beaucoup de savoir si leurs connaissances sont correctes, représentatives ou non, car il leur importe plus de faire vrai que d'établir une vérité indiscutable. Evidemment, il ne revient pas au roman historique d'être objectif, mais ici, comme dans plusieurs romans engagés et de mœurs, les auteurs prétendent dire vrai: « Ce livre est un document. C'est un récit authentique »; « Chronique des Essazam » (*Afrique-là*, 11, 13, 240; *Roi miraculé*, 5). Le désir de faire vrai n'empêche pas pourtant l'emploi d'exagérations pourvu qu'elles soient expressives. Par exemple, Franz Mômha prétend que sa « vie n'a été jusqu'à présent qu'une suite d'affreux épisodes. J'ai été des plus malmenés sous l'indigénat, j'ai pris part à tous les chantiers de travail forcé, j'ai construit des routes, des ponts. J'étais constamment arrêté. . . . » (*Afrique-là*, 23). Visiblement, Jean Ikelle-Matiba a accumulé dans son récit un grand nombre de malheurs possibles. Il a utilisé ici la même technique que Joseph Owono dans *Tante Bella* et que Mongo Beti dans *Perpétue et l'habitude du malheur* où les pauvres femmes subissent toutes sortes de misères. Ce type d'exagération provient du fait que les auteurs cherchent surtout à impressionner leurs lecteurs. D'ailleurs, cette manière de s'exprimer s'accorde avec l'habitude déjà observée dans les romans de créer des personnages victimes et témoins qui assistent aux excès les plus typiques d'un régime ou d'une société et qui en subissent les abus les plus caractéristiques (*Vie, Terre, Faliou, Perpétue*).

Bien qu'un colonialisme en ait remplacé un autre sans apporter des changements significatifs, les écrivains font une différence entre la colonisation allemande et la française. D'après eux, les Allemands étaient violents, durs, des barbares. Ils ont organisé « une occupation de feu et de sang » sans respect pour les vieux ou pour les coutumes (*Afrique-là*, 48; *Sorcier*, 8, 10). Par contre, le système éducatif permettait aux jeunes de devenir des gens importants ou des fonctionnaires dans une administration efficace (*Afrique-là*, 47-48). Quant aux Français, ils ont dérouté les Camerounais parce qu'ils donnaient des impressions contradictoires. En effet, leur langue douce comme « un chant d'oiseau » et leurs poignées de main ont fait croire en leur amitié pour les peuples africains, alors qu'ils manquaient de générosité, vraie marque des liens amicaux. D'autre part, ils ont instauré le système détesté des travaux forcés et de l'indigénat pour leur propre profit. Comme cela ne leur suffisait pas, « armés d'aiguilles empoisonnées et d'instruments magiques, [ils] extorquent le sang, les urines, les excréments quand ils . . . n'inoculent pas dans le corps de dangereux produits » (*Sorcier*, 106-07, 117). Enfin, ces hommes « aux oreilles rouges » emmenèrent avec eux des prêtres « emmitouflés dans d'étranges boubous, [qui] nous obligent cyniquement à chasser nos épouses pour n'en conserver qu'une seule, à renier nos dieux pour n'adorer que le leur » (*Afrique*, 34; *Sorcier*, 117). Ce faisant, les Blancs ont appris aux Noirs l'égoïsme, l'hypocrisie, le mensonge et la jalousie[57].

Certes, mais si les Blancs sont responsables en grande partie de l'écroulement du mode de vie coutumier, s'ils ont ridiculisé des valeurs fort honorables, par contre, il faut admettre qu'ils ont favorisé l'éclosion de nouveaux rêves. Ils ont offert aux Noirs l'occasion d'améliorer leur niveau de vie et de s'enrichir. A partir de là, tous les espoirs sont permis et « savoir que leur fils unique partait pour le pays des hommes blancs, c'était pour eux un sujet de ravissement. Ils se voyaient en même temps riches dans un proche avenir » (*Sorcier*, 35). A cause de cet apport positif qu'ils reconnaissent mais sur lequel ils ne s'appesantissent pas—sachant bien le prix qu'il fallut le payer—les romanciers se tournent résolument vers le présent, car rien ne peut empêcher que les temps changent (*Roi Albert*, 180). Par suite, ils ne regrettent ni ne pleurent une époque révolue (*Afrique-là*, 240).

Malgré certaines entorses à la vérité, les romanciers se montrent soucieux de reconstituer le passé. Certains, comme Joseph Owono, l'ont fait dans le but de décrier surtout ses mauvais côtés. D'autres, tel René Philombe, cherchent à remonter aux sources. Son roman sert, en outre, à démontrer que « l'équivoque naît de la simultanéité de l'évangélisation et de la colonisation ». Il choisit cette ligne de pensée parce qu'il lui paraît important de préserver le christianisme en Afrique alors que le Cameroun se passe fort bien de l'administration française (*Sorcier*, 5). Sans doute, ni les missionnaires ni les fonctionnaires n'auraient pu accomplir leurs tâches respectives s'ils ne s'étaient pas soutenus les uns et les autres, mais, selon lui, les derniers ont causé le plus de dommages dans la société. C'est ainsi que le père Marius voit ses efforts pour se concilier les gens de Zangali menacés lorsque le commandant fait exécuter le vieux chef (184-85). Lui qui rêvait d'évangéliser les Camerounais et, par là, mériter le repos éternel, se voit obligé de céder le pas à un administrateur (136, 184). Toutefois sa présence à Zangali n'a pas été vaine, car la sorte d'initiation qu'il y subit—le chef l'avait forcé à vivre dans le village des morts—le sensibilise aux usages locaux (122-24). A partir de cette retraite forcée, il se pose des questions sur la relativité des cultures, sur sa mission et sur celle de l'Eglise en Afrique (184-85).

Mongo Beti, lui prend le point de vue opposé à celui de René Philombe en ce sens qu'il ne critique pas tellement les fonctionnaires, mais surtout le rôle que l'église catholique a joué pendant la colonisation. Que ces deux auteurs aient des idées opposées sur le rôle de l'Eglise et de l'administration françaises au Cameroun ne doit guère étonner vu qu'il y eut des missionnaires et des officiers éclairés, curieux et sensibles aussi bien que d'autres à qui manquaient toutes ces qualités[58]. En tout cas, Mongo Beti montre un exemple de l'activité néfaste de l'Eglise dans *Le Roi miraculé* où le père Le Guen exige que le roi d'Essazam répudie toutes ses femmes à l'exception d'une qu'il épousera religieusement. Son action a de sérieuses répercussions parce que les familles des autres épouses, honteuses de leur répudiation, ne veulent pas les reprendre. Il s'ensuit que des femmes de tout âge se retrouvent du jour au lendemain sans place dans la société, sans foyer et sans le revenu de leurs champs. Ces graves conséquences ne troublent guère le père tout obsédé qu'il est par l'idée de faire du chef un exemple admirable de la christianisation. Il reviendra à l'administrateur de remettre de l'ordre dans le village bouleversé et d'apaiser les esprits. Comme à cette occasion il rencontre le père, il en profite pour le sermonner. Ce faisant, il l'accuse de se conduire en « enfant qui s'amuse à taquiner une vipère en train de dormir » parce qu'il en prévoit le réveil proche (242).

Il avait raison. L'Eglise enseignait aux Camerounais les notions de fraternité, liberté et égalité pour tous les individus. Elle a de cette manière donné aux hommes mêmes qu'elle tentait de soumettre, des raisons pour se rebeller. De plus, en rendant l'homme personnellement responsable de ses fautes, elle lui reconnaît un pouvoir sur son destin, donc la possibilité de le changer. A cause de ces idées, l'Eglise finit par éveiller chez les Camerounais un sentiment de dissatisfaction telle que seule l'obtention de l'indépendance pourra l'éteindre.

Avec leurs critiques sur les colonisateurs, les romans historiques participent à la campagne de propagande anticolonialiste entreprise par les romans engagés et de mœurs publiés avant l'indépendance. Outre cette fonction toujours actuelle, ils reconstituent un passé que les nouvelles générations trouvent difficile à s'imaginer. Ils les forcent par conséquent à se poser des questions sur le destin de l'Afrique, sur le pourquoi du système et de ses excès. Les textes encouragent à la méditation d'autant plus qu'ils se trouvent ponctués de phrases comme: « Je savais que tout avait un temps et que l'homme était le fruit de la souffrance », phrases qui reprennent des vues traditionnelles sur le destin et sur la manière dont l'homme atteint la maturité (*Afrique-là*, 218). En utilisant de telles idées, les romans historiques perpétuent une façon de penser ancienne. Qu'on ne s'y méprenne pas pourtant. Ils ne se contentent pas de présenter un point de vue conservateur ou rétrograde, car ils remplissent une fonction bien moderne. En effet, lorsqu'ils racontent des aventures que tous les Camerounais ont entendues ou vécues, les romans historiques les rapprochent les uns des autres qu'ils soient bamileke, beti, bamoum ou autre. Ils leur donnent un fond culturel commun qui unifie les tribus ennemies et, par là, ils raffermissent l'unité nationale.

Si les romans historiques participent à ce fond culturel commun, les romans engagés et de mœurs le font aussi d'une moindre façon, quand ils relèvent des fautes humaines considérées comme courantes au Cameroun et déjà stigmatisées dans les contes anciens. Il faut encore leur ajouter un petit groupe constitué par les romans traditionnels. Eux aussi utilisent des matériaux courants dans le pays puisqu'ils se tournent vers la littérature orale ancienne, mais de plus ils transforment un conte local en une histoire que n'importe quel Camerounais peut lire qu'il habite la ville ou la campagne, le nord ou le sud. Alors que l'influence de la tradition littéraire apparaît souvent sous diverses formes, thèmes, concepts, moyens d'expression, le roman traditionnel en tant que tel n'est pas un genre très utilisé. Les auteurs pensent probablement que les contes s'adaptent mal à la forme romanesque, du moins qu'il ne peuvent composer un roman à partir d'un seul conte vu qu'ils en utilisent souvent plusieurs dans leurs romans (*Mission*, 156; *Roi Albert*, 166-67; *Fruit*, 21, 143). Aussi n'y a-t-il que trois livres dans cette catégorie: *La Corbeille d'ignames* de Penda, *Les Fiancés du grand fleuve* de Samuel Mvolo et *Quand saigne le palmier* de Charly-Gabriel Mbock.

Bien que différents, ils montrent tous trois la même volonté de leurs auteurs de reconstituer par écrit des détails authentiques des récits traditionnels. Ils y ont mis non pas tellement des descriptions de cérémonies ou d'activités anciennes que des aventures et des façons de voir venant de la littérature orale. Simple conte allongé, *La Corbeille d'ignames* suit un schéma bien connu dans les folklores, celui de l'homme qui se cache pour apprendre ce qu'on dit de lui. Plus compliqué, *Quand saigne le palmier* raconte comment le chef Bitchouka, un impotent, se fait remplacer auprès de sa femme et comment il maltraite l'homme qui lui a donné le fils tant désiré. *Les Fiancés du grand fleuve* décrit, en partie, un voyage merveilleux au cours duquel le héros rencontre sa future femme. Outre leur but évident de plaire et de distraire, les trois ouvrages donnent une leçon. Le premier livre stigmatise les mauvais courtisans ou les mauvais fonctionnaires; le deuxième insiste sur l'importance de la parole donnée et le troisième, grâce au symbolisme d'un voyage initiatique, illustre la manière par laquelle on devient un homme.

Les trois livres suivent des schémas ordinaires dans les contes camerounais, mais aussi connus dans d'autres folklores africains et mêmes occidentaux. Cela fit dire à un critique que Samuel Mvolo dans *Les Fiancés du grand fleuve* avait copié Jules Vernes ou qu'il s'était inspiré de la mythologie grecque alors qu'il avait conçu son livre sur un schéma entendu pendant son enfance[59]. Ce cas doit rappeler aux lecteurs que l'inspiration pour un roman ne vient pas toujours d'une source écrite. Ils ne doivent pas présumer que le romancier camerounais se tourne uniquement vers la littérature occidentale pour trouver son inspiration. Bien souvent, comme on l'a vu et le verra tout au long de ces pages, il a recours à son propre passé littéraire.

Puisqu'ils utilisent des schémas, des thèmes, des idées venant des contes anciens, les romans traditionnels perpétuent des manières de s'exprimer bien connues des lecteurs locaux. De plus, en reliant les aventures des personnages à des événements qui eurent lieu dans une période historique connue, les romanciers ancrent des contes dans la réalité et ils diminuent la distance qui existe entre elle et la fiction (*Fiancés*, 7, 80; *Saigne*, 15). Ils accomplissent ainsi la tâche que les romans historiques se donnaient de préserver le passé et à laquelle participent encore un autre groupe de romans, appelés ici récits.

Ces œuvres se différencient des romans traditionnels, historiques et autres parce que racontées à la première personne[60]. Elles contiennent peu d'éléments imaginaires puisque les auteurs prétendent dire la vérité. Elles décrivent des moments dans la vie de l'auteur ou d'une personne qui lui est très proche. Cette catégorie comprend: *Ngonda* de Marie-Claire Matip, *Un Tour du Cameroun en 59 jours à bicyclette* de Simon Rifoe, *Un Enfant comme les autres* de Pabe Mongo, *Une Dure Vie scolaire* par Lazare Sanduo et *La Colline du fromager* par Daniel Etounga Manguélé[61].

D'une manière générale, les récits se rapprochent des romans de mœurs parce qu'ils développent les mêmes thèmes. Ils parlent de la dureté de la vie et des hommes, des difficultés de trouver un emploi et de divers problèmes engendrés par les conditions de travail. Ils ne se servent pas d'une intrigue à proprement parler, se contentant d'offrir au lecteur une « tranche de vie » et dans quatre cas sur cinq, les romans s'intéressent principalement à l'enfance du personnage. Ainsi, *Ngonda* décrit les événements quotidiens qui ponctuent les premières années d'une villageoise. Ce court ouvrage avec ceux de Pabe Mongo et de Lazare Sanduo préservent par écrit le souvenir du milieu de l'enfance. Ils rappellent les obstacles surmontés et les sacrifices acceptés par les générations précédentes pour offrir à leurs progénitures un avenir plus aisé. *La Colline du fromager,* par contre, s'intéresse uniquement à quelques moments dans la vie du narrateur: la fin de son lycée à Douala alors qu'éclataient les troubles de 1955, son séjour en Allemagne et en France et les résistances rencontrées lorsqu'il essaie de se réintégrer à la vie camerounaise.

Comme on l'a observé dans les romans historiques et dans *Perpétue et l'habitude du malheur,* les personnages vivent des moments caractéristiques, communs et typiques d'une certaine époque, principalement de l'ère coloniale. Les auteurs y ajoutent souvent une leçon. Quant au *Tour du Cameroun en 59 jours à bicyclette*, c'est un ouvrage différent puisqu'il raconte le périple que son auteur, un professeur de gymnastique, fit à bicyclette et comment, armé uniquement d'un sabre, il affronta victorieusement bandits, rebelles et gorilles. Ouvrage naïf bien certainement mais qui va montrer la voie au roman populaire.

Au contraire de son voisin le Nigéria où une littérature de marché existe depuis peu après la Seconde Guerre Mondiale sous le nom d'*Onitsha Market*, la ville de son origine, le Cameroun n'a pas connu semblable développement avant le milieu des années soixante, probablement à cause de l'éducation française qui a tendance à ignorer la littérature de divertissement pour exalter la création d'œuvres exemplaires. La littérature populaire commence cependant à influencer la vie littéraire camerounaise d'autant plus que son succès commercial encourage et la publication de nouveaux titres et la lecture[62]. Par littérature populaire, il faut entendre ici des ouvrages courts, de peu d'ambition littéraire et accessibles au plus grand nombre des lecteurs alors qu'eux-mêmes ne constituent que 20% de la population. Les livres sont publiés par des auteurs dont l'éducation et les positions sociales varient beaucoup: Désiré Naha n'a jamais fini le lycée alors que Delphine

Zanga Tsogo est ministre. Ces œuvres paraissent écrites principalement pour le plaisir du lecteur et de l'auteur bien qu'il y ait, comme toujours dans les romans camerounais, un point de vue didactique. Elles ne demandent pas un niveau de lecture avancé, un lycéen de 14 ou 15 ans peut les apprécier. Dans un sens, les éditions CLE ont participé à son développement lorsqu'elles commencèrent à publier la collection dite « Pour Tous » qui comprend contes, récits, petits ouvrages sans prétentions. Bientôt des écrivains décidèrent de publier à leur compte. Certains le firent à Paris, aux Editions Universelles. D'autres préférèrent utiliser les services de maisons de publication locales ou, à l'occasion, tout faire eux-mêmes comme c'est le cas de Désiré Naha[63].

Cet auteur d'origine béninoise, mais qui vit au Cameroun depuis 1974, s'est découvert une vocation littéraire quand il a écrit *Sur le chemin du suicide* (1979?) et *Le Destin a frappé trop fort* (1980) dont les titres aussi bien que les illustrations de couverture éveillent la curiosité des lecteurs: une femme demi-nue à la poitrine provocante, le visage de l'auteur couvert de larmes. Le premier raconte « ses » aventures avec les témoins de Jéhova et comment ils l'ont empoisonné. Le second décrit les exploits amoureux d'un jeune Béninois avec de belles, jeunes et riches filles (champagne et Mercedes sont de rigueur). Dans ses deux livres, l'auteur entretient avec soin une confusion entre lui-même et son héros ce qui a certainement contribué à leur succès. Les Camerounais les ont lus avec avidité non seulement à cause des événements excitants qui s'y passent mais aussi parce que Désiré Naha y a inclus diverses réflexions sur les témoins de Jéhova, sur les Américains et sur le gouvernement d'Afrique du Sud qui ont touché une corde sensible. On a affaire ici à un auteur très personnel dont le succès littéraire et financier pousse d'autres à suivre les traces.

Cependant, jusqu'ici, le roman populaire camerounais n'a pas exploité les veines typiquement populaires selon l'optique occidentale comme des romans d'amour à l'eau de rose et des policiers. Il y a bien des livres comme *Cameroun/Gabon: le DASS monte à l'attaque* d'Evina Abossolo qui appartiennent à la veine des *James Bond* de Ian Fleming et quelques passages de *La Reine captive* de David Ndachi Tagne qui rappelle des romans d'amour pour magazines féminins (174-78; 188-92). A part ces exceptions, le roman camerounais populaire se contente pour le moment de ressembler au roman de mœurs en moins élaboré. Outre les deux romans de Désiré Naha, on compte: *Siang* d'Oscar Pfouma, *La Reine* de Yonko Nana Tabitha, *Pris entre deux forces* et *Fanatisme criminel* de James Ndeng

Monewosso, *Le Journal d'une suicidée* de Kume Tale, *Bogam Woup* de Pabe Mongo et *Vies de femmes* de Delphine Zanga Tsogo.

Tous ces ouvrages offrent de l'intérêt, si pas par leur niveau artistique, du moins par les thèmes et les idées qu'ils contiennent tel *Bogam Woup* dont le sujet vint à son auteur à la suite d'un séjour à l'Université des Mutants[64]. Ce point de départ explique le sous-titre « Allégorie de la Mutation », bien que le texte ne s'élève pas au niveau d'une véritable allégorie, Pabe Mongo s'étant contenté, comme souvent dans le roman camerounais, de faire vivre à ses personnages des situations typiques. Le livre raconte l'histoire d'un soldat qui a fini son service militaire et qui rentre au village. Son retour provoque des conflits parce que son séjour à l'armée lui a fait croire en sa supériorité et lui a appris à mépriser les mœurs paysannes.

Il ne faut pas longtemps pour qu'il choque les villageois par trois actions impardonnables. D'abord, il s'attire les jalousies en bâtissant une case dont la solidité et la qualité des matériaux ridiculisent les autres constructions du village. Il se singularise par là ce qui a toujours été mal vu dans la vie coutumière. Ensuite, il ignore les superstitions et puis, il prend la défense d'un homme accusé par les vieux. En refusant de se conduire comme les autres, il attaque l'ordre établi (41, 49, 57). Dans ce sens, il ressemble à l'abbé Voulana dans *L'Homme-dieu de Bisso*, car, comme lui, il ne comprend plus la coutume. Pourtant, pas plus que l'abbé, il ne se révolte ou se montre fanatique des modes occidentales, plutôt, il ne veut pas accepter les coutumes qui entravent selon lui le développement du pays. A la fin, tout comme Voulana d'ailleurs, il se soumet à l'autorité du village. De leur côté, les paysans paraissent avoir compris la nécessité de l'émulation au lieu de se contenter d'une médiocrité qui bloque les ambitions et qui gèle tout espoir d'améliorer le niveau de vie.

Contrairement aux lois du genre populaire, *Bogam Woup* a une personnalité relativement complexe. Il ne ressemble à aucun type: courageux, généreux, il ne craint pas le changement, mais aussi il lui manque l'intelligence et la sagesse nécessaires pour faire de lui un bon chef. L'auteur l'a d'ailleurs gratifié d'un nom qui exprime cette dualité:

> Woup, c'est-à-dire chauve-souris. Ni souris ni hirondelle, la chauve-souris est à la fois l'une et l'autre, possédant la terrible faculté de se faire temporairement au détriment de l'autre.... En donnant à son fils le nom de Woup, le père de Bogam avait garanti à ce dernier les richesses de l'ambivalence, certes, mais aussi les tares de l'ambiguïté. (73)

Comme Voulana, comme le roi Albert, il voudrait bâtir un monde nouveau, mais il ne parvient ni à se libérer des coutumes, ni à en délivrer les autres. Il se voit donc obligé de tergiverser.

Pourtant le gouvernement essaie d'aider des hommes tel que lui à diriger les populations sur la voie du développement, mais ses efforts manquent d'organisation et de cohésion. Pabe Mongo se plaint de ce que tout le monde parle de développement alors que chacun en a une idée différente. Pour se moquer de la situation, il reproduit des bribes de discours officiels et il montre comment les paysans réagissent devant les nouvelles initiatives de l'état. Déconcertés par des expressions telles que « développement autocentré », « conversion des mentalités », « révolution verte », « opération 200 tonnes », « développement du peuple, pour le peuple, par le peuple », les paysans ne savent pas où tourner la tête surtout que leurs chefs, y compris Bogam Woup, ne comprennent pas plus qu'eux ce jargon administratif (79-81). La modernisation et la planification de l'économie rurale s'en trouvent pour le moins ralenties. Cependant, quelques signes extérieurs révèlent, non pas tant un changement réel, mais une meilleure disposition envers la nouveauté. Aussi, contrairement aux habitudes coutumières qui cherchaient à niveler les hommes, les Mbamais finissent par accepter que certains d'entre eux fassent des économies et qu'ils les dépensent pour améliorer leur logement et pour s'acheter des biens personnels comme une bicyclette ou une radio (132, 134, 137).

Bogam Woup cherche donc à promouvoir l'essor d'un homme nouveau tout en reconnaissant les difficultés qu'il aura à affaiblir l'emprise néfaste de la coutume:

> L'homme courbé sous le mystère et la crainte s'atrophie, ses tendances demeurent à l'état embryonnaire. Il n'ose ni désirer, ni savoir, ni pouvoir. Il n'ose pas être homme. Il est replié comme un parapluie. Qu'on le libère et il s'élance comme un champignon. (129)

Dans ce sens-là le livre représente une sorte d'allégorie. L'auteur parvient toutefois à éviter le côté rigide de cette technique parce qu'il y a mis des ingrédients pour amuser ses lecteurs: un ton comique (102), des descriptions sensuelles de femmes (16-19), des détails grossiers comme la purge publique (125), des contes, des chansons et autres manières traditionnelles de s'exprimer (59-60, 95-96, 109-10). En outre, tout comme les autres romans de cette catégorie, il s'intéresse au quotidien et à des problèmes courants. Il cherche à créer des personnages aux défauts et aux qualités bien visibles de cette façon le lecteur peut rire de leurs mésaventures. Ce dernier en tire alors des leçons pratiques.

En offrant des histoires passionnantes ou amusantes, en proposant un mélange de concepts anciens et modernes, les romans populaires participent à la vie littéraire du Cameroun, même s'ils ne contiennent pas divers niveaux interprétatifs, même s'ils sont naïfs. Par les thèmes et les idées qu'ils contiennent, les romans populaires se rapprochent donc des autres romans de mœurs et ils prouvent avec eux que tous les romanciers camerounais partagent les mêmes anxiétés comme les mêmes espoirs.

D'une manière générale, les romans populaires, historiques, traditionnels, d'amour, les romans de mœurs proprement dits et les récits enseignent par la démonstration. Ils montrent les dangers de se faire des illusions et de se contenter de l'apparence des gens et des choses. Ils décrient la situation faite aux femmes, premières victimes de l'abâtardissement de la coutume et ils regrettent que l'argent ait éveillé les plus bas instincts. Par contre, ils vantent la générosité et l'obéissance. Ils cherchent aussi à diminuer les frictions qui existent entre tribus, religions et générations tout en accommodant des façons de voir anciennes au monde de la ville moderne.

Cette communauté de vues rendrait le corpus des romans camerounais peu variés si les auteurs ne les avaient présentés sous des formes différentes, soit celle du genre—roman d'amour, historique, récit ou autre—soit suivant un schéma tel que celui du voyage ou de l'initiation ou encore en transformant leur récit en une large métaphore. Néanmoins, depuis ses débuts en 1954, le roman de mœurs a peu évolué. Certes, il y a du nouveau: un plus grand nombre d'auteurs ont diversifié thèmes et sujets et le roman populaire a fait son apparition. Malgré ces quelques apports, il y a vraiment peu de changements. Le manque de recherche dans la forme comme dans le contenu n'est guère étonnant puisque la période étudiée couvre seulement une trentaine d'années, mais il provient surtout de la façon dont les auteurs conçoivent leur art, dont ils voient et représentent leurs personnages et le monde physique qui les entoure[65].

Troisième Partie

Chapitre IV

Les Personnages

L'ANALYSE DES SUJETS, DES IDÉES et des thèmes contenus dans les romans camerounais a, pour un temps, relégué les personnages à l'arrière-plan. Il convient maintenant de chercher ce qu'ils ont en commun et de les décrire dans les grandes lignes. Pour atteindre cet objectif, différencier les œuvres entre romans engagés ou de mœurs, d'avant et d'après l'indépendance, n'a plus d'utilité ici. En effet, trop peu de temps a passé depuis la publication du premier roman pour produire une évolution assez visible dans la manière de présenter les personnages et celle-ci ne change pas qu'il s'agisse d'un roman de mœurs ou engagé. On se trouve ainsi placé devant la tâche difficile d'analyser ensemble les personnages venant d'une quarantaine d'œuvres. Malgré leur nombre, malgré la variété des styles et des talents, il y a moyen de tirer plusieurs principes généraux sur la façon dont les écrivains décrivent leurs personnages, sur les types utilisés et sur des notions qui les dirigent telles que l'amour, le bonheur et le destin.

A. Description

Les personnages romanesques se définissent par leur physique, par leurs gestes et par leur psychologie, cela va de soi, mais aussi, dans les romans camerounais, par leur enfance, par leurs noms, par leur généalogie et par les regards qu'ils portent sur les hommes ou au travers desquels ils sont vus.

Pour commencer, il est évident, dans une société où l'apparence extérieure influence beaucoup la manière dont les hommes se conduisent les uns envers les autres, que le physique, les vêtements et les gestes méritent l'attention des écrivains. Pourtant, on y lit rarement de longues descriptions. Les auteurs n'essaient pas de donner une vue complète de leurs personnages comme l'avait fait, par exemple, un Honoré de Balzac pour le père Grandet dans *Eugénie Grandet*[1].

Le lecteur n'a pas souvent l'occasion de lire une description aussi longue, aussi enthousiaste que celle de la jeune Edima ou celle du syndicaliste Toutouma (*Mission*, 139; *Roi Albert*, 64). La plupart du temps, les auteurs se contentent de quelques indications:

> Madame Chetou était une femme d'environ 45 ans presque tout en os. Elle se maquillait avec beaucoup de discrétion et son visage qu'illuminait un perpétuel sourire, sans être beau, n'était point laid. Comme sa fille, elle était petite et comme elle, elle avait les cheveux longs. (*Ramitou*, 64)

Ces lignes anodines, et pas très évocatrices, situent le personnage avec brièveté, mais elles font au moins remarquer sa nature chaleureuse, point important pour la bonne compréhension du récit. Des descriptions de ce genre s'observent avec fréquence dans les romans où l'apparence extérieure sert à donner des détails spécifiques et essentiels sur la psychologie des personnages. Ainsi, Ekandé, le sous-préfet sans scrupules qui enlève Colette à son fiancé Charles, est représenté d'une manière peu flatteuse: « Ses joues flasques ressemblent aux mamelles d'une chienne-mère » (*Nasse*, 42, autre exemple page 58). Outre qu'elle suggère un caractère agressif et jouisseur en même temps, cette expression éveille automatiquement l'antipathie du lecteur. Par contre, Francis Bebey décrit la bonne grand-mère Mam en ces termes:

> La grande robe sombre descendant jusqu'aux chevilles . . . n'était point signe de tristesse. . . . Elle lui allait d'ailleurs très bien. . . . Elle donnait à Mam cet air distingué qui justifiait le respect avec lequel les autres femmes du marché la traitaient. . . . De l'encolure, sortait une tête portée avec finesse par le long cou des femmes du Nord. Mam savait en effet que ses origines ashanti avaient été tachées merveilleusement par quelques gouttes de sang peul. (*Poupée*, 138)

La description est typique en ce qu'elle parle du corps et des vêtements pour révéler une âme. Sans doute, Francis Bebey raffinera le portrait au cours du roman. Toutefois, en disant de son personnage qu'il combine des caractères physiques ashanti et peul, l'auteur lui a fait hériter non seulement l'élégance corporelle, mais aussi la noblesse, la fierté, le savoir-faire commercial et la volonté de liberté qui caractérisent traditionnellement ces deux tribus. L'apparence physique exprime ainsi les sentiments ou les dispositions du personnage.

Mieux encore que le corps, les vêtements indiquent son essence:

> C'était un jeune homme vigoureux et pas laid. Il portait un pantalon avec des fenêtres aux genoux. Une chemise ample qui autrefois avait dû être blanche lui couvrait le tronc. Ses pieds dédaignaient les chaussures, ses cheveux défiaient le peigne et un début de barbe lui salissait le menton. (*Bogam*, 51)

Lu en dehors du contexte, le passage ne semble pas avoir beaucoup de mérite sinon que l'auteur a employé des verbes actifs pour le rendre vivant. Cependant, si l'on sait qu'il s'agit d'un célibataire accusé d'adultère, le portrait de Ngouom Ngouom prend toute sa signification. En effet, la description des vêtements apprend qu'il est pauvre et jeune, deux détails pas très importants suivant l'optique occidentale, mais sa pauvreté et sa jeunesse expliquent justement pourquoi il s'intéresse aux femmes des autres. La triste apparence des vêtements révèle que le jeune homme n'a pas encore gagné l'argent nécessaire pour se marier et que le village ne veut pas l'aider financièrement, sans doute parce qu'il le considère trop jeune. D'ailleurs, ses cheveux rebelles disent assez qu'il n'a pas encore appris à dominer son impétuosité et à se conduire comme un adulte. Quant au refus de porter des chaussures, il indique que Ngouom Ngouom ne veut pas ressembler à un fonctionnaire, donc qu'il n'a pas assez d'ambition pour participer à l'avancement du village. Puisque la responsabilité de la dot revient à la communauté, elle ne veut pas perdre son argent en mariant un fils paresseux. Comprise de cette façon, la courte description des vêtements et de l'apparence extérieure donnent bien des informations sur le personnage.

Comme l'importance d'un homme lui vient principalement de son appartenance à un groupe social, le personnage doit s'habiller de manière à déclarer auquel il appartient. Iyoni l'a fort bien remarqué lors de la réception chez son ami Nkilviagah pendant laquelle il s'est senti déplacé dans sa tenue sportive. En tant qu'employé de l'administration, il se devait de porter le seul uniforme acceptable: le complet sombre, la chemise blanche et les chaussures de cuir. Habillé de la sorte, il aurait déclaré ouvertement sa position sociale et il aurait forcé ceux qu'il aurait rencontré à se comporter respectueusement envers lui (*Pris*, 67; *Terre*, 96; *Sociétés*, 63).

A vrai dire, les Camerounais n'ont pas confiance en celui qui ne se conforme pas aux habitudes de la tribu ou de la classe dont il fait partie, car chacun doit s'habiller suivant les normes acceptées[2]. Sans ce costume, sans cet uniforme qui le relie à un groupe distinct, l'homme perd son identité et il s'expose aux traits méprisants des autres qui profitent alors de sa vulnérabilité. Il suffit de se rappeler les souffrances et les sacrifices financiers acceptés par le vieux Meka pour recevoir sa médaille. Il n'avait pas tant dépensé seulement pour flatter sa vanité, mais aussi pour se montrer digne de l'honneur que le gouverneur français lui faisait. Son costume zazou et ses souliers de cuir, malgré leur ridicule ou leur extravagance, l'élevaient au-dessus des autres et les forçaient à se conduire avec déférence (*Nègre*, 67-72, 98-101). Ce point de vue explique pourquoi Francis Bebey décrit avec soin le couvre-chef du roi Albert (*Roi Albert*, 25). Le casque colonial ayant disparu avec le système dont il était un symbole, le chapeau le remplaça pour inspirer le respect aux jeunes et à tous ceux qui ne peuvent s'offrir ce luxe et qui vont nu-tête (même idée dans *Fiancés*, 14).

Outre l'usage du costume pour caractériser un personnage et pour montrer sa position sur l'échelle sociale, une autre habitude courante dans les descriptions consiste à caricaturer par leur apparence extérieure des personnages secondaires que ce soient les jeunes beaux, les boys de la mission, les écrivains publics, les « san-san boys » ou les vieux (*Brise*, 145; *Sorcier*, 66-67; *Poupée*, 125; *Homme-dieu*, 104-06; *Roi miraculé*, 210). La caricature consiste à inclure dans une description les traits qui caractérisent un groupe de personnes, mais que généralement on trouve dispersés en plusieurs êtres. C'est le même genre de concentration vue dans *Perpétue et l'habitude du malheur* et dans *Tante Bella*. Chaque élément est vrai, mais l'accumulation grossit chaque trait et elle rend la description d'autant plus frappante.

Au lieu d'assembler une série de détails disparates pour créer un personnage individualisé, la caricature des personnages permet aux auteurs d'éliminer ce qu'ils jugent inutile à leurs propos. Tout comme ils cherchent à raconter des événements qui peuvent arriver à n'importe qui, ils s'efforcent de relever dans leurs personnages un choix de caractères qui existent couramment chez les hommes. Ils simplifient donc, non pas tant parce qu'ils ne veulent pas ou ne savent pas individualiser leurs personnages, mais surtout parce que le commun les intéresse et parce que les hommes doivent se conformer dans leur conduite et dans leur apparence au groupe, à la tribu ou à la classe dont ils font partie. Cette habitude explique une expression du genre « [des] esclaves vêtus d'indigence » qui concentre en un zeugme les traits les plus frappants de ce groupe d'hommes (*Sorcier*, 72). Les écrivains n'essaient donc pas de singulariser leurs personnages, mais bien de les présenter comme faisant partie intégrante d'un ensemble[3].

Ils traitent tous leurs personnages de cette façon y compris les Blancs[4]. Après tout, les missionnaires et les administrateurs se ressemblent entre eux par les costumes, gestes et voix que leur confèrent leurs positions. Les romanciers les caractérisent avec des détails physiques directement visibles et qui les séparent automatiquement des Noirs comme la couleur de leur peau, leur pilosité et leur obésité. Les Blancs sont alors des « oreilles rouges », « bien en chair des joues et franchement gonflé[s] au niveau du ventre »; ils ont « des cheveux semblables à la barbe de maïs » et ils rougissent à toutes les occasions (*Afrique-là*, 34; *Vie*, 16, 71, 72; *Roi Albert*, 31-32).

Bien que les auteurs simplifient de cette façon leurs personnages, cela ne les empêche pas d'en donner à l'occasion une image plus complexe, en particulier, quand ils les représentent sous un double aspect. Cela n'arrive pas très couramment, mais pendant l'époque coloniale les missionnaires apparaissent sous le double aspect de leur « masculinité »—la barbe et l'emploi de leur force—et celui de leur « féminité »—la robe et leur refus des relations sexuelles (*Sorcier*, 136; *Vie*, 16, 25). Leur brutalité si pas leur sadisme se trouvent ainsi contrebalancés par le fait qu'ils ont adopté, soigné et éduqué de jeunes garçons (*Vie, Christ, Sorcier*). Cette façon de les décrire rappelle celle de Pabe Mongo qui soulignait la dualité de son personnage Bogam Woup en lui donnant un nom à double signification et en le faisant agir par moments suivant la tradition et à d'autres en rupture complète (*Bogam*, 73, 80-81).

Les Blanches, par contre, sont décrites le plus souvent sous leurs côtés ridicules ou mesquins si pas autoritaires (*Pris*, 135). Toutefois, lorsqu'un personnage camerounais ose tomber amoureux de l'une d'elles, il la voit au travers de ses désirs et il la transforme en un être imaginaire:

> Ma main appartient à ma reine aux cheveux couleur d'ébène, aux yeux d'antilope, à la peau rose et blanche comme l'ivoire. ... Son sourire est rafraîchissant comme une source. Son regard est tiède comme un rayon de soleil couchant. Il vous inonde de sa lumière qui vous

> embrase jusqu'au plus profond du cœur. (*Vie*, 74; transformation similaire dans *Amour*, 47)

Certes, toutes les descriptions n'ont pas le lyrisme de celle-ci et Toundi reviendra de son illusion. Cependant, pour lui, comme pour Ambroise et pour d'autres personnages, la beauté de la femme aimée reflète la bonté de son âme, illusion parallèle à celle qui voyait dans les hommes riches ou haut placés des êtres généreux et sensibles à la misère des autres (*Vie*, 73; *Amour*, 48; *Lettre*, 7-8 et page 105).

On ne peut manquer d'observer que les descriptions des personnages secondaires, et non pas principaux, ont servi jusqu'ici à montrer les caractéristiques générales sur la manière dont les auteurs représentent leurs personnages. Ce choix s'explique par le fait qu'il y a comparativement peu de descriptions de l'apparence du personnage central, soit parce que la narration se fait à la première personne, soit parce que l'écrivain, en dépit de l'usage de la troisième personne, s'identifie avec le personnage central et il représente son monde romanesque à travers ses regards[5]. Evidemment, des exceptions existent et Ferdinand Oyono donne des informations sur le physique de Barnabas, plus qu'il ne le dépeint dans son ensemble:

> Comment croire mienne cette tête brachycéphale qui semblait avoir reçu la poignée de cheveux que lui avait lancée un Bon Dieu farceur, dont les tempes et les joues étaient rentrées en elles-mêmes comme si on les avait tirées pour ne plus les relâcher de l'intérieur et dont les yeux hagards brûlaient d'une flamme mauvaise comme s'ils eussent été les seuls orifices de l'enfer. (*Chemin*, 54)

Ce passage révèle une propension courante chez les auteurs, celle de chercher le détail physique, ou le mouvement, non seulement vrai, mais aussi comique afin de diminuer l'importance du personnage. Les exemples abondent: « Il fit un signe de croix et la foule l'imita. Il remonta l'escalier. A la dernière marche, ses mains descendirent sur ses fesses et lissèrent sa soutane » (*Vie*, 30). Ces mains vénérables venaient de bénir la foule et les voilà errant sur les parties les plus grossières de l'homme! Par là, le missionnaire montre qu'il a oublié, dès la messe finie, les symboles que ses mains incorporent et, ainsi, il s'abaisse au même niveau de vulgarité que ses ouailles.

La volonté de trouver le détail caractéristique et comique s'observe dans bien d'autres descriptions, parmi elles:

> On la voyait ainsi faire rebondir ses fesses telle une jument qui s'apprête à déféquer, balancer ses épaules comme une poule qui déploie ses ailes, tortiller des hanches en une coquetterie très élémentaire.... (*Roi miraculé*, 220)

Le comique vient non seulement de la métaphore qui réunit en un être deux animaux dissemblables, mais aussi de leurs actions disparates et combinées à la fois. Il sert principalement à ridiculiser la vieille femme qui veut trop imposer ses volontés sur les villageois, une faute sérieuse selon l'éthique coutumière. A vrai dire, ce type de descriptions excite la verve des écrivains, ainsi:

> L'un [des touristes américains] portait un pantalon à bretelles trop large, une chemise blanche à manches courtes. La chemise, mal rentrée dans le pantalon, était à demi déboutonnée et dévoilait une énorme poitrine velue...; son rire provoquait sur son visage poupin et sur tout son corps débordant de graisse une houle qui la faisait tressauter.... Une véritable armoire à glace faite pour les gratte-ciel.... (*Chauves-souris*, 125)

Le comique qui ressort de ce type de description provient d'une habitude commune aux romans, celle de ne pas se limiter à une image unique, mais plutôt de les mêler. Les auteurs ne semblent pas toujours s'inquiéter de leur logique et il leur arrive de faire « flotter le char de l'état sur une mer orageuse » pour reprendre l'expression de Gustave Flaubert[6]. Pourtant, ces descriptions sont évocatrices. Aussi Mongo Beti n'hésite pas à décrire Yosifa en ces termes peu flatteurs:

> par le bas de ce vêtement émergeaient à moitié, les maigres jambes que terminaient en guise de pieds deux palettes, plus longues que larges, aux orteils effilés recourbés vers l'intérieur comme chez les chimpanzés, s'ornant d'ongles longs et raccornis comme des griffes de rapaces. (*Roi miraculé*, 54)

Outre que cette description suggère une personnalité complexe chez la vieille femme—elle tient du singe et des rapaces—elle prouve, avec les autres exemples donnés précédemment, que les auteurs ne cherchent pas à imaginer une beauté abstraite et encore moins à idéaliser leurs personnages. Au contraire d'un Camara Laye dans *L'Enfant noir*, par exemple, ils veulent montrer les hommes tels que Dieu les a créés, c'est-à-dire ordinaires, vulgaires et pareils aux autres animaux dont ils sont simplement une espèce parmi tant d'autres. C'est principalement pour cette raison que René Philombe passe une demi page à les décrire:

> Autour des écuelles de bois pleines de viande, d'ignames et de bananes... plus de deux cents villageois s'affairaient de ravissement par terre. Chacun y plongeait une main qui de temps en temps, ne se retenait point à gratter le corps, à chasser les moustiques, à bousculer les chiens, à ramasser un morceau tombé, à éponger un nez coulant, irrité par le piment.... On entendait des reniflements sourds, le clapotis des langues léchant les doigts, les toux rauques ramonant la gorge, le cliquetis des dents broyant un os, et ces éructations caverneuses des gosiers satisfaits. (*Sorcier*, 76)

Certes, tous les auteurs n'ont pas cette éloquence, néanmoins le passage est typique en ce qu'il représente les personnages dans leur animalité avec un vocabulaire imagé[7].

Des exemples comme ceux cités ci-dessus se trouvent en profusion dans les romans où l'usage de comparaisons et métaphores se manifeste couramment, parfois avec un effet comique, parfois sans. D'ailleurs, un écrivain tel que François-Borgia Marie Evembe les utilise avec beaucoup d'efficacité quand il compare le corps malade d'Iyoni à une usine en grève ou à un bateau qui essuie une tempête (*Terre*, 12, 19, 23, 46; même type d'exemple: *Chemin*, 76). Bien entendu, ces métaphores soutenues pendant la longueur d'un paragraphe ou même de plusieurs pages ne se rencontrent pas souvent, les auteurs préférant des expressions courtes, mais qui ne manquent pas de cachet: « il me gratifia de toute sa carie dentaire »; « il incendia Sola d'un regard farouche tandis qu'il inondait les deux étrangers d'un vaste sourire »; « le sommeil vient l'éclabousser de sa lumière irisée »; expressions où l'apparence physique et les réactions intérieures se mêlent, ainsi qu'on l'a remarqué plus haut, et où l'abstrait et le concret se confondent en une sorte de zeugme (*Ramitou*, 13; *Sola*, 55; *Bal*, 164). Le lecteur occidental pourrait prendre cette habitude pour une maladresse ou pour une ignorance des règles stylistiques. Toutefois, bien que cela soit possible, il paraît plus vraisemblable d'y trouver une influence des langues locales où l'usage d'ellipse s'observe communément et où l'expressivité des mots a plus d'importance que la logique d'une image[8].

Il va de soi, puisqu'il s'agit ici du style des auteurs, que les descriptions de la vie intérieure des personnages suivent les mêmes règles que celles des gestes et apparences physiques: peu nombreuses, courtes de préférence, elles combinent le sérieux au comique, le concret à l'abstrait. Des expressions comme « un amour incandescent »; « la solitude et l'angoisse la recouvrait comme un linceul »; « le fourneau de la haine »; « l'arc-en-ciel des manifestations d'une jalousie maladive »; « Magné se sentait enfin légère et gaie comme un poisson » montrent bien ces particularités[9].

Le caractère des personnages n'évolue pas. Tout au plus, ils apprennent comment vivre avec lui. Souvent un trait de la personnalité domine, Toundi est gourmand, Meka vaniteux, Iyoni honteux en toutes occasions et Faliou ne comprend la vie qu'au travers de son complexe de persécution (*Vie, Nègre, Terre, Faliou*). L'introspection n'apparaît qu'avec rareté, car, si les auteurs reconnaissent l'existence des sentiments, ils pensent avec leurs lecteurs que leur manifestation est bien plus importante[10]. Il arrive toutefois que les romanciers s'essaient à décrire plus longuement un état mental comme dans le cas suivant:

> Son âme devint pareille à une dépouille déchirée chaque jour par des charognards invisibles. Beaucoup plus que de nourriture, la malheureuse Sola vécut désormais de prières, de larmes et de lamentations muettes. Et derrière cet impénétrable rideau de silence douloureux, elle se répétait à elle-même: « Un jour viendra . . . ». (*Sola*, 48; même type de description, *Bal*, 97)

Encore une fois, les types d'images—personnification, concrétisation de concepts abstraits, exagération—se combinent en un ensemble complexe, hétéroclite même. Des charognards qui dévorent une âme, des prières qui la nourrissent et un rideau qui la cache aux regards curieux, voilà des expressions qui ne donnent pas une idée cohérente sur les pensées de la jeune femme. Le manque de « logique » dans un tel paragraphe provient de l'accumulation des images différentes mises les unes à côté des autres sans termes intermédiaires pour les relier. Avec cet ensemble disparate, l'auteur obtient une image protéiforme et surréaliste qui suggère fort bien la confusion dans l'esprit de son personnage et qui, en même temps, exprime combien les mouvements de l'âme ne se laissent pas disséquer[11].

D'un autre côté, les romanciers préfèrent exprimer les sentiments de leurs personnages d'une manière concentrée sans se laisser aller à de longs développements comme les romantiques français l'avaient fait. Leur style très imagé est souvent plus elliptique qu'explicatif. Ils utilisent un nombre de techniques qui disent beaucoup en quelques mots. Ainsi, outre les métaphores, les zeugmes, les comparaisons, il leur arrive de reprendre des apophtegmes locaux pour donner une idée des dispositions de leurs personnages: « Nous sommes des troncs d'arbres hérissés d'épines »; « il y a plus de malignes tortues chez nous »; deux expressions qui font allusion à la force légendaire d'une tribu et à l'intelligence de l'autre un peu à la manière des devinettes traditionnelles (*Nasse*, 87; *Fils*, 87).

L'usage d'ellipses, de métaphores ou d'expressions locales pour décrire un état d'esprit n'empêche pas les auteurs d'employer à l'occasion des méthodes de description psychologique plus courantes dans la littérature française telles que reproduire les pensées du personnage en discours indirect libre ou faire allusion à des complexes (*Tante*, 78; *Roi Albert*, 73; *Ville*, 59; *Mission*, 82; *Lettre*, 99). D'une manière générale cependant, ils évitent l'analyse pour suggérer des traits de caractère essentiels pour leurs récits.

Les romanciers montrent le visible: gestes, actions, événements, de préférence à ce qui se passe dans le cœur de leurs personnages. C'est pourquoi, pas plus qu'ils ne cherchent à décrire à chaque fois les sensations ressenties par leurs personnages, les écrivains ne leur font dire ce qu'ils pensent ou comment ils arrivent à prendre une décision. Rarement apparaît une phrase telle que: « ces soucis mettaient sur ma poitrine comme un poids qui se transformait en mille aiguilles et qui me déchiraient le cœur » (*Ramitou*, 92). Ils représentent leurs personnages comme si le processus intellectuel lui-même ne les intéressait pas, mais bien son résultat. Aussi trouve-t-on une phrase comme la suivante: « une idée traversa son esprit, s'estompa, revint en se précisant soudain. Il la chassa avec force et serra ses puissantes mâchoires pour réprimer un baillement » (*Afrika*, 9). Phrase vague où aucun terme n'est défini et qui laisse dans l'obscurité toute la suite des pensées du personnage. En vérité, les auteurs écrivent comme s'ils faisaient leur cette idée d'un personnage: « Nul ne voit nos convictions intimes. . . . Mais les actes, on les voit » (*Croix*, 54). On se souviendra ici d'une remarque semblable dans *L'Homme-dieu de Bisso* où les personnages ne cherchaient à comprendre ni le comment ni le pourquoi d'un phénomène, seules ses conséquences dans leur vie méritaient leur attention (page 122).

Le manque de description des sentiments provient de l'importance de la vue dans le style des auteurs bien qu'à l'occasion, d'autres sens interviennent:

> la chaleur est déjà suffocante: chaque homme quête son deuxième souffle, de peur de s'écrouler subitement. Ils se sentent dilatés, fondus, décomposés, volatilisés et portés par l'air chaud qui leur fait franchir la forteresse, les emmenant très haut, très loin, là-bas. . . . (*Bal*, 120)

Ici, l'allusion aux autres sens permet d'exprimer que les personnages éprouvent des sensations au-dessus de l'ordinaire. Cette manière de décrire les effets de la chaleur sur des prisonniers probablement mal nourris est très expressive parce qu'elle s'intéresse d'abord au corps pour ensuite révéler un état d'âme inhabituel.

Joseph Owono obtient le même résultat que Yodi Karone dans le passage suivant:

> le poste du salon se mit à déverser dans la maison une féerie d'accords sublimes qui me parvenaient, assourdis, à travers la porte fermée, me pénétraient, m'enveloppaient, m'enivraient dans une douce torpeur et coulaient dans mon corps quelque chose de plus doux que le nectar, quelque chose qui faisait fondre tout mon être, paralysait mes sens dans une indicible extase, et me faisait voguer, voguer, voguer dans le néant d'un assoupissement voluptueux. (*Tante*, 55)

A la synesthésie, s'ajoute un vocabulaire qui mélange trois niveaux de l'expérience humaine, celui des sensations physiques, des plaisirs artistiques et de l'imaginaire. La confusion entre ces niveaux sert à démontrer la puissance de la musique sur l'homme.

Bien que très suggestifs, des exemples comme ceux-ci n'apparaissent pas couramment dans les romans. Les auteurs ne prennent pas souvent la peine de décrire les sensations ressenties par leurs personnages, peut-être, parce qu'ils ne leur reconnaissent pas grande influence sur la destinée de l'homme ou, peut-être, parce qu'elles ne font pas partie des choses dont les Camerounais parlent.

Le peu d'importance des sensations et des sentiments et la tendance de se contenter des actions d'un personnage pour le définir se manifeste particulièrement bien dans les romans d'amour. En vérité, pris de court, les romanciers admettent qu'ils ne parviennent pas à décrire l'amour parce que « le vocabulaire fait souvent défaut lorsqu'on parle . . . [des] choses du cœur » et parce que le sentiment est incompréhensible: « Tu l'aimes toujours et on ne peut comprendre ce qui est immatériel. Tu l'aimes avec ton âme et on ne peut pas comprendre une âme »[12]. Les romanciers ne laissent pas leurs personnages parler longuement d'amour et ils se contentent souvent d'expressions un peu simplistes comme: « Aimer c'est aspirer nuit et jour au bien-être d'une personne » ou ils se réfèrent, pour expliquer les sentiments amoureux de leurs personnages, à la littérature des magazines féminins (*Sola*, 113; *Reine*, 174, 176, 214).

Des exceptions existent comme lorsque Ambroise essaie de décrire son amour pour Geneviève:

> je me comportais à l'égard de mon sentiment comme un poisson intelligent mais affamé, à l'égard de l'appât. Je voulais bien aimer, étant affamé d'affection, mais je tournais autour de l'appât sachant qu'à l'intérieur se trouvait l'hameçon, et cherchais éperdument le moyen de m'emparer de l'objet convoité sans tomber dans le piège. . . . Car, plus aucun doute, rien maintenant n'aurait pu me guérir d'elle ni de cet amour. Quand Geneviève passait sur moi ce regard que je ne pouvais définir, . . . alors, une paix cosmique venait m'envahir, et, puisqu'il s'agit du ciel, j'étais alors au septième étage, heureux comme un ange après la bénédiction divine. (*Amour*, 64)

Bien qu'inhabituelle par sa longueur, cette description des sentiments d'Ambroise contient trois caractères déjà observés dans les romans. En premier lieu, elle se base sur une image concrète, celle du poisson et de l'appât. De plus, elle montre qu'une expression telle que « le septième ciel », devenue ici « septième étage », subit une transformation, non seulement dans un sens concret, mais aussi dans un sens compréhensible par les Camerounais peu au courant de la vraie signification de l'expression française. Enfin, elle se conforme à une technique observée précédemment où l'auteur désire montrer la sensibilité humaine touchée si profondément que le personnage se sent emporté au-delà de la réalité.

Les rares descriptions des sentiments n'indiquent pas que les personnages ignorent l'amour. Plutôt, la société se basant toujours sur la coutume, le considère comme un amusement bon pour les jeunes, mais absurde pour les adultes: « L'amour est une bonne chose. Il n'est pas interdit aux enfants. Ce qu'il faut leur apprendre c'est qui aimer.... », car l'amour de la femme pour son mari doit naître du respect et du « volume des biens dotaux », c'est-à-dire de la richesse et du savoir-faire du mari[13]. Quant à l'amour de ce dernier pour son épouse, il se confond avec ses attraits physiques, avec ses capacités de faire des enfants et avec ses qualités de ménagère. Cette préférence pour le sentiment qui naît de l'admiration dans les qualités de pourvoyeur ou de maîtresse de maison est telle que les personnages le confondent avec l'amour[14]. La plupart du temps, ils laissent de côté toute inclination à caractère passionnel et même sexuel, particulièrement chez la femme. En effet, si l'homme a le droit d'exiger que son épouse soit belle, s'il peut avoir des relations sexuelles avec d'autres femmes qui le tentent suivant l'idée qu'un « homme n'est jamais infidèle, il est bien portant », celle-ci par contre doit se contenter du mari que sa famille lui impose, elle ne peut déclarer les exigences de sa sensualité ou de sa sexualité[15]. Bien des femmes, d'ailleurs, se plaignent d'avoir à épouser des « vieux » (*Roi Albert*, 92, 154-55; *Sola*, 34; *Lettre*, 107).

Dans ces circonstances, l'amour est une affaire presque exclusivement entre jeunes ce qui explique sa spontanéité, son intensité et pourquoi il tient plus de l'engouement que d'un sentiment développé au cours des années (*Ramitou*, 44-47). En cela, il ressemble à l'amour chez les romantiques français surtout que pour le faire naître, il suffit souvent d'un regard entre enfants, entre jeunes gens: « il ressentit un choc au cœur en découvrant les yeux profonds et troublés de la jeune fille . . . »; ou encore Ambroise se sent « chavirer » quand ses regards croisent ceux de Geneviève[16]. A partir de ces regards, les sentiments s'éveillent, se cristallisent plutôt pour reprendre l'expression de Stendhal car les amours nées de cette façon deviennent aisément absolues si pas obsessives. Des phrases telles que: « Dès les premiers jours, elle a été totalement amoureuse de lui. Et après dix-huit ans de mariage, ses sentiments ne se sont que cristallisés » ou « la nuit son image revenait à l'assaut et soumettait à la torture ses désirs inassouvis » expriment clairement comment les personnages se laissent dominer par leur amour (*Nasse*, 23, 79; *Fruit*, 51; *Sola*, 112).

Pourtant, les amours—tout comme les autres sentiments d'ailleurs—ne varient pas beaucoup dans leur force ou dans leur qualité. Des passages comme ceux des *Chouans* d'Honoré de Balzac où les protagonistes connaissent tous les degrés et toutes les variations d'une passion naissante n'existent pas dans le roman camerounais[17]. Ainsi, malgré les infidélités de Patrick, Zinnia continue à l'aimer; Charles en dépit du mariage de Colette ne change pas de sentiments envers elle; Florence de même bien que son mari l'ait trompée avec son amie Doris (*Brise*, 164-65; *Nasse*, 152; *Rencontres*, 124). Rarement hésitations, doutes, revirements troublent l'amour. Par contre, la jalousie s'insinue souvent dans les cœurs. En effet, quand « les cailloux ardents de la jalousie [roulent] dans [les] veines », elle modifie les relations amoureuses: Zinnia se sent malade de jalousie; l'amour d'Abima pour Rose—ou plus correctement son désir—explose quand il la voit danser avec un autre jeune homme; une lettre aux mots tendres suffit pour allumer un feu d'inquiétudes dans le cœur de Florence et une dénonciation malveillante empoisonne pendant des mois la vie de Julot et de Ramitou (*Sola*, 123; *Brise*, 145, 171; *Fruit*, 67; *Rencontres*, 33; *Ramitou*, 99).

La jalousie tient une grande place dans les relations entre les sexes et les hommes l'utilisent comme excuse pour battre leurs femmes (*Brise*, 85; *Fruit*, 67; *Perpétue*, 251). Pourtant, les personnages ne vantent pas les vertus de la fidélité et certains changent de partenaires comme s'ils n'avaient jamais éprouvé d'attachement pour eux[18]. D'autre part les amours, ou les relations sexuelles, sont pudibondes car, bien que les auteurs évoquent parfois les appâts de la femme, ils se montrent discrets envers les attraits physiques masculins et ils ne décrivent pas souvent les rapports sexuels[19]. Que le roman d'amour contienne peu de descriptions de ce genre n'a rien d'étonnant vu qu'il s'agit souvent de passions non partagées. Il faut croire qu'une littérature explicite dans les scènes sexuelles est, ainsi que le baiser, une invention des Blancs[20].

Comme pudeur ne veut pas dire froideur et comme l'apparence des personnages éveille la concupiscence, chacun cherche à attirer l'attention. La propreté du corps et des vêtements, la beauté des yeux, la blancheur des dents ont beaucoup d'importance pour les personnes des deux sexes (*Ramitou*, 9; *Fruit*, 38; *Sola*, 51; *Rencontres*, 145). La femme plaît par sa démarche, ses mœurs et sa naissance[21]. Elle doit en plus posséder des courbes généreuses qui suggèrent sa capacité à procréer. Par suite, elle ou ses seins sont souvent comparés à des fruits: « elle ressemble à ces fruits qui ont mûri à point et qui, gorgés de jus, suscitent une violente envie d'être cueillis et croqués à pleines dents » (*Sorcier*, 99; *Roi Albert*, 169; *Lettre*, 118-19). Quant au corps de l'homme, il doit exprimer sa force donc ses qualités de bon pourvoyeur (*Fruit*, 24, 62; *Poupée*, 33; *Rencontres*, 30; *Nasse*, 19).

Bien s'habiller excite l'admiration parce que le costume Tergal annonce la richesse de celui qui le porte et parce que cette dernière a toujours plus d'importance que l'amour ou que la compatibilité d'humeur ainsi qu'on l'a dit précédemment (*Mission*, 34). Connaissant cette habitude, les jeunes gens qui cherchent des aventures galantes s'habillent en conséquence. Lydie Dooh-Bunya décrit un de ces don Juan de village:

> D'une beauté presque féminine, imberbe, jolies dents, jolie tignasse, jolis yeux et teint à l'avenant, Massouma était ce qu'il est convenu d'appeler un joli garçon. Conscient de sa beauté ... il ne négligeait aucun détail vestimentaire ou autre, susceptible de rehausser son éclat. C'est ainsi qu'il s'arrosait de parfums coûteux, et il s'affublait de chevalières, de gourmettes, de chaînettes en or et autres breloques. Un vrai petit bijou, pour ne pas dire une vitrine ambulante, parfaitement incapable de passer inaperçue ... (*Brise*, 145)

Habillé de cette manière, le jeune homme s'assure des succès féminins. Il faut avouer que, flattées d'attirer l'attention d'un tel personnage, ne fût-ce que pour un moment, les jeunes filles se laissent séduire sans offrir beaucoup de résistances. Leur vanité les empêche de lui demander plus qu'un instant dans sa vie de séducteur affairé et aucune d'entre elles n'oserait exiger de lui une preuve tangible de son amour.

Détenir un diplôme, avoir une bonne place, de préférence dans l'administration, sont des atouts majeurs pour un futur mari. Cette habitude de donner tant d'importance aux caractères extérieurs explique la déclaration étonnante de Zambo, le futur beau-frère de Perpétue: « Comme s'il était convenable que le cadet de mon défunt père pût être aperçu d'une femme sans lui inspirer aussitôt l'amour le plus vif, je dirais même sans lui faire perdre la tête »[22]. Visiblement, Zambo exagère pour que le village accepte de donner Perpétue à son frère, mais, en vérité, toutes ces exigences basées sur l'apparence de la réussite et sur des traits extérieurs relèguent les qualités morales et caractérielles à l'arrière-plan d'où leur peu d'importance dans les romans.

Outre la rareté des descriptions des sentiments, il résulte de cette attitude envers l'amour que rares sont les couples heureux et bien nombreux les amoureux désespérés forcés de se marier avec quelqu'un qu'ils n'aiment pas ou forcés de laisser l'objet de leur amour épouser un autre. Leur triste condition les pousse aux extrêmes: Sola se fait enlever par son amoureux; son mari, délaissé, abandonne sa plantation et erre désœuvré en ville; Colette se sauve de chez elle dans l'espoir d'éviter son mariage avec Ekandé et ce dernier la fait kidnapper pour la forcer à accepter leur union (*Sola*, 118, 124; *Nasse*, 115, 129-30).

Les plus malheureux tentent de se suicider, mais soit par ignorance soit par un concours de circonstances, ils n'arrivent pas toujours à leur fin. Roger tente de se suicider après le décès de son amie; Zinnia déçue par Patrick fait de même. Une jeune fille se suicide après la mort de son fiancé et Sidonie meurt dédaignée par celui qu'elle aime tant (*Chauves-souris*, 155, 167; *Brise*, 274; *Journal*, 82; *Afrique-là*, 170; *Amour*, 105; *Tante*, 184). Le suicide n'est cependant pas réservé aux amoureux souffrants. Kamé, désespéré d'avoir perdu son fils, essaie d'y avoir recours et une femme accusée par les villageois d'être une « chouette », une sorcière, finit par se pendre (*Pris*, 250; *L'Homme-dieu*, 90; *Fanatisme*, 85). Quant à Désiré, trompé et empoisonné par les témoins de Jehovah, il cherche à abréger l'attente trop longue de sa mort (*Sur le chemin*, 99-100). L'emploi si courant du thème du suicide a de quoi étonner dans la littérature camerounaise, non seulement parce qu'elle se veut optimiste ainsi qu'on l'a observé, mais aussi parce qu'elle est le produit d'une société où deux courants culturels—le chrétien et l'animiste—condamnent sévèrement cette pratique.

Victor O. Aire explique l'usage du suicide dans la vie coutumière et dans les romans ouest-africains par, entre autres, le désir de faire un affront à la communauté. Ainsi, la tentative de suicide de Roger pourrait s'interpréter comme exprimant sa volonté d'offenser son père qui avait séduit sa fiancée et la mort de la villageoise dans *L'Homme-dieu de Bisso* à son désir de punir les gens qui l'avaient injustement accusée. Néanmoins, les personnages dans les romans camerounais se suicident plus par désespoir que pour rétablir leur honneur[23]. Par conséquent, on peut voir dans l'usage du thème du suicide l'appropriation d'un procédé littéraire pour peindre un degré extrême des sentiments. Pour une société qui se garde d'exprimer ouvertement ses pensées intimes, le suicide sert dès lors à souligner la profondeur de l'abîme qui existe entre le cœur de l'homme et la réalité sociale, entre les aspirations individualistes et la vie coutumière. Il remplace de cette manière de longues explications sur ce que les personnages ressentent et, à cause de son usage fréquent, il devient un cliché littéraire.

Bien sûr, malgré cette solution parfois définitive, la majorité des personnages continuent à vivre. Après avoir vainement cherché l'amour et le bonheur, après avoir résisté aux pressions de la société et de ses règles, ils finissent par se résigner à leur sort et ils regagnent les rangs. En se conduisant de cette manière, les personnages laissent deviner une certaine méfiance de la part des romanciers vis-à-vis de l'amour. Il faut se rappeler que la coutume ne le considère pas comme nécessaire pour former un bon ménage parce qu'il ne garantit pas des rapports harmonieux et parce qu'il trouble les relations économiques et politiques que le mariage traditionnel cherche à établir. De plus, l'amour entraîne trop souvent des conduites aberrantes à cause des sentiments obsessionnels qu'il éveille[24]. Les excès qu'il provoque mettent en danger l'équilibre de la vie communautaire tout comme n'importe quelle autre disposition extrême qu'elle soit gourmandise, avarice ou vanité. Aussi, les personnages qui se laissent dominer par l'une d'elles doivent subir les conséquences que leurs dispositions entraînent. Pour cette raison, bien des amoureux ne connaissent jamais le bonheur et bien des personnages excessifs subissent un triste sort. Toundi, à qui ses parents ont tant reproché sa gourmandise, meurt jeune et Meka se fait malmener par les événements à cause de sa vanité (*Vie, Nègre*). Même Iyoni, ce symbole de la bonté, menace le fonctionnement de la société, car la honte qu'il exsude si visiblement trouble les relations entre supérieurs et subordonnés, entre les nantis et les pauvres. Faliou et sa folie de persécution produit des effets identiques. S'il ne meurt pas à la fin, au moins suit-il une pente rapide qui l'emmène du succès vers le dénuement complet (*Faliou*).

La folie de persécution de Faliou, la gourmandise de Toundi, la vanité de Meka et l'amour sont représentés sous leurs côtés excessifs. Evidemment, les personnages ressentent d'autres sentiments qui n'ont pas toujours la même intensité. Pour faire comprendre à leurs lecteurs des états d'esprit moins obsessionnels, mais tout aussi durables à l'occasion, les auteurs ont recours, comme on l'a déjà dit, au discours indirect libre, à des explications, à des descriptions, à des expressions imagées. Malgré leur variété, toutes ces méthodes stylistiques ne suffisent pas aux écrivains et, parce qu'ils préfèrent en certaines occasions des tournures détournées à d'autres brèves et concentrées, ils utilisent plusieurs autres types de procédés, moins courants dans la littérature occidentale, tels que qualifier les regards que les personnages jettent sur les autres, raconter l'enfance du personnage central et donner des noms suggestifs ou une généalogie.

La technique qui consiste à qualifier les regards leur permet de faire comprendre au lecteur les sentiments d'un personnage sans devoir trouver de méthode littéraire et artificielle pour révéler ses pensées. Faliou voit ainsi dans les yeux des gens qu'il croise sur la route leur mépris ou leur méfiance vis-à-vis de lui et une expression comme « il incendia Sola d'un regard farouche » exprime clairement les sentiments du mari (*Faliou*, 66, 107; *Sola*, 55). Comme la société camerounaise n'apprécie pas l'étalage des sentiments, il n'y a rien d'étonnant à ce que les regards se substituent à la parole. Ici, une fois encore, l'apparence et son résultat inévitable l'illusion influencent la vie des personnages. En effet, si dans le deuxième exemple donné ci-dessus les sentiments du mari ne laissent aucun doute, par contre, dans le cas de Faliou ou dans celui de Iyoni, les deux personnages interprètent les regards lancés par les gens au travers de leurs obsessions. Ils s'en trouvent donc déformés. Voir pour eux ne les aide pas à se faire une idée réaliste du monde qui les entoure, mais bien à confirmer leur mauvaise opinion sur la société. De là, le commentaire d'une femme qui se moque de Faliou: « C'est malheureux quand on est aveugle et qu'on ignore la vérité » (*Faliou*, 67).

Or, sans une vue claire des choses et des gens, l'homme devient le jouet du destin puisque la force innée d'une personne se transmet par les yeux. Divers proverbes et apophtegmes traditionnels expriment ce concept tels que « les pieds ne peuvent pas toujours atteindre où atteignent les yeux » ou « l'œil va plus loin et plus vite que la bouche, rien ne l'arrête dans son voyage »[25]. L'idée principale dans ces diverses formules est qu'il ne suffit pas de voir, que la vue seule ne fait pas comprendre les choses, il faut plus. Un conte tel que « L'Eléphant cherche son œil dans le ruisseau » prouve ce point[26]. Ayant perdu son œil dans le ruisseau, l'éléphant le cherche, mais ses mouvements soulèvent la vase et l'empêchent de bien voir. Une grenouille lui conseille alors de se calmer, ce qu'il fait. L'eau redevient transparente, il peut reprendre son œil et voir à nouveau clairement. De même, la colère, l'inquiétude, l'impatience, l'amour, tous les sentiments excessifs brouillent la vue de l'homme, aussi bien d'ailleurs qu'une haute position sociale qui gonfle de vanité. « Les sommets sont aveuglants.... Et Bitchoka n'a pas échappé à cette cécité » dit combien il est facile pour l'homme haut placé de perdre sa lucidité (*Palmier*, 93). Sans elle, il s'affaiblit et il ne possède plus les forces nécessaires pour résister aux pressions qui s'exercent de toutes parts sur lui.

Et c'est bien de lucidité qu'il s'agit dans *Une Vie de boy* où les regards des personnages remplissent diverses fonctions. On en avait déjà relevé une lorsqu'on avait remarqué que les regards renforcent les rapports entre colonisateurs et colonisés (page 70). Une autre fonction des regards consiste à faire comprendre au lecteur les sentiments des personnages en gardant le point de vue du narrateur. Comme Toundi ne peut savoir ce que ressentent les autres, il interprète l'expression de leurs yeux. Aussi trouve-t-on des phrases telles que « une œillade courroucée »; « elle fixa chaudement le Commandant »; « ce petit regard froid que lui décocha Madame »; « A son regard, j'ai cru qu'il allait me couper la tête » (*Vie*, 39, 49, 141, 155, 159). Elles n'aident cependant pas à se faire une idée correcte de ce que ressentent les personnages parce qu'elles résultent de l'observation partiale de Toundi, un jeune homme gourmand et vaniteux.

En effet, à cause de leurs défauts ou de leurs obsessions, Toundi, Faliou et Iyoni bien qu'ils observent le monde, bien qu'ils le décrivent, restent véritablement aveugles[27]. Dans cette perspective, on comprend dès lors ce que signifie le surnom du Commandant dans une *Vie de boy*. En l'appelant « Zeuil de panthère », en comparant sa capacité de voir à celle de l'animal nocturne, les Noirs lui reconnaissent sa faculté de juger correctement les hommes, même ceux qui cachent le mieux leur jeu (*Vie*, 34, 40). Ce point de vue donne un sens particulier à ses actions, par exemple, quand il laisse le commissaire emprisonner Toundi. Si, d'une part, on peut croire qu'il agit par faiblesse pour sa femme, d'autre part, on peut interpréter ses actions comme la preuve évidente qu'il a saisi tout le danger représenté par Toundi non pas dans sa vie conjugale, mais dans le monde colonial. Il s'ensuit de ces remarques que les défauts entraînent la cécité des personnages et que celle-ci ne les empêche pas de voir, mais bien de comprendre.

Les regards échangés entre Toundi, le Commandant, Madame, entre Sola et son mari, entre les divers personnages contribuent à révéler leurs pensées et leur psychologie. Ferdinand Oyono et d'autres auteurs camerounais ont recours à ce procédé non seulement quand il n'aurait pas été logique de les décrire à cause du type de narration choisi, mais aussi dans un sens symbolique traditionnel selon lequel le regard est source de force, connaissance et compréhension et selon lequel observer le monde avec discernement est essentiel pour l'homme s'il ne veut pas tomber victime des autres.

Les romanciers utilisent d'autres procédés littéraires traditionnels pour décrire l'état mental des personnages. S'ils évitent l'introspection et l'analyse psychologique, ils ont parfois recours pour définir les caractères à d'autres techniques traditionnelles telles que le récit de l'enfance de certains personnages, leurs noms et leur généalogie. Sans doute, les écrivains occidentaux connaissent ces procédés, mais, mis à part le choix des noms, ils ne les utilisent ni dans les mêmes buts ni dans le même esprit que leurs confrères camerounais. Ainsi, plusieurs romans publiés par ces derniers commencent avec la jeunesse du personnage central. Dans quelques cas, cette manière d'entrer en matière indique simplement la volonté de commencer au début de la vie. Elle donne toutefois des informations importantes sur le personnage et sur sa psychologie. Quatre romans en offrent des exemples particulièrement intéressants. Il s'agit du *Fruit défendu* par Honoré Godefroy Ahanda Essomba, *Remember Ruben* par Mongo Beti, *Cette Afrique-là* par Jean Ikelle-Matiba et *Une Vie de boy* par Ferdinand Oyono. Qu'on ne s'y méprenne pas pourtant, ces enfances ne servent pas à détailler le développement psychique, mais plutôt à mettre en évidence quelques dispositions innées ou quelques événements qui vont peser lourdement sur la vie ultérieure du personnage[28].

Ainsi, dans *Le Fruit défendu*, le récit de l'enfance d'Abima sert à exposer plusieurs faits qui auront des conséquences plus tard. Tout d'abord, sa mère a attendu pendant de longues années la naissance d'un garçon. Elle a dû souffrir les reproches de son mari parce qu'elle n'avait que des filles. La naissance tardive du garçon annonce qu'il connaîtra un sort exceptionnel, alors que les souffrances de sa mère préfigurent celles qu'il endurera lui-même. En outre, son père éprouve une telle joie d'avoir enfin un fils qu'il commet deux fautes graves vis-à-vis de la coutume: il dépense avec une ostentation de mauvais goût et il ne va pas présenter le bébé à sa famille qui habite le village (10-20). De là, une malédiction qui hantera la vie du jeune homme et qui lui fera violer les liens sacrés du cousinage. Pour que l'importance de cette malédiction n'échappe pas au lecteur, Honoré Godefroy Ahanda Essomba a reproduit dans son texte un conte qui contient les trois morales de son livre: « les dieux rendent fous ceux qu'ils veulent perdre »; « [les hommes] cherchent au loin la fortune qui se trouve à leurs pieds » et « l'homme ne peut trouver son bonheur que dans le respect des traditions » (23, 26). Dès lors, les événements qui arrivent à Abima vont prouver la véracité de ces lois de base. Suivant cette optique, on comprend l'importance du récit des premières années, même s'il se limite à quelques événements, puisque les conséquences qu'ils entraînent marquent définitivement la vie du jeune homme.

D'autres romans s'étendent de même sur le récit de l'enfance. *Cette Afrique-là* emploie comme *Le Fruit défendu* le thème de l'enfant attendu pendant de longues années, mais ici, aucun interdit ne se trouve enfreint et c'est un grand-père optimiste qui s'adresse aux villageois lors de la naissance de Mômha. Le discours qu'il tient à cette occasion et que l'enfant trop jeune ne peut ni comprendre ni se rappeler va l'imprégner en profondeur d'une force peu commune qui lui servira de soutien pendant les moments pénibles de sa vie (34-35). En conséquence de quoi il fait preuve d'un courage remarquable lors de la circoncision ou quand il doit participer aux travaux forcés (41, 217-25). Tout se passe comme si les phrases formulées au-dessus de la tête du bébé s'étaient transposées en lui sous forme d'une disposition caractérielle.

Dans *Remember Ruben*, Mongo Beti ne remonte pas aux tout premiers jours de Mor-Zamba, mais bien à son entrée dans le village d'Ekoumdoum. Son père mort, Mor-Zamba erre dans la forêt avec sa mère. Elle meurt avant d'atteindre Ekoumdoum où un vieillard adopte le jeune homme. Là, il doit subir des épreuves réservées aux orphelins[29]. Pendant les premiers mois au cours desquels il apprend les coutumes des villageois, Mor-Zamba montre son habileté à la lutte en battant ses adversaires, sa force morale en présentant un visage serein aux propos injurieux qu'on tient sur lui et il mange avec un appétit vorace faisant comprendre son ambition (10-20). Etant donné ces traits de base, les événements qui lui arriveront dans le roman et dans sa suite *La Ruine presque cocasse d'un polichinelle* n'étonnent plus car ils en sont la conséquence naturelle. Au travers du récit de son enfance, le lecteur voit sa détermination, son intelligence, ses qualités d'organisateur et il comprend qu'elles le mèneront inévitablement à la conquête d'Ekoumdoum.

Enfin, Toundi donne quelques indications sur son enfance dans *Une Vie de boy*. Il rappelle que sa mère lui reprochait sa gourmandise, il faut comprendre ici sa volonté d'avoir plus que les autres, donc son ambition. Il n'avait pas non plus le courage nécessaire pour affronter les brutalités de son père et les souffrances de la circoncision. Dès son jeune âge, il s'est trouvé fasciné par le monde des Européens et par la beauté des Blanches (14-23). Ses dispositions caractérielles expliquent pourquoi il devient un boy de mission, puis celui du Commandant et pourquoi il reste au service de ce dernier malgré le danger qui le guette. Le fait qu'il n'a pas subi la circoncision augure d'un avenir précaire tout en annonçant qu'il n'aura pas de relations sexuelles, car seuls les circoncis avaient le droit d'en avoir[30].

Visiblement donc, pour les romanciers, l'homme reçoit des caractères à sa naissance sur lesquels il n'a pas de puissance et dont il subit l'empire pendant toute sa vie. C'est dire le peu de contrôle que l'individu a sur son destin. D'autant plus que le nom reçu et la lignée d'où il vient impriment, eux aussi, leurs empreintes indélébiles[31]. Ce concept explique pourquoi on rencontre un commissaire du nom de Sauvage, un prêtre Souris, un jeune turbulent Satan, un conseiller français Hergé Xourbes—c'est-à-dire fourbe—et des commerçants grecs affublés de noms suggestifs tels que Kritikos et Kriminopoulos (*Siang*, 27, 41; *Ramitou*, 22; *Mères*, 51; *Roi Albert*, 18; *Nègre*, 32). Ces noms, qu'ils soient attribués à des Blancs ou à des Noirs, dessinent une sorte de « profil psychologique », ils imposent des comportements à leurs porteurs auxquels ces derniers ne peuvent, ni ne cherchent d'ailleurs, à échapper. D'autre part, le nom sert parfois à évoquer une figure à laquelle le personnage ressemble par quelques traits ou par sa future destinée. Perpétue, qui va tant souffrir, porte le nom d'une martyre africaine et Marie-Pierre concentre en elle la bonté de la Vierge et la stabilité de Saint Pierre (*Perpétue; Mères*). Certains noms réfèrent à l'apparence physique de celui qui le porte tout en suggérant un trait psychologique, ainsi Baudruchon et Gros-Pieds, le nom du premier fait allusion à sa rotondité tout autant qu'à sa vantardise, celui du second à son anatomie autant qu'à sa balourdise (*Roi Albert*, 8; *Tante*, 10). Enfin, les villageois appellent un jeune homme particulièrement impétueux Fils-de-Dieu dans l'espoir que son nom le protègera comme une amulette (*Mission*, 55).

Bien que le procédé littéraire d'inclure dans le nom du personnage un ou plusieurs de ses traits essentiels ait beaucoup d'efficacité, il arrive que des lecteurs ne puissent rien en tirer, surtout quand le nom est en vernaculaire[32]. Cela arrive chez Mongo Beti qui a souvent utilisé des noms en ewondo sans les traduire. Il faut alors consulter Thomas Melone pour apprendre que Banda veut dire « crapule », Koumé « souche », que le nom de Medza se base sur le verbe « dza » c'est-à-dire « critiquer », que Endongolo évoque un échassier et Bikokolom un maigre vieillard[33]. D'autres romanciers n'ont pas toujours expliqué le sens des noms ni révélé les implications cachées quand ils donnent, par exemple, la généalogie d'un personnage ou quand ils font une liste de noms pour résumer l'histoire d'un groupe (*Fils*, 59-60; *Fruit*, 43; *Fiancés*, 39; *Ramitou*, 8, 9, 16; *Tante*, 135-36; *Vie*, 16). Par conséquent, pour un bon nombre de lecteurs, les noms se limitent à donner au texte un cachet exotique sans lui ajouter de la profondeur.

Il revient au lecteur non initié de se résigner à ne pas tout comprendre. D'ailleurs, la littérature traditionnelle n'expliquait pas tout non plus. Seuls ceux qui avaient atteint la classe d'âge la plus avancée ou qui appartenaient à telle société secrète avaient reçu un enseignement suffisant pour saisir le sens ésotérique de certains contes[34]. Ceci ne veut pas dire que les romanciers ont cherché par là à imiter la littérature traditionnelle, mais plutôt qu'ils ont plaisir à évoquer leur langue maternelle, à utiliser des expressions locales d'autant plus que le commerce du livre au Cameroun et en Afrique les force à employer le français.

Avec tous ces procédés littéraires pour dessiner leurs personnages, les romanciers obtiennent des portraits vivants, suggestifs, incomplets sans doute, mais qui possèdent une certaine logique, l'enfance, le nom, les défauts reçus les marquant définitivement. Leurs personnages tiennent ainsi entre le « plat » et le « rond », entre le typique et le nuancé car, s'ils se trouvent simplifiés, ils ont toujours une dimension qui les rend réalistes[35].

B. Les Types des personnages

Utilisant ainsi des habitudes stylistiques courantes dans la littérature orale tout aussi bien que d'autres venant des littératures écrites et occidentales, les romanciers décrivent leurs personnages d'une manière qui leur est propre. Parfois, puisqu'ils se contentent de souligner quelques traits caractéristiques sans expliquer tous les ressorts psychologiques et sans chercher à individualiser leurs personnages, ils conçoivent des personnages typifiés, non seulement dans leurs allures et vêtements, mais aussi dans leurs caractères. Ainsi Etienne Azombo est le boy de mission typique:

> Toutes les fonctions auxquelles il avait été initié, il les remplissait avec joie et enthousiasme. Il savait balayer le sol, dresser le lit, cirer les chaussures . . . il savait également orner l'autel, préparer les hosties, prier en latin, et sonner les cloches. . . . On le voyait souvent tout sourire quand il servait la messe, habillé comme un ange de vêtements sacrés, frappés de broderies sacrées, embaumés de senteurs sacrées. . . . On l'entendait parfois parler allemand à des vieillards, ou bien lire dans son paroissien à pleine voix: une manière de bien marquer la différence qui le séparait désormais de la tourbe des illettrés. . . . Perroquet docile,

gavé des rudiments de l'enseignement religieux, le jeune noir se sentait capable de vous expliquer les énigmes de la vie et les fins dernières de l'homme. (*Sorcier*, 66-67)

Ces lignes amusantes montrent le personnage en action tout en donnant des informations sur sa personnalité. Elles révèlent sa naïveté et la vanité de son comportement. Elles font aussi comprendre combien le jeune homme transgresse les règles de modestie auxquelles la jeunesse villageoise doit se conformer.

Les romans offrent divers personnages typifiés et plusieurs proviennent directement de la littérature traditionnelle comme le roué, le vantard, l'orphelin et le personnage victime. Le type du roué apparaît dans *La Ruine presque cocasse d'un polichinelle*. Jo le Jongleur voyage avec, vrai sac à malice, une besace pleine d'objets divers qui le tirent d'embarras (17, 30, 39, 76) et il se déguise en musulman pour tromper les habitants d'Ekoumdoum (98-147). La ruse ne lui réussit pas pourtant parce que Mongo Beti voulait souligner l'importance du travail, des connaissances scientifiques et techniques dans la société camerounaise moderne. Il y a encore Medza dans *Mission terminée*. Il rappelle le roué des contes lorsque, ne sachant pas que répondre aux questions des paysans, il invente des réponses pour se tirer d'affaire avec gloire (115-20). D'autre part, on trouve le type du vantard dans *Bogam Woup* quand le soldat revenu au village raconte ses exploits militaires (28-29). A remarquer cependant que les romanciers ne cherchent pas à transposer d'une manière systématique les types traditionnels puisque le personnage n'agit pas en toutes occasions suivant le modèle. De plus, malgré les possibilités nombreuses que ce genre de personnages leur procurent, ils ne les utilisent pas très souvent.

En fait, ils leur préfèrent le type de l'orphelin, du personnage victime et du personnage témoin. Chez ceux-ci, il importe non pas tant de représenter des traits caractériels, des gestes, des habitudes ou des manières de se conduire caractéristiques, mais une suite d'événements représentatifs qui résume la vie de tout orphelin—réel ou virtuel—, qui décrit les avatars subis par une victime, ou qui concrétise les folies d'une société dans le cas du personnage témoin. Outre que ces types diffèrent de la manière occidentale de typifier, il arrive qu'ils se superposent en un seul personnage lui donnant différentes facettes sous lesquelles le lecteur peut interpréter ses actions.

Dans son article « The Orphan in Cameroon Folklore and Fiction », Susan Domowitz établit les ressemblances entre l'orphelin des contes et celui du roman moderne. Elle relève les traits traditionnellement attribués à l'orphelin qu'elle retrouve dans *Une Vie de boy* et dans *Le Pauvre Christ de Bomba* (352-55). Ayant perdu père et mère, abandonné par sa famille, cet enfant doit surmonter seul de terribles difficultés. Il lui faut accomplir des actions extraordinaires au cours d'un voyage. Le plus souvent, il réussit bien que ce voyage le mène au pays des morts, des fantômes. Outre les deux romans cités par Susan Domowitz, *Bogam Woup*, *Les Deux Mères de Guillaume Ismaël Dzewatama, futur camionneur*, sa suite *La Revanche de Guillaume Ismaël Dzewatama*, *Les Fiancés du grand fleuve*, *Remember Ruben*, sa suite *La Ruine presque cocasse d'un polichinelle* et *Un Sorcier blanc à Zangali* utilisent le type de l'orphelin. Certes, avec des variantes, mais le personnage doit chaque fois prouver sa valeur, subir des épreuves douloureuses, s'endurcir physiquement et moralement et surmonter des situations si critiques qu'elles symbolisent un voyage au pays mythique des morts[36].

Un exemple de ce genre s'observe dans le personnage de Bogam Woup quand il retourne au village natal après son service militaire (*Bogam*). Maintenant que ses parents sont morts, qu'ils ne peuvent plus témoigner pour lui et que lui-même a vécu en dehors des coutumes locales, il doit se faire à nouveau accepter par les paysans. Pour s'imposer comme le ferait n'importe quel orphelin ou étranger, il veut montrer ses connaissances et son habileté. Les villageois lui rappellent, par contre, en lui faisant subir l'épreuve de la boule douloureuse, qu'il doit se conformer à leurs habitudes même si elles lui paraissent vieillottes, inutiles ou rétrogrades. S'il désire vivre là, il ne doit pas juger les coutumes, mais bien les adopter (67-71). C'est le même genre de leçon que Mor-Zamba reçoit dans *Remember Ruben*. Là aussi, il s'agit d'un retour au village des parents bien que le personnage ne le sache pas à ce moment-là. Il doit montrer son courage, son savoir-faire et sa résistance à la douleur en construisant sa propre maison avant d'être accepté[37]. Ainsi, d'habitude, les épreuves que l'orphelin subit mettent en évidence ses qualités de pourvoyeur, ses capacités à nourrir et à entretenir une famille tout comme elles le faisaient dans la littérature orale.

Si, pour Mor-Zamba, il s'agissait de démontrer son aptitude à protéger et à diriger tout un village (*Ruine*), dans le cas de Sando, par contre, il lui faut vivre seul dans la forêt, se nourrir de sa propre chasse et cueillette, apprendre le secret du « royaume des fantômes » avant de rencontrer le bonheur incarné dans la jeune fille de ses rêves. Il accomplit ce voyage merveilleux protégé par un bracelet « mystique » offert par sa grand-mère et en compagnie d'une chouette familière (*Fiancés*, 111, 136). Cette chouette, qui, dans le folklore camerounais, est toujours un oiseau de malheur, symbolise ici l'adversité domptée[38]. En effet, l'oiseau ne lui annonce pas la mort de quelqu'un comme le veut la superstition, mais elle le conduit vers sa future femme.

Visiblement, les auteurs ont plaisir à utiliser le type traditionnel de l'orphelin puisque ses aventures apitoient et puisqu'elles contiennent toujours assez de suspense pour garder le lecteur en haleine. C'est tellement vrai que René Philombe dans *Un Sorcier blanc à Zangali* décrit non seulement le boy de la mission en ces termes, mais aussi le prêtre blanc qu'il accompagne. En fait, l'orphelin est le personnage dont le caractère et les aventures se rapprochent le plus du concept occidental du héros, mais sans lui ressembler en tous points. On serait tenté de qualifier l'orphelin camerounais de héros prométhéen suivant la classification de René-Marie Albérès parce qu'il semble chercher pour lui-même au contraire de l'apollinien qui entreprend sa quête pour le bénéfice des autres[39]. Cette façon de comprendre le type de l'orphelin ne convient toutefois pas au roman camerounais. En effet, l'orphelin ne part pas dans le but de s'améliorer. Tout d'abord, on l'a vu, l'homme a peu de contrôle sur sa propre personne, il ne peut donc changer son caractère. De plus, les épreuves que l'orphelin subit servent à montrer ses qualités et ses faiblesses, à révéler l'homme qu'il est vraiment. Par ailleurs, d'après la manière de penser camerounaise, personne n'agit sans que ses actions ne se reflètent sur tout le groupe. *Le Roi Albert d'Effidi* en fournit la preuve quand les villageois se glorifient des accomplissements du roi Albert, de Myriam et de Bikounou comme s'ils les avaient réalisés eux-mêmes (89). Dans un tel contexte, si l'orphelin réussit, le groupe auquel il appartient a le droit de se prévaloir de son succès. En fait, le type de l'orphelin exemplifie surtout la nécessité qu'il y a pour l'homme de faire face à des épreuves et de les surmonter puisque la vie consiste en une suite de difficultés.

D'un autre côté, comme les romans sont pour la plupart didactiques et moralisateurs, au personnage original ou individualisé, les auteurs préfèrent celui qui exemplifie ou qui met en évidence les faiblesses humaines, tel le personnage victime et témoin[40]. Leur dédain pour ce qui est spécial dans chaque homme leur fait souligner les fautes, ou les travers communs au lieu d'idéaliser ou d'exalter les côtés admirables. L'orphelin en cela est parfois spécial, car il n'apparaît pas toujours sous l'angle d'un défaut, mais comme quelqu'un qui utilise bien les quelques talents que la nature lui a donnés. Il ne possède pas pour cela des qualités exceptionnelles, il n'est pas un être extraordinaire. Cependant, il se montre différent des autres parce qu'il lui arrive de prendre des décisions, de se défendre et de résoudre des problèmes. Il suffit de citer ici le cas de Guillaume Ismaël Dzewatama qui, profitant de ses dons de footballeur, force le gouvernement à libérer son père avant d'accepter de faire partie de l'équipe nationale[41].

Des exceptions existent et tous les orphelins ne cherchent pas à modifier leur destin. L'exemple le plus frappant est Toundi dans *Une Vie de boy*, qui, comme on l'a déjà dit, refuse de prendre son destin en main et il ne se sauve pas de la Résidence malgré les conseils de ses amis. Outre sa vanité qui l'empêche de comprendre son manque d'importance personnelle pour les Blancs, il y a plusieurs explications possibles à son refus d'action. Jacques Bourgeacq en propose une dans sa communication: « The Eye Theme and Narrative Strategy in Oyono's *Une Vie de boy*: a Cultural Perspective »[42]. Il y démontre d'une manière irréfutable que le séjour de Toundi en prison représente les rites initiatiques de la société secrète Sô. Pour ce faire, il y relève une série d'éléments communs à l'initiation et aux mésaventures du boy: l'initié a un protecteur (ici le garde de prison); divers objets apparaissent dans le texte tels un crochet, un fouet, des poteries brisées; Toundi accomplit des actions symboliques comme l'absorption d'excréments, la montée aux arbres et la traversée de la forêt. Il aurait pu ajouter le refus du boy de montrer sa souffrance et sa fierté à penser qu'aucun Blanc n'aurait la force de supporter pareilles douleurs (*Vie*, 168, 171, 174; voir aussi *Nègre*, 111). Selon Jacques Bourgeacq, le refus de se sauver provient du fait que Toundi sait qu'il doit subir cette initiation et que, par elle, il atteindra une position morale supérieure à celle des Blancs (15).

Cette façon d'expliquer la passivité de Toundi convainc, mais d'autres sont aussi plausibles en même temps. Tout d'abord, il existe dans le roman une autre interprétation bantoue. Selon celle-ci, une fois que Toundi s'est sauvé du village pour éviter les coups du père, il a pris une voie qui le conduira irrémédiablement vers des épreuves pénibles d'autant plus qu'il reste incirconcis et que les villageois le rendent responsable de la mort de son père. Toundi se trouve ainsi prédestiné à souffrir et il doit payer pour ses inconséquences[43]. D'autre part, il existe un niveau chrétien. Ferdinand Oyono l'établit grâce aux noms de Joseph et de Suzanne, mais aussi quand un personnage compare les épreuves de Toundi à la Passion du Christ (*Vie*, 175). Dans ce cas-là, évidemment, le jeune homme ne peut éviter son destin. Il doit souffrir afin que les hommes aient la possibilité de se racheter[44]. Etre sacrifié par le colonialisme doit forcer Blancs et Noirs à prendre conscience de leur participation dans ce régime honteux.

Toundi est évidemment original puisque la plupart des personnages principaux n'offrent pas cette diversité d'interprétations chrétiennes et bantoues. Surtout que, outre le type de l'orphelin, Toundi contient en lui deux autres types de personnages, celui du personnage témoin et du personnage victime. En effet, il observe et préserve par écrit les horreurs du colonialisme et il se laisse, malgré sa fuite tardive, maltraiter par lui.

Ces deux types ajoutent de la profondeur au personnage et, de plus, ils affinent son portrait psychologique sans que l'auteur ait besoin de recourir à l'analyse ou à l'introspection. Ce genre de combinaison n'étonne guère. Une littérature moralisatrice et engagée, où les auteurs utilisent couramment la forme journal et où leurs personnages subissent l'action plus qu'ils ne la dirigent, doit dépendre de ces types de personnages pour s'exprimer.

A première vue, on est tenté de trouver leurs origines dans les premiers romans camerounais parce que l'anticolonialisme des écrivains les poussait à créer des personnages qui observaient les défauts du régime et qui, en même temps, devaient en supporter les excès. Pourtant, si les contes traditionnels publiés jusqu'à ce jour ne contiennent pas de personnages témoins, il y en a, par contre, beaucoup qui utilisent des personnages victimes. Un bon exemple se trouve dans la série de contes qui ont pour personnage central Beme le sanglier (ou le phacochère, ou le cochon sauvage). Cet animal est sot et il lui arrive des mésaventures justement à cause de sa sottise incurable. Il est toujours puni à la fin du conte[45]. On peut rapprocher de ce personnage traditionnel Faliou qui, à cause de sa vanité et de son complexe de persécution, ne comprend jamais la situation. Il se fait, par exemple, expulser de son appartement, il perd plusieurs postes sans jamais vraiment saisir pourquoi le sort semble s'acharner ainsi contre lui et sans jamais se corriger[46].

Dans les romans, le personnage victime a, tout comme Beme le sanglier, un défaut qui attire tous les malheurs. Pourtant, cela n'est vrai que dans le cas des personnages masculins parce que les personnages féminins victimes n'ont pas la même fonction romanesque. Perpétue, Sola, Tante Bella n'ont pas un défaut qui leur cause des ennuis, à moins que l'on ne considère leur féminité comme tel! Les auteurs ne veulent pas ridiculiser les imperfections des femmes quand ils les décrivent comme victimes. Ils évitent d'ailleurs soigneusement de leur donner les défauts que la tradition leur attribuait[47]. En fait, au travers de leurs tristes histoires, ils démontrent combien la société agit mal envers elles, comment elle les réifie, comment elle leur refuse toute dignité, tout droit au plaisir et toutes chances de connaître le bonheur.

Qu'il soit masculin ou féminin, le personnage victime n'agit jamais selon un plan, il se fait pousser par un destin apparemment immuable qui le place dans diverses situations[48]. Le personnage témoin ne diffère pas de lui sur ce point, mais il se place au centre des événements et il consigne par écrit ses remarques tels Toundi, Faliou ou Denis, ou bien il les raconte à la veillée ou encore l'auteur lui sert d'intermédiaire comme dans le cas d'Iyoni (*Vie, Faliou, Christ, Afrique-là, Terre*). Peu importe la manière dont les observations sont transmises pourvu que le lecteur voie au travers des yeux du personnage[49]. Aussi, comme on l'a remarqué, certains personnages témoins voient, mais ils ne comprennent pas toujours ce qu'ils regardent comme Faliou et Toundi, alors que d'autres trouvent dans l'observation du monde des raisons pour se sentir supérieur au commun des hommes et pour philosopher tel Mômha (*Faliou, Vie, Afrique-là*).

La plupart du temps, puisque le personnage a pour fonction principale de servir d'exemple, il revient au lecteur de tirer la leçon lui-même. Cela lui permettra de mieux se protéger contre les forces antagonistes qui l'assaillent. En ce sens, Essola est un personnage témoin un peu spécial car, non seulement il tire une leçon des mésaventures vécues par sa sœur Perpétue, mais de plus, il s'attaque à la source du mal en tuant son frère suivant un rituel ancien[50]. Malgré l'horreur du moyen, l'assassinat sert surtout à montrer symboliquement ce qui devrait arriver à tous ceux qui abusent de leur autorité. Dans un sens, la mort de Martin rachète celle de Perpétue, elle rétablit la confiance en un ordre social nécessaire, elle sert d'exemple aux autres, bref, elle rappelle au lecteur où se trouve son devoir de citoyen et d'homme de cœur.

Le personnage témoin, le personnage victime et l'orphelin, seul ou sous une forme composite, apparaissent le plus souvent dans les romans engagés, dans les romans de mœurs proprement dits, historiques et traditionnels parce qu'ils s'adaptent facilement à leurs exigences génériques et à leur fonction didactique. Aussi, ces types de personnages n'existent pas dans les récits qui se contentent de relater des faits courants sans chercher à donner une leçon ou à cacher un message symbolique. D'autre part, ils ne se trouvent pas non plus dans les romans d'amour même si à l'occasion ces derniers critiquent la société. En vérité, les conflits sentimentaux se prêtent mal à la simplification psychologique et événementielle que ces types de personnages entraînent.

Enfin, les types de personnages que l'on vient de décrire se rencontrent moins couramment depuis le milieu des années soixante-dix, alors que de nouveaux types apparaissent. Ce changement se fait graduellement. Mongo Beti, par exemple, utilise encore le type de l'orphelin dans ses deux derniers romans *Les Deux Mères de Guillaume Ismaël Dzewatama, futur camionneur* et *La Revanche de Guillaume Ismaël Dzewatama*, mais à côté de lui apparaît le personnage individualisé de la jeune Française Marie-Pierre. Quant à Bernard Nanga, il crée le type de l'arriviste dans *Les Chauves-souris*, de celui qui essaie par tous les moyens de préserver sa position et ses biens. Le rebelle se fait plus courant aussi. On l'avait déjà vu dans *Mission terminée* (1957) de Mongo Beti quand Medza ridiculise son père (247). Maintenant, les jeunes, et parmi eux les amoureux, se révoltent contre les coutumes anciennes: Abima ne veut plus reconnaître l'inceste entre cousins éloignés et Charles, rejeté à cause de sa pauvreté, se promet de combattre les abus de la classe dirigeante (*Fruit*, 49-52; *Nasse*, 154; mêmes idées dans *Sociétés*, 17).

C. Les fonctions des personnages

Que les personnages soient typiques, individualisés, ou exemplaires, ils remplissent plusieurs fonctions. Celle qui frappe en premier lieu est de donner une leçon au lecteur. Elle a déjà été discutée lors de la description des genres dans les chapitres 2 et 3, cela ne sert donc à rien d'y revenir ici. Dans ce cas, les personnages servent de modèles sociaux, à suivre ou pas, parce que le public voit en eux non pas leur côté fictif, mais bien ce qu'ils représentent de la réalité. Les personnages jouent de cette façon un rôle important dans la formation et dans la propagation de concepts moraux, tout autant que philosophiques. Parmi eux, deux concepts sont essentiels dans la fiction romanesque, il s'agit des notions de bonheur et de destin. Il convient donc de s'y arrêter.

Par destin, il faut comprendre la puissance qui fixe de façon irrévocable le cours des événements (*Petit Robert*, 1976). Ici, comme dans le cas de l'amour, les idées viennent de la tradition bantoue, elles se combinent à d'autres chrétiennes et elles trouvent leur source aussi dans la société camerounaise contemporaine. Les différents courants s'unissent d'une manière si intime qu'il est bien difficile de les démêler ainsi que le prouve la citation suivante:

> N'est-il pas vrai que c'est Dieu qui a prédestiné les Blancs au bonheur? Qui d'autre alors nous aurait prédestinés à la misère sinon Lui? Il se peut aussi . . . qu'il existe un Dieu des Blancs et un Dieu des Nègres, les artifices de ce dernier étant incapables d'élever notre condition au rang des bienheureux. (*Pris*, 87)

De tels passages, où la personne qui parle passe d'une religion à Dieu unique à une autre qui en accepte plusieurs, paraissent incohérents au lecteur occidental surtout qu'il ne peut déceler si l'auteur exprime ses propres idées à travers le personnage ou s'il les invente pour les besoins de son roman. Ces mélanges d'idées sont, en tout cas, caractéristiques de la production romanesque.

En certaines occasions, il y a cependant moyen d'identifier le courant culturel d'où vient une idée. Ainsi, de la tradition bantoue vient l'habitude de considérer que le nom, la généalogie, la naissance et l'enfance influencent profondément le destin d'un homme ou d'une femme comme on l'a vu précédemment. Jean, par exemple, suppose qu'une faute commise dans sa jeunesse entraîne son emprisonnement injustifié des années plus tard; une pauvre femme se demande quel ancêtre la poursuit de sa rancune (*Bal*, 39, 94; même idée dans *Pris*, 250-52). La destinée de ces personnages s'explique par le fait que « Ntond'Obé [l'Incréé, c'est-à-dire Dieu] prit soin d'assigner à tout être vivant la place qui lui convient sur la terre. . . a-t-on jamais vu un poisson fuir ses eaux natales pour aller vivre dans les arbres avec les singes? » (*Sorcier*, 116-17). Par conséquent, beaucoup d'entre eux se conduisent de la même manière que Kambara: « il vivait au jour le jour comme le faisait tout le monde. Il avait même tendance à vivre un peu malgré lui. La vie était dure, compliquée parfois, mais il avait toujours évité de se poser des questions » (*Afrika*, 42). Cette notion encourage l'homme à prendre la vie ainsi qu'elle se présente sans prévoir l'avenir, sans faire de plans et sans se laisser dévorer par l'anxiété:

> Le destin... Je sais que l'on peut se laver le corps, se débarrasser de la crasse et même des vêtements, mais le destin est comme la peau du crâne qui ne se détache pas de son propriétaire. Comme l'éléphant porte sa trompe,... tu as suivi le chemin qui mènera tous les hommes dans les coulisses... je sais que l'homme ne doit pas avoir peur de son sort, de la mort qui lui est réservée. (*Reine*, 236)

Pareil point de vue, quand il est compris d'une manière étroite, entraîne à la passivité sinon à l'immobilisme. En outre, il sert à expliquer des comportements et des faits les plus variés: Zinnia rate son examen parce qu'elle n'a pas de chance; Banda pense qu'il est maudit ou bien il emploie les mêmes arguments que Faliou en supposant que « quelqu'un s'acharnait sur lui » (*Vie*, 95; *Siang*, 42; *Brise*, 328; *Ville*, 140, 172). Il rejette sur d'autres personnes ou sur des faits extérieurs les responsabilités personnelles ce qui ne favorise pas l'examen de conscience et encore moins un changement de conduite. En général,

> le destin peut être évoqué pour expliquer la teneur générale de la vie d'une personne, les éléments inaltérables de son caractère et son échec apparemment irrémédiable à obtenir les choses désirées. L'attribution de circonstances malheureuses au destin sert à réconcilier l'individu à sa situation. Mais la chance vient aussi du destin[51].

L'homme ne fait donc pas son destin, il subit la nature des choses avant de pouvoir la modifier quelque peu:

> Le sort se charge de nous comme d'une mission à accomplir infailliblement, et organise nos allées et venues selon des règles strictes de jeu de hasard. La vie devient ainsi une succession de découvertes, plus surprenantes les unes que les autres, savoureuses jusqu'à l'impérissable souvenir, aigres au tournant acide de l'intolérable méchanceté, désordonnées jusqu'à la déroute, illogiques ou paradoxales selon le cours de l'année[52].

Dans ces conditions, l'homme n'a guère l'occasion de se préparer contre les coups du sort, tout au plus peut-il « essayer de prévoir [les événements], de se proposer une ligne de conduite et... [d'] attendre » (*Nasse*, 13). A vrai dire, le destin, aussi changeant que la couleur d'un caméléon, se joue de lui.

Sa puissance autant que sa variabilité forcent l'homme à attendre ses inventions avec résignation (*Destin*, 37; *Vie*, 5; *Lettre* 86; *Afrika*, 61). Son inévitabilité paraît telle qu'un personnage se demande: « pourquoi lorsqu'une banane veut mûrir, même si tu la mets au fond d'un fleuve elle mûrit toujours? »[53]. Malgré l'impossibilité de le prévoir, quelques signes aident néanmoins l'homme à se préparer psychologiquement tels les rêves et les prémonitions. Ils ont l'avantage de lui donner une explication à des phénomènes irrationnels et de lui faire sentir que la vie n'est pas complètement désordonnée, qu'elle n'est pas chaotique pour reprendre l'expression de Mongo Beti[54].

Le destin provient de Dieu ou des dieux: « Le Dieu Eternel a réglé l'avenir », « les dieux rendent fous ceux qu'ils veulent perdre »[55]. Qu'il s'agisse du Dieu des chrétiens ou de dieux bantous, le hasard:

> est un dieu fantaisiste... il doit prendre plaisir à nous jouer de vilains petits tours, et rire dans son immense barbe grise.... Mais parfois le hasard prend une figure éclatante de blancheur, avec une barbe rousse... et dans les mains une petite coupe en or, pleine de bonbons porte-bonheur, les chances... c'est lui qui est chargé de punir les mauvais et récompenser les bons. Pour un dieu occupé, c'est un dieu très occupé. Cela explique que le hasard nous est si rarement favorable.
> (*Tante*, 286)

Ce hasard à la barbe rousse offrant des bonbons évoque évidemment les missionnaires blancs qui ont totalement changé le destin des Camerounais. Ces derniers, aveuglés par la puissance apparente des prêtres, se sont sentis poussés par une force irrésistible contre laquelle ils n'ont pu ou n'ont voulu offrir qu'une faible résistance.

Pourtant, si l'homme doit subir son destin, il peut essayer de le modifier soit par la magie, soit par son travail ou savoir-faire, soit en cherchant son « véritable chemin » car, comme le dit un personnage dans *Perpétue ou l'habitude du malheur*, la malchance est « comme une maladie, elle se guérit, il suffit de trouver un bon médecin » (*Fils*, 179; *Afrika*, 138; *Nasse*, 130; *Perpétue*, 205). Aussi la Mère Mauvais Regard donne-t-elle une « protection » à Fanny pour qu'elle ait de beaux enfants, Bogam se construit une belle maison pour se protéger des tornades et les jeunes vont à l'école ou tentent d'aller en France afin d'obtenir un diplôme, c'est-à-dire une assurance pour un bon poste (*Fils*, 139; *Bogam*, 39-42; *Chemin*, 12, 196).

Traditionnellement donc, le destin est à la fois incontrôlable puisque des événements imprévus peuvent arriver et contrôlable puisque la magie et le travail aident l'homme à se protéger contre les coups du sort[56]. Aujourd'hui, en plus de ces concepts, les auteurs suggèrent au travers de leurs personnages que le destin d'une personne dépend de sa réputation auprès des autorités (*Faliou*, 106, 149; *Terre*, 87-89). Ils reconnaissent parfois aussi que les qualités caractérielles ont leur utilité[57]. Cette évolution s'observe bien chez Mongo Beti dont la production littéraire s'étend sur trente ans, la carrière la plus longue pour un écrivain camerounais.

Dans son premier roman *Ville cruelle*, Banda perd le revenu d'une année de travail à cause de la corruption des employés de l'administration coloniale et à cause de son refus de suivre les conseils de ses aînés. Le destin le punit pour son orgueil, mais un tour ironique des événements contrebalance sa perte quand Banda découvre une importante somme d'argent appartenant à un marchand grec et quand il reçoit une récompense pour l'avoir rapportée à son propriétaire. Justice est faite de cette manière étrange. Pourtant, le jeune homme n'obtient pas cette réparation parce qu'il a essayé de redresser la situation ou parce qu'il a imaginé un plan. En cela, les autres personnages de Mongo Beti dans *Mission terminée*, *Le Pauvre Christ de Bomba* et dans *Le Roi miraculé* lui ressemblent.

Ses personnages commencent à adopter une attitude différente vis-à-vis du destin avec Essola dans *Perpétue et l'habitude du malheur*. Au cours du roman, le jeune homme fait une enquête sur la mort de sa sœur Perpétue et il observe comment la société traite les femmes. En fait, il n'agit qu'à la fin quand il assassine son frère Martin. La préparation que cet acte demande et sa sauvagerie ne doivent pas être considérées comme preuves de la dépravité d'Essola, mais bien comme l'assassinat métaphorique de sa propre passivité envers le destin. Sans doute, en s'embrigadant dans l'opposition organisée par Ruben Um Nyobé, il avait fait un acte qui aurait pu changer l'évolution du Cameroun. Son engagement s'était toutefois terminé par un échec parce que le pays n'avait pas rallié la juste cause. Essola cherche alors à comprendre le pourquoi de cette désaffection au travers de l'histoire de Perpétue. L'assassinat de Martin représente dans ces circonstances une prise de conscience.

A la fin, fait pour le moins troublant, il devient membre du parti unique. Doit-on comprendre, par là, que le premier devoir de l'homme consiste à modifier sa propre destinée avant de s'engager politiquement? C'est bien possible. En tout cas, après *Perpétue*, les personnages centraux de Mongo Beti n'attendent pas toujours que les événements leur arrivent et, à l'occasion, ils essaient de les provoquer. Le changement existe, mais il n'est pas total. Aussi les personnages dans ses deux derniers romans, *Les Deux Mères de Guillaume Ismaël Dzewatama, futur camionneur* et *La Revanche de Guillaume Ismaël Dzewatama*, continuent à exprimer des idées anciennes sur le destin. Ils cherchent encore à se protéger contre les forces maléfiques, ils se trouvent bousculés par des événements qu'ils auraient pu prévoir et ils se font victimiser par la malignité publique sans réagir[58]. Néanmoins, à ces concepts anciens viennent se greffer d'autres plus modernes résultant de la nouvelle situation politique et sociale. C'est le commissaire Alexandre Tientcheu, l'opportuniste par excellence, qui explique à quoi tout Camerounais doit s'attendre:

> La vie n'est qu'illusion, déconvenue, retournement de fortune; le cruel chagrin succède à la moindre joie et la dément; après un soupçon d'élévation dans l'estime de la communauté, nous voici engloutis dans le précipice de l'indignité; l'amitié même est un palais illuminé au milieu des ténèbres de la forêt où guettent les agents de la trahison ... c'est bien en vain que l'être humain s'agite, bien en vain qu'il se démène dans son éternelle course au bonheur; il s'exténue à passer toute sorte d'examens plus difficiles les uns que les autres, il se sépare de ceux dont il partagea les souffrances sacrées; il ourdit force intrigues, il épouse même la fille d'un prince puissant dans le dessein de partager ses privilèges, mais vienne le premier vent, et voilà l'échafaudage ruiné. (*Mères*, 75-76)

Pour contrebalancer les coups du sort, le Camerounais d'aujourd'hui ne peut plus compter sur les valeurs sûres du travail, de l'honnêteté et de l'amitié. Elles ne lui assurent pas une vie tranquille, pas plus d'ailleurs que la trahison de sa conscience.

Cette triste situation s'est développée parce que le président Ahmadou Ahidjo a remplacé le destin. Avec ses complices, il distribue les postes dans l'administration. Or, obtenir une place dans le gouvernement ne veut pas seulement dire que l'heureux élu reçoit un salaire mensuel, mais aussi une villa et une voiture avec chauffeur, bref confort et prestige. Comme l'administration est le plus grand employeur, comme elle fait les lois, choisit professeurs, médecins, avocats, comme elle distribue les licences commerciales, elle décide du sort de tout un chacun. En outre, elle a souvent l'humeur ombrageuse et elle reprend tout aussi vite ce qu'elle a donné. Bref, dans un pays où les emplois bien payés sont rares, l'administration et Ahmadou Ahidjo accomplissent la tâche des trois Parques. Ils coupent le fil de la vie avec la même indifférence. De là, né « dans un pays absurde, à une époque maudite de l'histoire de l'humanité », l'homme ressemble à un bateau « ballotté d'un écueil à l'autre » (*Mères*, 148, 163).

Jean-François essaie de se faire une carrière dans cette société capricieuse. Malheureusement, il ne possède pas assez d'argent pour ouvrir un cabinet d'avocat. Il se voit alors forcé de travailler pour le gouvernement. Baba-Soulé—c'est-à-dire Ahmadou Ahidjo—le nomme procureur (*Mères*, 47, 137). Sa volonté de bonheur, de vivre dans une belle maison, de posséder une voiture et d'offrir à sa femme le plus de confort possible le force à signer des condamnations à mort pour des prisonniers politiques (*Mères*, 152).

De cette manière, il se laisse prendre dans l'engrenage qui lui fait « tourner le dos au désert de la défense du peuple pour se précipiter à la curée des richesses, des honneurs et des plaisirs à laquelle préside le dictateur dans le faste de ses palais » (*Mères*, 42, 193). On dirait qu'il a « renoncé à son rêve d'une Afrique juste et fraternelle pour se mettre au service d'un système qui assassine délibérément » (*Mères*, 132). Son « entrisme », son désir de faire partie de la société affluente l'a forcé à faire des compromis indignes de sa conscience. Il a peut-être cru que le temps passé à travailler pour le gouvernement serait une sorte de purgatoire en attendant de connaître la joie paradisiaque de défendre les pauvres. En fait, son séjour dans l'administration judiciaire se transforme en enfer (*Mères*, 136).

Soudain, alors que Jean-François paraît être un participant consentant et heureux de profiter du système, ses yeux se dessillent. Il décide de changer sa vie maintenant qu'il a vu où l'entraînait son « entrisme ». Il refuse, brutalement et sans donner d'explications, d'aider le gouvernement dans sa lutte contre l'opposition. Il sait qu'en se conduisant comme cela, il devra quitter son poste et abandonner sa femme et son fils à une vie précaire (*Mères*, 132, 193). Cependant, malgré tous les malheurs qui peuvent arriver à sa famille, il se décide avec fermeté. Dans ce sens, il représente le nouveau Camerounais, l'homme qui choisit de modifier son destin lui-même et d'accepter les conséquences de ses actes. Heureusement, les épreuves qu'il devra subir ne dureront qu'un temps comme le suggère la fin de *La Revanche*[59].

Son épouse française, Marie-Pierre ne se laisse pas entraîner par un destin inévitable. Elle prend plusieurs décisions où son intérêt personnel domine. Elle va vivre dans la famille de son mari pour humilier le gouvernement, elle donne en France des conférences pour exposer le tyran et elle retourne au Cameroun dans le village natal de son mari munie d'instruments aratoires pour aider les paysans à moderniser l'agriculture (*Revanche*, 236). D'ailleurs, selon elle:

> C'est une lâcheté de croire que le destin nous place par hasard devant la misère et le désespoir des populations abandonnées. Il désire évidemment solliciter notre dévouement dans la mesure de nos faibles moyens. C'est l'histoire du Sphynx de Thèbes: il faut répondre ou mourir, moralement s'entend. Il est interdit d'être indifférent. (*Revanche*, 109)

Voilà un point de vue original qui doit encourager le lecteur à combattre la pauvreté et l'adversité d'autant plus que le troisième personnage central dans ce roman est un orphelin (voir la note 41). Guillaume Ismaël, le footballeur, lui aussi tente de modifier le destin en sa faveur. En exigeant que le gouvernement libère son père avant d'accepter de faire partie de l'équipe nationale, il profite de ses dons de sportif pour obtenir ce qu'il veut au lieu de laisser les événements suivre leur cours. De cette façon, Guillaume, Jean-Françoise et Marie-Pierre, tous trois finissent par agir et, par là, ils apprennent à modifier leur destin en prévoyant et en préparant l'avenir.

Ayant débuté avec un Banda qui se laissait pousser par les événements sans réagir, Mongo Beti décrit maintenant des personnages qui trouvent en eux la force pour essayer de s'en rendre maître. Cette évolution pourrait provenir du fait que l'auteur vit en France depuis 1951 et qu'il aurait adopté le point de vue occidental selon lequel l'homme a le pouvoir de modifier sa vie. Cependant, d'autres auteurs qui vivent en Afrique montrent, eux aussi, des personnages plus agressifs que par le passé tels Marie-Thérèse Assiga Ahanda dans *Sociétés africaines et « high society »*, Bernard Nanga dans *Les Chauves-souris* et David Ndachi-Tagne dans *La Reine captive*. Quelles que soient les raisons pour cette évolution, il est important de relever que certains personnages du roman camerounais montrent maintenant une tendance à vouloir modifier leur destin.

Les idées sur le destin exprimées par les personnages révèlent une variété de concepts due à l'histoire et aux différents courants culturels du Cameroun. Cette richesse se retrouve aussi dans les idées sur le bonheur.

Ainsi, dans *Le Fruit défendu*, les personnages d'Honoré Godefroy Ahanda-Essomba le conçoivent chacun à sa façon: l'un pense que le bonheur n'existe que pendant l'enfance, un autre le connaît dans le respect de la tradition et un troisième dans les bons rapports entre époux (*Fruit*, 26, 47, 84). La raison de cette diversité provient probablement du fait que chaque auteur doit inventer ses définitions. En effet, la notion de bonheur dans la société tribale se définissait « uniquement en termes qui coïncidaient avec celui du groupe »[60]. Certes, ce point de vue n'empêcha pas que des hommes et des femmes connurent des moments de bonheur personnel. Cependant, la forme la plus simple de bonheur consistait en l'appartenance à la tribu puisque sans elle l'homme n'était rien. D'où une phrase comme celle-ci: « lorsque tu entreprends l'initiative de chercher ton bonheur, comment peux-tu le faire en ignorant celui des autres? . . . »[61]. Que l'homme cherche les plaisirs n'a rien d'étonnant, mais il ne peut atteindre le contentement personnel qu'au travers du groupe. De toute façon, le bonheur—ainsi que l'amour—n'était pas considéré comme essentiel dans la vie.

Aussi ne doit-on pas s'étonner quand Francis Bebey admet n'avoir jamais songé au mot[62]. Par là, il reconnaît qu'il n'a pas centré ses livres sur ce sujet. Son cas n'a rien de spécial puisque les chapitres sur les romans engagés et sur les romans de mœurs ont démontré que la production romanesque s'intéressait la plupart du temps à d'autres questions. Toutefois, malgré son désintérêt pour la question du bonheur, les personnages de Francis Bebey expriment à l'occasion leur manière de le concevoir. Dans *La Poupée ashanti*, il consiste à vivre avec celui qu'on aime et dont on est aimé; dans *Le Roi Albert d'Effidi* à épouser un homme qui peut bien pourvoir aux besoins du ménage et dans *Le Fils d'Agatha Moudio* à se protéger contre les forces mauvaises. Une fois encore, on observe le mélange de valeurs traditionnelles aux européennes et à celles du Cameroun contemporain, c'est-à-dire d'un pays renseigné sur le confort moderne connu par les pays industrialisés, mais qu'il ne peut guère s'offrir. Dans ces conditions, il n'est pas étonnant de voir que le bonheur dans les romans équivaut bien souvent à posséder le plus de biens possibles. Même si quelques auteurs et penseurs s'élèvent contre le matérialisme, beaucoup de personnages rêvent de connaître un bonheur identique à celui d'Ebanda:

> [le] jeune homme possédait une belle petite maison de briques, une Citroën 2cv et le soir s'éclairait d'une lampe à incandescence pendant qu'il écoutait la musique de la radio ou lisait journaux et romans.

> Héritier de quelques plantations de caféiers et de cacaoyers laissées par son père défunt, . . . Ebanda, en outre, disposait dans son village d'une petite ferme avicole et d'un débit de boisson[63].

Posséder des entreprises considérées comme les meilleures sources de revenus, voilà le bonheur pour un homme qui habite une petite ville où il n'y a pas beaucoup de maisons en « dur » et où l'électricité n'éclaire que les maisons de quelques rares élus. Quant au bonheur pour la femme d'un fonctionnaire, il se décrit en termes « coloniaux ». Les privilèges dont la Française jouissait, et jouit encore parfois dans les anciennes colonies, paraissent constituer le vrai bonheur pour Ngonô:

> organiser une maison vitrée et tout en dur [dans] la capitale, avec boy, cuisinier, chauffeur, blanchisseur, qui répondait « Madame » à son appel; assister aux réceptions du soir avec [son mari], dans une longue robe miroitante et des chaussures de haut talon [sic]; faire courber les hommes qui la salueraient avec révérence en disant « Mes hommages, Madame »; . . . répondre aux appels téléphoniques . . . ; faire manger à sa table des ministres, des Européens conseillers techniques, militaires, médecins, ingénieurs, prêtres, commerçants; occuper à l'église le dimanche l'une des places habituellement réservées aux autorités; signer des bons d'acquisitions . . . ; s'isoler à l'hôpital dans une chambre spéciale somptueusement équipée . . . ; se faire servir la première à la boucherie ou à la poissonnerie même si à son arrivée, la ligne de clientes était déjà longue. . . . (*Pris*, 161)

Outre le désir de jouir de choses coûteuses, le bonheur pour Ngonô vient non pas tant dans l'exercice du pouvoir que dans l'apparence de sa possession. Avoir l'air important a plus d'attraits que de l'être vraiment. Pourtant, il n'y a pas que la naïve Ngonô à penser ainsi. Honoré Godefroy Ahanda Essomba dit d'Abima qu'il était « plus sensible au prestige qu'à l'argent » (*Fruit*, 30). En vérité, cette attitude n'étonne plus guère dans la perspective du thème de l'illusion, mais on ne peut manquer d'être frappé par le fait que la notion de bonheur chez Ngonô se base sur la manière dont les Blanches semblaient vivre aux colonies[64].

Malgré cette propension à préférer l'apparence du pouvoir ou du bien-être, beaucoup de personnages ont une vue réaliste des choses. Ils croient au bonheur « à condition qu'on sache le reconnaître » (*Ramitou*,

37). Leurs idées à ce sujet sont souvent pratiques. Il suffit de voir le nombre d'entre eux qui appellent bonheur le fait d'avoir une femme et des enfants en bonne santé, état qui n'est pas toujours garanti, car la nature et la pauvreté contrebalancent encore trop souvent les efforts de la médecine (*Sociétés*, 7; *Fiancés*, 5-7; *Journal*, 84; *Ramitou*, 117-19; *Homme-dieu*, 132). Bien s'entendre avec ses parents, avoir un bon époux paraît essentiel puisque la femme non mariée doit faire face à de nombreux problèmes qui la destinent souvent à une vie misérable (*Ramitou*, 57).

Ainsi qu'on l'a vu, quelques personnages trouvent leur bonheur dans l'amour. Lydie Dooh-Bunya en décrit les effets:

> Pourquoi tout à coup le ciel devint-il plus clair? Pourquoi les étoiles parurent briller avec plus d'éclat? Pourquoi la nuit elle-même si opaque « avant », me semble-t-elle presque translucide. Etait-ce cela le bonheur, cette envie de pleurer et de rire à la fois?. . . (*Brise*, 80; *Ramitou*, 38-39)

D'autres personnages estiment que le bonheur réside dans le travail (*Fiancés*, 5-7; *Terre*, 87; *Sociétés*, 45). Cette idée apparaît moins souvent que les autres, mais elle se trouve liée au thème du retour au village d'origine pour lui rendre sa vitalité perdue et pour améliorer le sort des paysans: « le travail, c'est le seigneur le plus exigeant qui soit, mais aussi le plus juste peut-être. Il récompense toujours de quelque façon. Si ce n'est en argent, c'est en dignité de l'homme (*Afrika*, 11, 52, 139, 154-81; *Ramitou*, 117-19; *Colline*, 95-96). Le peu de romans qui vantent la valeur du travail étonne non seulement parce que la tradition l'a toujours respecté, mais aussi parce qu'un pays en voie de développement devrait considérer comme important de propager toute une littérature qui encourage une attitude positive envers le travail[65]. En vérité, les écrivains ne proposent pas souvent de modèles à suivre pour leurs lecteurs puisqu'ils utilisent beaucoup de personnages qui ne sont pas de bons travailleurs. Il y a naturellement quelques exceptions, mais d'importance. Francis Bebey présente un roi Albert d'Effidi qui a réussi dans le commerce et Marie-Thérèse Assiga Ahanda raconte l'histoire d'un jeune couple qui refuse de participer à la corruption et qui, malgré cette erreur de tactique, parvient à recevoir des promotions grâce à son dévouement (*Roi Albert, Sociétés*). En dépit des efforts de ces quelques auteurs, les modèles admirables apparaissent rarement. Il y a sans doute plusieurs raisons à cela: un manque d'habitude, un refus de soutenir le gouvernement ou une préférence artistique pour des personnages réalistes et non idéalisés. Quoi qu'il en soit, l'idée existe et puisqu'une œuvre comme *Afrika Ba'a* qui vante le travail courageux se lit au lycée, elle est donc connue par un large public au contraire de beaucoup d'autres œuvres qui ne décrivent pas les bienfaits du travail.

Enfin, si les personnages camerounais ne connaissent pas souvent le bonheur, car « la vie n'est que cela au fond . . . pleurs et misères, souffrances et pleurs », au moins, ils jouissent des plaisirs que leur apportent l'amour physique, l'alcool et la danse (*Ramitou*, 95; *Afrika*, 139). D'habitude, les auteurs en parlent volontiers: un bon verre, ou plutôt une bonne calebasse, de l'alcool local fait voir la vie avec optimisme et passer une nuit avec une femme constitue un agrément naturel auquel l'homme ne devrait jamais renoncer. L'abstinence ne prouve aucune vertu. Toutefois, il n'y a que Désiré Naha qui ose faire du plaisir une raison de vivre lorsqu'un de ses personnages admet:

> La vie est si courte et nous ne devons jamais laisser passer toute une seconde sans en tirer le maximum de profit possible. . . . Mangeons et buvons, a dit la Bible car demain nous mourrons. Moi, je dirais plutôt déshabillons-nous et faisons l'amour car demain nous mourrons aussi. (*Destin*, 46)

Ce point de vue est rare dans les romans[66]. On trouve plus souvent une critique des excès. Mongo Beti décrit les ravages de l'alcool et Bernard Nanga fait allusion à ceux de l'amour intéressé (*Perpétue*, 14, 20, 24; *Chauves-souris*, 27). Néanmoins, tous les auteurs font apprécier par leurs personnages les plaisirs de la danse. Seul Papavobiscum, le catéchiste de Mbani ose s'élever contre les diableries de la danse, car pour les Camerounais, comme le dit une voisine de Sola, « la danse est la seule chose qui puisse nous apporter un peu de soleil au cœur » (*Sola*, 10-11, 14, 27-29). D'ailleurs, comment peut-on abuser d'un tel plaisir? Aussi les personnages s'y laissent entraîner en toutes occasions sans se faire prier:

> Les chansons de Twist avaient le don de faire bondir dans la poitrine de Iyoni l'immense exaltation qui y sommeillait. Sans s'en rendre compte, il se mit à esquisser des pas, au rythme de la musique. . . . La chanson légère . . . fusa de nouveau pour s'enivrer tandis que les pieds glissaient, à gauche, à l'unisson, glissaient à droite, à l'unisson, accompagnant

> dans leur frivolité les bras qui se balançaient en cadence auréolant un torse pris d'un fou désir de plaire. (*Terre*, 95, autres exemples *Pris*, 129-30, 187; *Fruit*, 63; *Rencontres*, 65; *Fiancés*, 10-11)

S'ils s'adonnent délibérément aux plaisirs de la danse, c'est parce que les personnages la considèrent apte à mettre tout le monde de bonne humeur. Elle leur fait oublier pendant un moment leurs propres soucis (*Ramitou*, 34-35; *Mères*, 163). Malheureusement, les instants agréables qu'elle procure passent si vite que l'homme se contente souvent de les goûter lorsqu'il ne les possède plus[67]. « Fruit de la souffrance », l'être n'a donc que peu d'occasions d'apprécier les agréments de la vie.

Ces idées sur la brièveté et la rareté du bonheur viennent de la philosophie traditionnelle. D'autres ont leur origine dans la morale chrétienne comme celles qui encouragent à la modération. D'autres encore de la vie contemporaine, de ce moment historique spécial que le pays est en train de vivre, de cette brutale transformation d'une économie de subsistance à une économie capitaliste qui a catapulté des hommes en des positions pour lesquelles ils n'avaient pas été préparés, car, ainsi que le dit Patrice Etoundi M'Balla:

> Ma génération est une génération sacrifiée. Aucun idéal particulier ne nous a poussés vraiment à embrasser les carrières qui sont les nôtres aujourd'hui. Aucune vocation n'a été à l'origine du choix du métier que la plupart des hommes de mon âge exercent. (*Lettre*, 29)

S'il n'a pas choisi son métier, s'ils ne peut prendre femme à son goût, si le bonheur ne dure qu'un moment, comment l'homme peut-il alors vivre? En pratiquant la sagesse qui lui fait accepter avec calme les sautes d'humeur de son destin et en possédant une vision optimiste du monde, vue en fin de compte tout à fait traditionnelle.

Avec ces concepts sur le bonheur, les personnages expriment des idées importantes pour le genre romanesque, mais aussi pour la société camerounaise. En fait, ils prouvent, et ils reflètent à la fois, que des changements en profondeur existent bien qu'il n'y ait pas encore une transformation complète. Alors que, d'une part, un certain nombre de valeurs anciennes semblent se renforcer, d'autre part, une fois que la notion de bonheur n'est plus exclusivement liée à celle du groupe, une fois que l'idée sur le droit au bonheur personnel commence à s'introduire, les aspirations vont se modifier[68]. Il ne s'agit pas que de la notion de bonheur, la manière de concevoir le destin se transforme lentement elle aussi. Elle suit la même direction, celle qui donne plus d'importance à l'individu qu'au groupe. Certes, ces changements ne font que s'amorcer, mais entre les premiers romans et les derniers publiés, il y a un début d'évolution dans la manière de concevoir et de comprendre la vie. L'homme, ce jouet de la destinée, commence à réclamer son droit au bonheur et à vouloir tracer sa propre route.

Chapitre V

Le Monde physique et la vie quotidienne

LE ROMAN CAMEROUNAIS N'OFFRE PAS seulement à l'imagination du lecteur des personnages ordinaires vivant des situations communes, donc prises dans la réalité, mais il le fait dans un cadre réaliste. Il convient, dès lors, de se demander comment ils obtiennent cet « effet de réel » dont parle Roland Barthes, quels sont les éléments du monde extérieur que les auteurs se sentent dans l'obligation de noter et de quelle manière le font-ils afin de convaincre leurs lecteurs de la véracité de leurs dires[1].

Le réalisme des romanciers s'observe dans leur volonté de représenter les trois ensembles géographiques du sud-est Cameroun, celui de la forêt, du village et de la ville et de décrire sans idéalisme le monde physique et la banalité de la vie quotidienne. Pourtant, les écrivains ne cherchent pas à dresser un tableau complet du monde dans lequel se meuvent leurs personnages. En effet, même s'ils considèrent les descriptions importantes, ils limitent leurs longueurs non seulement parce qu'elles interrompent l'action, mais aussi parce qu'ils ne veulent pas composer des ouvrages trop longs, donc trop chers pour les modestes finances de leurs lecteurs[2]. Ils préfèrent s'arrêter à certains aspects de la réalité qui leur paraissent essentiels ou qui mettent en valeur les personnages et les situations qu'ils vivent. Ils cherchent surtout à donner une représentation du monde efficace, c'est-à-dire qui occasionne chez le lecteur des réactions. En plus de donner un fond vrai et vivant, ce qu'ils décrivent et la manière dont ils le font révèlent leurs idées sur le monde et sur la place que l'homme y occupe.

A. Les Aubes

Cette caractéristique s'observe dès les premières lignes des romans qui commencent souvent par une aube: « Le jour pointa à l'horizon. Le peuple des coqs ouvrit le concert matinal. Quelque part dans la ville, une cloche d'église sonnait. Yaoundé se réveillait » (*Terre*, 7). Une telle description, malgré sa brièveté, ne peut manquer d'évoquer une expérience vécue dans l'esprit du lecteur. Toutefois, elle atteint son but sans peindre de tableau, puisqu'elle se contente de faire allusion à des sons. Comparée à l'introduction d'un roman romantique qui dessinait un cadre, qui portraiturait les personnages et qui établissait leur histoire antérieure comme Honoré de Balzac le fit dans *Eugénie Grandet*, celle-ci ne donne que les premières sensations que l'homme perçoit au réveil et les plus courantes[3].

L'auteur se contente de ces quelques lignes parce qu'il ne cherche pas à imposer sa vision personnelle d'un début de journée. Il laisse au lecteur le soin de faire appel à sa propre expérience. En outre, il s'exprime succinctement car il s'attend à ce que les mots « ville », « église » et « Yaoundé » fassent jaillir dans l'esprit de ses lecteurs non pas des images identiques, mais un système commun de références picturales[4]. Ceci veut dire que le mot « ville » à l'époque coloniale, par exemple, fait apparaître la Résidence du gouverneur ou du fonctionnaire principal, l'hôpital, la mission et la prison; avec d'un côté le quartier des Blancs aux rues bien tracées, aux jardins fleuris et de l'autre le labyrinthe des huttes plantées au hasard. Evidemment, chaque lecteur a dans l'esprit une image différente de ces bâtiments, mais il les verra suivant un point de vue commun aux Camerounais: le quartier des Blancs exprime leur richesse, leur désir de dominer, d'organiser, celui des Noirs leur pauvreté et leur joie de vivre. Le particulier, c'est-à-dire telle ville plutôt qu'une autre, importe moins que le général.

L'habitude de choisir un mot clé pour évoquer un concept et une image, en même temps, n'empêche pas que certains écrivains se montrent plus prolixes:

> Pala, . . . s'est parée de ses plus beaux atours climatiques: l'atmosphère dégagée et inondée d'un soleil radieux permet à la brise légère de répandre par intermittences ses bouffées d'air parfumées de l'odeur sauvage des fleurs des champs ou celui [sic] des rosiers en fleurs des jardins impeccablement entretenus qui ornent les belles villas. . . . (*Sociétés*, 11)

L'auteur aurait pu mieux peindre la toile de fond. Toutefois, il note uniquement les sensations olfactives et les effets de lumière. La disposition des immeubles, l'apparence des rues ne comptent guère. Qualifier par contre les jardins « d'impeccablement entretenus » évoque un milieu organisé tout en insinuant qu'un autre existe où le désordre règne. Il ressort de cette observation que l'allusion aux jardins—une invention des Français—n'est pas gratuite[5]. En fait, à la suite du *Candide* de Voltaire, elle sert de métaphore pour exprimer l'importance du travail dans la vie humaine. Elle introduit ici la thèse de l'auteur selon laquelle les Camerounais doivent adopter certaines habitudes occidentales qui ont trait au travail telles que récompenser les méritants, encourager la discipline et engager les hommes vraiment capables sans favoriser les membres de sa famille ou de sa tribu. L'allusion aux jardins dès la première page sert, par conséquent, à attirer l'attention sur le message du récit. A partir de tels exemples, la brièveté, le vague des descriptions des paysages et de l'environnement ne prouvent pas un manque de talent, mais plutôt le désir de chercher le symbolique, l'expressif et l'indispensable, ainsi qu'on l'avait déjà remarqué dans le chapitre sur les personnages.

Tout comme la description des vêtements et du corps donnait des informations supplémentaires sur le personnage, la description du milieu informe sur sa place dans la société, sur son caractère ou sur sa destinée. Par exemple, la première page du *Vieux Nègre et la médaille* prévient le lecteur de la manière dont le destin de Meka va se dessiner: « [il] était en avance sur le 'bonjour du Seigneur', le premier rayon de soleil qui lui tombait habituellement sur la narine gauche, en s'infiltrant par l'un des trous du toit pourri et criblé de ciel » (*Nègre*, 11). Le détail du soleil qui lui chatouille les narines ajoute une note comique au réveil de Meka tout en participant au réalisme de la description (même idée par exemple dans *Afrique*, 65). De plus, ces quelques lignes ont une signification symbolique. Elles évoquent le matin, ce moment « qui symbolise le temps où la lumière est encore pure, les commencements où rien n'est encore corrompu, perverti ou compromis . . . à la fois symbole de pureté et de promesse ». Par ailleurs, elles confèrent une signification au nez, ce « symbole de clairvoyance . . . [qui] décèle les sympathies et les antipathies, [qui] oriente les désirs et les paroles, [qui] guide »[6]. Dès lors, les signes s'expliquent facilement. Le lecteur comprend que Meka n'a pas reçu le don de clairvoyance ce jour-là et qu'il va en manquer au cours du récit. Sans doute, l'interprétation ne tient pas compte du fait que les aventures du vieil homme s'étendent sur plusieurs jours, mais toutes découlent de ce premier matin fatidique.

Ainsi, à partir de ces aubes innocentes, mais significatives, le destin de Meka, celui de Siang et d'Iyoni vont changer (*Nègre, Siang, Terre*).

Cette manière habituelle, quasi « classique » dans les romans, de débuter un récit manque sans doute d'originalité, mais les auteurs l'utilisent pour donner à leurs textes un sens plus profond que celui basé sur la simple apparence. Grâce à des symboles ou à des allusions diverses, ils les élèvent à un niveau au-dessus du fait quotidien sans importance, au-dessus de la banale réalité[7]. Le réalisme des auteurs ne sert donc pas à exprimer le transitoire, le momentané, comme cela arrive souvent dans la littérature occidentale, mais à tenter d'atteindre une vérité humaine supérieure.

Tous les romanciers ne choisissent pas de débuter leurs œuvres par une aube plus ou moins symbolique. René Philombe, par exemple, commence son roman historique *Un Sorcier blanc à Zangali* sans se référer au moment de la journée. Toutefois, la courte description suggère, elle aussi, un autre niveau de lecture puisqu'elle met en présence les trois forces antagonistes qui composaient la société camerounaise en 1915 et qui vont s'affronter dans le récit:

> la jeune cité s'appelait Ongola, tirant ce nom de la grande palissade de fer qui, barrière épouvantable, délimitait le siège des services administratifs de l'aube coloniale . . . les cloches monstrueuses de Mvolgé rappelaient chaque jour . . . les obligations religieuses aux premiers fidèles de la paroisse. Non loin de là, . . . s'étendait Nsimeyong avec, comme tous les villages béti de l'époque, ses cases basses aux murs d'écorces d'arbre et au toit de nattes de raphia, sa cour unique où flottait en permanence l'odeur de fiente, ses tam-tams qui bramaient des messages. . . . (*Sorcier*, 7)

La palissade de fer représente la séparation entre les deux races; les cloches concrétisent la séduction de la religion aussi bien que l'imposition du concept occidental du temps; les cases, l'odeur du village et le son du tam-tam résument la culture beti. L'évocation de ces objets porteurs de symboles suffit à elle seule à situer le récit. Le lecteur n'aura pas besoin d'un historique de la situation parce qu'il comprend tout de suite qu'il va s'agir de conflits entre l'administration, l'Eglise et les colonisés. A partir de là, la description ne montre pas une image photographique, mais elle donne un sens à l'action. Cette technique, René Philombe la partage avec Francis Bebey qui, dans *Le Roi Albert d'Effidi*, parle dès la première page de la route, de ce lien concret et symbolique à la fois entre le village traditionnel et la ville contemporaine.

B. La Nature

Nommer les diverses parties du paysage pour évoquer dans l'esprit du lecteur une image, faire porter par elles des signes ou des symboles, voilà des méthodes stylistiques habituelles dans les introductions des romans camerounais, mais aussi dans le corps des textes. En effet, à partir d'éléments évoqués plus par leur nom que par leurs descriptions, les auteurs vont remplir la scène où leurs personnages évoluent qu'il s'agisse de la ville, du village ou de la forêt.

Le premier caractère commun que les romanciers partagent dans leur façon de représenter la nature est qu'ils ne cherchent pas à obtenir une image photographique. Ils n'imitent pas la technique que René de Chateaubriand utilisa dans *Atala* pour décrire les rives du Messachébé, où il créa un tableau complété par des sons et par les mouvements des animaux[8]. Ils ne veulent pas non plus montrer une vue panoramique comme Honoré de Balzac l'avait peinte dans *Les Chouans* par exemple[9]. Leur vue de la nature n'a pas de cadre, pas plus qu'elle ne s'étend sur de longues distances, car d'elle il existe seulement ce qui influence directement le sort de l'homme, c'est-à-dire les environs immédiats.

Leur manière anthropocentrique d'appréhender la nature entraîne les romanciers à la montrer au travers des yeux du personnage[10]. Dans *Les Fiancés du grand fleuve*, le jeune héros marche au travers de la forêt, sur un « terrain uniformément plat ». Puis, il essaie d'avoir un point de vue panoramique parce qu'il s'est perdu et il désire s'orienter:

> Je grimpai sur un arbre ... devant moi un rivage proche. ... A ma droite, s'étendait une forêt claire avec de nombreux palmiers à huile. Ce qui me parut curieux ce fut ce ruban blanc qui semblait tailler la forêt en deux. (il s'agit de la rivière, 131, 108)

Plus tard, quand il en a besoin, ses regards s'abaissent vers le sol, ils se concentrent sur les branches basses, ils suivent des empreintes d'animaux (125; même rétrécissement de la vue dans *Afrika*, 54-55). Ici, comme dans la plupart des romans camerounais, l'observation et la description de la nature se subordonnent à la nécessité du moment. Cette méthode de ne décrire de la nature que ce que le personnage voit, empêche le lecteur de prévoir ce qui va se passer. Par là, les romanciers donnent l'impression que la vie humaine ressemble à un voyage pour lequel toutes prévisions restent inutiles.

La plupart du temps, le personnage regarde la nature dans un but pratique et sans sentimentalité aucune. Il arrive pourtant qu'au cours de son voyage, elle lui offre des moments extraordinaires quand:

> [en] traversant les rayons du soleil qui continuaient de briller, les gouttes d'eau empruntaient toutes les couleurs de l'arc-en-ciel [lui] offrant ainsi l'illusion merveilleuse d'une féerique pluie de perles, de rubis et d'émeraudes. (*Fiancés*, 129)

Par cette transformation du réel, l'auteur rend le voyage du jeune homme merveilleux d'autant plus qu'il lui ajoute les épisodes où apparaissent une chouette apprivoisée et une jeune fille miraculeusement sauvée d'une noyade (*Fiancés*, 124, 147).

En fait, il se pourrait que Sondo ne soit pas aussi insensible aux beautés de la nature qu'il ne le laisse paraître (voir entre autres son admiration pour le chimpanzé passeur, *Fiancés*, 132-34). Il se rapprocherait ainsi de Sola qui:

> aurait bien voulu communier avec la nature! Avec cette nature qui s'étire, rajeunit, rit sous ses draps florescents [sic] en ce beau mois d'avril! Elle aurait bien voulu exprimer son admiration pour cette onde limpide qui murmure une fraîche romance; pour ces champs qui gambadent pleins de vie, . . . pour ces couples d'oiseaux ivres de soleil. (*Sola*, 42)

Malheureusement, « le culte de la nature ne se fait qu'avec une âme sœur » et les pages consacrées à l'amour au quatrième chapitre ont montré combien rarement cette entente existe (*Sola*, 42). Cela n'empêche qu'à l'occasion, les auteurs oublient le côté utilitaire de la nature. Ils se rapprochent alors des romantiques français, surtout quand ils font épouser par la nature les sentiments que les personnages éprouvent. Par exemple:

> une fois Noël revenu, nous crûmes bien que les forces mystérieuses qui nous avaient jusque-là entravés se fussent [sic] relachées. Car octobre avait répandu dans la nature toute la gaîté, toute la joie longtemps comprimées par la saison froide. Et puis aussi le ciel éblouissant, avec la complicité du soleil, chantait partout un air nouveau, partout insufflait une paix si réelle et si tenace qu'on eût pu difficilement s'y

soustraire.... Dans les rues, les maisons, dans tout ce que l'on voit et tout ce que l'on ne voit pas, mais qu'on devine, s'était réinstallée la joie de vivre. (*Ramitou*, 91)

Pour les jeunes gens libérés des contraintes scolaires et la saison inclémente ayant passé, le monde semble beau et il se colore de leurs sentiments joyeux. Alors que pour la triste Sola, tout ce qui l'environne augmente son désespoir:

> C'étaient d'abord les perdrix du bois qui la secouaient vigoureusement de leur crin-crin brutal, impertinent et strident. Ensuite les coqs... qui semblaient diriger leurs dards sonores sur la seule Sola. Tous ces cocoricos se répercutant dans sa tête, dans son cœur... avaient quelque chose de formidable.... (*Sola*, 22)

Au lieu d'une nature en fête, au lieu des cris joyeux qui réveillèrent Siang, Sola entend les chants des oiseaux déformés en impressions désagréables par sa tristesse. Rien n'allège sa peine. Elle se sent victime non seulement d'un mari jaloux et brutal, d'une société indifférente au sort des femmes, mais aussi d'une nature impitoyable. Dès lors, la manière dont René Philombe décrit la nature au moment du réveil de Sola fait comprendre l'étendue et la profondeur de sa solitude et de son sentiment de persécution.

Des passages semblables aux deux précédents permettent aux auteurs de donner une idée de ce que ressentent les personnages sans avoir recours à de longues explications sur leur état psychique et d'éviter, par là, d'offenser la pudeur camerounaise. Ils demandent, par contre, une attention relativement soutenue de la part du lecteur puisque, les romanciers utilisant des méthodes qui abrègent le texte, il lui revient de remplir les blancs et d'interpréter les signes. D'autre part, à première vue, on serait tenté d'attribuer le procédé de refléter les sentiments du personnage dans son environnement à une imitation de la littérature romantique française. Bien que cette influence soit probable, une autre, tout aussi probable, vient de la littérature orale et de son habitude de donner une « âme » aux animaux, aux plantes, aux phénomènes naturels, bref de les personnifier[11].

Mongo Beti, entre autres, se réfère à cette façon traditionnelle de s'exprimer lorsqu'il décrit la nature en termes anthropomorphiques:

> les géants de la jungle proche parurent en frémir et hocher leur tête. . . .
> Bras croisés sur la poitrine, jambes écartées, la jungle, de loin, contemplait les deux frères avec perplexité. . . . Derrière eux, les géants millénaires [les arbres] s'avancèrent insensiblement, curieux de l'issue de la partie. . . . (*Perpétue*, 281, 286, 289)

Avec la personnification de la forêt, l'auteur la fait participer à l'assassinat de Martin puisqu'elle fournit l'arbre à *mammy ndola*, aux fourmis empoisonneuses, et puisque ses frondaisons dissimulent le sacrifice aux autres hommes[12]. Sans doute, un tel procédé diminue le réalisme de la description. Il faut néanmoins souligner que si l'emploi d'un vocabulaire actif est une habitude stylistique bien ancrée dans la littérature camerounaise, il apparaît souvent dans un but précis. En effet, ici, la métamorphose de la forêt en une assemblée de géants rend l'acte merveilleux et l'entoure de mystère. La transformation lui enlève tout contenu vengeur et lui confère la dignité exigée par le rituel sacré. Décrire la forêt de cette façon empêche de voir un assassin en Essola et le rend comparable à un prêtre officiant. Par conséquent, la manière dont l'écrivain décrit la nature modifie le sens des gestes de ses personnages tout en peignant un fond vivant.

Assurément, Mongo Beti n'est pas le seul écrivain à personnifier la nature. Des exemples de ce genre-là se lisent un peu partout dans les romans. Ce chapitre en a déjà donné, quelques-uns se liront dans les pages qui suivent, d'autres se glanent ici et là : « l'air calme et frais embrassa Samuel »; « de petits oiseaux dansaient frénétiquement comme pour saluer notre arrivée »; « le soleil hésitait toujours à sortir des nuages » (*Afrique*, 47; *Ramitou*, 45; *Croix*, 42).

En tout cas, d'où qu'elle vienne, l'habitude de personnifier la nature permet de la présenter sous ses aspects positifs et négatifs. Parfois, elle aide l'homme dans sa lutte pour sa survie, à d'autres moments, elle l'étouffe. Ainsi, dans *Les Fiancés du grand fleuve*, elle se montre d'une part pourvoyeuse en laissant découvrir au jeune homme des ignames sauvages, des vers, des fruits du corossolier qui le sustentent. D'autre part, elle prouve sa malveillance vis-à-vis de l'homme en mettant sur son chemin des serpents, des fourmis ou autres bêtes dangereuses et en déchaînant des orages qui font déborder les rivières dans lesquelles il risque de se noyer (*Fiancés*, 105, 115, 117, 122, 126). Incontestablement, malgré sa générosité occasionnelle, la nature n'est pas bonne:

> Hostile à sa présence, la forêt lançait contre lui de méchants insectes qui lui pointaient leurs minuscules dards dans la peau. Il aurait voulu trouver un petit coin pour y pleurer..., mais les lianes lui barraient le chemin. Les habitants des eaux ne lui étaient pas plus favorables: les hétérotis sautaient et se laissaient retomber dans le fleuve... soulevant des clapotis semblables à des ricanements moqueurs.... Pour comble d'hostilité, une armée de fourmis obligea le pasteur à décamper.
> (*Homme-dieu*, 34-35, même idée dans *Nègre*, 177-78)

L'abbé Voulana avait quitté le village ancestral pour vivre parmi les Blancs dont il a adopté la religion. A son retour, il se voit rejeté par les villageois qui ne comprennent pas les changements survenus en lui et par la nature envers laquelle il a oublié ses devoirs. Renégat, plus rien ne le protège contre les forces ennemies et il lui faudra trouver le moyen d'apaiser leur colère par une retraite rituelle (99-103).

Les romanciers ne présentent pas leurs personnages vivant en harmonie avec la nature comme l'avait pensé Jacques Maquet[13]. Plus précisément:

> l'Africain sent qu'il fait lui-même partie de la nature et qu'il est pris dans un réseau de relations avec le cosmos et le social, avec l'animal, avec la plante, avec la terre nourricière, avec la pluie d'orage et la lente germination des graines[14].

Voilà pourquoi les auteurs n'idéalisent pas la nature et pourquoi ils ne font pas du sentiment à son sujet. Ils ne s'en sentent pas non plus détachés et ils ne la considèrent pas comme un décor peint créé dans le but unique d'enjoliver la vie humaine.

La façon de dépeindre la nature sous ses deux aspects contraires n'étonne guère puisqu'on l'a déjà vue lors de la description des personnages comme Bogam Woup, moderniste et traditionaliste en même temps, et comme les missionnaires aux côtés à la fois masculins et féminins[15]. La nuit, en particulier, contient ce double aspect:

> Il y a deux sortes de nuit à Mbamais: la nuit noire, empire de la ténèbre [sic] et la nuit claire, royaume de la lune.... La nuit claire suscite des festivals culturels, ... les danses.... La nuit noire, la ténébreuse, créatrice de fantasmes et d'épouvantes est le royaume des hommes à

> quatre yeux [des sorciers] . . . la nuit noire est une nuit de terreur. Tu entends des pas précipités dans la cours, des chouettes hululent, . . . (*Bogam*, 31-32)

L'ambivalence des vues sur la nature représente non seulement les qualités de pourvoyeuse de cette dernière et sa façon de rendre vains les efforts des hommes pour la dominer, elle exprime non seulement la variété des sentiments parfois contradictoires que l'homme éprouve en face du monde extérieur, mais elle symbolise aussi les forces qui cernent l'être, qui le poussent parfois vers une heureuse destinée, parfois vers une triste fin à moins qu'elle ne serve à ridiculiser l'importance que l'homme se donne:

> Marie-Pierre fut réveillée en sursaut par le sabat de clameurs brèves et rauques vociférées de proche en proche d'un bout à l'autre de la nuit. Une angoisse atroce, presque panique s'était emparée d'elle et la couvrait de frissons. . . . C'était chaque fois un braiment féroce et dérisoire, comme le râle titanesque d'une agonie de carnaval, plein de cruauté et de platitude, quelque chose qui avait elle ne savait quelle affinité avec les salles de cinéma de son enfance, on eût dit un indicatif indéfiniment répété sur une bande magnétique facétieuse. (*Revanche*, 88)

Le texte ci-dessus juxtapose deux moments différents dans la vie de Marie-Pierre. Le rapprochement de la brousse au milieu citadin peut s'interpréter comme une habitude stylistique chez les romanciers de mélanger les images sans chercher à continuer une même métaphore sur plusieurs lignes. Dans ce cas particulier, il exprime aussi que la réalité ressemble à un film vu par un spectateur incapable d'en arrêter le déroulement ou de modifier le contenu et dont, en outre, par un bizarre renversement des rôles, il devient le jouet. Marie-Pierre, le représentant de la civilisation occidentale, malgré toutes ses connaissances, devient ainsi, pendant cette nuit « noire », la proie des forces naturelles. Une manière comme une autre de faire comprendre le peu de poids qu'a, en certaines circonstances, l'intelligence humaine.

Si la nature terrifie parfois une Blanche, pour les paysans dans *Afrika Ba'a*, elle s'est toujours montrée une « ennemie séculaire », qui, à la moindre occasion, « était en train d'installer ses meubles [dans le village abandonné]. Si confortablement d'ailleurs que l'on pouvait déjà voir l'herbe pousser à l'intérieur de quelques cases » (11-12). En fait, « de tout temps, le cultivateur Bantou s'est livré à une lutte interminable contre la nature; car la forêt à peine entamée ne demande qu'à reconquérir l'espace qu'elle a cédé » (*Colline*, 47). Il n'y a pas que la forêt équatoriale qui menace l'homme d'ailleurs, même la nature dans un pays tempéré comme la France lui fait comprendre à l'occasion que la loi du plus fort règne: « Quelques glaçons pendaient aux gouttières et conféraient à celles-ci cette allure menaçante qu'ont les dents de certains poissons marins qui ne vivent qu'aux dépens de leurs semblables moins bien armés » (*Amour*, 5). Une telle transformation n'étonne guère chez un adolescent camerounais qui vivait son premier hiver français et qui se sentait menacé par le froid tout autant que par le racisme des Blancs. Elle se comprend tout à fait quand on se réfère à la manière camerounaise de personnifier la nature et de considérer l'homme entouré par ses forces[16].

Ce passage—et bien d'autres—montre que la nature dans les romans apparaît comme une entité vivante sur laquelle l'homme n'a pas le dessus. Par conséquent, les descriptions anthropomorphiques ne servent pas à rabaisser les forces naturelles au niveau de la faiblesse humaine, mais bien à exprimer que l'homme doit en tenir compte et les respecter. D'ailleurs, ce type de description dérive de l'habitude traditionnelle que l'homme avait de voir le monde physique, de le ramener à lui et de l'appréhender par rapport à lui[17]. Il confère en outre un triple rôle à la nature: celui de fond réaliste devant lequel les personnages se meuvent, celui de symbole et, parfois, il lui donne une part active dans le destin d'un personnage comme lors de l'assassinat de Martin par Essola (*Perpétue*, 281-89).

Les auteurs décrivent peu le milieu ambiant. Ils se bornent souvent, quand il s'agit de la nature, à mentionner les noms des plantes et des animaux. Ils s'intéressent aux espèces les plus connues et ils les représentent plus par le fruit que l'homme peut en tirer que pour leur beauté intrinsèque[18]. Il y a des exceptions comme dans le cas du baobab dont l'apparence si impressionnante en fait toujours un arbre sacré, le lieu où les villageois invoquent les ancêtres et où les aînés rendent des jugements:

> On peut considérer le baobab de la chefferie comme un personnage important.
>
> C'était en effet le premier arbre que Mekouok Mpouomb [Dieu] avait planté sur la terre ferme et à l'ombre duquel il avait continué le reste de la création
>
> Ce baobab, à cause du creux qu'il portait en son tronc, était un site stratégique pour les esprits du pays. Les annales du peuple Meka

> contiennent de nombreuses histoires de guerres au cours desquelles les esprits maléfiques et les esprits bienveillants se disputaient le siège. Le résultat en est que l'arbre a été mutilé en mille endroits par les coups de foudre qui sont les canons du *djemb* [sorcellerie]. Une seule branche bien touffue a pu résister à l'artillerie, les autres ne sont plus que des moignons. . . . La place du baobab était le cœur de Mbamais. (*Bogam*, 8-9; *Afrique*, 90)

Ici encore, l'apparence de l'arbre a moins d'importance que sa signification surtout que les lecteurs—du moins les Africains—en ont une image dans l'esprit. Pourtant, les auteurs ne se limitent pas toujours à ne donner que les noms des plantes ou des animaux et quelques-uns, tel Samuel Mvolo, décrivent à l'occasion arbres ou plantes:

> L'autre [type d'hévéa] pousse spontanément dans la forêt. Il se distingue du premier par sa fine et longue silhouette, son tronc moucheté de larges taches blanchâtres et ses fruits en forme d'hélice à trois pales qui produisent un kapok extrêmement frangé. Quant à la liane, c'est l'un de ces nombreux et gigantesques serpents végétaux qui, dans nos forêts, étouffent sous leurs anneaux bandés, tuent implacablement les arbres. . . . (*Fiancés*, 85)

Un passage de ce genre qui va de la description botanique à un description analogique se lit peu dans les romans puisque donner le nom de l'animal ou de la plante suffit la plupart du temps à évoquer une image dans l'esprit du lecteur ainsi qu'on l'a vu à propos du mot « ville ». Ce caractère se vérifie pour la flore comme pour la faune. De là, si les auteurs en notent l'existence, ils ne passent pas beaucoup de temps à les décrire. Des exceptions apparaissent comme dans *Le Pauvre Christ de Bomba* de Mongo Beti:

> C'était un long serpent noir. Il s'était couché le long d'une forte branche et son corps en épousait les contours et les torsions. Il ne bougeait pas et il était aussi calme que s'il était mort. Mais, étant noir et lisse, il brillait au soleil. . . . (193; voir aussi le chimpanzé passeur dans *Fiancés*, 132-34)

Le boy Denis décrit l'animal non seulement parce qu'une telle rencontre constitue toujours un événement, mais aussi parce que le serpent symbolise, selon les chrétiens, les forces du mal et, selon l'optique du jeune homme, les forces naturelles destructrices. Ainsi, placé sur la route du missionnaire et de Denis, le reptile leur rappelle qu'ils se trouvent entourés de dangers, physiques et moraux.

Mongo Beti a visiblement pris plaisir à parler du serpent. Cela arrive à d'autres auteurs qui se laissent, à l'occasion, entraîner par leur intérêt pour la nature, en particulier Samuel Mvolo. Il se distingue de ses confrères en ce qu'il nomme le plus grand nombre d'animaux et de plantes. Toutefois, il le fait souvent dans le vernaculaire de son héros, le sso. Ne connaissant pas l'équivalent en français, il cite entre autres les arbres *nkolndomba, mboula, éssak, iroko*, et la plante *messaha* (*Fiancés*, 85, 87, 101, 129, 177). Ces noms ne disent évidemment rien aux lecteurs qui ne connaissent pas la langue. Ils n'ont pas d'équivalents en français et s'ils ont été décrits dans des ouvrages scientifiques, ils ont dû recevoir une dénomination latine, inconnue à l'auteur et au reste de ses lecteurs. Cette situation linguistique particulière aux pays francophones du Tiers Monde pose un dilemme aux écrivains. Tant de noms de la faune et de la flore n'existant pas en français courant, comment parler de la nature qui entoure les personnages d'autant plus que les écrivains ont pris l'habitude de se contenter d'écrire le nom pour servir à lui seul de description?

Personne n'a jusqu'ici trouvé de solution satisfaisante. Certains parlent en termes généraux afin de cacher leur manque de vocabulaire. Ils obtiennent une description où rien n'évoque la spécificité camerounaise:

> Dans toute la forêt régnait l'âcre odeur de résine mêlée à celle si particulière de la verdure qui repousse. Au-dessus des buissons, de petits oiseaux dansaient.... Il y avait des feuilles d'arbres qui luisaient au soleil comme si elles étaient revêtues d'une fine couche d'huile, il y en avait qui, n'ayant pas souffert de la rigueur du soleil, venaient à peine de pousser et tiraient un peu sur le jaune. Mais par moments, nous rencontrions un arbre squelettique, insensible au renouveau qui pointait ses branches décharnées vers le ciel comme pour implorer pardon.
> (*Ramitou*, 45)

Comme une telle façon de s'exprimer pourrait décrire la nature dans n'importe quel continent, quelques écrivains ont voulu se montrer plus spécifiques. Ils ont essayé de trouver dans le vocabulaire français des équivalents aux plantes et aux animaux camerounais. Par suite, plusieurs romans contiennent des allusions à des loups, cerfs, tigres et coyottes qui n'ont rien à voir avec la nature africaine et qui ne la rendent pas plus réelle[19]. Mongo Beti a, de son côté, tenté de tourner la difficulté en donnant des noms de poissons français à ceux qui peuplent les rivières camerounaises. Il avait espéré que ces noms donneraient au moins une idée de la forme ou de la taille de chaque poisson: « quand tu retires ta nasse de la rivière, tu prends les ablettes, les carpes, les gardons, les brèmes et les barbeaux... » (*Perpétue*, 115). Il parle en d'autres occasions de semnopithèques, de sajous (sapajous?), saïmiris, ouistitis, orang-outans, singes d'Amérique et d'Asie inconnus en Afrique (*Perpétue*, 31, 32, 224-25; *Mères*, 128). A vrai dire, la méthode manque d'efficacité. En effet, si le lecteur connaît ces animaux, il trouvera leur présence incongrue et il se demandera comment un romancier peut faire une erreur aussi grossière[20]. D'autre part, si le lecteur ne connaît pas l'animal, citer des noms bizarres pour lui n'aura pas beaucoup d'effet sur son imagination. Tout au plus pourra-t-il inventer dans son esprit l'image d'un animal fabuleux.

Les romanciers n'obtiennent pas souvent de descriptions spécifiquement camerounaises parce qu'ils n'utilisent pas de termes qui évoquent une image précise dans l'esprit du lecteur et parce qu'ils ne parlent pas souvent de l'apparence des plantes ou comment se conduisent les animaux. A leur décharge, il faut reconnaître que leur état d'écrivain ne les rend pas automatiquement amoureux de la nature. En outre, ils ne vivent pas souvent près d'elle. Nés dans un village, la plupart habitent maintenant la ville sans grand contact avec la forêt. Par conséquent, ils ne connaissent de la faune et de la flore que leurs éléments les plus communs. Samuel Mvolo fait exception, mais son sujet lui-même exigeait une plus grande attention à la nature. Après tout, les romanciers français ne se sont pas montrés meilleurs biologistes et René de Chateaubriand—pour ne citer que cet exemple—a mélangé dans un même tableau des animaux venant de diverses régions de l'Amérique du nord et il a fait fleurir en même temps des plantes de saisons différentes (*Atala*, 72-73). Aussi, malgré quelques entorses à la vérité scientifique, les allusions aux animaux et aux plantes et les quelques descriptions brèves disséminées dans les textes suffisent la plupart du temps à évoquer le fond naturel qui entoure les personnages[21].

Outre sa fonction de rendre vraie l'histoire, la nature sert souvent à établir des symboles. Les nombreux romans qui débutent par une aube ou qui contiennent dans le corps du texte quelques lignes sur ce moment de la journée, le serpent qui concrétise la notion du mal, la chouette apprivoisée de Sondo qui figure son savoir-faire, tous ces exemples le prouvent bien (*Christ*, 193; *Fiancés*, 124; *Vie*, 38; *Nègre*, 179). L'habitude de donner aux choses une signification pousse par conséquent les auteurs à privilégier certains éléments de la nature.

Ainsi, ils aiment parler de l'eau ou s'attarder à un arbre particulier. Chaque fois, il s'agit, d'une part, de montrer la nature pour rendre leurs récits réalistes et, d'autre part, de faire porter par ces éléments des symboles ou des significations. Selon Eloïse Brière, l'arbre, par exemple, « se trouve être un nœud de participation dans lequel la force vitale peut être soit renforcée, soit diminuée selon l'emploi qui en est fait »[22]. Le baobab dans *Bogam Woup* qui pousse au centre du village n'est donc pas un arbre quelconque, mais bien, « le cœur de Mbamais », le cœur de la communauté car il ombrage l'endroit où se passent les sacrifices et où se dispense la justice (8-9). « Signe vivant de l'immortalité », l'arbre sacré « incarne la force du temps qui s'écoule, la sagesse des générations qui s'éteignent, et les lois éternelles de l'humanité » (*Afrique*, 114-115). Il représente la famille:

> Cet arbre, c'est toi, c'est moi. Tu n'as pas vu les pères de tes pères. Mais ils ont vu ce palmier qui éloignera tes ennemis, qui te servira de vigie. Le palmier c'est nous. Nous permettons les ascensions. Nous soumettons nos stipes, nos rugosités, nos fronts au talon des grimpeurs.... Quant au sommet du palmier, ... c'est la substance même de notre famille.... Avec la noix de palmier, tu auras l'huile rouge.... Avec les coques dures des palmistes, tu empêcheras la boue de s'épandre au seuil de ta porte.... La pulpe séchée des noix te servira à faire de feu.... même abattu, le palmier a son importance. Sa sève est recueillie en ce vin qu'il t'est interdit de goûter. Et tarisse la sève, le stipe devient le lieu de ponte des hannetons. Ignores-tu ces vers blancs dont la vénusté est renforcée par la succulence? (*Quand saigne le palmier*, 87-88)

Les diverses parties de l'arbre symbolisent les générations: les racines, les ancêtres; le tronc, les hommes adultes; les feuilles et les fruits, les femmes et les enfants. L'arbre donne à l'homme tout ce qu'il lui faut pour soutenir la vie: la force bienveillante des ancêtres, la nourriture, le feu et même la protection contre la boue. En tant que « nœud de participation », il associe les gens entre eux parce qu'une parole donnée sous son ombrage demeure sacrée[23]. Il unit les hommes à la nature en les forçant à la respecter. Enfin, il les lie au surnaturel en exigeant qu'ils accomplissent leurs devoirs envers les parents morts.

A cause du nombre et de la variété des symboles contenus dans l'arbre, sa description ou même une simple citation est rarement futile. Certes, les romanciers ne s'expriment pas tous avec la même éloquence que Charly Gabriel Mbock, mais plusieurs utilisent un arbre comme support de symboles. Il arrive d'ailleurs que l'un ou l'autre lui donne une signification personnelle. Ainsi, Daniel Etounga Mangélé considère le fromager du village comme le symbole du retour à la terre, mais en même temps comme celui du départ pour une vraie modernisation du pays. En effet, son personnage Ntam, parti en Europe pour recevoir une éducation technique avancée, exprime le vœu de revenir à cette « colline du fromager » où il est né pour travailler et dispenser aux paysans son savoir (*Colline*, 95). Benjamin Matip, quant à lui, écrit: « cet arbre est là, taciturne comme un dieu. Que cache-t-il dans sa mémoire?... Ses bras tordus, on dirait tordus comme ce crucifix qu'on a mis dans la chapelle ». De cette manière, l'arbre, symbole de la force, devient chez lui symbole de la souffrance (*Afrique*, 90).

Enfin, l'arbre dans les romans ne remplit pas que ce rôle passif de porteur de significations, il en a un actif aussi. Eloïse Brière a relevé celui de « l'arbre justicier »: une branche tombe malencontreusement sur le père Gilbert et le tue; un arbre qu'un paysan essayait d'abattre lui écrase le bas ventre. Dans ces deux cas les victimes avaient des fautes à se reprocher. Si les *mammy ndola*, les fourmis empoisonneuses, y ont élu domicile, l'arbre participe à la punition de celui qu'on y lie[24]. Eloïse Brière relève de plus « l'arbre passerelle » sur lequel ne peuvent passer que les hommes à la conscience claire ce qui explique pourquoi Koumé, le jeune voleur dans *Ville cruelle,* glisse dessus et tombe alors que Banda et Odilia réussissent péniblement à le franchir[25].

La mésaventure de Bilanga sur le pont qui conduit à son village natal représente un fait commun sur les routes camerounaises habituellement mal entretenues, mais elle se rattache aussi au motif de « l'arbre passerelle » comme d'ailleurs de « l'arbre justicier ». En effet, voulant se venger du fonctionnaire, les paysans ont enlevé les planches nécessaires au passage des roues. La Mercedes de Bilanga ne peut passer par conséquent. Il se voit dans l'obligation de les replacer lui-même malgré son dégoût pour l'effort physique que cela exige et pour les matériaux pourris qu'il doit manipuler. La pluie se met alors à tomber, la voiture dérape, et pour l'éviter, Bilanga saute, se coince le pied entre deux troncs d'arbres et se le démet (*Chauves-souris*, 65-72). Accident ou châtiment? Au lecteur de décider. En tout cas, le pied immobilisé, malade, Bilanga ne va plus au bureau et sa carrière s'en trouve menacée. Le fonctionnaire aura alors besoin de toute son habileté pour parvenir à redresser la situation. Au lieu de faire amende honorable par une retraite comme l'abbé Voulana, il donne une brillante réception où se presse le Tout-Yaoundé (*Chauves-souris*, 177-80; *L'Homme-dieu*, 92-103). A croire que, dans la ville moderne, l'argent dépensé remplace les sacrifices traditionnels.

L'exemple du pont « arbre justicier » et, en même temps, « arbre passerelle » dans *Les Chauves-souris* offre une adaptation originale de motifs littéraires anciens tout en respectant les lois d'un roman réaliste. Un phénomène semblable s'observe dans le cas de l'eau. En vérité, les motifs qui en dérivent se modernisent plus facilement que ceux de l'arbre car l'imagination la voit plus mouvante et plus active que ce dernier. Elle accepte sans peine les figures de style qui personnifient cet élément.

Dans les romans, il y a plusieurs types d'eaux à différencier si l'on peut dire: la pluie, la pluie d'orage et la rivière. Grâce Etonde-Ekoto observe bien que la pluie dans *Le Fils d'Agatha Moudio* est « un instrument au service presque exclusif des femmes » puisque elles seules cultivent les champs, mais la pluie favorise aussi la mauvaise conduite d'Agatha. Par conséquent, elle pense que la pluie tout comme Agatha a « une origine maléfique » et qu'elles doivent « vivre un destin forgé par des dieux malins, insatisfaits sans doute de l'indifférence ou de la négligence des humains »[26].

En dépit de certaines différences personnelles, les romanciers soulignent de préférence le froid et la boue qui accompagnent la pluie en plus de la tristesse qu'elle entraîne: « Ce fut une pluie drue, agressive, furieuse, interminable » ou bien:

> La pluie n'a pas cessé de tomber depuis trois jours . . . un brouillard épais flotte. La terre boueuse exhale une odeur de pourriture; tout est humide et sale. . . . Et malgré l'abondance des récoltes qu'apporte la saison des pluies, les humbles villageois en viennent à regretter les longues nuits de clair de lune. . . . (*Mission*, 14; *Nasse*, 5; *Croix*, 204; *Afrique*, 20, 21)

Le plus souvent d'ailleurs, les auteurs décrivent des orages, non pas pour souligner le contraste entre l'eau et le feu, mais pour montrer la violence de la pluie:

> D'abord, il vit les nuages déserter précipitamment le firmament, tribu fugitive dont les hordes se bousculaient sur le champ de bataille. . . . Le tonnerre grondait. . . . Le ciel s'éclairait, se teintait de sang. . . .
> Soudain, il entendit crépiter la pluie qui, accourant avec rapidité, avait lancé sa cavalerie barbare. . . . Implacable cavalcade qui submergea Essazam, le piétina, le dévasta. . . . (*Roi miraculé*, 53, 135-36; *Lettre*, 83; *Reine*, 53-54)

Les métaphores dans ce paragraphe personnifient la nature tout en montrant les sentiments de l'auteur ou de son personnage envers l'orage, deux traits caractéristiques de la prose betienne et camerounaise ainsi qu'on l'a déjà souligné. Le texte ne fait allusion ni aux valeurs positives de la pluie, ni à la vie qu'elle engendre alors qu'il attire l'attention sur son bruit et sur ses ravages. Enfin, à cause du type d'images qu'il utilise pour décrire l'orage, Mongo Beti révèle que lui, ou que son personnage, considère ce phénomène naturel comme une force ennemie de l'homme.

L'orage dans *Les Deux Mères de Guillaume Ismaël Dzewatama, futur camionneur* (177-78) prouve la véracité de cette explication, mais, comme si souvent chez cet auteur, elle ne suffit pas à elle seule. En effet, dans ces lignes, il établit aussi un parallèle entre le tumulte des éléments et les agitations de la vie: « Sous les éclairs intermittents, le spectacle de la ville africaine tournait à l'hallucination pour Marie-Pierre. La vie semblait déferler en vagues houleuses plus assourdissantes que le tonnerre du ciel » (177). En outre, puisqu'au bout de sa course sous l'orage la jeune Française rencontre pour la première fois la famille de son mari et qu'ainsi elle se rend compte de la manière dont vivent la plupart des Camerounais, le « matraquage » de la pluie, la boue, les immondices qui lui salissent les jambes deviennent les signes d'épreuves initiatiques[27]. Après avoir traversé ces moments pénibles, elle apprend d'importantes vérités et elle atteint ainsi un niveau supérieur de connaissances.

Si l'orage figure des forces ennemies de l'homme, la rivière ou le fleuve symbolise la voie suivie par sa destinée:

> Il lui semblait que Tonga et lui se trouvaient dans deux pirogues différentes sur un fleuve immense dont le courant était rapide. . . . Le courant . . . faisait s'écarter les pirogues l'une de l'autre et chaque minute qui passait accentuait l'écart. . . . Et chacun s'éloignait de son côté. . . . (*Ville*, 125)

La pirogue que l'homme a tirée de la nature, l'entraîne le long de la rivière, une force naturelle qu'il ne peut dompter. La métaphore ne suggère pas que l'homme n'a aucune possibilité de modifier le cours de sa vie[28]. En fait, s'il a suffisamment d'adresse et de force, il peut « mener sa barque », s'arrêter en route, ou au contraire accélérer son allure, passer des rapides et esquiver des écueils. L'image de la destinée à la fois imposée et contrôlable vue au quatrième chapitre se retrouve donc ici.

En tant que chemin de la destinée, la rivière conduit l'être vers un choix ou vers une solution:

> Marche sur la rive mon fils, et remonte toujours vers la source. Ainsi abordé, il n'est point de cours d'eau qui ne se laisse traverser, . . . car il y a toujours quelque part un gué ou un passeur courageux, c'est à toi d'aller vers eux. (*Ruine*, 158)

Le cours d'eau mène l'homme vers sa future épouse, à moins qu'il ne soit la voie par laquelle la famille et les amis emmènent, de gré ou de force, la jeune fille vers son mari[29]. Tout comme la forêt, la rivière efface les traces de l'homme, elle recouvre les atteintes qu'il a faites à l'ordre naturel. A cause de son pouvoir d'oblitérer, elle a celui de purifier et, pour cette raison, elle participe aux rites sacrés. La rivière entraîne les « saletés vers l'extérieur ». C'est pourquoi les rubénistes attachent les faux soldats qui terrorisaient un village dans *La Ruine presque cocasse d'un polichinelle* à un radeau qui les emporte au loin et ils jettent dans le fleuve les cadavres de deux aides du mauvais chef. Comme l'eau purifie ceux qui ont fait une faute et qui la regrettent, Mme Delange se baigne après sa confession et un bain rituel clôt la retraite de l'abbé Voulana rendu impur pour avoir touché le corps d'une suicidée[30].

L'eau courante a aussi une fonction dans les rites initiatiques à cause de sa puissance et à cause des symboles auxquels elle donne lieu. De là, la présence de « noyade manquée » de Mor-Zamba le futur héros dans *Remember Ruben* (24-25) et celle du missionnaire blanc dans *Le Pauvre*

Christ de Bomba (130-31). Dans ces deux cas, les personnages ne subissent pas une transformation immédiate, mais ils sortent de leurs expériences comme marqués. Quand la vie l'exigera d'eux, ils pourront recourir à la force et à la sagesse que les diverses épreuves subies auront révélées et augmentées en même temps. Certes, le changement ne se manifeste pas de la même façon pour le père et pour Mor-Zamba. En effet, le premier aura le courage, tout intérieur, de questionner son droit à mépriser les croyances des Africains. Quant au second, après avoir affronté des situations plus ou moins difficiles, il finira par conquérir sa place légitime de chef d'Ekoumdoum à la fin de *La Ruine presque cocasse d'un polichinelle*.

La présence des rivières dans les romans n'a évidemment pas que des buts figuratifs. Elle s'explique également par le fait que de nombreux cours d'eau arrosent la forêt du sud-est. Aussi, pour donner une vue réaliste du milieu des personnages, les auteurs passent quelques lignes à décrire les cours d'eau. Alors qu'ils parlent souvent des aspects désagréables de la pluie, ils observent les rivières avec plaisir: « L'eau fait un bruit joyeux en frôlant les pierres. Les petits goujons, pleins de vie, tracent dans l'eau claire des ondes qui vont se briser sur la berge » (*Nasse*, 52-53; *Croix*, 145-46; *Afrique*, 37). Enfin, il leur arrive de s'attarder à des scènes de pêche où l'homme montre son habileté et sa capacité à ruser pour obtenir de la nature ce dont il a besoin (*Croix*, 94-95; *Ruine*, 93).

Quand la rivière et la pluie apparaissent comme des menaces au bien-être de l'homme, les romanciers ajoutent parfois à leurs descriptions deux endroits où elles perdent de leur puissance, il s'agit de l'île et de la maison[31]. Certes, une tornade peut transformer une hutte en un tas de boue méconnaissable et une île en une matière spongieuse dans laquelle l'homme s'enlise (*Nègre*, 179; *Fiancés*, 110, 126; *Croix*, 204-06). Toutefois, à certaines occasions, une île ou une maison réussit à défendre leurs habitants contre les attaques des forces naturelles (*Siang*, 7; *Mères*, 139). Ces tendances générales n'empêchent qu'un auteur suive parfois son imagination personnelle. Mongo Beti, par exemple, utilise l'image de l'île pour exprimer l'isolation d'un personnage ou, au contraire, pour rendre le sentiment de sécurité qui se dégage d'un village entouré par la forêt (*Roi miraculé*, 14; *Mission*, 50).

Samuel Mvolo, lui décrit les îles dans *Les Fiancés du grand fleuve* non seulement parce qu'elles font partie du paysage, mais aussi parce qu'elles ont un contenu symbolique qu'on ne peut ignorer sans rendre les actions de son personnage inutiles et incompréhensibles. En effet, en bon éclaireur, Sondo savait qu'il lui serait plus dangereux de se déplacer d'île en île, alors que rien ne l'empêche de suivre les berges du fleuve soit à pied soit en pirogue. Toutefois, poussé par les événements et par sa curiosité, il suit le chemin le plus pénible. Sur chaque île, il fait face à des situations nouvelles, il doit surmonter une difficulté ou résoudre un mystère. Il découvre de cette façon que les cris bizarres attribués par la croyance populaire à ceux des morts provenaient en fait d'une large colonie de chauves-souris. Il apprend à se nourrir par sa propre pêche et cueillette. Sa rencontre avec des chimpanzés lui rappelle que ces animaux méritent le respect. D'ailleurs, c'est le totem de sa famille, l'animal protecteur aussi bien que protégé par les siens (*Fiancés*, 99-147; *Vies*, 26). Au cours de son périple, il perd les instruments ou des objets qui lui permettaient de vivre seul: compas, couteau, tente, couverture. Il se trouve en fait dépouillé de tout insigne de la civilisation quand il découvre sa future femme. Par suite, dans ce contexte symbolique, les îles représentent des étapes vers la connaissance et vers la sagesse.

C. Villes et villages

Ce genre de description réaliste et symbolique à la fois se retrouve dans tous les romans, car les auteurs décrivent les villages et les villes de la même manière et avec les mêmes intentions que la forêt[32]. Les villages, par exemple, apparaissent rarement dans leur ensemble puisque chacun sait qu'ils se composent de cases réparties avec plus ou moins de régularité des deux côtés d'une route ou d'une place rectangulaire sans rien d'autre de remarquable. Les auteurs ne cherchent donc pas à rendre ce qui distingue un village d'un autre. Toutefois, il y a des exceptions comme dans *Bogam Woup* où les particularités de Mbamais se trouvent consignées:

> Le tronc du T constituait l'unique rue latérale de part et d'autre de laquelle se situaient deux autres couches sociales dont la différence et l'opposition se reflétaient dans la différence et l'opposition architecturales des bâtiments. A gauche s'alignaient une rangée de masures plus délabrées les unes que les autres, les masures étaient des cabarets. . . . A droite s'alignaient de petits bâtiments en pisé, mais soigneusement crépis et couverts de tôles ondulées. Le premier servait de poste agricole, le second d'école, le troisième de poste de santé.

> D'un côté donc le durable et de l'autre le précaire, d'un côté le savoir et de l'autre l'ignorance, ici la conscience, là-bas l'oubli.... (*Bogam*, 10; *Mission*, 50)

Le passage, aussi réaliste soit-il, n'a pas pour unique but de faire vrai. En effet, il concrétise aussi les vues de l'auteur selon lesquelles le monde africain traditionnel résiste au changement et se laisse abrutir par l'alcool, alors qu'il devrait adopter des habitudes et des valeurs modernes. De la même façon, la description du village dans *Perpétue et l'habitude du malheur* fait surtout comprendre combien le régime de Baba Toura a pourri le pays et comment il a enlevé tout esprit d'initiative aux paysans (13-14). Cette manière de faire explique la brièveté des descriptions d'Effidi et de Nkool. En fait, elles se réduisent à relever chez chacun une seule particularité: le premier possède une route qui mène les hommes à la ville c'est-à-dire au monde moderne et le second a une chapelle, voie qui mène a Dieu (*Roi Albert*, 24).

D'habitude, les descriptions des villages se limitent à quelques lignes juste assez pour évoquer une image typique. Les écrivains mentionnent seulement les exceptions comme lorsqu'il y a une maison bâtie en « dur », en blocs de ciment et non pas en pisé ou en nattes et dont le « luxe » tranche sur les cases traditionnelles (*Bogam*, 39-42). Ils notent avec régularité la présence d'une église, d'une école ou d'un dispensaire, bâtiments qui ne représentent pas uniquement l'époque coloniale dans son aspect dominateur, mais aussi le progrès[33]. Les romanciers décrivent la ville de la même manière que le village. Certes, il y a plus de monde et plus de misère et quelques bâtiments particuliers tels la mission, l'hôpital, la prison lui donnent son importance. Ils se contentent d'en mentionner l'existence comme dans cette description du quartier Hawa par Rémy Gilbert Medou Mvomo:

> Une église pour cent bars, un bar tous les dix mètres, pas de dispensaire, pas de bureau de poste, par contre quatre commissariats de police, un camp militaire et des rues qui disparaissent sous une herbe aussi haute que celle de la savane alentour[34].

Ici, la présence et l'absence de certains établissements font comprendre de quel genre de quartier il s'agit. Plus ne paraît pas nécessaire. Il arrive quand même qu'un auteur peigne un tableau général:

> Mfoumassi était bâti sur une colline, comme la plupart des missions de chez nous. Il se composait de deux quartiers principaux: le quartier populaire qui groupait une quarantaine de cases. Celles-ci s'alignaient sur les bords de la grande route; elles étaient faites dans le style local, en matériaux du pays: forme rectangulaire, murs et ouvertures en écorce d'arbres, toit en nattes. . . . L'autre quartier, c'était la mission elle-même, [elle] s'étendait à l'écart de la grande route. . . . Une route bordée de fleurs . . . menait . . . [à] la grande chapelle . . . [ses] hauts murs en poto-poto ne pouvaient rivaliser de blancheur qu'avec la statue de la Vierge Marie . . . qu'on apercevait plus loin au milieu d'un parterre en forme d'étoile et gorgé de fleurs. (*Fiancés*, 56)

Rarement les écrivains s'arrêtent à décrire les monuments, constructions ou sites remarquables des villes comme Douala et Yaoundé en dépit du fait qu'elles en offrent des exemples intéressants. Il leur serait facile de décrire le Rond Point de la Poste à Yaoundé, par exemple, pour exprimer le manque de direction de la société camerounaise, le chaos qui y préside, ou pour montrer que la loi du plus fort y règne sans retenue. Ils ne le font pas soit parce qu'ils n'y ont pas pensé soit parce que, suivant leur volonté de parler du général ou du commun, ils refusent d'évoquer un site d'une manière aisément reconnaissable[35]. Les écrivains donnent ainsi une image fragmentaire et indifférenciée du monde citadin. Pourtant, les descriptions d'une maison ici, d'un coin de marché là, d'un jardin, d'une rue s'ajoutent les unes aux autres au cours de la lecture du roman et elles finissent par faire voir l'image cohérente d'un monde souvent cruel et immoral.

Le désintérêt des écrivains pour les grands tableaux est une caractéristique de ces romans, mais aussi des autres romans noirs africains francophones ainsi que l'a bien remarqué Roger Chemain[36]. En fait, tout comme leurs confrères, ils présentent la ville avec la même « organisation spatiale . . . ségrégative », puisque les quartiers sont clairement délimités, qu'ils ne se fondent pas les uns dans les autres, trait qui provient non seulement de la volonté d'isolation des coloniaux, mais aussi des grandes différences de revenus. Les écrivains notent l'existence de certains bâtiments « mention est faite, de-ci, de-là, d'une véranda, d'une cour de dépendances, mais nous n'en saurons guère plus » excepté qu'à l'occasion apparaissent des « attributs signifiants » tels que drapeau et sentinelles. Église, hôpital, école, marché et prison deviennent ainsi des « lieux privilégiés » où se passe l'action alors que le milieu du travail ne reçoit que de rares mentions[37]. Il ressort de tout ceci que si les auteurs donnent une image vraie de la ville, ils se contentent d'en évoquer seulement quelques aspects choisis.

Lorsqu'ils décrivent la ville, les romanciers concrétisent parfois en elle les problèmes auxquels l'homme doit faire face. Ils ont alors recours à des images autres que celles utilisées pour décrire le village puisque des endroits différents produisent des situations différentes:

> Pour atteindre ma chambre, ce n'était pas facile du tout, surtout pendant la saison des pluies. Il fallait, par un sentier qui se tordait à souhait, me faufiler entre les cases basses et aux murs de terre nus, en pataugeant profondément dans les eaux boueuses qui stagnaient partout dans les moindres creux. Le cœur du quartier était déjà en soi bien difficile à atteindre. Un véritable labyrinthe, en réalité. A cause de l'absence d'éclairage, la nuit ajoutait à cet enfer une difficulté presque insurmontable.
>
> Tout autour de ma chambre, le bidonville étalait ostensiblement sa misère. Un vrai défi lancé à la face de ce que les gens appellent la civilisation. Les fosses d'aisance à ciel ouvert crachaient partout des nuées de mouches. . . . Des chiens étiques s'acharnaient sur des os complètement dépouillés de toute chair, timides témoins des maigres repas de la veille. . . . Dans des rigoles, des rats et des crapauds pourrissaient tranquillement sous les regards indifférents de tout le monde[38].

Si la prose de Patrice Etoundi M'Balla fait vrai, elle contient aussi des signes que le lecteur doit reconnaître. Ainsi, la ville est un labyrinthe, un endroit où les gens se perdent réellement et figurativement. Sa saleté révèle le laisser-aller des habitants et leur noirceur morale. Les bêtes mal nourries ou mortes dans l'indifférence montrent que les hommes ont perdu leur sens de responsabilité envers la nature et, en même temps, leur pauvreté physique et morale, car ils n'ont même plus l'énergie de tenir propre leur environnement. Ce passage résume, en outre, toute la pensée d'un autre romancier, de François-Borgia Marie Evembe qui, à chaque page de son roman *Sur la terre en passant*, avait critiqué les mœurs des citadins dans le même sens.

D. Les Objets

Les écrivains parlent peu de l'extérieur des maisons et ils ne donnent que les quelques détails nécessaires sur l'intérieur pour faire comprendre à quel milieu social appartient le propriétaire:

> Ils entrèrent directement dans la cuisine. C'était une petite case en pisé, avec un toit boursouflé et des lits de bambous. Une fenêtre clignotante laissait entrer un jour quelque peu gris et maussade. Ils se mirent en rond autour de la petite table où on avait posé les plats de couscous au poisson sec. Une odeur humide et d'oignons frits remplit l'intérieur. (*Afrique*, 12; autre exemple, *Mission*, 47)

Tout ici suggère la pauvreté, aussi l'auteur ne voit pas la nécessité de se montrer plus précis. Francis Bebey arrête son récit pendant quelques instants pour décrire le mobilier dans la chambre du roi Albert:

> Belobo entra et s'assit sur un siège en bois blanc sculpté. À la lumière de la lampe-tempête posée sur une chaise servant de table de chevet, on pouvait admirer distinctement les motifs sculptés du corps du siège: un énorme lézard à la queue recourbée, au pied d'un arbre au tronc trop court, dont les feuilles se répandaient dans le sens longitudinal du siège, le tout reposant sur une inscription en lettres capitales du nom Albert pour bien marquer que le siège appartenait au roi. (*Roi Albert*, 52)

Malgré sa brièveté, ce passage donne quelques informations nécessaires pour la compréhension du récit. Tout d'abord, bien que le roi Albert soit « riche » selon les paysans, il vit comme eux sans électricité ainsi que l'indique la lampe-tempête. Qu'une chaise lui serve de table de chevet révèle d'ailleurs la relativité de son bien-être. Par contre, le roi Albert peut se payer un meuble sculpté pour lui personnellement, « luxe » auquel la plupart des villageois n'osent aspirer. Le fait qu'il soit en bois blanc prouve la dégénérescence ou la modernisation de la sculpture camerounaise puisque dans le passé les artisans teintaient leurs ouvrages en bois pour les préserver[39]. « Bois blanc » suggère deux autres idées, d'une part qu'Albert se conduit comme un Blanc, un reproche que les villageois lui font, et, d'autre part, qu'un bois léger, donc bon marché, a servi. En fin de compte, malgré la fierté de son possesseur, le meuble n'a pas une aussi grande valeur qu'il ne le paraît. Le passage donne ainsi des vues contradictoires sur la fortune du commerçant. La différence d'opinion s'explique pourtant puisque les gens d'Effidi, pauvres pour la plupart, envient la richesse toute relative du roi Albert, alors que mesurés à l'échelle nationale ses revenus demeurent modestes.

Il faut encore remarquer que Francis Bebey décrit avec précision le dessin sur le dossier de la chaise. Pourquoi une telle attention alors que si souvent les auteurs se contentent d'énumérer les meubles, s'ils prennent cette peine-là? Traditionnellement, seuls les gens importants possédaient un siège[40]. Des motifs symboliques représentant la puissance du personnage ou le totem du clan le décoraient. On comprend ainsi l'importance que se donne le roi Albert vis-à-vis des autres villageois. De plus, le lézard est un animal petit, par conséquent faible, il a toutefois du ressort, de la rapidité et il a recours à la ruse[41]. En ce sens, le roi Albert lui ressemble. Il n'est pas vraiment quelqu'un de puissant, mais il a l'intelligence et un savoir-faire suffisant pour profiter de son milieu comme le prouve sa réussite commerciale. Quant à l'arbre « au tronc trop court », il sert à montrer le peu d'habileté du sculpteur à moins que, par là, l'auteur n'annonce soit le manque de masculinité de son personnage soit que sa destinée ne dominera pas celle des autres. La fin du roman soutient plutôt cette dernière interprétation puisque le roi Albert perd aux élections au profit de Toutouma.

Pourtant, l'humble mobilier de ce dernier n'annonçait pas une carrière aussi distinguée. Un détail toutefois saute aux yeux: « Autour de la table, quatre chaises en bois attendaient sagement les heures des repas, car chez Toutouma, le père, la mère et les filles mangeaient ensemble » (69). Ces quelques lignes apprennent que le vieux syndicaliste avait bouleversé chez lui l'ordre traditionnel. Celui-ci voulait que les hommes prennent leur repas ensemble et que les femmes se nourrissent en dehors de leur présence. En laissant manger avec lui son épouse et ses enfants, Toutouma exprime ses idées modernes et démocratiques. Au travers de l'ameublement de sa maison, le vieil homme indique dans quel sens il essayera d'influencer la politique de son pays.

Ainsi, généralement indifférent au mobilier et aux objets qui entourent ses personnages, Francis Bebey leur fait porter à l'occasion des significations particulières qui permettent de renforcer les descriptions caractérielles et qui contribuent à expliquer la suite des événements. Bernard Nanga donne aussi d'excellents exemples de ce procédé dans *Les Chauves-souris*. Il suffit pour voir cela de mettre en parallèle la description du mobilier de Marie à celle du salon de Bilanga, le fonctionnaire corrompu. Chez Marie:

> Un divan à trois places et quatre sièges en rotin composaient l'essentiel du salon, autour d'une petite table ronde et basse en bois d'acajou verni. . . . Ce mobilier réduit, mais bien entretenu, reposait sur un morceau de tapis aux fleurs en étoiles, jaune et marron clair. Les rideaux étaient dans les mêmes tons. (13-14)

Chez Bilanga:

> Le salon était vaste, encombré de sièges et de divans rembourrés qui reposaient sur de grands tapis d'Orient. Le sol était en marbre blanc. Outre le portrait du nouveau président de la jeune République, quelques tableaux célèbres de peintres autochtones ornaient sans discernement les murs. . . . Des masques grimaçants, des lances et des grands couteaux de fabrication locale mettaient une note belliqueuse dans ce décor que complétait une grande bibliothèque vitrée, placée près d'une cheminée en marbre. (48)

Au travers de ces quelques lignes, les deux classes sociales apparaissent clairement, en plus des différences de caractères. Chez la première, la modestie des moyens et le bon goût dominent, chez le second, l'ostentation, la volonté de puissance s'observent dans chaque détail. De plus, l'auteur a rendu ses descriptions réalistes en choisissant des objets courants au Cameroun. Il exagère sans doute quand il introduit dans le décor des tapis d'Orient et du marbre. Il semble, en effet, peu vraisemblable qu'un fonctionnaire qui n'a pas encore atteint l'échelon le plus élevé puisse posséder de telles richesses. Qu'à cela ne tienne. L'exagération, s'il y a, sert à faire comprendre le personnage.

Les descriptions des salons chez Marie et chez Bilanga soutiennent, par leur vocabulaire et par les détails qu'elles mettent en relief, la thèse du roman selon laquelle la corruption et la tyrannie dirigent à elles seules la classe privilégiée. Sans doute, la méthode n'a rien d'original, des romanciers occidentaux ont fait de même, par exemple Honoré de Balzac dans *Le Père Goriot* et Emile Zola dans *Germinal*[42]. Le premier ridiculise la pauvreté de l'esprit petit bourgeois lors de ses descriptions de la pension Vauquer et le second stigmatise l'égoïsme de la bourgeoisie industrielle quand il parle de la Piolaine. Toutefois, chez les romanciers camerounais, elle permet d'économiser les moyens, de dire beaucoup en peu de lignes, au contraire de leurs collègues occidentaux qui ont plutôt cherché à évoquer de nombreux détails visuels.

Les objets usuels, tout comme l'ameublement, n'ont cependant pas grande importance dans les romans et les auteurs ne les décrivent qu'à l'occasion. Certes, ils les nomment pour leur utilité directe dans l'action et ils en donnent des listes lors des palabres matrimoniales. Dans ces cas, ils reconnaissent leur présence, mais non pas leur apparence. En dehors de ces moments, les romanciers ne s'y arrêtent guère. Il leur suffit d'annoncer que leurs personnages possèdent une maison en « dur » et une voiture avec chauffeur pour faire comprendre qu'ils jouissent d'un confort matériel (*Vies*, 41).

Alors qu'il s'attend à une fascination pour toutes les innovations occidentales, le lecteur reçoit l'impression que l'objet n'est jamais vu dans sa rareté, sa nouveauté ou au travers d'un attachement sentimental. Il y a bien quelques exceptions comme le démontre la description des commodités de la maison de Perpétue ou quand Pabe Mongo décrit un transistor dans *Bogam Woup*:

> Le perroquet métallique accroché au baobab de Mbamais était la huitième merveille du monde. Depuis plus de cinq ans qu'il était apprivoisé là, il se nourrissait de quatre piles wonder rondes qui lui demandaient deux bons mois de digestion. Pendant ce temps, il bavardait tout seul comme un détraqué mental. (79; *Perpétue*, 250; *Pris*, 60; la photo dans *Lettre*, 44-45)

Description comique et anthropomorphique certes, mais qui exprime bien l'émerveillement des villageois vis-à-vis de l'objet.

Etrangement, dans un pays où tout objet coûte cher, les difficultés que les gens ont eues pour se le procurer n'apparaissent pas dans les romans (exception l'achat de la Vespa dans *Perpétue*, 140-41). A vrai dire, si les romanciers ne décrivent pas les objets, s'ils ne s'étendent pas sur les sacrifices que leur achat demande, ce n'est pas parce qu'ils méprisent les possessions matérielles, mais plutôt parce que l'objet n'a de prix que lorsqu'il augmente la valeur sociale de son posssesseur. La maison, la voiture, les vêtements posent leur homme (on a d'ailleurs parlé de ces derniers comme faisant partie du personnage). Ils établissent, d'une manière visible et compréhensible par tous, son importance et sa puissance. Cette attitude explique pourquoi les romanciers ne parlent d'argent que quand il s'agit d'une dot ou de frais scolaires (*Christ*, 45, 109-10; *Perpétue*, 253-58; *Vies*, 12). En effet, l'un comme l'autre renforce l'importance sociale des personnages, le premier parce qu'il déclare la personne digne de procréer et le second parce qu'un diplôme augmente toujours la valeur de celui qui le possède. De là, le peu d'attention aux objets qui ne peuvent se montrer dans la rue et de là aussi, l'intérêt pour les moyens de locomotion.

Bicyclettes, motocyclettes, voitures, camions ont leur place dans les romans parce qu'ils confirment la position sociale de son possesseur: le père Drumont voyage à bicyclette suivi par Denis et Zacharie à pied; Medza ne part en « mission » que lorsque le village lui permet d'emprunter la nouvelle bicyclette du chef; Princess préserve son prestige en roulant sur la sienne, une « Hercules »; le roi Albert espère améliorer ses chances de succès aux élections en achetant une Citroën 2 Chevaux et Bilanga ne se déplace jamais sans sa Mercedes (*Christ*, 28, 32; *Mission*, 33-36; *Poupée*, 63-64; *Roi Albert*, 139; *Chauves-souris*, 24, 44).

De nos jours, posséder une auto est une obligation pour qui veut paraître[43]. Avant, une bicyclette aux chromes brillants suffisait. Princess, par exemple, avait refusé une voiture parce que son mari ne pouvait lui en offrir une neuve (*Poupée*, 66). Signe de puissance, la voiture devient à l'occasion objet de haine comme dans *Le Roi Albert d'Effidi* où les villageois, désireux de rabaisser la morgue du commerçant, démolissent l'engin (*Roi Albert*, 157-58). La fascination avec les moyens de locomotion provient de ce qu'ils représentent le niveau social de leur propriétaire, mais aussi de ce qu'ils semblent animés par une vie mystérieuse. De là, une description telle que la suivante:

> La camionnette émit une sorte de long mugissement qui se mua en un craquement sec propre à semer la panique même parmi une brochette de colonels. Non sans que les roues aient eu le loisir de patiner plusieurs dizaines de tours sur place, on vit le véhicule s'élancer en un bond vertigineux, retomber pour ainsi dire pattes jointes et avec un terrible bruit de ferraille. . . . (*Roi miraculé*, 48)

Des lignes de ce genre se retrouvent à diverses reprises[44]. Tous n'y passent pas un long paragraphe. René Philombe, par exemple, se contente de quelques verbes: « On l'entendait gémir, geindre, grincer, tousser, croasser, hoqueter, piailler de détresse », mais il utilise la même méthode que Mongo Beti pour rendre une voiture pareille à un animal mythique (*Sorcier*, 100). Francis Bebey est plus prosaïque quand il parle d'une bicyclette dans les termes suivants: « une sale vieille machine dévorée par l'ingratitude » (*Poupée*, 63).

D'ailleurs, c'est l'aspect vivant d'un objet qui arrête les écrivains. La bicyclette est comparée à un cheval, la radio ressemble à un animal doué d'une voix humaine ou bien:

> Il y a dans la salle-à-manger un grand buffet en formica. . . . Les années ont passé, et le meuble est resté vaillant. Il a perdu deux de ses quatre portes: un geste de trop et elles sont restées accrochées à une main étonnée. . . . La flamme lèche le verre de la bouteille faisant danser sur les murs les ombres des meubles: un lit qui prend la forme d'un accordéon crevé, une commode qui troue le plafond, une chaise qui étale ses quatre pieds telle une pieuvre. (*Bogam*, 79, 131; *Mission*, 36; *Bal*, 14-16)

On voit bien là l'habitude de créer des images qui changent de formes et d'animer les objets d'une vie propre pour rendre sensible le concept suivant lequel l'homme se trouve entouré de forces.

E. La Vie quotidienne

Comme les romanciers s'intéressent à l'ordinaire et à rendre leur monde fictif vivant et réaliste à la fois, ils s'arrêtent à tout ce qui fait partie de la vie journalière, même si cela n'a pas d'importance pour l'intrigue. Ils font souvent allusion à des scènes qui se passent tous les jours. Outre les renseignements qu'elles donnent directement et indirectement sur le personnage, ces scènes participent au réalisme de l'œuvre et, à l'occasion, elles contiennent un sens symbolique. Il n'y a rien d'étonnant à cela puisque les descriptions de la nature, des villes et villages, des objets servaient déjà à ces buts. De cette façon, les scènes font ressentir, elles aussi, que l'homme se trouve entouré de vies et de forces sur lesquelles il a peu ou pas d'influence. Elles rappellent, en outre, que le personnage central n'est pas un être différent des autres, qu'il fait, comme le reste de l'humanité, partie d'un tout. Le mot scène s'emploie ici dans le sens d'une description de personnages en mouvement et dans un lieu déterminé. Elles peuvent se départager en scènes de rue; dans un lieu public tel qu'église ou bar; dans un édifice gouvernemental tel que bureau d'administration, hôpital ou prison et scènes traditionnelles.

Cette classification met en évidence le fait que les auteurs choisissent des endroits spécifiques suivant le sens qu'ils veulent leur donner. Chez Francis Bebey, par exemple, les scènes dans la rue servent souvent à se moquer des hommes, soit des policiers qui se laissent tromper par les joueurs de roulette, soit des écrivains publics qui, malgré leur ignorance, se croient supérieurs aux autres hommes, soit des marchands qui manquent d'habileté commerciale (*Poupée*, 71-72; 124-25; 139-39). Les scènes dans les rues concrétisent souvent les opinions que les auteurs ont sur les mœurs. Joseph-Jules Mokto dans *Ramitou, mon étrangère* décrit diverses activités qui se passent dans la cour de la mission pour schématiser l'occupation principale de quelques groupes choisis: les hommes ne pensent qu'à l'argent, les jeunes gens à courtiser les filles et les enfants à inventer des espiègleries (41). Un peu plus loin, dans ce même roman, l'auteur décrit l'arrivée d'une voiture postale—un vieil autobus qui transporte voyageurs et courrier—non seulement parce qu'il s'agit d'un événement courant et d'importance à la fois, mais aussi pour montrer, avec les mouvements de la foule et des objets, la soif des voyages et des nouvelles (79). Mongo Beti, lui se sert de ce genre de scènes pour faire à l'occasion des commentaires politiques. Ainsi, dans *Perpétue et l'habitude du malheur*, il décrit le manque d'animation d'un centre commercial d'une petite ville pour démontrer l'étendue de la tyrannie de Baba Toura qui va jusqu'à empêcher les petites gens de vaquer à leurs affaires (9-10). Quant aux scènes de marché, si exotiques pour le lecteur occidental, elles donnent principalement de la vie au texte[45].

Avant l'indépendance, les scènes dans les églises exposaient l'hypocrisie des Blancs qui cherchaient à imposer aux Noirs un code de conduite qu'ils ne suivaient pas eux-mêmes (*Vie*, 52-55). Après 1960, elles démontrent le manque de compassion de la société camerounaise ou son incompréhension de la religion chrétienne (*Terre*, 105-08; *Croix*, 10-14). Celles dans les bars-dancings, lieu de rencontre des hommes et femmes qui cherchent un partenaire, se lamentent sur le relâchement des mœurs et sur l'épanouissement des vices (*Chauves-souris*, 122-25; *Fuliou*, 13-14). Suivant qu'elles se passent dans un bureau ou aux champs, les scènes de travail ridiculisent les employés de l'administration ou au contraire elles soulignent la dureté du labeur champêtre (*Nègre*, 159; *Faliou*, 28; *Revanche*, 93, 95; *Afrique*, 15-18).

En général, ces scènes sont familières, quelques-unes sont toutefois plus exceptionnelles comme les manifestations populaires dans *Remember Ruben* (301-13), *La Ruine presque cocasse d'un polichinelle* (206-78), *La Revanche de Guillaume Ismaël Dzewatama* (158-65) et dans *La Poupée ashanti* (91-104). Ainsi, Francis Bebey décrit une manifestation des femmes du marché à Accra. Il en donne une vue générale, mais son attention se tourne rapidement vers Edna qu'il transforme, pour un moment, en Jeanne d'Arc, rare glorification d'un personnage romanesque (*Poupée*, 103). A vrai dire, cette scène ridiculise surtout les policiers, les soldats et les politiciens.

Que Mongo Beti ait utilisé ce genre de scènes le plus souvent n'étonne guère puisqu'il se veut engagé dans la lutte pour la libération des Camerounais. Il est remarquable, cependant, qu'il ne montre pas vraiment de grands mouvements de foules, ainsi que l'avait fait un Emile Zola dans *Germinal*, par exemple. Comme Francis Bebey, il aime mieux suivre ses personnages individuellement que quand ils font partie d'une large masse. Cette préférence s'observe bien dans la scène du taureau (*Mères*, 19-20). Elle montre l'affolement de la foule qu'un jeune taureau échappé terrorise. Après avoir décrit la panique générale en quelques lignes, l'auteur s'intéresse plus longuement aux actions d'Agatha, la mère de Guillaume Dzewatama. L'important pour lui, outre le désir d'animer son récit, est de concrétiser le fait que le destin de Guillaume sera « précaire et cahoteux ». L'animal furieux symbolise, dès lors, les effets que les actions antidémocratiques du gouvernement auront dans la vie de l'enfant[46].

Rémy Gilbert Medou Mvomo utilise dans *Le Journal de Faliou* une méthode identique d'inclure dans une scène une signification symbolique. Sur une même page, il décrit deux scènes auxquelles Faliou assiste. Il voit d'abord le « sauvetage » d'une chèvre aux pattes cassées et ensuite l'agonie d'une femme dans un parc (137). Ces deux scènes que l'auteur rend très réalistes par le choix des détails mettent en parallèle le sort de l'animal et de la femme à celui du personnage. Indifférente à la souffrance des autres, la foule regarde la victime avec une curiosité mêlée de peur, mais elle ne lui porte pas secours. Certes un homme met la chèvre sur le bas-côté de la route pour éviter qu'une voiture ne l'écrase. Son geste ne soulage pas la pauvre bête qui, ne sachant plus se déplacer, finira par mourir péniblement. Et Faliou, lui ressemblant, rejeté de la voie qui mène au succès, incapable de trouver un travail rémunérateur, se rend compte que toutes ses tentatives pour sortir de l'ornière de la pauvreté sont contrecarrées par l'insensibilité et par la jalousie des autres.

En vérité, les auteurs ne composent pas toujours ces scènes dans un but artistique bien défini et certaines n'existent que pour le plaisir. Ainsi dans *Afrika Ba'a*, Rémy Gilbert Medou Mvomo décrit comment les jeunes villageois interrompent le bain des filles et les forcent à se sauver nues (28-29). Scène pleine de vie et de gaieté dans un ouvrage un peu prêcheur. Si des moments humoristiques comme celui-ci viennent à l'occasion alléger le texte, par contre des scènes de brutalités en assombrissent le contenu[47]. Pendant l'époque coloniale, les auteurs ont décrit diverses punitions corporelles et ils ont suggéré que la présence habituelle de la brutalité venait du régime lui-même. Plus tard, Mongo Beti accuse le gouvernement de Baba Toura d'en abuser pour soumettre les populations (*Perpétue*, 12, 18, 248, 268). A vrai dire, ce type d'épisodes montre l'acceptation de la violence dans la société, surtout lorsqu'il s'agit des relations entre mari et femme. Trop souvent, en effet, un mari qui « aime bien, châtie bien ». D'ailleurs, c'est la meilleure méthode de mettre de l'ordre dans sa maison[48].

La violence exprime selon certains la tyrannie gouvernementale, selon d'autres la frustration des villageois devant l'ostentation de quelques personnages (*Bal*, 57-58, 80, 82; *Roi Albert*, 145; *Chauves-souris*, 194-96). Là, elle se dirige seulement envers des objets, mais dans plusieurs romans, elle s'attaque aux humains (*Bogam*, 67-71; *Fils*, 114-15; *Perpétue*, 289-92; *Croix*, 126-69; *Reine*, 63, 118). Il faut observer cependant que dans ces derniers cas les villageois ont recours à des coutumes anciennes. Ainsi Charly-Gabriel Mbock décrit un combat entre enfants et un autre entre deux hommes dans *Quand saigne le palmier*. Ces combats font partie des mœurs locales et, à cause de cela, l'auteur en parle sans colère et sans vouloir dégoûter ou choquer le lecteur (74-82).

Les écrivains cherchent-ils à transcender la violence comme on l'a vu pour *Perpétue et l'habitude du malheur* ou veulent-ils dire qu'elle ne peut s'employer que dans les circonstances prévues par la coutume? L'une ou l'autre explication paraît plausible. Toujours est-il qu'en dépit de sa présence courante la violence met rarement fin à la vie de quelqu'un. Il y a bien *Siang*, un petit roman populaire qui raconte un double meurtre (35-39), mais il s'agit d'une exception. Les personnages quoique grièvement blessés se remettent. Les tentatives de suicide ne réussissent pas souvent. Peu de personnages centraux meurent. Si cela arrive, le lecteur n'assiste pas à ses derniers moments (exception notable dans *Vie*, 11-14). Quand ils s'arrêtent à décrire un accidenté de la route, les romanciers font des commentaires tels que « on meurt comme on a vécu », « on meurt par où on a péché » (*Vie*, 26; *Christ*, 51). En vérité, la mort n'est pas décrite comme la conclusion naturelle de la vie, mais comme le résultat de la méchanceté de la société ou d'une attitude aberrante[49]. Ainsi, injustement accusée de sorcellerie une vieille femme se suicide et Mangwa meurt jeune et sans enfant parce qu'elle n'a pas respecté la coutume et parce qu'elle a essayé de se faire avorter[50].

Quant aux scènes traditionnelles, elles ajoutent au réalisme des romans puisqu'elles décrivent des coutumes. A l'occasion, elles donnent aux œuvres un cachet original comme dans le cas de l'*essana* et de l'*akus* qui n'existent pas sous les mêmes formes dans les autres régions de l'Afrique noire (*Tante*, 205-10; 230-39). Qu'elles se passent dans la hutte d'une villageoise, sur la place du village ou cachées par la forêt n'a pas de conséquence dans leur signification ni pour la manière dont les auteurs utilisent ces scènes. En tout cas, c'est un des rares sujets où les auteurs donnent leurs opinions personnelles. Les uns veulent préserver le souvenir de ces coutumes, les autres démystifier leur pouvoir. Certains cherchent à les ridiculiser, quelques-uns les utilisent pour exprimer que l'homme ne peut ni tout comprendre ni tout expliquer. L'attitude d'un même auteur devant certaines coutumes dépend aussi en quoi elles consistent. Il y a en qui peuvent avoir des conséquences graves alors que d'autres paraissent bien innocentes.

Les auteurs décrivent divers types de scènes traditionnelles: des palabres de mariage (*Pris*, 140-48; *Fils*, 73-86); des protections contre le mauvais sort (*Fils*, 133-40); des épreuves pour connaître la vérité (*Croix*, 126-75); des punitions (*Bogam*, 67-70; *Fils*, 114-15; *Croix*, 113); des confessions publiques (*Homme-dieu*, 59-66; *Ruine*, 297-99). La liste n'est pas exhaustive. Quant aux initiations, elles ne sont pas représentées par les cérémonies elles-mêmes, mais par des scènes métaphoriques ainsi qu'on l'a vu à propos du *Vieux Nègre et la médaille* et de *Mission terminée*.

La présence de ces scènes traditionnelles, en plus du réalisme qu'elles donnent aux romans, révèle la complexité de la culture camerounaise où des habitudes païennes coexistent avec d'autres chrétiennes. Bien qu'ils vivent en ville, bien que leurs contacts avec la vie campagnarde aient diminué et que les coutumes elles-mêmes subissent des changements, les romanciers continuent à les prendre comme objet de leurs œuvres. La présence courante de ces scènes prouve que les auteurs ont gardé un fond culturel venant de leurs origines. Au lecteur de s'habituer à ce mélange, hétérogène pour les puristes, mais parfaitement compréhensible vu les circonstances.

Enfin, outre le réalisme qu'elles ajoutent, outre les interprétations qu'elles favorisent à cause de leur genre et du lieu où elles se passent, les scènes dans les romans tirent des effets de leur style:

> Des enfants pataugeaient dans les flaques et, dans une étrange bataille, barbotaient, criaillaient, riaient, s'époumonaient, tout contents de s'éclabousser. . . . Les petits belligérants s'envoyèrent mutuellement une dernière éclaboussure, une ultime motte de boue; ils ramassèrent leurs sacs et prirent leurs jambes à leur cou. « La cloche a sonné! La cloche a sonné! » scandaient-ils en se faisant des niches, en sautant d'une jambe sur l'autre. (*Brise*, 43)

Une série de phrases courtes—sujet, verbe, objet—continuent le passage (même méthode dans *Brise*, 47; *Bogam*, 51). Lydie Dooh-Bunya a probablement choisi cette façon de s'exprimer non seulement parce que l'école française encourage les élèves à utiliser des verbes actifs, mais aussi parce que les romanciers aiment les procédés stylistiques qui donnent vie à leur texte. Souvent, les écrivains énumèrent les personnages et leurs activités avec la volonté de peindre un tableau varié. Ils obtiennent de cette méthode une image grouillante et confuse. Image qui résume leur façon de voir la nature et l'humanité comme une multitude de vies qui s'agitent dans tous les sens, comme une « vraie fourmilière » (*Afrique*, 33). A cause de cette façon de représenter le réel, le lecteur a le même spectacle que l'aspirant savant lorsqu'il regarde des cellules au microscope. Elles paraissent se déplacer sans but et sans direction.

Tout un chacun sait que le sort des cellules dépend de leurs rencontres hasardeuses, comme de leur durée de vie, c'est-à-dire du temps. Il en est de même pour les personnages romanesques. Décrits physiquement, situés dans un monde environnant qui les dirige vers leur destinée, les personnages subissent aussi les effets du temps. Les spécialistes qui ont étudié la question estiment que, traditionnellement, le temps en Afrique noire est vu plus par sa qualité que par des divisions régulières et arbitraires. Si le jour se partage en quatre périodes suivant la position du soleil: matin, midi, soir et nuit, si les saisons des pluies et saisons sèches rythment l'année, la vie quotidienne est ponctuée par des événements remarquables tels que initiations, guerres avec des voisins, phénomènes naturels inhabituels. Ce qui se passe entre ces temps forts n'a pas grande importance et la durée entre eux est élastique[51]. La forme journal dans *Une Vie de boy* a bien mis cette caractéristique en évidence (69). D'autre part, Dominique Zahan fait une différence entre les expressions swahili *zamani* pour exprimer un passé lointain et *sassa* pour un passé proche[52]. Ce passé lointain, mythique ou historique, peut ne pas remonter plus haut que les dernières grandes migrations des populations qui eurent lieu au dix-neuvième siècle comme dans le cas des Beti[53]. Les ethnologues ne partagent pas tous cette façon de comprendre la notion de temps. En effet, pour certains, seul le passé que la mémoire d'un homme peut se rappeler existe. Ils se remettent tous d'accord, cependant, pour dire que le futur continue le présent et qu'il ne s'imagine que sur une courte durée.

A vrai dire, l'avenir n'a pas grande importance dans le roman en général, et dans le roman camerounais en particulier, et pour de bonnes raisons. Toutefois, les œuvres qui ont une fin « ouverte » encouragent le lecteur à penser que pendant le reste de sa vie, le personnage fera face aux événements comme il l'avait fait au cours du roman (*Ruine*, *Mission*). Puisque ce type de fin apparaît surtout dans les romans basés sur le schéma initiatique, elles impliquent que le personnage continuera à montrer et à utiliser ses qualités. En fait, la manière « ouverte » de terminer un roman suggère qu'une fois les problèmes résolus, la vie continue même si l'on peut prévoir avec certitude que d'autres complications se présenteront sur le parcours du personnage.

D'autre part, comme le personnage meurt rarement, une fois la crise surmontée, le quotidien reprend ses droits (*Rencontres*; *Poupée*; *Roi miraculé*; *Bogam*). Rien de tragique ne s'est passé. L'équilibre secoué un moment par les mésaventures du personnage se retrouve. Ces observations remettent en mémoire l'article de Suzanne K. Langer sur le rythme comique[54]. Elle y définit l'action comique comme « l'ébranlement et le rétablissement de l'équilibre du personnage, sa lutte contre le monde et son triomphe grâce à son esprit, à sa chance, à sa force personnelle ou même grâce à son acceptation humoristique, ironique ou philosophique de la malchance »[55]. Considérant que le comique n'est pas nécessairement humoristique, que le tragique exprime « le rythme de la vie de l'homme à sa plus haute puissance et dans les limites de sa carrière unique destinée à se terminer par la mort » et considérant que la mort de l'homme, selon la tradition camerounaise, ne représente pas sa fin, les romans possèdent bien ce rythme comique qui affirme « l'unité de la vie », « la renaissance perpétuelle et la vie éternelle »[56].

Dans ces conditions, le temps ressemble non pas à une circonférence le long de laquelle l'humanité tourne en rond et revit à plus ou moins longue échéance des expériences analogues, mais à une chaîne dont l'origine se perd dans la nuit des temps[57]. Si le soleil se montre tous les jours et si les saisons reviennent avec régularité, le destin des personnages camerounais ne suit pas de cycle. La preuve en est que les deux séries de Mongo Beti *Remember Ruben* avec sa suite *La Ruine presque cocasse d'un polichinelle* et *Les Deux Mères de Guillaume Ismaël Dzewatama, futur camionneur* avec sa suite *La Revanche de Guillaume Ismaël Dzewatama* ne sont pas basées sur une répétition d'événements semblables, mais bien sur une ascension morale, spirituelle ou politique du personnage: Mor-Zamba devient le chef d'Ekoumdoum et Guillaume apprend à dominer son destin. D'ailleurs, au travers de leurs mésaventures, les personnages tels que Meka, Bogam, Mbenda découvrent comment ne pas se laisser conduire par leurs défauts (*Nègre, Bogam, Fils*). Aussi, cette image du temps semblable à une chaîne convient bien à l'esprit camerounais. De toute façon, comme le dit si bien Newell S. Booth: « le sens de l'unité [entre l'homme et la nature] transcende le temps dans une continuité qui unit le présent au passé et à l'avenir »[58]. A remarquer que c'est la manière dont beaucoup d'Africains voient les relations entre les générations, l'homme et ses ancêtres formant une chaîne dont chacun est un anneau[59]. Dès lors, le destin de l'individu se confond avec celui de sa famille, clan ou tribu ce qui explique en partie pourquoi les personnages centraux n'ont rien de remarquable et pourquoi ils tiennent si peu du héros.

La notion de temps liée à celle du destin impose ainsi une vision particulière de l'homme dans les romans. Elle domine tant la pensée des auteurs qu'ils ont de la difficulté à la laisser de côté même dans des œuvres aussi occidentales de forme telles que le journal. *Une Vie de boy*, *Le Pauvre Christ de Bomba* et le *Journal de Faliou* appartiennent tous trois à ce genre. Dans le roman occidental, le journal suppose que le passage du temps a grande importance sur le texte ou sur le développement du personnage[60]. Il implique que chaque jour qui passe ne ressemble à aucun autre, qu'il est unique et qu'une fois passé, les moments qu'il contenait ne se retrouveront plus.

Dans les romans camerounais, ni le passage du temps ni l'aspect irremplaçable des moments n'apparaissent. Le didactisme et la volonté d'exemplarité empêchent les personnages d'éprouver l'anxiété née de cette conception du passage irrévocable du temps. S'il y a une date, c'est pour situer le point de départ de l'action: « tout a commencé le plus naturellement du monde, en 1930, le 14 juillet » (*Fiancés*, 7). Cependant, l'information n'a pas grande valeur. Le lecteur découvre bien que le récit s'étend sur plusieurs mois et que le temps passe, mais cela n'ajoute rien ni à la compréhension du personnage ni à l'action (*Faliou*, 5, 61, 155).

Toundi, dans *Une Vie de boy*, ne note que d'une manière vague le passage du temps, quand il en prend la peine: « Août », « après l'enterrement », « l'après-midi », « Deuxième nuit au camp des gardes ». Ces quelques indications ne suffisent pas à marquer la suite des jours (15, 31, 100, 173). Plus soucieux de montrer le colonialisme en action, Ferdinand Oyono a oublié de prévenir le lecteur du passage du temps quand, par exemple, il a transformé le jeune garçon en boy bien éduqué sachant lire, parler français et servir la messe (24). En fait, il n'a pas cherché à adapter le rythme de l'action à celui de la vie du personnage. Il traite le temps comme s'il était élastique puisqu'il passe sous silence certaines périodes étendues et puisqu'il décrit en longueur d'autres plus brèves[61]. Par ailleurs, l'emploi simultané du présent et des temps passés crée, comme l'a fort bien remarqué Kwabena Britwum, des effets spéciaux[62]. L'alternance entre passé composé et passé simple—temps du discours opposé à temps du récit—a pour conséquence principale d'établir une dichotomie entre le héros spectateur et le narrateur. Celle-ci, d'une part, fait ressentir la fêlure qui existe dans ce jeune homme qui voit, mais qui ne comprend pas. D'autre part, elle affaiblit la forme « journal », elle la vide de son contenu et elle la rend si superficielle qu'elle en devient une sorte de déguisement grossier du récit romanesque.

Ferdinand Oyono partage avec plusieurs de ces collègues son indifférence vis-à-vis de la précision temporelle. Il y a bien Samuel Mvolo dans *Les Fiancés du grand fleuve* et René Philombe dans *Un Sorcier blanc à Zangali* qui notent la date exacte au début de leurs romans, mais à part ces quelques exceptions, les romanciers se contentent de situer vaguement leurs œuvres pendant l'époque allemande, l'entre-deux-guerres, après la Deuxième Guerre Mondiale et après l'indépendance. Par suite, le récit historique ne se rattache pas à un événement ou à une série d'événements spécifiques, mais à une période *zamani* pour avant l'arrivée des Français et *sassa* depuis, les romanciers préférant parler de cette dernière, du passé le plus proche et avec lequel ils ont eu le plus de contacts.

En vérité, les descriptions s'intéressent à bien des aspects divers du quotidien. Si elles touchent parfois à des notions abstraites comme le temps, elles préfèrent cependant le concret comme la forêt, la ville, les objets ou même la nourriture et les boissons. Les auteurs parlent de ces dernières par souci de réalisme tout autant que pour l'amusement qu'ils retirent à évoquer un plaisir ou, au contraire, un dégoût quand il s'agit d'une mauvaise préparation (*Ramitou*, 13). Ils donnent le nom des plats que les femmes préparent aux hommes, mais ils n'en décrivent pas souvent l'apparence. Ils ne s'y réfèrent pas non plus dans un but symbolique. Curieusement, ils font surtout allusion à la nourriture dans les romans campagnards alors que ceux qui se passent en ville contiennent plutôt des scènes de soirées où l'on boit presque sans manger. Les romanciers montrent rarement les personnages assis en groupe ou autour d'une table comme Joseph Owono le fit dans *Tante Bella* où il nota une partie d'un menu à l'occidentale (44; *Sorcier*, 76). La nourriture n'a visiblement plus la même importance que dans les contes ayant pour sujet central la famine[63]. Cette nouvelle attitude vis-à-vis de la nourriture s'explique par l'abondance et la variété des produits disponibles et par l'affaiblissement des habitudes communautaires surtout en ville où les repas se prennent dans l'intimité de la famille nucléaire. Il n'y a donc plus autant de nécessité à encourager les hommes à la frugalité et au partage. Les interdits alimentaires, si courants dans la coutume, disparaissent et avec eux les significations religieuses, sociales ou autres liées à la nourriture. De temps en temps, le lecteur en retrouve quand même les traces comme lorsque Gosier d'Oiseau dévore une banane, symbole de la gloutonnerie des Blancs ou quand Mor-Zamba mange des oranges volées à Ekoumdoum, geste insultant pour les paysans et que l'on comprend plus tard comme signifiant sa réelle appartenance au village[64].

Alors que la nourriture aurait pu enrichir le contenu symbolique des romans, les écrivains en parlent le plus souvent dans le seul but de contribuer à rendre leurs romans réalistes. La même conclusion se tire de leurs références aux boissons alcooliques. Il y a bien *Quand saigne le palmier* pour rappeler des attitudes anciennes et significatives envers le vin de palme, mais les romanciers remarquent surtout le plaisir que les Camerounais avaient, avant l'indépendance, de tromper les Blancs qui leur avaient interdit de fabriquer et de consommer les alcools locaux (*Fanatisme*, 10-11). A part cela, il y a quelques allusions au bon goût du vin de palme et, depuis 1960, le champagne a remplacé le whisky chez toute personne qui se respecte (*Croix*, 32; *Afrique*, 93). Surnommé « l'eau du pays », il signifie évidemment l'importance comme la richesse de celui qui se le paie et qui l'offre à ses hôtes[65].

Les références à l'alcool et à la nourriture ne sont pas faites uniquement pour montrer une image photographique. A l'occasion, les auteurs les utilisent pour évoquer des odeurs ou des goûts. Soucieux d'impressionner leurs lecteurs, ils font parfois intervenir dans leurs descriptions du monde extérieur d'autres sens que la vue. On avait déjà observé l'intérêt pour les sons et plus rarement pour les parfums lors des descriptions des aubes. Il y a, par exemple, dans *Ramitou, mon étrangère* une description des effets que la musique a sur les clients d'un bar:

> D'abord un roulement sur la petite caisse imitant la pluie sur les toits en nattes de raphia des cases de chez nous. Le bruit s'amplifie: c'est un troupeau de chevaux en rut, un troupeau de chevaux enragés qui montent à l'assaut des feux de brousse. Puis ce n'est qu'un galop éperdu mêlé au bruit des cravaches qui claquent et reclaquent, et qui se meurt peu à peu là-bas, dans les lointaines profondeurs. . . . Il semble que toute la nature déchaînée se révolte dans les mains gigantesques d'un dieu coléreux qui la broie sans merci. Enfin, l'étreinte se desserre; . . . il ne subsiste plus que le galop régulier et décroissant des chevaux qui regagnent promptement leurs villages inexplorés par l'homme là-bas à l'infini. (65)

Ce passage est très expressif bien que l'auteur se réfère à des sons que la plupart des Camerounais ne connaissent pas, le cheval ne vivant pas communément dans le sud-est du pays. La répétition des sons imitatifs surmonte néanmoins cette déficience[66]. Le passage obtient son efficacité grâce au visuel et à l'auditif, mais il a, en plus, recours au surnaturel pour augmenter sa puissance évocatrice. Le réel n'y perd rien toutefois: « les mains gigantesques d'un dieu coléreux » évoque une image fantastique certes, mais facilement imaginable parce qu'anthropomorphique.

L'odorat permet aux écrivains de rendre sensible le monde qui entoure leurs personnages:

> Sa prison. Une senteur de moisissure. Elle est là, palpable, vivante. L'odeur d'une bête putrifiée, un rat éventré, de matelas refuge de mille insectes piquants et voraces. Sa prison. L'odeur de son corps suant

qu'il ne pourra plus décrasser dans le fleuve. Il hait cet endroit infect.
La merde à vous mutiler les narines. (*Bal*, 40)

Outre l'expressivité de ces lignes, il faut remarquer que le mot « prison » suffit à Yodi Karone pour dire qu'il y a des murs, des barreaux et des gardes. Le lecteur n'a pas besoin de plus, car les sensations du personnage lui font ressentir toute l'horreur du lieu. Par ailleurs, le passage est expressionniste en ce que la représentation de la réalité se trouve transformée pour exprimer le particulier aussi bien que le général.

Si les odeurs prévalent ici, si les sons dominaient dans les représentations des aubes, le toucher et le goût n'ont qu'une part insignifiante dans les descriptions du milieu ambiant malgré cet extrait du *Bal des caïmans* puisque les écrivains disent peu en général sur le goût de la nourriture et des boissons et puisqu'ils font rarement allusion aux sensations reçues par le toucher[67]. Dans le passage sur le salon de Bilanga cité un peu plus haut, Bernard Nanga aurait pu rapprocher la froideur du marbre de celle de son personnage (*Chauves-souris*, 48). Or, il ne l'a pas fait bien qu'il ait soigneusement établi les relations entre le mobilier et la personnalité du fonctionnaire. A croire que le toucher et le goût n'ont qu'une importance très secondaire dans la manière dont l'homme appréhende le monde.

Au reste, Alexis Kagame observe au cours de son étude intitulée *La Philosophie bantu comparée* que, traditionnellement, les Bantous reconnaissaient principalement deux sens, la vue et l'ouïe de sorte que le vocabulaire servant à décrire les sensations ressenties par cette dernière exprimait aussi les sensations du toucher, de l'odorat et du goût[68]. D'autre part, on a vu précédemment que la vue et l'odorat ne donnaient pas uniquement des informations sur le monde, mais qu'ils offraient les moyens à l'homme attentif de la comprendre. Cette fonction semble en fait importer plus que les plaisirs ou les peines que les personnages tirent de leurs sens. Par conséquent, les romanciers notent des sensations non pas tant pour compléter une description, ainsi qu'on s'y attend dans la littérature occidentale, mais pour faire comprendre au lecteur le monde romanesque. Ce faisant, ils évitent de longues explications. Pareille manière de s'exprimer révèle leur préférence pour une écriture serrée, concentrée, plus suggestive qu'explicative. Elle met aussi en évidence la croyance des romanciers que l'intelligence n'est pas le seul mode de connaissance mis à la disposition de l'homme. Il faut lui ajouter les sensations perçues par la vue et par l'ouïe. Ainsi, Toundi doit non seulement entendre parler du racisme des Blancs, il faut qu'il en voie les manifestations et qu'il en subisse physiquement les effets pour comprendre la réelle signification du mot (*Vie*).

En vérité, les romanciers ne cherchent pas à donner une vue complète du monde extérieur. Le terme de *patchwork* fait bien comprendre leur tactique. Ils assemblent dans leurs romans diverses notations sous des formes différentes. C'est l'ensemble qui donne le dessin final, alors que chacune des parties prise séparément n'offre pas grand intérêt. Cela ne les empêche pas d'utiliser un grand choix de techniques stylistiques ni d'employer tous les sens, seulement il n'y a aucun systématisme. A certains moments, ils insistent sur la vue, à d'autres sur l'ouïe. Ils ne créent donc pas ces tableaux à la Chateaubriand dans lesquels chaque sens y avait une part.

Tout au long de ce chapitre, ce sont les mêmes observations qui reviennent. Qu'il s'agisse du paysage, de l'ameublement, des moyens de transport, les descriptions sont courtes, mais elles se veulent vraies, donc non idéalisées, et animées. Elles s'intéressent à l'ordinaire et laissent de côté le rare et l'inhabituel. Bien qu'elles s'occupent principalement du monde extérieur, elles expriment à travers lui les sentiments, la psychologie ou le destin du personnage. Elles ajoutent ainsi aux informations données par les dialogues et par les descriptions des personnages eux-mêmes. Bref, ces descriptions disséminées tout au long du texte finissent par donner, grâce à leur accumulation, un tableau réaliste de l'environnement camerounais.

Le réalisme des romanciers ne veut toutefois pas dire qu'ils se prennent toujours au sérieux. D'ailleurs, la vie quotidienne, si elle se montre souvent violente, ne peut se concevoir sans le rire. Il faut en convenir, « L'Africain . . . , rit de tout. . . . C'est un rire 'existentialiste', un rire anti-destin qui lui permet de se moquer des problèmes de la vie »[69]. Le rire remplit dans le roman une fonction complexe parce que, miroir déformant, il modifie la réalité tout en attirant l'attention sur elle. De plus, le rire « nous rend . . . attentif au réel »; il contribue aux buts du réalisme et il agrémente le texte sans pour cela servir d'échappatoire[70]. Considéré par Roger Escarpit comme « un moyen de briser le cercle des automatismes que . . . la vie . . . cristallise autour de nous, . . . [l]'humour fait éclater le cocon vers la vie, le progrès, le risque d'exister » et il permet, grâce à ses propriétés de dépasser le tragique, d'accepter la vie en dépit de ses horreurs[71].

Tous les auteurs ne l'emploient pas. Certains le font rarement, tandis que d'autres ont basé leurs textes sur lui. Francis Bebey, Mongo

Beti—celui de *Mission terminée*, du *Pauvre Christ de Bomba* et du *Roi miraculé*—Pabe Mongo et Ferdinand Oyono offrent les exemples les plus variés et les plus nombreux des diverses méthodes pour provoquer le rire des lecteurs. Suivant l'œuvre, le rire agrémente un texte par trop sérieux ou il modifie sa signification. Il donne, par exemple, la perspective suivant laquelle *Le Roi Albert d'Effidi* doit être lu. En effet, quand Francis Bebey interrompt le récit pour disserter, d'une manière comique cela va sans dire, sur le rire, il place ses lecteurs au-dessus des personnages et cette séparation donne aux premiers la distance nécessaire pour mieux comprendre le sens du roman:

> Si j'étais marchand, moi, je vendrais du rire en paquets, en godets, en sachets, par bolées, par cuvées, par poignées, par cuillerées, par écuellées, par assiettées, par cruchées, par terrinées entières, par stères et décistères.

Outre le manque de logique dans l'énumération qui va d'une mesure à une autre sans raison apparente, outre les néologismes amusants parce que basés sur des racines et suffixes connus, l'auteur rappelle l'importance du rire dans la vie humaine puisqu'il en parle comme d'une nourriture[72]. Avec ces quelques lignes, il indique ne pas avoir voulu composer une œuvre doctrinaire. Les aventures du roi et de ses comparses provoquent le rire justement parce que le lecteur se sait aussi capable qu'eux de se conduire d'une manière ridicule (même façon de faire dans la conclusion de *Nègre*).

Les romanciers obtiennent évidemment un ton comique dans leurs romans quand ils multiplient les procédés littéraires qui font rire. *Une Vie de boy*, *Le Vieux Nègre et la médaille*, *Chemin d'Europe*, *Mission terminée*, *Le Pauvre Christ de Bomba* et *Bogam Woup* ont tous un ton comique qui varie par ailleurs[73]. Les trois premiers livres ont un ton satirique parce que, tout en faisant rire, ils critiquent avec agressivité les mœurs de la société coloniale et ils dénoncent la folie et les vices de l'humanité[74]. Par contre, avec son ton faussement héroïque, on peut considérer *Mission terminée* comme une parodie d'un roman picaresque puisqu'il imite certaines de ses caractéristiques tout en situant l'action dans un monde culturel différent et inattendu[75]. La juxtaposition d'un conquistador portant fièrement son armure rutilante, dominant le monde du haut de son cheval nerveux avec Medza campé sur sa « Raleigh aristocratic » a de quoi amuser surtout que le jeune homme n'a pour horizon que les pieds des arbres longeant la route et qu'il lui faut descendre de bicyclette pour traverser les rivières, les pieds dans la boue (32-36). *Bogam Woup*, d'autre part, à cause des actions et des types de personnages, ressemble plus à une comédie. Ce petit livre montre les travers des villageois dans le but de divertir principalement. Il ne contient pas de sarcasmes comme la satire à l'occasion et l'équilibre ébranlé un moment par la sottise de Bogam se retrouve à la fin[76]. Quant au *Pauvre Christ de Bomba*, à cause de la naïveté du narrateur, il a un ton principalement ironique. Il décrit les perturbations profondes et destructrices apportées par le catholicisme sous le prétexte d'améliorer les mœurs des indigènes. Au lieu de rendre les villageois plus moraux, la religion révélée a, en fait, dégradé les valeurs et provoqué des abus de tous genres. Le roman met en évidence les contradictions entre les aspirations idéalistes du père Drumont, ses actions et leurs résultats, entre la mission spirituelle de l'Eglise et les demandes d'argent ou de prestations faites aux Noirs par les prêtres[77].

Mais quels sont ces procédés littéraires pour provoquer le rire utilisés par les romanciers? Il y en a beaucoup et cette étude en a déjà cité quelques exemples. Certains touchent à la matière, d'autres au style. Parmi ceux qui agissent sur la matière, il faut citer les actions des personnages, leur apparence, leurs tromperies, l'incompréhension entre eux et la description des objets. Des exemples se glanent ici et là: les Blancs sont continuellement pressés et ils deviennent toujours rouges, un personnage glisse sur une peau de banane, Nomo qui essaie de sortir subrepticement a son pagne pris dans la porte découvrant ainsi sa nudité à la grande joie des spectateurs ou ces villageois décrits par Pabe Mongo qui:

> étaient écrasés contre la porte [et qui] collaient l'oreille à l'huis, un œil à la fente [ils] faisaient de grands gestes de bras aux autres, tantôt en demandant le silence et tantôt traduisant on ne savait quelle idée ni quel sentiment dans quel code gestuel improvisé. (*Vie*, 73, 78, 79; *Fils*, 10; *Roi Albert*, 154, 172; *Bogam*, 13, 102)

Le comique provient ici du fait que les personnages s'agitent d'une manière mécanique sans que le lecteur comprenne le sens de leurs mouvements. La scène évoquée par Pabe Mongo ressemble à un film sans son.

Les romanciers décrivent souvent leurs personnages avec humour. Le chapitre 4 en a donné plusieurs exemples (pages 148, 151-53). Les personnages sont souvent caricaturés ou bien réduits à un aspect de leur physique. Mamy Akila se résume par un « postérieur abondamment fourni » et Mamy Nanga, elle « était toute dans sa poitrine » (*Bogam*, 16, 19). Un vieux dans *Une Vie de boy* se caractérise par un « visage aussi ridé que le derrière d'une tortue » et une dame blanche a les « jambes... empaquetées dans son pantalon comme du manioc dans une feuille de bananier » (*Vie*, 62, 76). Le récit de tromperies ne peut manquer d'amuser le lecteur. Par exemple, l'histoire de ce buveur de *ha'a*, un alcool interdit par le gouvernement, qui, surpris un verre en main, fait semblant de se laver les dents; les parieurs qui font croire aux gendarmes qu'ils sont des prédicateurs ambulants; Jo le Jongleur qui se déguise en prêtre musulman et qui tient un discours en un arabe moliéresque (*Bogam*, 15; *Poupée*, 71-72; *Ruine*, 99-102).

L'incompréhension entre les personnages crée des situations comiques ainsi le missionnaire prononce mal un mot d'ewondo ce qui force une jeune femme à lui montrer ses parties intimes au grand scandale de l'assistance; un vieux chef entame une danse frénétique que les Allemands prennent pour une clownerie, mais que les villageois comprennent comme une ruse pour éviter une bastonnade; un Blanc dit à Mbenda « tu auras de mes nouvelles », le village croit qu'il va lui offrir un poste en ville, mais c'est la police qui arrive à la place (*Sorcier*, 11-13, 31-32; *Fils*, 16). Les romanciers aiment aussi décrire des objets avec humour en particulier les véhicules tel celui-ci:

> un de ces autocars vieillots au seuil du brinquebalant, torturé par les crevasses et les saisons, et bourré d'optimisme malgré sa couleur bleu marine. Comme tous les cars du pays, celui-ci avait un nom que l'on pourrait traduire par « Bonne route, Vieux! » (*Poupée*, 176)

Ou bien, autre exemple:

> le véhicule flotta un instant comme s'il cherchait un ami, se pointa sur les deux missionnaires qui s'enfuyaient à toutes jambes, les talonna de près et, au moment où tout un chacun les voyait déjà aplatis sous les roues, ... stoppa avec une brusquerie désespérée, envoyant le bouchon du radiateur dinguer au loin. ... (*Roi miraculé*, 49)

L'humour dans ces deux extraits est obtenu par l'action, par un mélange de termes concrets et abstraits, par une comparaison entre un véhicule, un homme et un taureau et par l'ironie contenue dans le nom de l'autocar.

 Les romanciers utilisent un bon nombre de procédés stylistiques qui font rire. Parmi eux, on compte principalement les expressions prises à la lettre, les explications incongrues, les comparaisons inattendues, les grossièretés, les clichés, les jeux de mots, les exagérations, les noms et l'ironie. Un exemple d'expression prise à la lettre se trouve dans *Pris entre deux forces* où on peut lire: « Ses soutes [de l'avion] avalèrent des tonnes de bagages; l'appareil n'en ressentit apparemment rien » (48). Comme explication incongrue, on trouve une phrase telle que celle-ci: « ils ont perdu l'habitude de sourire pour avoir tant enterré des leurs ou tant perdu de dents » (*Pris*, 13). L'incongruité vient de l'ordre des termes, le plus triste d'abord, le plus ordinaire ensuite. Une comparaison inattendue s'observe, par exemple, quand Mongo Beti compare le plaisir venant d'un chant d'oiseau au soulagement apporté par une poire à lavement (*Mission*, 77). Les grossièretés font rire aussi quand l'auteur incorpore dans le texte une chanson obscène, quand il évoque le mouvement de fesses des danseurs:

> tout le monde s'était oublié dans l'*assiko*, ... il put se rendre compte, ... de quels mouvements diaboliques les fesses humaines étaient capables! Les fesses maigres ou massues, les fesses flasques ou vigoureuses, les fesses humaines, les fesses...

ou quand Pabe Mongo décrit le derrière des vieux en ces termes:

> Le marabout fit venir les chefs de hameaux pour recevoir les premiers lavements. Ceux-ci devaient ôter publiquement leur pagne et dévoiler les fesses! Vous pensez bien que les fesses d'un chef sont précieuses. Elles sont parfois couvertes de croûtes ou de poux ou de pustules qui sont des trésors fabuleux. Le rectum lui-même se trouve dans un état de propreté tout à fait singulier. (*Nègre*, 21; *Roi Albert*, 35; *Sola*, 27; *Bogam*, 125)

La description des parties honteuses, l'ironie et le rabaissement des chefs au niveau du plus simple vulgaire participent tous au comique de ce passage. La représentation des villageois qui mangent d'une manière si peu raffinée citée au chapitre 4, celle des vers juteux et gras que Sonso déguste font aussi partie de ce procédé de grossièretés qui font rire (p. 154, *Sorcier*, 76; *Fiancés*, 122). Des clichés apparaissent à l'occasion comme « c'est tout à fait mon opinion et je la partage » (*Roi miraculé*, 47); des allusions hors de propos à Jupiter, à la fée Carabosse, à Buffalo Bill ne peuvent manquer de faire sourire (*Mission*, 221-22, 237). Des jeux de mots obtiennent le même effet qu'il s'agisse du catholicisme cet « attrape-négros » pour « attrape-nigaud » ou d'une colère « blanche » au lieu de « noire ». Ce dernier amuse non seulement parce qu'il change une expression bien connue en utilisant une couleur opposée, mais aussi parce qu'il fait allusion aux colères que les colonialistes piquaient sans que les Africains en comprennent la raison (*Roi miraculé*, 130; *Nasse*, 15). Les exagérations viennent souvent à propos pour dérider le lecteur telle que celle-ci:

> Quand il [le grand-père] tonnait, les baobabs se fendaient en deux, de haut en bas, des incendies s'allumaient sur le ciel que dévoraient d'immenses flammes de fin du monde, le tonnerre se taisait comme un gorille apeuré par une voix plus terrible que la sienne, tout ce qui avait vie cherchait refuge au sein de la terre et se recroquevillait comme pour laisser passer un déluge. (*Mission*, 59)

Le passage fait rire à cause de l'exagération de départ et, en plus, parce que le reste, pure décoration stylistique, l'amplifie. La vantardise, une forme de l'exagération, amuse de même, par exemple, lorsque Bogam Woup raconte ses exploits de soldats, lorsqu'il se présente aux gendarmes comme « la-dépouille-du-mouton-qui-ne-craint-pas-la-lame » ou encore lorsque le narrateur explique comment seul, armé de son sabre, il a mis en déroute gorilles et bandits (*Bogam*, 28-29, 78; *Tour*, 16-17, 26-27).

Les personnages, les villes, les autocars portent des noms amusants. Beaucoup de romans en contiennent et plusieurs ont déjà été cités au cours de cette étude. Ainsi, le roi Albert mérite ce vocable depuis que, chapeauté et fièrement monté sur sa bicyclette, il évoque la noble figure du roi chevalier, Albert Ier de Belgique (*Roi Albert*, 26). Un commerçant grec se voit affubler du nom de Kriminopoulos parce que ses prix sont bien trop élevés, un autre de Janopoulos pour indiquer la ressemblance de sa conduite avec celle du dieu Janus; un autre Despotakis, car il aime imposer ses volontés; un employeur blanc ennuyeux s'appelle M. Cimetierre [sic]; un Camerounais bigot Papavobiscum (*Chemin*, 9, 130; *Vie*, 43; *Ville*, 18; *Mission*, 16; *Roi Albert*, 18). On ne peut passer sous silence Kaka qui appartient à la tribu du même nom, mais qui a bien gagné ce vocable peu élégant depuis qu'il a séduit la femme de Faliou (*Faliou*, 72). Les noms des villes ajoutent aussi de l'humour: Nécroville, Fort-Nègre, Eborzel et ses quartiers Bordelchic et Bordelsain (*Faliou*, 66; *Perpétue*, 90; *Chauves-souris*, 11, 50, 107). Enfin, il y a les autocars « Bonne Route, Vieux », « Confiance » et « Dieu ne dort » (*Poupée*, 176; *Pris*, 9; *Ramitou*, 109).

En plus du fait que le nom est comique en lui-même, l'auteur à l'occasion ajoute une explication ironique. Vespasien s'appelle ainsi, selon Francis Bebey, depuis qu'il avait acheté une Vespa, mais le nom évoque à la fois l'empereur romain et l'édicule public que M. Rambuteau a rendu célèbre au dix-neuvième siècle (*Roi Albert*, 14). Mongo Beti utilise le même procédé quand il explique l'origine du nom du bébé que Perpétue a avec un policier. Il se nomme Komeça soi-disant parce que le mot est une déformation de « commissaire ». C'est possible, mais le nom pourrait tout aussi bien décrire la manière irréfléchie dont la jeune femme a conçu l'enfant (*Perpétue*, 229).

Des principaux procédés humoristiques, il reste à citer l'ironie. On en a déjà parlé parce qu'elle modifie parfois le sens d'un roman entier comme dans le cas de *Mission terminée*. De plus, elle intervient ici et là dans les textes soit sous forme de paragraphe ou simplement d'une phrase. Par exemple, Etienne Yanou ridiculise les *san-san* boys, ces jeunes gens qui croient tout savoir; Francis Bebey se moque de la « police parallèle », des services de renseignements organisés par les commerçants pour battre la concurrence; pendant la bastonnade des prisonniers, Toundi pense « à tous ces prêtres, ces pasteurs qui nous prêchent l'amour » (*L'Homme-dieu*, 104-06; *Roi Albert*, 19-20; *Vie*, 115). Dans *La Poupée ashanti*, on lit des phrases comme celles-ci:

> « Toute l'année, c'est du Docteur que l'on parle. . . . En fin de compte, je ne vois pas ce qu'il a fait pour le pays. —Il nous a libérés. . . !
> —Est-ce que nous étions en prison avant lui? » (68)

Ou bien:

> « Le moteur qui est mort? Et qui donc l'a tué? » (173)

L'ironie dans ces deux exemples vient de ce que les mots sont pris dans leur sens premier renversant la logique de la pensée.

Les exemples de procédés humoristiques donnés ici ne prétendent pas constituer une liste complète. Au moins, ils servent à se faire une idée de leur variété et de leur richesse. Sans doute, après *Le Roi miraculé* de Mongo Beti, après que Ferdinand Oyono eut renoncé à écrire, il n'y a plus que Francis Bebey et Pabe Mongo qui ont cherché à rendre leurs œuvres comiques, les autres se contentant de faire sourire le lecteur dans quelques passages seulement. La raison pour laquelle les romanciers n'ont plus autant recours au rire ne s'explique pas. Ils avaient d'excellents modèles devant eux et les Camerounais ne semblent pas avoir perdu leur sens de l'humour. Fernando Lambert a peut-être raison quand il suggère que le rire chez Mongo Beti exprimait l'impuissance de l'être devant une situation politique particulière. Maintenant que le pays a acquis son indépendance, que les mœurs changent suivant une nouvelle voie et qu'un concept comme l'individualisme commence à se faire accepter, il est possible que les romanciers ne se sentent plus victimes et que l'humour leur paraît une technique littéraire moins utile[78].

Qu'ils aient recours au comique ou pas, l'image générale qui se dégage des descriptions montre une forêt équatoriale toute présente avec la multitude de vies animales et végétales qu'elle engendre. L'homme s'y sent constamment dominé par son abondance et par l'inextricable fouillis qu'elle lui présente. Il ne peut voir en elle aucun principe organisateur. Par contre, l'implantation du village et son organisation sociale suggère l'existence d'un ordre qui sert à donner un sens à la vie humaine. Quant à la ville, elle se compose d'un lacis de ruelles dans lequel l'homme marche en aveugle, prenant à droite ou à gauche suivant les impulsions de sa nature ou suivant les pressions exercées par les autres et par les événements.

Parce que les auteurs prétendent dire vrai, leur réalisme a souvent été comparé à celui des romanciers français du dix-neuvième siècle[79]. Paradoxalement, le réalisme camerounais dans les descriptions se rapproche le plus de celui de Gustave Flaubert, de cet auteur qui cherchait à créer une œuvre où l'art primait, tandis que les Camerounais s'occupent plus du message que de la manière de le dire. En effet, tout comme chez lui, « la description accompagne le récit », « à chaque page, à chaque paragraphe »[80]. Elle transcende parfois un objet inintéressant en lui-même tel le curé de plâtre pour en faire un symbole[81]. Surtout, le désir d'objectivité se subordonne, chez Gustave Flaubert et chez les romanciers camerounais, à la volonté de stigmatiser les hommes, leurs habitudes et leurs goûts. Cependant, au contraire du romancier français qui s'était renseigné longuement sur la situation d'un officier de santé et sur les diverses circonstances de la vie villageoise en Normandie pour *Madame Bovary*, les auteurs camerounais basent leurs descriptions principalement sur leurs observations et sur leurs souvenirs. L'imagination a moins de place—en dehors du choix et de l'organisation des matériaux—, mais c'est elle qui invente l'ameublement d'un Bilanga ou qui transforme une camionnette en un monstre vivant. Quant à la documentation, elle n'a pas servi souvent. Certes, Joseph Owono et Etienne Yanou ont fait des recherches sur les coutumes pour *Tante Bella* et pour *L'Homme-dieu de Bisso* et ils ont questionné des témoins, mais leurs collègues n'ont pas suivi leurs exemples.

De toute façon, si le réalisme camerounais rappelle par certains aspects celui d'auteurs français du dix-neuvième siècle, cette ressemblance vient plus du hasard que d'une réelle imitation[82]. En effet, les auteurs, pour la plupart, ont peu ou pas de contact avec ces écrivains depuis qu'ils ont quitté le lycée. Ils se souviennent sans doute des leçons apprises, mais pas au point de suivre servilement un modèle. D'ailleurs, le nombre de procédés stylistiques pour rendre le réel étant limité, le but dans lequel ils sont employés importe bien plus que les méthodes elles-mêmes quand il s'agit d'apprécier l'effet obtenu. Or, le réalisme camerounais ne remplit pas tout à fait les mêmes buts que le français. S'il dénonce à l'occasion des injustices sociales, il se refuse à promouvoir l'individu et à s'intéresser au particulier. Cette attitude explique la remarque faite par Bernard Mouralis à propos de Mongo Beti et d'autres romanciers négro-africains. Il a observé que ces écrivains ne donnent pas vraiment:

> une représentation de la réalité. Ce qu'ils offrent, c'est autre chose: un certain nombre de modèles qui peuvent constituer pour nous, lecteurs, la base d'une explication rationnelle de la réalité socio-politique de l'Afrique, mais à condition de s'écarter du concret, de l'immédiat et du reconnaissable[83].

De cette manière, les romanciers camerounais obtiennent un réalisme qui dépasse le quotidien, qui transcende l'expérience individuelle, qui trouve dans les objets les plus communs une signification cachée et qui exprime par la description de l'environnement les relations mystérieuses, mais vraies cependant, que l'homme a avec lui. Un surréalisme en somme pour reprendre l'expression de Léopold S. Senghor[84].

Chapitre VI

Les Conceptions artistiques

La manière dont les romanciers représentent la réalité et rendent leurs œuvres réalistes procède de leurs conceptions artistiques et de leurs vues sur le rôle de l'artiste et du livre. Il convient donc de s'enquérir sur les principes qui les dirigent. Cela n'est pas toujours facile étant donné que les romanciers n'ont écrit aucun traité théorique. Toutefois, des informations sur leurs idées se glanent dans leurs œuvres et dans leurs déclarations diverses. En outre, les écrits de quelques penseurs et critiques noirs africains permettront de comprendre plusieurs aspects du roman camerounais sur lesquels les auteurs ne se sont pas expliqués.

Les romanciers n'ont pas songé à leur art d'une façon systématique et en profondeur. Cela ne veut pas dire qu'ils n'y ont jamais pensé. Loin de là. Au cours de la création de leurs romans, au cours de conversations et au cours de lectures, ils se sont posé des questions sur les buts littéraires qu'ils poursuivaient et sur les meilleures manières de les atteindre. Ils ont ainsi cherché à suivre quelques principes généraux que ce dernier chapitre va expliquer en commençant par l'exposé de leurs conceptions sur la fonction de l'artiste et du livre. Ensuite, il définira leurs idées sur le didactisme, l'engagement et le réalisme. Puis, il discutera trois concepts plus secondaires, mais qui ont quand même marqué les auteurs, ceux de la négritude, de l'humanisme et de l'universalité. Enfin, il donnera un aperçu des influences littéraires européennes, américaines et africaines qui ont agi sur le roman camerounais.

A. Les Fonctions de l'écrivain et du livre

Le premier chapitre de cette étude avait décrit les conditions historiques, sociales et économiques qui entourent la création d'œuvres littéraires au Cameroun. A cause des circonstances souvent difficiles qu'elles engendrent, la plupart des auteurs prennent leur rôle au sérieux. Comme le dit Roland Tombeki Dempster:

> L'écrivain africain doit être courageux; il doit aussi être prudent, ne pas abuser de ses libertés, et ne pas ajouter l'insulte aux souffrances de son peuple, de sa nation ou de sa race. Il doit les partager et tenter d'être objectif, constructif et patriote dans tout ce qu'il entreprend[1].

Cette déclaration exprime clairement les idées que la société et le gouvernement camerounais ont sur la littérature. Ils s'attendent à ce que les auteurs fassent œuvre constructive, qu'ils acceptent leurs responsabilités sociales et qu'ils participent au développement du pays. Par conséquent, écrire pour eux, même si l'acte d'inventer les amuse, n'a rien de frivole[2]. Il y a bien Désiré Naha qui semble tout prendre en riant, son métier de stoppeur, les pièces de théâtre qu'il monte et les courts romans qu'il publie. Cependant, en dépit des vues fantaisistes sur la politique internationale exprimées par ses personnages, il a, avec ses confrères, conscience de participer à la culture et à la morale du pays. D'ailleurs, même si les romans autobiographiques comme *Mon Amour en noir et blanc* de Rémy Gilbert Medou Mvomo et *La Brise du jour* de Lydie Dooh-Bunya se complaisent dans un certain narcissisme, les auteurs n'ont pas oublié d'inclure des leçons valables pour tout le monde.

    A cause de leur rôle dans le renforcement des valeurs sociales, les romanciers se rendent compte que leurs œuvres peuvent provoquer de fortes réactions, certaines prévisibles, d'autres pas. Sans doute, tous les écrivains craignent que le public reçoive mal leurs créations. Mais, ici, si un livre ne plaît pas, les répercussions risquent de devenir plus sérieuses qu'une perte de revenus ou qu'une pile d'invendus pourrissant dans une cave. On a déjà touché un mot dans le premier chapitre des brimades subies par René Philombe et des menaces qui furent faites plus ou moins ouvertement à Bernard Nanga peu après la parution de son roman *Les Chauves-souris*. Le résultat? Les écrivains se voient forcés de s'adapter aux exigences du gouvernement ou bien de renoncer à publier. Par suite, René Philombe n'a plus écrit de roman et il consacre ses loisirs à l'étude de John Steinbeck. Quant à Bernard Nanga, impressionné par la mauvaise humeur du gouvernement, il a publié un deuxième roman, mais prudemment situé hors du pays.

Cette œuvre, qui s'intitule *La Trahison de Marianne* et qui se passe en France, raconte plusieurs mois dans la vie d'un personnage camerounais. Elle critique le racisme des Blancs, leurs fausses promesses—d'où le titre— et leur étroitesse d'esprit laissant de côté les nombreux problèmes de la société camerounaise. Visiblement, cet ouvrage constitue une réponse aux exigences de l'administration camerounaise. Bernard Nanga y a canalisé ses goûts et ses propensions artistiques. Il a obtenu ainsi un roman qui sort de l'ordinaire, non seulement à cause du lieu de l'action, mais aussi du style. En effet, *La Trahison de Marianne* ne contient aucun de ces procédés si caractéristiques décrits tout au long de cette étude tels que les descriptions anthropomorphiques ou protéiformes de la nature et des choses et la description des corps, vêtements et meubles pour indiquer le caractère du possesseur. On serait bien en peine de trouver un mélange de valeurs chrétiennes à d'autres animistes, des influences de la littérature orale traditionnelle ou celles de la coutume. Plus de schéma initiatique, plus de croyances ou de légendes adaptées au monde moderne, plus de vocabulaire local, plus de regard critique et optimiste tout à la fois sur les hommes.

Sans doute, cette œuvre déconcertante résulte des conseils d'un officiel qui lui a suggéré d'écrire des romans d'amour « insignifiants », tout autant que de l'évolution de l'auteur[3]. Imaginé dans l'isolement au cours de son dernier séjour en France, écrit alors que, souffrant peut-être déjà du mal qui allait l'emporter, Bernard Nanga se sentait déprimé. Il a donc transposé dans son roman, en dépit du fait que l'histoire d'amour se termine bien, le sentiment de solitude qu'il avait éprouvé. Sentiment extrême qui touche presque à l'aliénation et qui se manifeste dans le complexe de persécution du personnage central[4].

Le fait que *La Trahison de Marianne* ressemble si peu à un roman camerounais, du moins selon la définition établie par cette étude, ne veut pas dire qu'il n'a aucun mérite. Simplement, il se trouve séparé du courant principal. D'ailleurs, le cas de Bernard Nanga est spécial. En effet, professeur de philosophie à l'université de Yaoundé, il a gardé, tout comme Mongo Beti, des contacts étroits avec la pensée et la littérature occidentales qui l'ont peut-être encouragé à suivre une direction particulière. Aussi, sa manière de s'adapter aux exigences gouvernementales reste-t-elle aujourd'hui personnelle. Elle prouve, d'une part, que si la nécessité le pousse, l'auteur camerounais sait se trouver une voie originale en dehors des sentiers battus et, d'autre part, que si le gouvernement exerce trop de pression sur les écrivains, ceux-ci se verront dans l'obligation de renoncer à la spécificité camerounaise pour publier des œuvres aseptiques et étrangères aux préoccupations de leurs concitoyens. Il n'est évidemment pas possible pour le moment de savoir si d'autres vont suivre ses traces. En tout cas, les mésaventures de cet homme respecté ont profondément touché ses collègues. Ils essaieront probablement de ne pas s'attirer les mêmes ennuis et de mieux remplir que lui la fonction sociale exigée par le gouvernement[5].

En quoi consiste la fonction sociale de l'artiste et du livre? Comme l'écriture est un don que tout le monde ne possède pas, l'écrivain doit « exprimer ce que la société sent confusément et par là encourager tout ce qui contribue au bien-être de l'homme »[6]. Il doit renforcer les valeurs morales, ce qui explique, en partie, l'activité d'une censure tatillonne. Evidemment, cette situation existe parce que l'acte d'écrire a des répercussions d'autant plus importantes pour la société que le livre reste un produit coûteux, précieux et au contenu valorisé. Cette situation ne veut pourtant pas dire que les écrivains se conduisent en pédants, heureux de faire partie d'une élite. Ils désirent, au contraire, s'adresser au plus grand nombre de lecteurs possible. Leur choix de personnages et d'actions ordinaires, leur syntaxe simple, leur style à phrases courtes, leur vocabulaire courant prouvent facilement cette volonté.

Toutefois, si les lecteurs étrangers ou à l'éducation limitée comprennent sans difficulté le récit, à l'occasion ils n'ont pas toujours les connaissances suffisantes pour l'interpréter. Dans des romans comme *La Ruine presque cocasse d'un polichinelle* et comme *Le Vieux Nègre et la médaille*, le lecteur non averti ne saisit pas le sens ultime. Il faut éviter ici de parler de « vrai » sens, car le récit joue sur deux plans. Le premier touche le plus grand nombre et le second existe pour les esprits curieux. Certes, l'habitude de cacher des messages dans une œuvre d'imagination n'a rien de particulièrement camerounais. Elle ne provient pourtant pas ici d'un snobisme de classe comme dans le cas de romans à clés, mais d'une méthode courante dans la littérature orale traditionnelle où plusieurs sens se superposaient dans un même conte. A l'histoire que tout le monde suivait, y compris les enfants, s'ajoutaient un sens symbolique ou allégorique et puis un sens initiatique saisis par quelques-uns seulement[7]. Les contes et les romans ont ainsi plusieurs fonctions imbriquées les unes dans les autres de distraire, d'instruire, de représenter les choses avec réalisme, de rendre sensibles des concepts abstraits et de perpétuer une vision du monde. Charly-Gabriel Mbock a exprimé ces vues d'une manière concrète quand il a dit concevoir le livre comme une boîte à plusieurs fonds, les jeunes, les inexpérimentés n'en voient que le premier fond immédiatement visible, les plus éduqués en découvrent toutes les cachettes[8]. Sans doute, bien des œuvres occidentales remplissent les mêmes fonctions, mais les romans camerounais, même les plus humbles et les moins élaborés, sont critiqués s'ils manquent à leurs fonctions multiples[9].

L'habitude littéraire traditionnelle de donner plusieurs niveaux interprétatifs à un texte, donc plusieurs fonctions, trouve aujourd'hui un regain de faveur surtout dans les romans qui veulent cacher un message politique tel que *La Ruine presque cocasse d'un polichinelle*[10]. On comprend facilement pourquoi. Seulement, les lecteurs initiés ne font pas tous partie d'une élite identifiable avec facilité, mais de groupes très différents. Il s'agit parfois d'un lycéen, d'un paysan éduqué qui vient du même village que l'auteur, d'un citadin qui appartient à la même culture, ou encore d'un universitaire, africain ou occidental, qui a acquis des connaissances suffisantes pour saisir et divulguer ce sens caché.

Les professeurs qui discutent ces romans en classe remplissent un rôle important, car ils propagent les secrets du texte parmi un public anonyme. Francis Bebey se plaint néanmoins de cet état des choses. Pour lui, si tout le monde comprend le message caché, ce dernier perd sa valeur éducative. Alors qu'il écrit des histoires pour plaire à tous, deux pages dans *Le Fils d'Agatha Moudio* expriment combien il regrette que le livre ne puisse garder un « secret » pour certains lecteurs:

> le livre ... est l'ami le plus indiscret qui soit ... dites-lui que vous venez de faire un découverte, et il se met aussitôt à la divulguer de par le monde.... Cette façon de n'avoir de secret pour personne est le plus sûr moyen de n'instruire personne à la fin, chacun sachant bien que ce qui est écrit ne lui est pas destiné, à lui personnellement. (*Fils*, 26)

On touche ici à un problème pour lequel les romanciers n'ont pas encore trouvé de solution. D'un côté, ils semblent vouloir réserver un sens secret pour les « initiés », de l'autre, ils souhaitent se rapprocher de leur public d'autant plus qu'ils ont conscience que la langue et l'écriture les séparent automatiquement de la majorité de leurs concitoyens[11]. Cette distance qui existe entre eux et leurs lecteurs leur donne souvent un sentiment de malaise. Ils ont peur, non seulement de ne pas les intéresser, mais surtout de ne pas les impliquer. Par conséquent, ils font allusion à des coutumes, à des croyances anciennes et ils emploient des procédés venant de la littérature orale. Ils espèrent ainsi diminuer, au moins pour un certain nombre d'entre eux, cette distance tout en craignant que bien d'autres ne se sentiront pas concernés et qu'ils ne profiteront pas de leur lecture.

Cette volonté de toucher leurs lecteurs explique l'utilisation des mots en vernaculaires locaux. Elle constitue toutefois une arme à double tranchant comme on l'a vu au chapitre 5. En effet, à part quelques spécialistes et le nombre restreint de lecteurs qui comprennent la même langue, personne d'autre ne saisit ce vocabulaire ce qui empêche une communication intime entre l'écrivain et un bon nombre de ses lecteurs[12]. Cependant, les romanciers n'ont guère le choix. Ainsi que le chapitre 5 l'a expliqué, ils ont recours à leur langue maternelle pour désigner plantes et animaux parce que le vocabulaire français courant n'a pas les mots nécessaires. Par contre, les noms propres et les idéophones en vernaculaires offrent l'avantage de donner un ton, non pas camerounais—il y a trop de lexiques différents pour cela—mais au moins local[13]. En fait, tout comme les scarifications annoncent à quel groupe on appartient, les mots de vocabulaires locaux permettent aux lecteurs de reconnaître d'où vient l'auteur et de se trouver des affinités avec lui, rendant leurs relations plus efficaces. Dans ces conditions, l'usage de ce genre de vocabulaire sert non pas à éloigner des lecteurs, mais à ajouter au plaisir d'un petit groupe[14]. Il suffit d'imaginer l'amusement que retirent ceux qui saisissent, par exemple, le sens de Kala, le nom du village dans *Mission terminée*, où Medza subit son initiation. Il signifie « attention, fais attention »[15]. Les lecteurs bien informés tireront un plaisir supplémentaire à reconnaître le sens du mot surtout que le personnage central, si présomptueux lui, ne l'a pas compris. Son ignorance leur donne ainsi l'occasion de rire de la bêtise humaine.

Avec ce vocabulaire qui révèle à certains un sens obscur à d'autres, les romanciers touchent un petit groupe certes, mais plus profondément parce qu'ils évoquent le « terroir », c'est-à-dire le village natal. Le mot « terroir » a d'ailleurs de l'importance comme le prouve son utilisation fréquente dans la conversation des auteurs[16]. Bien qu'ils vivent en ville et bien que leurs liens avec le village d'origine s'affaiblissent, un certain nombre d'entre eux désirent préserver dans leurs œuvres le fond culturel reçu dans leur enfance. Plusieurs sentent ce besoin d'autant plus fortement qu'ils observent combien les mœurs changent. On objectera que le nombre de villageois qui savent et veulent lire des romans n'atteint probablement pas un chiffre élevé. Sans doute, mais il faut se rappeler deux faits. Tout d'abord, le romancier n'est pas le seul de son village à avoir émigré en ville.

Il a donc des compatriotes lettrés à qui s'adresser. De plus, on ne peut ignorer l'usage oral que les Camerounais font à l'occasion du roman. Effectivement, tout observateur de cette société se rend compte que, si la lecture se savoure souvent dans la solitude, il arrive qu'elle se fasse à haute voix pour un petit public d'amis ou de parents. Dans ce cas, elle donne lieu à des discussions et ceux qui comprennent ce vocabulaire ont l'occasion de l'expliquer aux autres[17].

B. La Notion de littérature artisanale

La plupart des romanciers rêvent d'attirer le plus de lecteurs possible et quelques-uns aimeraient avoir un public aussi large que celui de l'auteur anglophone Chinua Achebe. Ils apprécient l'intérêt que leur porte le public qu'il soit africain ou occidental. Toutefois, qui les lit leur paraît une question secondaire parce qu'ils écrivent d'abord pour leur propre plaisir et souvent sans intention de publier[18]. Ils ne rêvent donc pas à la gloire de garder vivant leur nom après leur disparition. D'ailleurs, la société ne valorise pas l'acte créatif de l'écriture et publier au Cameroun ne prouve pas que l'on sorte du commun[19]. Aussi, les auteurs ne souffrent pas des angoisses d'un Alfred de Musset. Ils écrivent vite, sans beaucoup corriger, ils n'éprouvent pas la nécessité de chercher l'expression parfaite comme un Gustave Flaubert et ils ne ressentent pas les remords du Dominique d'Eugène Fromentin qui cesse d'écrire parce que, selon lui, il manque de brillant[20]. Comme beaucoup d'auteurs francophones d'aujourd'hui, ils ne pensent pas que leurs œuvres soient une manifestation du génie, de « cette aptitude supérieure de l'esprit qui rend l'homme capable de créations, d'inventions . . . [paraissant] extraordinaires à ses semblables » (*Petit Robert*, 1976). En fait, les Camerounais, auteurs et lecteurs, considèrent écrire moins comme un art que comme un artisanat.

Qu'est-ce que cela signifie pour l'artiste? En premier lieu, les romanciers ne s'estiment pas hors du commun. Ils n'aiment pas s'entendre appeler écrivains parce qu'écrire pour eux n'est pas un métier[21]. De plus, ils n'ont pas de place privilégiée dans la société. Rémy Gilbert Medou Mvomo et René Philombe regrettent, néanmoins, que le pays glorifie ses joueurs de football alors qu'il ignore les réussites de ses écrivains[22]. Encore une fois cela n'étonne guère aujourd'hui. Les artistes—à l'exception de quelques-uns—gagnent souvent moins que les sportifs. Pourtant, parce que les écrivains travaillent avec des mots, avec des signes incompréhensibles pour un grand nombre, leurs compatriotes leur reconnaissent une aptitude que tout le monde ne possède pas. L'écrivain a, par conséquent, un pouvoir, non pas maléfique comme le sorcier, non pas bénéfique comme le médecin, mais les deux à la fois. Quand le mot sert à préserver des coutumes et des valeurs anciennes, quand il rappelle les souffrances et les humiliations endurées pendant l'époque coloniale, quand il montre aux hommes la voie à suivre pour bâtir une meilleure société, il ne peut avoir que des effets heureux. Par contre, si le mot ridiculise les hommes en place ou s'il critique leur politique, alors il trahit la mission que le gouvernement et que la société entière assignent aux écrivains[23]. Dans ces cas-là, le mot crée des conflits empêchant les Camerounais de penser à l'unisson. Résultat considéré comme tragique par un gouvernement qui ne voit que le côté destructeur de la critique sans apprécier sa valeur positive. L'écrivain devient alors un fauteur de troubles. L'administration condamne ses écrits même s'ils n'ont pas provoqué de révolution. Il suffit qu'ils aient, selon elle, semé le désordre dans la pensée des lecteurs.

La conception d'une littérature artisanale impose par ailleurs des attitudes typiques envers l'artiste et son œuvre. Ainsi, elle diminue nécessairement les mérites de celui qui écrit un livre[24]. Le public apprécie sans doute l'habileté de l'écrivain, par contre il ne célèbre pas l'acte de création avec tout ce qu'il comporte d'imagination, de sensibilité et d'observation. Si l'enseignement scolaire et la critique valorisent les leçons qui ressortent du récit, par contre ni l'un ni l'autre ne poussent les auteurs à chercher une forme plus rigoureuse, à améliorer leur style ou même à chercher des sujets nouveaux. Il y a là probablement une réaction contre l'école française. En effet, les Camerounais considèrent son habitude de glorifier quelques auteurs et passages célèbres non pas comme venant d'une conception artistique qui vante les mérites d'une beauté rare et difficile à obtenir, mais comme venant du désir d'imposer des critères étrangers. Sans nier la véracité de ce raisonnement, il a pour résultat de renforcer la conception d'une littérature artisanale.

Les lecteurs ne demandent pas non plus que les œuvres portent la marque de l'expérience personnelle, des dispositions psychologiques ou des préférences artistiques de leur auteur. La personnalité de l'écrivain transparaît rarement dans ses écrits. La nature obsessive de François-Borgia Marie Evembe et de Rémy Gilbert Medou Mvomo, la tristesse de Bernard Nanga se sentent respectivement dans *Sur la terre en passant, Le Journal de*

Faliou et dans *La Trahison de Marianne*, mais le lecteur aurait bien de la difficulté à en tirer des informations plus précises sur les auteurs. Les artisans—potier provençal, dentellière de Chartres, vannier, chaudronnier— eux non plus ne mettent pas leurs rêves ou leurs anxiétés dans leurs créations. Néanmoins, la société ne désire pas que l'écrivain s'absente totalement de son œuvre. Elle exige plutôt que l'écrivain transcende ce qui lui est personnel pour atteindre un niveau où chacun se retrouve. D'autre part, comme la pudeur camerounaise les empêche de déclarer ouvertement leurs sentiments les plus intimes, les romanciers les cachent ou ils les déguisent et le plus souvent ils se contentent de parler d'expériences vécues par d'autres.

D'ailleurs, la société et l'administration incitent à l'adoption de critères communs. Par suite, tout le monde—y compris les écrivains— s'entend en général pour déclarer tel ou tel livre réussi. Rien n'encourage au développement de préférences personnelles. Souvent celles-ci sont reléguées à l'arrière-plan et on n'en parle pas beaucoup de peur, peut-être, de trop dévoiler son individualité. Il y a toutefois des exceptions, des livres qui perturbent le goût littéraire. Ainsi, Bernard Nanga à cause de sa critique des fonctionnaires dans *Les Chauves-souris* a plu à certains et a choqué d'autres et François-Borgia Marie Evembe a offensé des Camerounais en décrivant les symptômes d'une maladie intestinale dans *Sur la terre en passant*. Il existe donc, à l'occasion, des conflits entre auteurs et lecteurs. Ils ne sont ni courants ni vus comme désirables. La société considère ces conflits comme destructeurs de l'harmonie culturelle. L'auteur doit se conformer à des règles. Certes, il existe une marge où sa liberté, son goût, son talent peuvent s'exercer, mais elle reste assez étroite. L'acheteur d'un pot provençal ou d'une dentelle de Chartres n'en demande pas plus. Il se procure ces objets justement parce qu'ils se conforment et parce qu'ils ne défient ni son goût ni ses habitudes.

De telles limites ont de tout temps canalisé l'invention artistique et elles n'ont pas empêché la création d'œuvres admirables. Ce n'est pas là que réside le plus grand obstacle pour les romanciers s'ils désirent faire œuvre durable, mais bien dans l'habitude camerounaise de considérer le livre comme un objet artisanal. Une œuvre d'art, en Occident et au vingtième siècle, est en général un objet qui exprime la vision personnelle de son auteur. Elle doit frapper les sens et élever l'expérience reçue à un niveau intellectuel. Créée dans l'espoir de provoquer l'admiration pendant une longue période de temps, elle existe pour être contemplée. Rare, chère, elle s'adresse la plupart du temps à une élite.[25] D'un autre côté, l'objet artisanal ne se conforme pas à ces mêmes conventions parce qu'il ne répond pas à la vision artistique personnelle de son auteur, mais à celle de la société. Il se réfère à des formes utilisées et acceptées par tous, à des sujets courants sans chercher la nouveauté. Ceci ne signifie pas qu'il manque totalement d'originalité, mais plutôt que ce concept reste secondaire. Elle consiste alors dans une variante ou dans une organisation inattendue d'éléments connus. L'objet artisanal désire plaire dans l'immédiat, sans s'inquiéter de la durée de l'impression. Objet de consommation, il existe plus pour l'usage que l'homme tire de lui que pour exciter l'admiration. Bon marché, il participe à la culture du plus grand nombre.

Considérer le roman camerounais comme un objet artisanal et non pas comme une œuvre d'art n'a pas pour but de le ridiculiser ou de diminuer le mérite des auteurs, mais bien d'établir qu'il existe des différences fondamentales entre les créations littéraires d'auteurs tels que Marcel Proust, Albert Camus et Marguerite Yourcenar et celles de Mongo Beti, René Philombe et Francis Bebey. Différences qui existent d'ailleurs dans la littérature française elle-même entre les auteurs cités ci-dessus et des Dominique Rolin, Jean-Pierre Curtis et Françoise Sagan par exemple. Ces différences n'ont rien à voir avec des notions comme la qualité, la perfection, la beauté des œuvres, mais bien avec leur finalité, avec le but ultime poursuivi par l'artiste.

Une comparaison entre les tableaux et les affiches d'Henri de Toulouse-Lautrec permet de bien saisir cette question de finalité. Laissant de côté le talent et l'imagination de l'artiste, elle met en relief les buts ultimes dans lesquels les objets ont été créés. Toulouse-Lautrec a conçu un tableau comme « Le Salon de la rue des Moulins » (Musée d'Albi, 1894) pour la contemplation. La composition basée sur des verticales et des diagonales, la disposition des couleurs, l'opposition des prostituées aux bras nus et à l'attitude détendue avec la figure rigide de la sous-maîtresse toute vêtue en font une œuvre complexe qui demande une attention soutenue. D'un autre côté, les affiches qui annoncent le spectacle d'Artistide Bruant ont un autre but. Elles frappent le passant. Certes, après le premier choc, on a le loisir d'admirer le dessin, le jeu des couleurs, l'énergie suggérée par le rouge de l'écharpe, mais les lettres donnent à l'objet un autre but que la contemplation. Sans elles, l'affiche représenterait le portrait d'un homme; avec elles, l'affiche informe du prochain spectacle. De nos jours, l'amateur d'art fait abstraction du message pour considérer la figure, car les lettres le distraient. En vérité, Toulouse-Lautrec n'avait pas conçu son affiche dans ce but. Il avait voulu un dessin simple à fortes couleurs pour attirer de loin le regard. Que son affiche ait changé de finalité au cours des ans ne vient pas d'une décision consciente de l'artiste, mais d'un changement d'attitude de la société. Au lieu de voir dans la lithographie un objet utilitaire, elle l'accepte maintenant comme œuvre d'art.

En vérité, toutes les cultures ne font pas cette différence entre art et artisanat. Les romanciers camerounais, quant à eux, ont choisi la voie de la littérature artisanale alors que celle de la littérature artistique leur est toujours ouverte, l'une n'empêchant pas l'autre dans une même société et chez un même artiste. A cause de cette différence dans les buts poursuivis par les romanciers camerounais et par des Marcel Proust, Albert Camus et Marguerite Yourcenar, une comparaison entre ces deux groupes d'écrivains doit faire une distinction entre leurs intentions, sinon elle ne donnerait pas de résultats valables. C'est pourquoi, lorsqu'il se trouve confronté aux romans camerounais, le lecteur doit se référer à des auteurs poursuivant des buts semblables.

La notion d'une littérature artisanale entraîne par ailleurs un choix dans les sujets et dans les manières de les traiter. Préférence est donnée à des personnages, situations et événements typiques. Les auteurs utilisent diverses formules pour obtenir des textes qui plaisent facilement. Le livre devient un objet de consommation qu'on lit, qu'on apprécie pour un moment sans songer à le préserver pour ses enfants[26]. Par conséquent, la durée de vie des romans est en général assez courte. Elle dépend évidemment de la qualité du texte, s'il s'agit d'une maison d'édition reconnue, d'une édition à compte d'auteur et du nombre d'exemplaires imprimés.

Ce fait n'a rien d'étrange, beaucoup de romans en France connaissent une courte destinée. Seulement, les bibliothèques françaises préservent un grand nombre de livres. Le dépôt obligatoire facilite cette conservation. Grâce à lui, les générations suivantes peuvent découvrir des chefs d'œuvres inconnus et se référer à un fond littéraire qui n'a plus cours. Bien que plusieurs romanciers camerounais aient écrit pour préserver le passé et ses coutumes tels Joseph Owono, Jean Ikelle-Matiba et Etienne Yanou, leurs livres n'ont pas beaucoup plus de chance de survivre que les autres. Le gouvernement camerounais a bien établi les institutions nécessaires: les Archives Nationales, des bibliothèques universitaires et la loi du dépôt obligatoire. Cependant, leurs installations et leurs budgets ne suffisent pas pour protéger les livres de la détérioration du temps et du climat. Les Archives consistent en un grand hangar sans climatisation pour diminuer les effets destructeurs de l'humidité et de la poussière. Le budget ne permet pas d'engager un personnel suffisant et assez instruit pour entretenir les collections. La bibliothèque de l'université de Yaoundé n'était pas beaucoup mieux nantie en 1981. L'Etat projetait une nouvelle construction, mais celle-ci malheureusement ne pourra pas réparer des années de négligence. Comme le gouvernement manque d'argent, il n'achète pas les livres publiés par des Camerounais à l'étranger. Il arrive aussi, qu'en dépit de la loi sur le dépôt obligatoire, des publications modestes imprimées à compte d'auteur ou par des entreprises éphémères ne se retrouvent pas aux Archives. Enfin, l'habitude de vouloir éliminer non seulement l'opposition politique, mais aussi toute critique a fait disparaître des documents et des livres maintenant introuvables. Les collections s'en trouvent ainsi faussées et appauvries[27].

Tous ces obstacles limitent la richesse des collections de sorte que la préservation des romans tient plus du hasard que d'un acte concerté. Une telle situation, inévitable dans un pays pauvre et peu industrialisé, n'encourage pas à la création d'une littérature durable et admirable ce qui renforce la notion de littérature artisanale. Quelques romans ont toutefois des chances d'une vie plus longue que la moyenne. Il s'agit, jusqu'ici, des œuvres de Mongo Beti et de Ferdinand Oyono publiées avant l'indépendance. Leur message anticolonialiste continue à plaire au gouvernement qui tient à instiller une fierté nationale dans les populations et, en même temps, à rejeter sur la domination française des maux dont il est lui-même en partie responsable[28]. Ces œuvres deviennent ainsi des « classiques », des livres que tout le monde dit avoir lu. Néanmoins, l'enseignement camerounais ne semble pas aimer mettre en valeur ces quelques œuvres. Au contraire de l'enseignement français qui vante des exemples choisis et considérés depuis des générations comme les meilleurs, l'université de Yaoundé ne fait pas étudier les « classiques », mais bien les derniers livres parus[29]. En n'imitant pas la manière de faire de l'enseignement français, l'éducation camerounaise n'invite ni les auteurs ni les apprentis écrivains à créer des œuvres pour la postérité et elle perpétue ainsi la notion d'une littérature artisanale.

C. La Notion de beau

La notion de littérature artisanale dérive et, en même temps, entraîne une série de concepts qui agissent en profondeur sur les romans. Comme ils cherchent à atteindre « une efficacité immédiate, les écrivains négro-africains assignent au roman une finalité pratique et non-esthétique »[30]. Aussi, à part quelques exceptions, les auteurs et critiques négro-africains ne parlent pas de la beauté d'une œuvre, même dans le sens moderne le plus général de « qui fait éprouver une émotion esthétique » (*Petit Robert*, 1976). Certes, le terme n'est plus fort à la mode même en France, mais son absence souligne le peu d'importance attaché au sentiment de la réussite que « la rencontre d'une matière et d'une forme » peut faire éprouver[31]. Ceci ne veut pas dire que les romanciers camerounais n'ont songé qu'au contenu de leurs œuvres négligeant la forme. Ce n'est pas vrai, l'usage de techniques littéraires de tous genres, y compris celles venant des contes oraux comme on le verra plus loin dans ce chapitre, les personnages orphelins, le schéma initiatique prouvent qu'ils s'y sont intéressés.

Plutôt, ils suivent leur instinct, ils laissent souvent leur imagination les conduire sans plan préétabli, sans direction précise[32]. Le sujet vient comme il peut, un incident dans la rue, une histoire entendue, un éclair de l'imagination. A partir de là, le roman s'élabore sans direction précise:

> Une histoire que l'on raconte ressemble à un cours d'eau que l'on suit. Son volume, son débit, voire son orientation peuvent être modifiés par un affluent surgissant à mi-chemin. Cet affluent lui-même est une autre petite histoire dont il faut légèrement remonter le cours et étudier le lit, les poissons et autres éléments, afin de déterminer son influence sur le cours d'eau principal[33].

Ainsi, l'art de raconter une histoire, selon Pabe Mongo, revient à se laisser entraîner par son imagination, une idée en amenant une autre. Francis Bebey, lui pense avoir peu d'autorité sur son texte, car ses personnages le conduisent plus qu'il ne les invente:

> Mes personnages me donnent des problèmes. Dès que je les rencontre ils commencent à agir. J'essaie, tout en leur donnant leur indépendance, de les canaliser autant que je peux.... Je me disais: ce n'est pas vrai, ces gens-là. C'est moi qui les écris ou quoi?... il arrive un moment où un personnage s'étant comporté d'une certaine façon, vous ne pouvez absolument pas le faire se comporter d'une autre manière sans tomber dans l'illogique[34].

Chacun à sa façon, ces deux auteurs expriment comment ils ressentent les manifestations de leur imagination. Leur expérience n'a rien d'un phénomène rare. Tous les écrivains connaissent ce genre d'impulsion créatrice, seulement les romanciers camerounais n'ont pas cherché à obtenir une cohésion plus intime entre inspiration et expression. On pourrait parler de « manques » comme l'ont fait des critiques[35]. Manque d'harmonie, d'équilibre, de préparation pour un événement, de développement logique d'un personnage. Mais ces termes font partie de l'esthétique occidentale. Ils dénigrent les qualités de la littérature camerounaise et ils ne permettent pas de comprendre les buts poursuivis par les auteurs. Il faut donc chercher une définition du beau appropriée à leurs œuvres.

Peu de critiques négro-africains ont essayé de le définir. Il y a bien Ime Ikkedeh pour qui beauté et sagesse d'un texte se confondent et Léopold S. Senghor qui assimile beauté et bonté[36]. Les critiques n'utilisent pas souvent le mot seul vu qu'ils lui rattachent d'autres principes. Ainsi, Ebénézer Njoh-Mouelle:

> Il n'y a pas de quoi être surpris en voyant valeur esthétique et valeur morale se donner la main, mieux se confondre. Le bien ne peut pas être laid, la justice ne saurait être laide.... Don Quichotte ... démontre que l'art a partie liée avec la morale, avec l'action de transformation du monde, bref avec l'engagement[37].

De cette façon, le beau n'est pas une qualité en elle-même. Moralité, justice et engagement doivent en faire partie.

M. B. Kotchy N'Guessam donne du beau la définition qui s'applique le mieux aux romans étudiés ici: « Est beau donc ce qui répond aux préoccupations, aux besoins du moment; ce qui correspond aux émotions, aux aspirations profondes de l'être; ce qui exprime le vrai, le vécu[38]. Pour le lecteur occidental qui cherche à comprendre en quoi consiste l'esthétique camerounaise, cette définition contient plusieurs mots clés. Tout d'abord « moment ». Au contraire de l'esthétique occidentale qui valorise la durée d'une œuvre d'art, l'africaine insiste sur l'immédiat[39]. Avec l'adjectif « profond » M. B. Kotchy N'Guessam ne signifie pas ce qui appartient à la psyché ou au subconscient d'un individu, mais bien aux « émotions, aux aspirations » communes aux membres d'une société. En effet, puisque la chaîne des ancêtres qui l'ont précédé et puisque le clan dont il fait partie servent de fondation à son être, l'homme se définit d'abord par rapport au groupe avant d'être un individu. Le fond de son être repose ainsi sur les générations passées et sur la culture à laquelle il appartient et moins sur sa psychologie propre[40].

Vouloir que le beau reflète les « préoccupations » et les « besoins », c'est exiger que la littérature s'engage dans une lutte politique et sociale et qu'elle ait en plus une fonction pratique. Le terme « engagement » revient très souvent. On trouve des phrases comme celles-ci:

> le premier critère d'appréciation de l'œuvre littéraire négro-africaine est son engagement dans la réalité. . . . Il ne suffit pas seulement que le peuple se reconnaisse. . . . Il faut que cette reconnaissance l'agite. . . . Nous considérons donc comme constitutif de l'esthétique négro-africaine le dynamisme, la force mobilisatrice, le combat pour l'idéal. Peinture vraie, car reflet de la société, peinture idéale, car vision d'un monde meilleur, littérature à la fois reproductrice et messagère, conservatrice et novatrice[41].

Cette déclaration d'Alphamoye Sonfo révèle la complexité et les contradictions des exigences que la société a envers la littérature. On—auteurs, critiques, penseurs, gouvernement et public—la veut engagée alors que la censure limite sa liberté d'expression. On souhaite qu'elle provoque des réactions, mais uniquement dans la vie privée du lecteur, une œuvre qui pousserait le public à agir, à manifester son mécontentement envers l'autorité est considérée comme subversive[42]. On désire aussi que la littérature se base sur une esthétique réaliste. Par contre, la pudeur et la susceptibilité exigent que certains sujets, thèmes et images n'apparaissent pas dans les romans. Quant à l'idéal, il n'entre pas directement en ligne de compte dans les romans camerounais, à moins d'accepter qu'il ressort par contraste avec les événements et avec les personnages banals. Enfin, la littérature négro-africaine—et camerounaise—se doit d'être conservatrice et novatrice à la fois. Pourtant, si elle se complaît trop dans le passé, on lui reproche son « pittoresquisme » et si la forme ou le contenu paraît trop neuf, l'auteur se coupe de « la masse »[43].

Assurément, tout écrivain répond à des exigences souvent contradictoires, les camerounais comme les autres. Il fallait cependant signaler ici celles qui marquent la littérature africaine puisqu'elles diffèrent sensiblement de celles auxquelles les auteurs occidentaux doivent répondre d'habitude. En outre, parce que les écrivains désirent plaire, parce qu'ils ont conscience de leurs responsabilités et de leurs fonctions dans la société, ils essaient de se conformer à ces obligations. Leur attitude a pour résultat que l'esthétique camerounaise est profondément influencée par les concepts de réalisme, de didactisme et d'engagement.

Mais que veut dire « engagement » dans ce contexte? Le concept ici ressemble à celui de Jean-Paul Sartre excepté que le roman camerounais cherche à critiquer des situations sociales plus souvent que politiques. « On dit qu'un auteur est engagé quand il essaie de traiter des problèmes d'actualité, des problèmes qui touchent à la vie des hommes » pour reprendre la définition de M. B. Cissey[44]. Certes, les romanciers jugent mal les hommes en place ou même le commun des mortels, par contre ils n'ont attaqué ni la classe des dirigeants ni le système lui-même, mis à part quelques exceptions notoires. La censure y est pour quelque chose. Néanmoins, ils auraient pu imaginer une œuvre dans le genre de *Germinal* avec des mouvements de foule, des contrastes longuement établis entre bourgeois et ouvriers, ou ici entre employés du gouvernement, police et paysans comme l'a fait Ousmane Sembene dans *Les Bouts de bois de Dieu*[45]. Ils ont donc limité leur engagement qui consiste plus à critiquer les faiblesses humaines qu'à subvertir un ordre social inique.

Il faut rappeler ici que la notion d'engagement prônée par écrivains, penseurs, critiques et gouvernements noirs africains et camerounais exige non seulement que l'artiste donne une leçon à son lecteur, mais que celle-ci soit conforme aux idées sociales, morales et politiques ayant cours, bref qu'elle reprenne les valeurs louées par l'Etat[46]. De cette manière seulement, l'écrivain participe à l'amélioration de la société:

> le rôle du véritable écrivain devrait et doit toujours être: aider la masse à prendre conscience de sa situation en expliquant et en posant clairement les problèmes; proposer les solutions pendant la période de crise et d'angoisse, aider la masse à se poser de nouveaux problèmes dans les périodes de tarissement[47].

Comme le poète romantique, ici au nom du développement et non pas du progrès, l'auteur camerounais porte le flambeau afin de guider l'humanité au travers des mystères de la vie. Il doit indiquer d'une manière facilement compréhensible par ses lecteurs des lignes de conduite à adopter. Ce concept explique pourquoi Ebénézer Njoh-Mouelle déclare que « l'homme créateur ... doit accepter de créer des valeurs pratiques qui puissent se donner comme modèles, . . . [car] ses œuvres doivent être l'actualisation d'un savoir . . . ». A cause de ce but pratique, le livre ressemble plus à un objet de travail qu'à un moyen de délassement[48].

Une fois le principe du didactisme reconnu, il faut encore expliquer le pourquoi. La littérature doit enseigner pour deux raisons principales. En premier lieu, pour respecter la tradition: « L'art . . . est chez nous ni pure distraction, ni simple parure. Il porte une métaphysique. Il est une sagesse »[49]. A cela, on objectera que l'art a toujours rempli ces buts. Toutefois, il y a des différences suivant que le didactisme figure au premier plan des préoccupations artistiques ou pas. Si le lecteur occidental veut mieux comprendre cette insistance, il doit remonter vers le milieu du dix-neuvième siècle en France et consulter la littérature populaire. Il y verra que bien des livres donnaient des leçons claires et, parfois, dans un style moralisateur[50]. A cette époque, le gouvernement voulait deux choses: que le nombre de lettrés augmente et que ces gens apprennent les valeurs qu'il considérait comme essentielles. Le Cameroun de nos jours se trouve dans une situation semblable. L'insistance sur le didactisme de la littérature provient donc autant d'une situation historique particulière que d'une façon de comprendre la fonction de la littérature. En deuxième lieu, tout comme le dix-neuvième siècle français désirait bâtir une nouvelle société, les Camerounais d'aujourd'hui ont parfaitement conscience qu'ils ont commencé une nouvelle phase de leur histoire. Une déclaration comme la suivante n'étonnera donc guère: « on ne peut être un rêveur dans un pays qui a besoin de se construire » pour justifier le didactisme des œuvres ou même celle attribuée à Aimé Césaire selon laquelle les écrivains sont « les ingénieurs des âmes »[51].

Comme la littérature doit enseigner, auteurs et critiques dénigrent la notion de « l'art pour l'art »[52]. Ils conçoivent ce concept comme Louis Achille pour qui « l'art en Europe est . . . une activité essentiellement gratuite, libérale et désintéressée, qui trouve en elle-même sa propre valeur, sa propre récompense. . . . L'art n'existe que pour l'art »[53]. Ils considèrent dangereux et inacceptable qu'un artiste crée sans songer à son rôle social: « Car ici, les littératures ne sont pas bourgeoises. Elles répugnent au gaspillage de temps, d'homme et de papier »[54]. Basile Juléat Fouda va jusqu'à dire que la « littérature négro-africaine se refuse à être une littérature de festons et d'astragales. Elle se trouve au service de l'homme »[55]. Des déclarations de ce genre montrent combien auteurs et critiques négro-africains et camerounais ont difficile à définir ce qu'ils veulent.

Il n'y a rien d'anormal là, toute nouvelle aventure artistique doit se trouver un vocabulaire pour décrire ses buts et aspirations. Aussi, ces déclarations, étonnantes pour le lecteur occidental, demandent des explications. Certes, Théophile Gautier serait bien surpris de voir son concept de « l'art pour l'art » associé à la bourgeoisie, mais critiques et auteurs négro-africains ont une autre idée que lui sur elle. Pour eux, la bourgeoisie se constitue principalement de hauts fonctionnaires et des avocats, hommes d'affaires ou autres qui gagnent un salaire élevé. Il s'agit selon eux d'une classe frivole, gaspilleuse qui ne songe qu'aux plaisirs. Opposée à la masse des paysans, commerçants et employés qui travaillent dur pour un salaire de misère, elle domine par son arrogance et par le luxe qu'elle arbore[56]. Elle n'a en fait pas grand'chose à voir avec la bourgeoisie française du dix-neuvième siècle dont Théophile Gautier se moquait, à ce groupe d'hommes, riches ou pauvres, mais ignorants, vulgaires et sans imagination. Par conséquent, quand auteurs et critiques refusent le concept de « l'art pour l'art », ils déclarent vouloir créer une littérature pour la masse, c'est-à-dire pour tous les gagne-petit qui savent et veulent bien lire. Du reste, avec le terme « art pour art », auteurs et critiques désignent une œuvre d'art sans utilité pratique. Sans doute tout roman sert, ne fût-ce qu'à distraire l'homme pendant quelques instants. Pour les auteurs et critiques négro-africains, cette distraction n'a de vraie valeur que si elle s'accompagne d'un enseignement. Quant aux « festons et astragales » de Basile Juléat Fouda, ils symbolisent non pas tellement l'inutilité de la décoration dans une œuvre d'art, mais bien l'ornement vide, celui qui n'a aucun contenu philosophique, moral ou autre. Ne font donc pas partie de ces « festons et astragales » les contes que les romanciers camerounais ont inclus dans leurs romans parce qu'ils ornent le texte tout en leur donnant un sens profond[57].

Il ne faut jamais l'oublier, « en Afrique noire, [la littérature] ne se sépare pas de la connaissance, encore moins de la morale ». Sa beauté, suivant une vue traditionnelle, vient de la sagesse qu'elle contient puisqu'elle doit servir principalement à faciliter l'intégration sociale de l'individu. La littérature camerounaise d'aujourd'hui doit donc enseigner pour donner à l'homme une dimension spirituelle, un sens et un contenu à sa vie[58]. A cause de ce principe de base, les restrictions imposées par l'engagement et par le didactisme pèsent lourdement sur la créativité des auteurs et elles impriment leurs cachets sur tous les romans. Si les écrivains adhèrent volontiers à ce concept du didactisme, le gouvernement s'arrange pour qu'ils ne l'oublient pas et pour qu'ils enseignent des valeurs qui l'intéressent lui comme le respect de la tradition et le dédain pour l'individualisme occidental[59]. De cette manière, il conditionne les mentalités. Cela lui permet de faire d'une pierre deux coups. En effet, il maintient sous sa férule les écrivains, c'est-à-dire des citoyens qui pourraient avoir tendance à penser trop librement, et il contrôle en même temps les principes directeurs et les valeurs de la société.

L'insistance pour une littérature engagée et didactique provient en partie de la situation économique du pays, mais aussi de la manière dont les Camerounais d'aujourd'hui conçoivent la littérature orale traditionnelle et plus particulièrement le conte. Ils le voient trop souvent sous son aspect pratique et pas assez sous celui de distraction. En vérité, le conte amusait et amuse toujours et les romanciers savent bien que l'agrément donné par un livre a une grande valeur, simplement ils sont un peu gênés de l'admettre. D'ailleurs, quelqu'un d'aussi engagé que Mongo Beti considère plaisir et didactisme comme deux ingrédients indispensables. René Philombe, lui veut exprimer les besoins de son peuple, alléger ses souffrances, encourager le gouvernement à améliorer la qualité de la vie, mais sans dédaigner le côté divertissant d'une anecdote[60]. D'autres, moins engagés, n'insistent pas beaucoup sur la leçon à tirer de leurs œuvres tels Francis Bebey, Pabe Mongo, Etienne Yanou et Delphine Zanga Tsogo. Qu'ils le veuillent sincèrement ou non, tous s'arrangent pour que leurs œuvres distraient et pour qu'elles contiennent des leçons facilement reconnaissables.

Les romanciers camerounais suivent la définition du beau donnée par M. B. Kotchy N'Guessam citée plus haut d'autant plus qu'ils « exprime[nt] le vrai, le vécu »[61]. Ces deux mots, « le vrai, le vécu » forment le cœur de l'esthétique camerounaise. Leur importance s'observe dans l'insistance pour une littérature de témoignage, pour que les romans constituent des « documents », des « reportages »[62]. Rémy Gilbert Medou Mvomo, par exemple, associe le métier d'écrivain à celui de journaliste. René Philombe, lui reprend l'image de Stendhal quand il déclare que le roman est « le miroir d'une communauté humaine dans un contexte historique donné »[63]. Quant à Mongo Beti, il trouve dans ces deux mots la base même de son esthétique:

> Etant donné les conceptions modernes du beau en littérature, ... si une œuvre est réaliste, elle a de nombreuses chances d'être bonne; sinon, ... elle risque de manquer de résonance, de profondeur, de ce dont toute littérature a le plus grand besoin. l'humain...[64]

La volonté de décrire « le vrai, le vécu » prévaut au point qu'elle entraîne plusieurs conséquences. Tout d'abord, les auteurs ont souvent recours à la première personne dans leur narration pour donner une impression de vérité qu'elle contienne ou non des allusions personnelles. De plus, ils se trouvent fréquemment dans l'obligation d'utiliser des matériaux venant de leurs propres expériences parce qu'ils se méfient de leur imagination et cela en dépit de leur aversion pour les confessions ou pour des révélations sur leurs sentiments. Aussi, sujets et personnages viennent souvent de leur entourage immédiat. Cette volonté de décrire « le vrai, le vécu » limite toutefois le choix des histoires et des types de personnages, car ne seront acceptés que ceux dont la société reconnaît la véracité.

D'autre part, auteurs, critiques et public ne font pas toujours une distinction nette entre être et paraître et il leur arrive de confondre réalité et réalisme. Les lecteurs oublient parfois qu'ils lisent un roman, c'est-à-dire une œuvre d'imagination dans laquelle les écrivains ont accumulé, exagéré, choisi, trié. Ils croient que ce qu'il raconte s'est réellement passé et de cette manière-là. L'auteur et critique congolais Jean-Pierre Makouta M'Boukou, par exemple, participe à cette confusion quand il déclare que le roman est « un puissant moyen d'information . . . comme une technique d'accès à certains secrets de l'histoire négro-africaine moderne ». Karen Keim a, par ailleurs, rencontré des lecteurs qui pensaient que Désiré Naha s'était vraiment suicidé après la publication de son premier livre *Sur le chemin du suicide*[65]. Au fond cela n'a rien d'étonnant dans une société pour qui le livre reste un objet rare de le considérer comme transmetteur de vérités et de connaissances et de croire, quel qu'en soit le genre, qu'il dit la vérité.

A cause de cette exigence pour « le vrai, le vécu », les lecteurs méconnaissent l'apport de l'imagination—la leur comme celle des écrivains—et ils ne se rendent pas compte que pour obtenir un roman il faut travestir la réalité. Alexandre Kum'a Ndumbe ne dit-il pas: « il n'est pas besoin d'inventer des histoires. Les souffrances de nos populations, ses tristesses, ses joies et ses fêtes nous livrent une matière suffisamment dense pour en extraire les nouvelles de notre temps »[66]. Comme lui, les romanciers ne cherchent pas à souligner l'importance de l'imagination. En général, ils prétendent que leurs ouvrages sont « un écho sonore des heurs et malheurs [du] temps » (*Fanatisme*, 10). Mongo Beti déclare au début du *Pauvre Christ de Bomba*: « Les Noirs dont grouille ce roman ont été saisis sur le vif. Et il n'est ici anecdote ni circonstance qui ne soit rigoureusement authentique ni même contrôlable » (8). René Philombe n'hésite pas à dire que « l'écrivain n'invente rien, il arrange ce qu'il a vu, ce qu'il a entendu » sans bien se rendre compte que l'arrangement d'éléments vrais fait toute la différence entre réalité et fiction[67].

« Le vrai, le vécu » n'empêchent pas que quelques romanciers insistent, à l'occasion, sur l'imaginaire en particulier quand ils désirent masquer les buts véritables de leurs romans. Ainsi, voulant cacher son appel aux armes, Mongo Beti annonce au début de *Remember Ruben*: « Toute ressemblance avec des événements passés, des personnages réels, ou des contrées connues, est totalement illusoire et, en quelque sorte, doit être considérée comme regrettable » (6). A d'autres moments, les romanciers se montrent plus nuancés. Ainsi, le narrateur dans *Une Vie de boy* reconnaît qu'il y a mis du sien quand il admet s'être « efforcé d'en rendre la richesse sans trahir le récit » (14).

Evidemment, l'insistance sur « le vrai, le vécu » repousse le beau au second plan comme le dit Bernard Nanga: « la valeur esthétique n'a pas été un barème prioritaire, plutôt l'acuité ou la sensibilité avec laquelle ont été perçues des situations critiques » (*Trahison*, 1). Enfin, puisque la volonté de faire vrai entraîne les artistes à créer des œuvres essentiellement réalistes, elle canalise leur imagination. Par suite, le roman camerounais présente une certaine homogénéité surtout que le pays ne possède pas d'auteurs comparables à un Sony Labou Tansi dont l'imagination suit une voie tout à fait originale. Cela ne signifie pas que les auteurs camerounais manquent d'imagination et que tous leurs ouvrages se ressemblent. Seulement, ils ne s'écartent pas beaucoup du chemin tracé. Ils se contentent de personnages et de situations ordinaires sans chercher le particulier, le rare et l'inattendu. Il y a bien *Nègre de paille* de Yodi Karone où l'auteur alterne le récit et la reconstruction imaginaire des événements qui l'ont précédé brouillant ainsi les notions de temps et de réalité, mais cet ouvrage reste encore l'exception.

S'ils hésitent à inventer des mondes aussi extraordinaires que ceux imaginés par Sony Labou Tansi, dans *La Vie et demie* et dans *L'Etat honteux* par exemple, les romanciers ont modifié à l'occasion leur réalisme. Ainsi, Rémy Gilbert Medou Mvomo se montre idéaliste à la fin d'*Afrika Ba'a*. D'autres ont pris à la littérature orale traditionnelle un type comme l'orphelin dont la situation sociale et le genre d'événements qui lui arrivent suivent un schéma littéraire préétabli. Ce schéma empêche de représenter la vie du personnage dans son originalité ou dans sa spécificité (*Remember, Sorcier*). Parfois, ils ont concentré en un personnage de nombreux malheurs qui ont dû arriver en réalité à plusieurs personnes comme dans le cas de Tante Bella. A d'autres moments, ils décrivent la nature en termes anthropomorphiques, ce qui a pour effet de changer un objet sans intelligence en un être volontaire (*Tante, Perpétue*). Les techniques du rire, vues au chapitre 5, modifient elles aussi le réalisme des œuvres. Les romanciers ne considèrent pourtant pas qu'en les utilisant ils s'écartent de la réalité. Ils pensent qu'au contraire, elles permettent de mieux la représenter.

Aux trois principes de base d'une littérature engagée, didactique et représentative du « vrai, [du] vécu », s'ajoutent d'autres de moindre importance, mais significatifs toutefois. Il s'agit de la négritude et de son dérivé l'authenticité, de l'humanisme et de l'universalité. Si les romanciers essayent de répondre aux demandes du gouvernement et de la société, ils se laissent moins influencer par des théories ou par des idées promues par des intellectuels. Ils se montrent peu curieux et préfèrent suivre leurs instincts artistiques. Certes, la plupart ont entendu parler de la négritude, mais seuls les plus âgés ou les mieux informés tels Francis Bebey, Mongo Beti, René Philombe et Etienne Yanou ont une notion de quoi il s'agissait. Notion vague d'ailleurs, car ils se sont contentés pour la plupart d'une connaissance superficielle et sans se renseigner systématiquement. Par conséquent, ils ne se sont pas arrêtés à une idée comme « l'émotion est nègre » et ils n'ont idéalisé ni leur passé ni la coutume[68]. En outre, ils ont vu dans la négritude plus une limite à leurs talents qu'une direction à prendre. L'ancien ministre camerounais William Eteki'a Mbumua ne dit-il pas que:

> On peut difficilement nier que cette fidélité paresseuse à la négritude présente le danger de constituer pour les écrivains noirs une force inhibitrice en ce qui concerne leur activité créatrice. Sans aller jusqu'à dire avec David Diop, qu'elle pousse à la littérature folklorique, on conviendra qu'elle conduit à un certain conformisme de style et de contenu préjudiciable à la vitalité culturelle[69].

Comme ce détracteur de la négritude, les romanciers camerounais ne l'ont pas acceptée dans le sens très général que Léopold S. Senghor lui donnait de « valeurs de civilisations du monde noir », mais bien suivant une signification étroite d'exaltation du pittoresque au détriment du sens profond. Edaly Gassama a expliqué cette prise de position contre la négritude par la propension des écrivains camerounais à préférer la critique à l'idéalisation[70].

Cela se peut, mais il paraît tout aussi possible que le malentendu entre Léopold S. Senghor et les romanciers camerounais provient de sa prose plus poétique que claire. En outre, plusieurs auteurs noirs africains des années trente à cinquante ont proclamé appartenir au mouvement, chacun le comprenant à sa façon et l'appliquant suivant son interprétation personnelle[71]. Il en résulte que la plupart des romanciers camerounais le considèrent comme un principe qui limite l'invention alors que pour eux le didactisme, le réalisme et l'engagement ne leur donnent pas le même sentiment de confinement. D'ailleurs, pour reprendre la réflexion de Francis Bebey: « il est un nègre qui ne doit pas démontrer qu'il en est un »[72].

Malgré qu'ils n'aient pas compris toutes les implications du concept, ce dernier a eu un effet positif. En reconnaissant la valeur des cultures africaines, il a encouragé les Africains à se lancer dans la littérature, un domaine neuf et jusque-là réservé aux Blancs. La négritude affirmait la capacité des hommes noirs à créer et elle leur a rendu confiance en leurs aptitudes. Une fois cette impulsion donnée, elle a moins intéressé. Aujourd'hui, les romanciers camerounais se contentent d'en reconnaître l'importance historique, même s'il leur arrive de la comparer à une momie[73].

Si la négritude n'a pas eu grande influence sur eux, ils paraissent, par contre, partager les mêmes idées que Francis Bebey sur l'authenticité. Eduqués par un système occidental—ou occidentalisé pour les plus jeunes—élevés dans la religion chrétienne, citadins s'éloignant du village natal, les écrivains ont conscience que des valeurs étrangères et nouvelles s'infiltrent dans leur milieu. Ils ressentent le besoin d'aller avec leur temps, de ne pas se laisser entraîner par une nostalgie idéalisante des temps passés, aussi bien qu'à ne pas adopter chaque nouveauté qui se présente. De là, l'idée d'authenticité. Francis Bebey la définit ainsi dans *Le Roi Albert d'Effidi:*

> le caractère premier de l'authenticité, c'est la spontanéité. L'authenticité n'est pas issue d'une recherche, elle ne se fabrique pas. Partant, l'Africain d'aujourd'hui sera authentique—et son art avec lui—dans la mesure où il ne cherchera pas à paraître africain grâce à des artifices tels que le retour à la tradition, ... mais décidera plutôt de s'assumer tel qu'en lui-même, convaincu que les valeurs qui lui ont été léguées par un passé pré ou post-colonial font de lui, en se conjuguant et se complétant les unes et les autres en lui, un homme de premier plan dans une civilisation mondiale dont l'évolution, tout orientée vers un métissage que

> nous restons libres d'admettre ou de combattre, échappe complètement aux musicologues, aux sociologues, et à tous ces « logues » qui ont du temps à perdre dans des considérations de détail (41).

Malgré l'imprécision de certaines lignes, ce passage du *Roi Albert* montre bien l'attitude des romanciers camerounais vis-à-vis des théories littéraires. Pour eux, il s'agit d'une question de « détail ». De plus, ils désirent éviter tout systématisme de peur de transformer un procédé littéraire en artifice. Ils veulent assurer la liberté de l'auteur dans le choix de ses matériaux principalement pour préserver la spontanéité du texte. Ils se méfient de l'apprêté et du médité. Ils préfèrent se laisser entraîner par leur imagination aussi longtemps qu'elle les mène le long des chemins du réalisme. Ils poursuivent cette idée de liberté relativement loin, car les auteurs ne se sentent pas dans l'obligation d'imiter les confrères. La plupart avouent ne pas se lire entre eux. Il y a bien Francis Bebey, Lydie Dooh-Bunya et René Philombe qui admirent et suivent de près Mongo Beti, mais les autres se contentent, du moins à ce qu'ils prétendent, de faire confiance à leur inspiration[74].

Le passage du *Roi Albert d'Effidi* prouve, d'autre part, que les romanciers ont conscience des origines très diverses de leur art. Par conséquent, ils s'efforcent de combiner leurs matériaux disparates en un ensemble plus ou moins cohérent. Deux principes les y aident: l'universalité et l'humanisme. Jusqu'ici, le terme « humanisme » n'a pas été beaucoup utilisé et les auteurs n'en ont pas une notion très nette. Cependant, il est employé par des penseurs. Selon Louis-Marie Ongoum, l'humanisme contient « l'ensemble des valeurs humaines que la civilisation mécanique a bafouées ». Yves-Emmanuel Dogbé en donne une autre définition quand il en rétrécit le sens au point de le rendre synonyme d'entraide et de solidarité, deux qualités qui selon lui manquent à la civilisation occidentale[75].

Paul Hazoumé comprend que le terme « humanisme » a plusieurs significations. Par conséquent, il fait une différence entre ce qu'il appelle l'humanisme occidental et l'africain. Il explique en quoi consiste ce dernier:

> N'est-ce pas ce traditionalisme qui a forgé les hautes vertus de notre race: notre religiosité, la patience, la résignation, l'humilité, l'abnégation, la charité, la pudeur, l'honnêteté, . . . la simplicité dans la vie, le respect du vieillard, de la femme, de l'enfance, de l'autorité établie, de la parole donnée, l'incorruptibilité, la fidelité dans l'amitié, l'esprit de collectivisme, la solidarité, le culte de la reconnaissance. . .[76].

A part qu'il ne parle pas de « l'émotion nègre » comme l'avait fait Léopold S. Senghor, les idées de Paul Hazoumé sur l'humanisme africain ressemblent très fort à la négritude. Il a l'avantage sur lui de s'être exprimé plus clairement, d'une manière qui plaît aujourd'hui et qui ne soulève pas les mêmes controverses que la négritude. Certes, la reconnaissance, la religiosité et la résignation ont perdu de leur importance dans la société moderne, mais, d'une manière générale, cette liste des qualités appréciées dans le passé reste valable. Elle indique bien ce que les sociétés noires africaines aiment trouver dans l'homme. Ceci ne veut pas dire que tout le monde les possède ou les pratique, plutôt elle constitue un modèle à suivre.

Les romanciers camerounais adhèrent à cet ensemble de qualités et ils ont choisi des sujets et des thèmes qui les représentent. Les chapitres 2 et 3 l'ont montré. En effet, la plupart des romans critiquent les gens riches, noirs et blancs, ils encouragent la charité, l'entraide, ils montrent les conséquences de l'impatience, de l'irrespect, la nécessité de demeurer fidèle à la parole donnée et ils demandent qu'un meilleur sort soit fait aux femmes. L'adhésion des romanciers à ces qualités ne veut évidemment pas dire qu'ils les prônent toutes dans chacune de leurs œuvres. Cependant, comme elles priment dans leur manière de penser, elles entraînent une certaine unité dans le corpus romanesque, d'autant plus qu'à l'humanisme africain, les auteurs opposent l'égoïsme des Blancs.

Si la plupart des romanciers considèrent l'humanisme africain important, quelques-uns ne s'en contentent pas puisqu'ils cherchent à atteindre l'universalité[77]. Il faut comprendre le mot ici plus dans le sens de toucher un large public grâce à des thèmes universels auxquels tous les hommes pensent tels que l'amour, la mort, le temps que dans le sens d'un style international et impersonnel. L'idée vient de l'enseignement français qui vante les classiques comme Jean Racine, Pierre Corneille et Molière pour avoir montré les effets de sentiments que tous les hommes éprouvent. Francis Bebey, Mongo Beti et René Philombe, par exemple, y tiennent par ambition littéraire. Ils désirent aussi pousser leurs lecteurs à réfléchir aux grandes questions humaines. Mongo Beti cherche à éveiller leur conscience politique et à les faire méditer sur l'histoire et sur le destin de l'humanité. Francis Bebey, moins politisé, dit avoir voulu montrer que, comme les autres continents, l'Afrique a un cœur, qu'elle a beaucoup à offrir et qu'elle participe à la vie culturelle mondiale[78].

Tous les romanciers ne partagent pas cette idée d'universalité, certains ne lui attachent pas grande importance, d'autres ont peur qu'à cause d'elle ils perdent leur authenticité, c'est-à-dire leurs caractères camerounais. L'attitude des auteurs pour ou contre l'universalité aurait dû donner naissance à deux catégories romanesques facilement reconnaissables, l'une locale et folklorique et l'autre internationale. Toutefois, comme tous les auteurs adhèrent aux mêmes principes de réalisme, didactisme, engagement et littérature artisanale, comme ils aiment un style vivant, imagé, proche de celui des contes, les différences entre romans à thèmes humanistes africains et à thèmes universaux se brouillent surtout que les leçons exigées par le didactisme touchent à des questions morales valables dans n'importe quelle société. Elles n'y ont peut-être pas la même importance, mais cela ne veut pas dire qu'elles ne sont pas appréciées.

Par ailleurs, les romanciers ont la possibilité d'intéresser un public universel vu que bien des situations et problèmes vécus par leurs personnages ressemblent à ceux de millions d'Africains et d'habitants de contrées en voie de développement. Cette universalité est cependant plus virtuelle que réelle. En effet, à part quelques exceptions, le commerce du livre ne leur permet ni d'atteindre un grand nombre de lecteurs à cause des tirages trop limités ni d'intéresser des populations non-francophones à cause du manque de traductions[79]. Aussi, la question de l'universalité des romans reste pour le moment théorique. Il importait pourtant d'attirer l'attention sur elle puisqu'elle révèle un aspect de l'engagement des auteurs.

D. Les Influences occidentales

En fait, les romanciers camerounais se veulent non pas tellement universels ou locaux qu'indépendants. Ils disent n'appartenir à aucune école, bien qu'ils admettent avoir subi l'influence de plusieurs courants littéraires et de plusieurs auteurs. Il y a d'abord l'influence française. Elle s'est manifestée durant l'éducation des écrivains ainsi qu'on l'a déjà observé. Elle leur a montré en quoi consistait un roman, sa structure et son contenu. Elle leur a enseigné à écrire des paragraphes cohérents et à reproduire les qualités de style particulièrement appréciées dans la littérature française. On a vu les effets de cet enseignement tout au long de cette étude. En vérité, comme à l'exception de quelques-uns, ils ne lisent plus beaucoup d'ouvrages publiés par des auteurs de la métropole après leur sortie de l'école, cette influence tend à s'affaiblir. Depuis la fin du colonialisme, la langue évolue indépendamment de Paris, les règles de syntaxe sont suivies avec moins de rigueur et les lois qui régissent la création d'un roman « bien fait » perdent de leur signification. Sans doute Lydie Dooh-Bunya admet aimer particulièrement Georges Duhamel, Colette et Victor Hugo parce qu'ils l'ont poussée à choisir des détails vrais et caractéristiques et Rémy Gilbert Medou Mvomo apprécie Jean-Paul Sartre, Michel de Saint-Pierre et Vercors pour les causes qu'ils ont défendues, mais les autres trouvent difficile à indiquer quels auteurs français les intéressent et pour quelles raisons.

Ils paraissent en tout cas peu soucieux de la littérature française contemporaine. Le nouveau roman ne les intéresse pas. Des auteurs plus classiques tel que Marguerite Yourcenar et d'autres plus populaires comme Pierre Boule et Jean-Louis Curtis ne piquent pas leur curiosité. Deux raisons principales expliquent cette indifférence. Tout d'abord, les auteurs français contemporains s'occupent trop souvent de questions sans intérêt pour eux et ils décrivent un monde avec lequel ils n'ont guère d'affinités. Ensuite, leurs recherches stylistiques, quand il y en a, vont à l'encontre de l'esthétique camerounaise qui préfère un style imagé, mais clair. Même, François-Borgia Marie Evembe n'apprécie pas du tout quand des critiques le rapprochent de Céline ou de Georges Bataille. Il ne veut pas que la littérature française s'approprie ainsi son œuvre. Il refuse la validité de cette comparaison et il rejette l'idée d'imitation. Il préfère d'ailleurs l'auteur sénégalais Ousmane Sembene ou le Russe Fédor M. Dostoïevsky, ce dernier à cause de sa manière d'exprimer le désarroi de l'être[80].

Malgré leur résistance à l'empire qu'exerce la littérature française sur eux, les romanciers citent souvent dans leurs conversations trois auteurs, il s'agit de Jean de la Fontaine, Voltaire et Albert Camus. Le premier les attire parce qu'il a une manière plaisante de parler des animaux et des hommes et parce qu'il n'a jamais hésité à ridiculiser les travers de ces derniers; le deuxième à cause de son humour, de son ironie, de sa façon de questionner l'autorité et de railler l'Eglise et le troisième simplement parce qu'il a « senti la misère des hommes »[81].

En fait, les écrivains trouvent mieux ce qu'ils cherchent chez leurs collègues américains, noirs et blancs. Cela paraît surprenant au premier abord, mais fort compréhensible à la réflexion. S'ils ont lu avec plaisir—en traduction—Richard Wright, Mark Twain, Sinclair Lewis, John Steinbeck, Ernest Hemingway et même F. Scott Fitzgerald, c'est parce que ces auteurs leur offrent un univers romanesque particulièrement attrayant. Réaliste, il contient des personnages humbles, pauvres souvent, luttant contre le racisme et en butte aux pressions dominatrices du pouvoir et de l'argent. De plus, ces auteurs ont décrit la condition du Noir sans idéalisme et sans hypocrisie. D'une manière générale, ils donnent l'impression que la littérature est une activité normale et non pas aristocratique comme la française. Enfin, la force et la simplicité apparente de leurs styles les autorisent à suivre leurs propres penchants[82]. Les romanciers camerounais ont trouvé dans la littérature américaine un encouragement à créer sans se laisser encombrer par des règles rigides, à s'exprimer franchement et à parler des problèmes confrontés par les Noirs.

Le gros des influences littéraires occidentales se fondent dans les textes. Elles proviennent d'époques et d'auteurs différents sans qu'il soit possible d'y trouver une logique autre que celle de la préférence et de la mémoire du romancier qui les utilise. On observe ainsi que la manière dont François-Borgia Marie Evembe décrit les selles de Iyoni, au début de *Sur la terre en passant*, rappelle la verve verbale de Rabelais. *Cette Afrique-là* contient une lettre au style et au ton proches de ceux des *Lettres persanes* de Montesquieu (177-79). Le sort de Gin défigurée à la fin de *La Poupée ashanti* évoque les déboires de la marquise de Merteuil dans *Les Liaisons dangereuses* de Choderlos de Laclos. Le jeu que Zinnia et Patrick jouent dans *La Brise du jour* se rapproche de celui de Perdican et Camille dans la pièce *On ne badine pas avec l'amour* d'Alfred de Musset. Si personne ne meurt de ce jeu, Lydie Dooh-Bunya fait comprendre que pas plus que les deux héros de Musset, les deux jeunes gens n'auront des chances de connaître le bonheur.

A l'occasion, les romanciers mettent en évidence leurs connaissances. De là, l'inclusion des noms d'Antoine de Saint-Exupéry, Alain, Alfred de Vigny, Alphonse de Lamartine, George Sand et Alfred de Musset et celle d'un poème de Paul Eluard dans le texte de *Ngonda* (3) et dans *Lettre ouverte à Sœur Marie-Pierre* (7, 169). Joseph Owono fait allusion à la *P... respectueuse* de Jean-Paul Sartre (*Tante*, 86). Ces noms, ces titres jetés sur la page n'ont pas de répercussion dans le texte même. Toutefois, le lecteur qui se rappelle ses leçons de littérature ou des lectures passées sourira ou grimacera suivant le type de souvenir laissé par ces ouvrages. Aussi gratuit que paraisse l'usage de ces noms et de ces titres, s'il n'a pas un effet littéraire, il a au moins l'avantage de serrer les liens entre auteur et lecteur aspect non négligeable de l'esthétique camerounaise ainsi qu'on l'a vu plus haut. C'est bien ce que désire Thérèse Assiga-Ahanda quand elle paraphrase Jean de la Fontaine (*Sociétés*, 49) et ce que veut David Ndachi-Tagne quand son héroïne, à la suite d'Harpagon, se demande

« ce qu'elle était venue chercher dans cette galère? » (*Reine*, 49).

Les écrivains citent des auteurs occidentaux quand ce qu'ils ont dit introduit bien le sujet ou le ton de leurs œuvres. Jean Ikelle-Matiba recopie quatre vers d'Edmond Rostand dans ce but (*Afrique-là*, 9). Les citations de la Bible, d'Arthur Koestler, de Fédor M. Dostoïvesky et de Maxim Gorki dans *Le Pauvre Christ de Bomba* (7, 9, 145, 285) et de Voltaire dans *Perpétue et l'habitude du malheur* (7) donnent le point de vue sous lequel une partie ou le livre entier doit être compris. Phrases ironiques, réflexions, commentaires sur l'homme, ces quelques lignes donnent une dimension intellectuelle au texte et, avec l'aide d'autres procédés littéraires vus précédemment, elles invitent le lecteur à réfléchir sur les questions qu'elles soulèvent. Les allusions claires à des auteurs et à des textes connus mondialement contribuent aussi—évidemment moins que les leçons morales—à l'universalité des romans camerounais. Sans doute, le lecteur occidental non initié trouve étrange le monde qu'ils décrivent, les mœurs, les mots en vernaculaires, mais ces allusions à des auteurs et œuvres qu'il connaît, ou dont il a entendu parler, diminue la distance qui existe entre lui et ces livres.

E. Les Influences africaines

Bien que certains romanciers se savent lus par des Occidentaux qui sympathisent avec les causes qu'ils défendent, en général cependant, la plupart s'adressent de préférence aux leurs d'où l'inclusion de procédés littéraires, d'allusions, de contes venant de la littérature orale camerounaise. Leur attachement pour la littérature traditionnelle ne veut pas dire qu'ils restent indifférents à la littérature écrite africaine. Beaucoup d'entre eux ont au moins lu leurs collègues Mongo Beti et Ferdinand Oyono et le Sénégalais Ousmane Sembene entre autres. Ils reconnaissent le talent de ces auteurs qui, tout en cherchant à plaire à un public européen auquel ils désiraient démontrer les iniquités du système colonial, avaient en même temps réussi à introduire des sujets, des thèmes et des procédés littéraires pour satisfaire le goût de leurs compatriotes. Les générations suivantes ont reconnu leur réussite et elles ont adopté les mêmes principes généraux. De là, un goût artistique largement partagé parmi la population lettrée et de là, une esthétique commune.

A dire vrai, la présence de sujets semblables, de thèmes identiques a plus pour origine le réalisme, le désir de présenter des situations habituelles qu'une imitation d'un auteur par l'autre. Comment prouver d'ailleurs si un romancier a imité un de ses collègues quand société et écrivains partagent les mêmes idées sur l'esthétique? Surtout que le concept d'une littérature artisanale ne pousse pas à l'originalité, mais bien à l'utilisation d'éléments reconnus comme courants. D'où la présence si habituelle de ces descriptions des aubes, danses, beuveries, bagarres et suicides, de thèmes et sujets communs.

S'ils ne se sont pas laissés beaucoup influencer par leurs contemporains, les romanciers ont souvent emprunté à la littérature orale. Par littérature orale, il faut comprendre tous ces textes: chansons, proverbes, devinettes, contes que le commun des mortels connaît, invente, transforme, laissant de côté les textes sacrés, les contes ésotériques, les poèmes épiques comme le *mvet* récités ou chantés par des professionnels. Cette littérature vit toujours, l'écriture ne l'a pas encore supplantée. Elle change continuellement, elle s'adapte aux sujets et aux intérêts du moment.

On ne reviendra pas ici sur les emprunts et imitations déjà discutés dans cette étude comme le schéma initiatique, l'enfance du héros, le personnage de l'orphelin et du roué parce qu'il y en a bien d'autres à relever[83]. Le premier caractère que les romans partagent entre eux et qui vient de la littérature orale est justement leur oralité. A diverses occasions, le narrateur s'adresse au lecteur et il en appelle à son jugement, procédé qui recrée par écrit un aspect des relations entre le conteur et son auditoire (*Mission*, 172-73; *Fils*, 29; *Faliou*, 9). La linéarité du récit procède également de l'oralité des textes. Souvent, le livre se compose de l'accumulation chronologique des événements qui amènent le personnage vers sa perte ou vers sa réussite. Les retours en arrière apparaissent rarement et quand ils existent, ils résument les origines du personnage (*Afrika*, 98; *Sorcier*, 131-34). Le développement linéaire n'exclut pas la présence de passages qui interrompent le récit, mais il s'agit alors de moments pendant lesquels le narrateur médite sur une question particulière. Francis Bebey fait ainsi son long discours sur l'authenticité dans *Le Roi Albert d'Effidi* (41) et Mongo Beti s'insurge contre la tyrannie des règles de la grammaire française (*Perpétue*, 129-32). Les romanciers introduisent, de plus, différentes formes de la littérature orale dans leurs œuvres comme des poèmes, prières, chansons qui marquent, elles aussi, un temps d'arrêt dans le récit (*Reine*, 77-78; *Pistes*, 73-74, 90-92). Outre qu'elles font varier le rythme de la prose et qu'elles ornent les textes, ces interruptions révèlent la dextérité de l'auteur dans d'autres genres que le roman.

Les romanciers ont emprunté à la littérature orale des procédés stylistiques, des proverbes, devinettes, phrases-refrains, dialogues symboliques et des contes. Il y a d'abord toutes les images anthropomorphiques qui donnent aux objets, aux animaux, à la nature une âme et dont on a parlé au chapitre 5. On compte aussi parmi elles les exagérations du type: « je suis tombé comme un baobab avec fracas », des images qui mêlent concret et abstrait telles que « le pressentiment est une vilaine carcasse autour de l'optimisme, assez transparente pour permettre de faire quelques prévisions diffuses, assez opaque cependant pour laisser l'esprit organisé douter de la prévision » ou « les pensées turbulentes que roule son crâne orageux tendent et bombent harmonieusement ce front élastique, au lieu de le gondoler de tourments ». Toutes ces façons de s'exprimer ont leur origine dans la littérature orale[84]. Elles rendent le style vivant et elles impriment un cachet particulier surtout que les auteurs, plus rarement il est vrai, ajoutent des passages qui tentent de reproduire le langage des tam-tam, des traductions de différentes manières de dire bonjour en bamileke ou encore des idéophones, c'est-à-dire un mot qui représente un objet par le son qu'il émet, ainsi, une motocyclette est une « torrometometome »[85].

Des proverbes, ou plutôt apophtegmes ici, car l'expression n'est pas figée dans une formule, on en trouve un peu partout comme: « les buffles ensemble et les éléphants ensemble »; « la bouche qui a tété n'oublie pas la saveur du lait; « une femme.... C'est un sentier. Quand tu t'y engages, il ne faut pas penser à ceux qui l'ont emprunté avant toi, ni à ceux qui pourraient y passer après toi—ou en même temps que toi » ; « la nuit compacte s'éclaire, l'étang profond se sonde, le grand fossé se comble, mais irréparable est le mal accompli »[86]. Moins courante, la devinette, cet exercice de style et d'intelligence à la fois souvent pratiqué par les enfants, se rencontre par exemple dans *La Reine captive*: « Une source est née derrière ma case, mais je ne puis y aller boire » (réponse: sa sœur, 85-86). La phrase-refrain est, comme son nom l'indique, une phrase que l'auteur répète en différentes occasions. Elle martèle le texte, mais elle sert surtout à insister sur un aspect du récit ou du personnage. Ainsi, la mère de Toundi lui reproche à plusieurs reprises sa gourmandise. La phrase revient comme un leitmotiv au début du roman pour que le lecteur comprenne bien que le jeune garçon ne se corrigera pas (*Vie*, 13, 17, 23). Ce genre de phrase s'emploie aussi ironiquement quand la mère de Mbenda lui annonce qu'il va « on voir de toutes les couleurs ». Elle ne pouvait prévoir qu'effectivement ses femmes lui donneraient un bébé noir et l'autre mulâtre. Mongo Beti montre avec la phrase-refrain l'obstination du beau-père de Niam qui répète directement ou par le truchement du narrateur qu'il « y a longtemps qu'il a donné sa fille en mariage » pour bien souligner son manque de responsabilité dans les fugues de la jeune femme (*Mission*, 65, 78).

Quant au dialogue symbolique, plus rare, il montre bien l'habitude traditionnelle de parler d'une chose tout en voulant dire une autre:

>—Je trouve imprudent l'agneau qui va boire à la source d'une panthère.
>—Femme, quand un agneau prend un risque pareil, c'est qu'il est travaillé par la soif.
>—Surtout, si l'agneau a échappé une fois déjà à la panthère.
>—L'eau de chaque source a sa fraîcheur. L'agneau choisit seul celle qui lui convient. Aucun animal n'y peut rien, ni le bouc son père, ni la chèvre sa mère. (*Nasse*, 105; autre exemple: *Saigne*, 84-85)

Cette manière dont les parents parlent de leur fils vient de la littérature orale traditionnelle. Ici, elle a l'avantage de faire comprendre indirectement que le jeune homme dont il s'agit n'a ni la force, ni la position sociale nécessaire pour se défendre.

Les romans contiennent à l'occasion des contes longs d'une page ou deux. Comme les contes traditionnels, ils ont des animaux ou des hommes pour sujet. Les auteurs les utilisent par plaisir, afin de perpétuer des habitudes de rhétorique ou afin de donner un sens à leurs récits. Le conte du chien et du chimpanzé dans *Pris entre deux forces* en montre l'usage le plus commun, celui d'illustrer un point du discours (155-56). Njumu demande à son ami de ne pas le trahir comme le chien du conte le fit parce qu'en ne respectant pas leur secret ni lui ni son compagnon le chimpanzé n'ont obtenu ce qu'ils convoitaient. Au début du *Fruit défendu* Fouda raconte l'histoire d'un fils qui avait désobéi à sa famille. A la fin, deux lignes reprennent le thème du conte (21, 143). De cette manière, si l'auteur semble perdre de vue que la désobéissance forme le nœud de son œuvre lorsqu'il va d'Alima à Rose ou d'un épisode à un autre, l'allusion finale rend toute sa logique au roman. Mongo Beti dans *La Ruine presque cocasse d'un polichinelle* insère cinq contes dans les première et deuxième parties. Ils enseignent aux lecteurs à se méfier, que tous les apprentissages se valent, qu'il vaut mieux entreprendre sans attendre un changement du sort, que l'homme actif obtient savoir et prospérité et que la ruse et la force combinées peuvent changer le cours des événements (89; 16; 41-42; 158-59).

Enfin, le conte ne doit pas venir d'une tradition ancienne. Inventer un conte se fait toujours. Par suite, le catéchiste Nkool emploie cette façon de s'exprimer pour expliquer comment les hommes deviennent les victimes de Satan (*Roi Albert*, 166-68).

Les contes interrompent l'action, ils offrent un enseignement, mais aussi, avec les proverbes, les phrases-refrains, les dialogues symboliques, ils donnent un cachet spécial aux romans. Certes, les auteurs ne se servent pas toujours de ces procédés littéraires. Il y en a qui sont plus habiles que d'autres dans leur choix des procédés et dans leur manière de les insérer. En général, ils donnent l'impression qu'ils aiment les inclure soit par fidélité à leur culture, soit pour resserrer leurs liens avec leurs compatriotes. L'utilisation de ces méthodes dès les premiers ouvrages comme *Une Vie de boy* par Ferdinand Oyono prouve que les auteurs ont toujours cherché à plaire aux Camerounais, même s'ils voulaient révéler au public occidental les erreurs et les hypocrisies de la colonisation. Elle démontre aussi l'éclectisme de ces écrivains qui prennent leurs matériaux non seulement dans leur vie quotidienne, mais aussi dans des littératures d'origines très diverses. On voit bien là leur refus d'imiter servilement des modèles africains ou occidentaux. Il leur importe beaucoup plus d'adhérer aux principes d'une littérature artisanale, du réalisme, de l'engagement et du didactisme.

Conclusions

En optant pour une littérature artisanale, les romanciers camerounais ont mis leurs œuvres à la portée de tous ceux qui savent lire plus ou moins couramment. Au lieu de s'adresser à une élite, de chercher le rare et le difficile, ils ont préféré montrer le courant et l'exemplaire aux étudiants, aux petits commerçants, aux employés subalternes. Ce choix en a entraîné d'autres. Ainsi, la durée et l'originalité de leurs récits ne les préoccupent pas beaucoup, plaire sur le moment, par contre, a bien plus d'importance. Les romanciers ont pris cette voie parce que, d'une part, la notion de littérature artisanale existait déjà dans la littérature orale et parce que, d'autre part, ils ont accepté leur responsabilité sociale. En effet, dans un pays pauvre, en majorité illettré, leurs livres servent à propager informations et connaissances autant qu'à divertir. Ils reprennent de cette manière le rôle du conteur traditionnel qui enseignait les valeurs acceptées tout en amusant.

Comme pour les contes, les romans remplissent différentes fonctions. Celle d'enseigner a grande importance. A cause d'elle, certaines œuvres soutiennent l'administration dans ses campagnes pour encourager l'obéissance à l'Etat, par exemple, pour diminuer l'animosité entre les tribus ou pour lutter contre l'alcoolisme. Les pressions que le gouvernement exerce sur les écrivains les y encouragent, mais leurs propres convictions les incitent aussi à défendre ces idées. Les romans constituent néanmoins un discours non officiel puisqu'ils n'émanent pas des bureaux de l'administration—même si quelques-uns de ses employés ont publié. Imprimés et diffusés par des privés, ils préservent une distance bien mince sans doute, mais non négligeable, avec l'autorité centrale. Elle s'observe principalement dans les romans qui décrivent une société égoïste et hédoniste, adonnée aux plaisirs de la chair et de la boisson. En tant que discours non officiel, ces derniers remplissent une fonction pareille à celle des soupapes de sûreté qui laissent échapper le trop-plein. Les personnages servent de cible aux quolibets des lecteurs et leurs actions donnent lieu à des commentaires antigouvernementaux. De cette façon, qu'ils critiquent les hommes en place ou la folie humaine, les romans participent à l'instruction civique du lecteur et au développement de sa conscience politique. Par ailleurs, il ne faut guère oublier l'effet de catharsis que les romans produisent quand ils aident créateurs et lecteurs à sublimer leur mécontentement envers une vie si imprévisible. Bref, les romans remplissent une série de fonctions d'autant plus complexes que la rareté et que la cherté relatives des livres les valorisent.

Par ailleurs, la situation particulière des romans fait que leurs auteurs répondent à d'autres exigences de la part de leurs lecteurs que leurs homologues en France. Alors que les Français d'aujourd'hui paraissent aimer lire des œuvres où les personnages sont décrits intérieurement, où leur psychologie évolue et où leurs actions découlent les unes des autres, les Camerounais semblent accorder moins d'importance aux explications sur un caractère ou sur une action[1]. Ils préfèrent suivre les événements à s'attarder au comment et au pourquoi. Ceci ne veut pas dire que les lecteurs acceptent que tout se passe au hasard et que l'auteur ne suit aucune logique. On a vu que la gourmandise de Toundi, que l'obsession de l'argent et des femmes chez Bilanga et que le complexe de persécution de Faliou servent à justifier leurs actions. De plus, des forces extérieures telles que le colonialisme, l'église catholique et la coutume poussent les personnages suivant des directions bien précises et contre lesquelles ils sont souvent impuissants.

Les différences entre romans français et camerounais se remarquent aussi dans l'importance accordée aux facultés créatrices. Nemours H. Clement avait observé dans *Romanticism in France* que les rapports entre raison, imagination, sentiment et volonté déterminent la substance et la forme de la composition littéraire[2]. Toutes les quatre se manifestent à des degrés différents suivant les époques. Ainsi, la volonté, c'est-à-dire le travail conscient et soigneux, dominait avec la raison la littérature française classique alors que la littérature romantique préférait l'imagination et le sentiment. Comme les romanciers camerounais se méfient de leur imagination, comme ils ne cherchent pas à raconter une histoire originale, mais vraie, cette faculté les intéresse faiblement. La volonté n'entre pas beaucoup en ligne de compte puisque le travail littéraire reste peu apprécié. La raison, quant à elle, organise les matériaux d'une manière lâche ici, car nœud et dénouement ne paraissent pas indispensables dans des œuvres où l'ordre des épisodes n'influe pas toujours sur l'évolution du récit. Il reste le sentiment et celui-là domine.

Sans vouloir reprendre la formule lapidaire de Léopold S. Senghor selon laquelle « L'émotion est nègre, comme la raison hellène », on ne peut manquer d'observer l'importance des sentiments[3]. Ce sont eux assurément qui dirigent les personnages vers leur destin. La vanité de Toundi, de Meka et de Bogam Woup, l'amour du roi Albert et de Zinnia, la folie de persécution de Faliou, la passion de Bilanga les mènent inévitablement vers des situations que leur volonté, raison ou conscience auraient pu leur éviter. A rappeler que leurs sentiments sont rarement décrits d'une manière directe: leur enfance, leurs actions, objets, vêtements disent plus sur eux qu'un long discours indirect libre ou qu'un monologue intérieur. De plus, le caractère des personnages n'évolue pas vraiment parce que, selon l'optique des romanciers, l'homme reçoit à la naissance et dans la petite enfance les traits principaux de sa personnalité. Tout ce qu'il peut faire, c'est essayer d'en adoucir les angles, d'en affaiblir l'impétuosité grâce à la sagesse, ce frein suprême à toutes nos impulsions.

La place que tiennent les sentiments dans les romans camerounais rapproche leurs auteurs des romantiques français d'autant plus que la volonté de représenter la réalité et que les questions sociales leur importent aussi. Dans un certain sens, la première génération camerounaise vécut le début de l'indépendance un peu comme une partie de la jeunesse romantique les années 1810 à 1830 avec les mêmes désirs de montée sociale, avec les mêmes aspirations et la même volonté d'engagement pour améliorer la société. Comme eux, ils se firent des illusions sur les hommes et sur leurs propres capacités, ils se sentirent charnières entre deux époques bien différentes et ils se trouvèrent sans modèles à imiter.

Aussi fascinant qu'il soit, le rapprochement ne signifie pas que ces deux générations ont beaucoup de points communs, seulement qu'elles en partagent quelques-uns, dus, d'ailleurs, plus à des situations historiques et culturelles subies qu'à une volonté d'imitation de la part des Camerounais. La même remarque s'impose quand Dorothy S. Blair met en parallèle le réalisme des romanciers africains avec ceux d'Honoré de Balzac, Gustave Flaubert et Emile Zola[4]. En effet, les ressemblances n'apparaissent qu'occasionnellement et elles proviennent, en partie, du nombre limité de figures de rhétorique. Elles ne doivent donc pas occulter l'énorme part qui revient à l'esthétique camerounaise. Car, comme on l'a vu au chapitre 6, celle-ci existe bien et elle rassemble les romans en un tout cohérent, bien séparé et indépendant de la littérature française. Mais cet ensemble constitue-t-il une littérature nationale qui se distingue de celle des autres contrées africaines?

La première condition qu'il faut remplir pour créer une littérature nationale consiste à avoir le sentiment d'appartenir à un ensemble. Dans sa communication « National Identity and National Literature in Africa: The Example of Cameroon », Richard Bjornson explique qu'en dépit des diversités ethniques et des expériences historiques différentes—colonialismes français et anglais—les Camerounais d'aujourd'hui ont conscience de former une nation[5]. Donner à des villageois le sentiment qu'ils appartiennent à une entité supérieure à leur coin de terre n'a jamais été chose facile. Par conséquent, le premier président Ahmadou Ahidjo y travailla activement. Son obsession à ce sujet, bien compréhensible vu la complexité ethnique du pays, se remarque dans tous les discours qu'il fit jusqu'à sa démission en 1982. Pour imposer le concept, il se présentait comme le père de la nation, il vilipendait les particularismes tribaux et le népotisme familial (ce qui ne l'empêchait pas de profiter politiquement des dissensions et des animosités traditionnelles). Il chercha à créer des héros nationaux. Ainsi, comprenant tout le parti qu'il pouvait en tirer, il accepta la transformation populaire de son ancien rival Ruben Um Nyobé en héros mort pour libérer les Camerounais du joug colonial[6].

Pour qu'il y ait littérature nationale, les écrivains doivent partager des concepts généraux et poursuivre des buts identiques. C'est le cas ici. Les premiers romanciers camerounais écrivirent pour combattre le colonialisme et pour corriger l'idée que l'Occident se faisait du pays. Depuis l'indépendance, les écrivains discutent des idées et des problèmes semblables comme on l'a vu au cours des chapitres précédents. En outre, l'admiration qu'un auteur peut avoir pour un autre a comme conséquence la création d'œuvres similaires et apparentées. René Philombe, par exemple, reprit dans *Un Sorcier blanc à Zangali* la structure employée par Mongo Beti dans *Le Pauvre Christ de Bomba*.

De cette façon, différents aspects de la vie et de la littérature camerounaises, selon Richard Bjornson, donnent aux romans une apparence de cohésion surtout que les auteurs ont les mêmes vues sur la société et que des entreprises comme les éditions CLE et les journaux littéraires favorisent certaines tendances spécifiques. Sans compter que, relativement peu nombreux, la plupart des intellectuels et des écrivains, même s'ils ne se connaissent pas tous personnellement, ont entendu parler de chacun. A ces raisons, on peut maintenant ajouter une autre, celle de l'esthétique commune de littérature artisanale, engagée, réaliste et didactique. De là, malgré des variantes personnelles, un groupe d'œuvres assez homogène pour mériter l'appellation de littérature nationale.

Le premier chapitre avait toutefois expliqué que le pays se divise en deux régions bien distinctes, un nord islamisé, peu touché par le colonialisme et moins éduqué à l'occidentale que le sud christianisé. Comme la plupart des romanciers viennent du sud et comme ils se contentent de présenter la société et le monde environnant qu'ils connaissent, la question se pose alors de savoir si leurs ouvrages plaisent aussi à leurs concitoyens nordiques. Un manque d'études sociologiques et de statistiques sur la réception des romans par provinces empêche pour le moment d'y répondre. Tout au plus peut-on conjecturer. A cause des différences culturelles et sociales, seuls quelques aspects des romans devraient intéresser les lecteurs nordiques tels, par exemple, ceux qui visent l'administration puisqu'elle est la même dans les deux régions. Par contre, tout ce qui touche à la libération de la femme, au milieu forestier, à la religion, à la tendance vers l'individualisme importera sans doute beaucoup moins. Aussi, pour le moment, le terme « littérature nationale » ne peut-il s'appliquer avec justesse que pour le sud.

Si les romans camerounais constituent un ensemble assez cohérent et s'ils contiennent suffisamment de caractères communs pour former une littérature nationale—du sud—on a le droit de se demander s'ils se distinguent des autres littératures nationales noires africaines d'expression française. Malheureusement, au point où en sont les recherches, il n'y a pas moyen de répondre à la question d'une manière satisfaisante. Certes, plusieurs critiques ont limité leurs recherches littéraires à des pays spécifiques tels Adrien Huannou avec *La Littérature béninoise de langue française*, Roger Chemain et Arlette Chemain-Degrange avec *Panorama critique de la littérature congolaise contemporaine*, Dorothy S. Blair avec *Senegalese Literature: A Critical History* et Mukala Kadima-Nzuji avec *La Littérature zaïroise de langue française*. A part Adrien Huannou, ces auteurs n'ont pas cherché à mettre en valeur les principaux caractères esthétiques des romans[7]. Aussi, pour le moment, on doit se contenter d'une comparaison entre les romans béninois et camerounais. Celle-ci ne s'arrêtera toutefois qu'à quelques traits généraux, car un travail complet éloignerait trop le lecteur du sujet de cette étude.

Au Bénin, la littérature écrite commença plus tôt avec *Doguicimi* (1928) de Paul Hazoumé, une œuvre procoloniale, et avec *L'Esclave* de Félix Couchoro. La littérature béninoise ne commença donc pas par une révolte contre le colonialisme. Celle-ci viendra en son temps. Elle a pour meilleur exemple *Un Piège sans fin* d'Olympe Bhêly-Quénum. Ce dernier avec Couchoro, Jean Pliya et Eustache Prudencio représentent l'essentiel de la création romanesque béninoise. Moins nombreux, plus surveillés par les autorités surtout depuis la révolution de 1972, ces écrivains adhèrent aussi aux concepts d'une littérature artisanale, didactique, engagée, influencée par la littérature orale et par les langues locales. L'exaltation du passé précolonial et l'idéalisation de quelques personnages rendent leurs œuvres un peu moins réalistes que celles de leurs confrères camerounais. Cela ne signifie pas que la critique sociale en est absente, seulement que leurs auteurs se laissent plus facilement entraîner par leur imagination. De plus, le contexte historique diffère du camerounais. Ainsi, le royaume d'Abomey dans l'ancien Bénin et la révolution de 1972 ont servi de prétexte à d'autres sujets et thèmes que ceux rencontrés dans la fiction camerounaise.

A vrai dire, la tentative française d'unifier les territoires coloniaux par une administration plus ou moins semblable fut—historiquement parlant—de courte durée. Depuis les indépendances, les pays ont cherché à rassembler diverses ethnies sous un même drapeau et en même temps à se singulariser des autres contrées. Il semblerait logique que, s'étant rencontrées pour un moment sur le point commun de l'anticolonialisme, les différentes littératures finissent par diverger à nouveau, par trouver des sujets propres et par s'exprimer suivant leur génie. Des aspects importants de la création littéraire vont cependant continuer à les rapprocher entre elles. Il s'agit surtout de ceux qui touchent au commerce du livre—coût et rareté— entraînant les écrivains de nationalités différentes à suivre des voies si pas identiques au moins parallèles et de ceux qui proviennent d'un fond culturel commun comme tout ce qui relie entre eux, par exemple, les peuples islamisés ou les Bantous de la forêt.

Par rapport aux littératures des autres anciennes colonies françaises comme le Bénin où Paul Hazoumé et Félix Couchoro commencèrent à publier leurs romans dans les années 1928-29, la production romanesque au Cameroun est relativement jeune puisqu'elle débuta en 1954 avec *Ville cruelle*. Cette brève existence historique n'offre pas encore une distance suffisante pour observer s'il y eut ou non une évolution. Sans doute, l'indépendance apporta des changements en dépit du fait que, dès ses débuts, Mongo Beti et Ferdinand Oyono donnèrent au roman camerounais ses caractères de réalisme, didactisme, engagement et de littérature artisanale. Ils lui firent également représenter leur vue du monde qui, malgré leur éducation occidentale et chrétienne, resta profondément imprégnée de leur culture et littérature ancestrales. Toutes façons de faire continuées par les générations suivantes. Cependant, une fois l'indépendance acquise, les écrivains perdirent petit à petit leur intérêt pour la question coloniale. Abandonner soudain une source d'inspiration aussi riche et aussi pertinente ne fut jamais facile surtout que les manuscrits attendent parfois plusieurs années dans les tiroirs avant de paraître et que l'époque offrait un cadre permettant aux auteurs de montrer les effets destructeurs de toute oppression gouvernementale sans s'attirer l'ire de la censure actuelle.

Les abus du colonialisme finirent quand même par faire place à d'autres problèmes, comme ceux qui ont trait à l'arrogance et à la puissance des fonctionnaires, ceux qui opposent villageois et citadins, cultures traditionnelle et moderne. Outre les sujets, les personnages s'adaptent aux nouvelles conditions et des types apparaissent comme celui du rebelle. Les personnages reflètent la brisure qui sépare la campagne de la ville. Ils expriment les principales préoccupations de la société lettrée contemporaine. Ils révèlent un plus grand intérêt pour l'individu, sans que l'on puisse cependant parler d'individualisme, le terme est encore trop fort pour décrire le changement. Les préférences stylistiques restent toutefois les mêmes avec ce mélange de techniques orales traditionnelles et de procédés littéraires venus des romans occidentaux. Il y a bien quelques rares exceptions comme Werewere Liking qui cherche à s'éloigner de tout cela par une forme hybride où la frontière entre prose et poésie s'estompe. La langue évolue par contre. Le français des nouvelles générations contient plus de fautes de grammaire et de syntaxe, plus de maladresses aussi. La raison de cet écart est simple. Les premiers auteurs et les plus vieux passèrent tous par le système d'éducation français qui, bien qu'altéré par son implantation en Afrique, insistait sur l'importance d'adhérer strictement aux règles. De nos jours, le système d'éducation camerounais, malgré qu'il soit calqué sur le français, se montre moins exigeant, moins obsédé par la correction dans l'usage et par la propriété dans l'emploi des mots. Les vernaculaires locaux influencent la langue par conséquent. Ils ne sont plus ridiculisés comme à l'époque coloniale, mais au contraire appréciés pour leur valeur culturelle et pour leur expressivité. Leur usage journalier finit par altérer la qualité du français. Par suite, le français au Cameroun s'éloigne insensiblement, mais irrémédiablement, de la langue parlée en métropole.

La qualité littéraire devient aussi plus inégale. Des auteurs se montrent soigneux tels Pabe Mongo et Charly-Gabriel Mbock alors que d'autres comme Delphine Zanga Tsongo et Désiré Naha se contentent de raconter une histoire sans trop se soucier de sa forme, de ses contradictions ou de ses inconséquences. Certes, une maison de publication comme CLE essaie de maintenir un certain niveau, mais ce n'est pas toujours le cas, par exemple chez Désiré Naha qui publie lui-même ses ouvrages. D'un autre côté, la censure gêne les auteurs. Elle limite le choix et la manière de présenter les sujets surtout que l'originalité et que l'imagination sont des qualités peu appréciées ainsi qu'on l'a vu au chapitre 6. Par ailleurs, comme un plus grand nombre d'écrivains publient depuis l'indépendance, ils apportent leurs talents variés, leurs personnalités diverses et leurs expériences individuelles. *Le Nègre de paille* de Yodi Karone, *Elle sera de jaspe et de corail* de Werewere Liking et *La Trahison de Marianne* de Bernard Nanga exemplifient bien cette nouvelle tendance. Ils montrent que certains auteurs recherchent des solutions originales à leurs problèmes esthétiques. Le roman commence à connaître une plus grande diversité. Il se pourrait donc fort bien que les caractères d'une littérature artisanale, engagée, réaliste et didactique ne persistent pas tous. A ce stade, cependant, augurer l'avenir du roman camerounais est bien présomptueux. En effet, les événements politiques, l'évolution de la situation économique et de nouvelles conditions sociales ont le pouvoir de changer radicalement l'orientation de cette littérature puisque le petit nombre de lettrés, les structures politiques et la pauvreté de l'industrie rendent le commerce du livre très sensible à tout changement dans la société.

Pour le moment, on constate trois faits essentiels. D'abord, les romanciers ont écrit dans l'espoir de plaire à leurs compatriotes. Ils ont cherché à en toucher le plus grand nombre justement parce qu'ils savent que les lettrés forment une classe minoritaire. Ils y sont arrivés en faisant correspondre leurs œuvres aux besoins profonds de la sensibilité camerounaise, en reflétant les goûts et les connaissances des leurs tout en participant à la création et à la diffusion de nouveaux thèmes. Ensuite, ils ont bien pris soin de lier le passé au présent, l'influence de la culture et de la littérature traditionnelles se retrouvant partout[8]. Enfin, ils ont transformé les matériaux empruntés à l'étranger en un produit local. Sans doute, John A. Dennis avait vu dans le roman camerounais le « mariage entre les cultures africaine et française »[9]. Aussi agréable à l'esprit que soit cette phrase— après tout elle suggère une coexistence harmonieuse—elle ne représente pas une vue correcte de la réalité. L'expression ne convient pas parce que le mot « mariage » suggère que, malgré leur longue coexistence, les deux partenaires gardent leurs traits individuels. Or, les romans camerounais donnent plutôt l'impression qu'ils ont modifié des éléments français et occidentaux au lieu de les adopter tels quels et de s'être intimement liés à eux. Dans ces conditions, et vu l'évolution du roman, il n'y a pas vraiment union, mais bien absorption. La langue et la littérature françaises tout comme la forme romanesque deviennent des outils réduits au rôle servile d'exprimer une vue du monde, des idées, ou des thèmes chers aux Camerounais, mais qui n'ont rien à voir avec la civilisation française contemporaine. En fin de compte, les romanciers ont montré leur capacité à s'approprier des éléments venus d'une tradition littéraire étrangère afin de créer un corpus original qui répond pleinement aux besoins intellectuels et artistiques de leur société.

Notes

Introduction

1. *Les Ecrivains noirs de langue française. Naissance d'une littérature* (Bruxelles: Université Libre de Bruxelles, 1963).

2. Ainsi, Adrien Huannou ne consacre que dix-huit pages à l'art des écrivains dans *La Littérature béninoise de langue française* (Paris: Karthala, 1984) 157-75.

3. Par exemple chez Dorothy S. Blair, *African Literature in French* (London: Cambridge University Press, 1976) 182; Almut Nordmann-Seiler, *La Littérature néo-africaine* (Paris: PUF, « Que sais-je », 1976) 63-64.

4. Ainsi, les commentaires critiques de Gerald Moore sur *Ville cruelle* sont basés sur son expérience littéraire occidentale. Voir *Seven African Writers* (London: Oxford University Press, 1962) 74. Il ne faut pas oublier non plus que, bien que le système scolaire français ait été importé presque intégralement dans les colonies, le nombre d'années passées à l'école, l'environnement social et culturel limitèrent l'influence que ce système eut sur les enfants.

5. Ce point de vue n'est pas partagé par tout le monde. Cheik Anta Diop observa que: « toute œuvre littéraire appartient nécessairement à la langue dans laquelle elle est écrite: les œuvres ainsi écrites par des Africains relèvent, avant tout, de ces littératures étrangères et l'on ne saurait les considérer comme les monuments d'une littérature africaine ». Voir « Quand pourra-t-on parler d'une renaissance africaine », *Le Musée vivant* (1948): 58. Cette remarque a été faite il y a longtemps, quand il existait encore peu d'œuvres. Il a peut-être changé d'avis depuis. Gérard Georges Pigeon, par contre pense qu'adopter « une langue n'entraîne pas forcément l'acceptation de sa culture ». Voir: « Particularités lexicales du français des écrivains négro-africains », *Présence francophone* 12 (1976): 54.

6. Jean-Pierre Makouta M'Boukou se plaint de l'eurocentrisme de la critique dans *Introduction à l'étude du roman négro-africain de langue française* (Dakar: NEA; Yaoundé: CLE, 1980) 193.

7. Voir par exemple Sunday Anozie, *Sociologie du roman africain* (Paris: Aubier, 1970) 44; Frederick Ivor Case, « La Bourgeoisie africaine dans la littérature de l'Afrique occidentale », *Canadian Journal of African Studies* 7.2 (1973): 265; Simon Simonse,

« African Literature Between Nostalgia and Utopia: African Novels since 1953 in the Light of the Modes-of-Production Approach », *Research in African Literatures* 13.4 (1982): 455-56. On verra dans le premier chapitre quelques différences entre la bourgeoisie française et camerounaise.

8. Par exemple Marcellin Boka, « Comparaisons et métaphores. Fonction et signification dans *Le Vieux Nègre et la médaille* de Ferdinand Oyono », *Revue de littérature et d'esthétique négro-africaines* 2 (1979): 49.

9. Bernard Mouralis, *Les Contre-littératures* (Paris: PUF, 1975) 179-82; Olympe Bhêly-Quénum, « Qu'est-ce que la littérature africaine d'expression française aujourd'hui? », dans Jeanne-Lydie Goré, éd., *Les Littératures d'expression française. Négritude africaine, négritude caraïbe* (Paris: Université Paris-Nord, Centre d'Etudes francophones, 1973): 6; Makouta M'Boukou *Introduction*, 259-62. Je ne partage pas non plus le point de vue de Michel Hauser pour qui « toute lecture est idéologique, partant toute critique, de même toute écriture ». Il simplifie trop ces trois opérations si complexes. L'histoire de la littérature a démontré à l'avance la fausseté d'un tel jugement. Voir son « Lecture idéologique et orientation textuelle », *Œuvres et critiques* 3.2-4.1 (automne 1979): 9.

10. Par exemple Jingiri J. Achiriga traite sur le même plan *Vive le président* de Daniel Ewandé, sorte de pamphlet anti-gouvernemental et *Le Devoir de violence* de Yambo Ouologuem, œuvre artistiquement beaucoup plus ambitieuse, dans *La Révolte des romanciers noirs* (Ottawa: Naaman, 1973) 194-224. Richard Bonneau, lui semble troublé par la présence de romans de « gare » dans la littérature ivoirienne comme si toute la littérature écrite en Afrique se devait de ressembler à du Proust. Voir « Panorama du roman ivoirien » *Afrique littéraire et artistique* 22 (mars 1972): 11.

11. De nouveaux ouvrages tentent d'ailleurs de corriger ces faiblesses. Voir par exemple Dorothy S. Blair, *Senegalese Literature. A Critical History* (Boston: Twayne, 1984); Jacques Bourgeacq, *L'Enfant noir de Camara Laye, sous le signe de l'éternel retour* (Sherbrooke: Naaman, 1984); Adrien Huannou *La Littérature béninoise de langue française* (Paris: L'Harmattan, 1985).

12. Certains critiques écrivent le nom avec un accent aigu « Béti » et les ethnologues parlent du groupe « bëti ». L'orthographe choisie ici est celle utilisée par Mongo Beti lui-même.

13. *Etude sur le roman camerounais* (Prague: Czechoslovak Academy of Sciences, 1971).

14. Douala: chez l'auteur, 1934.

15. Paris: Présence Africaine. Eza Boto est le pseudonyme d'Alexandre Biyidi alias Mongo Beti.

16. Pour se faire une idée du nombre et de la variété des pièces de théâtre, voir Wolfgang Zimmer, *Répertoire du théâtre camerounais* (Paris: L'Harmattan, 1986).

17. Ceci ne veut pas dire que d'autres approches critiques ne sont pas possibles. Le structuralisme et la sémiotique pourraient apporter des résultats intéressants. Cette étude se limite toutefois à la critique esthétique car les questions qu'elle soulève sont

essentielles pour la définition de ce qu'est le roman camerounais.

18. Blair, *African Literature*, 209.
19. Entrevue avec l'auteur, Rouen, le 12 février 1982.
20. Le chapitre 3 expliquera ces termes.

Chapitre I

1. Neville Rubin, *Cameroun an African Federation* (New York: Praegar Publishers, 1971) 4.
2. Pour une description générale, mais plus détaillée de la géographie, voir par exemple Anne Debel, *Le Cameroun aujourd'hui* (Paris: Editions J. A., 1980) 12-42.
3. Robert Cornevin, *Histoire de l'Afrique*, 3 vols (Paris: Payot, 1975) vol. 3, 554.
4. Victor T. Le Vine, *The Cameroons from Mandate to Independence* (Berkeley: University of California Press, 1964) 6; Bernard Chabas et Louis Pierre Montoy, *Géographie de l'Afrique noire* (Paris: Bordas, 1970) 170.
5. Chabas, *Géographie*, 173-76; Paul Chutkow, « Cameroon Stressing Diversity », *Kansas City Times* (April 30, 1983): section D, 1-2; Colin Logum, ed., *Africa Contemporary Record. Annual Survey and Documents, 1980-81* (New York: Africana Publishing Co., 1981) 399.
6. Sont nés dans le nord Eldrige Mohammadou, historien et conteur, et Bernard Nanga. Ce dernier n'était pas musulman et ses livres ne portent aucune marque de la civilisation arabe. Sur les influences arabes dans la littérature du nord, voir René Philombe, *Le Livre camerounais et ses auteurs* (Yaoundé: texte dactylographié, 1977) 79. Pierre Alexandre attribue cette situation particulière au peu de scolarité dans le nord. Voir « De l'oralité à l'écriture: sur un exemple camerounais », *Etudes françaises* 12. 1-2 (1976): 71. Il faut observer que la littérature orale est toujours bien vivante dans le nord (lettre de Richard Bjornson à l'auteur, le 6 décembre 1986).
7. Par exemple dans *L'Etrange Destin de Wangrin* (Paris: Union Générale d'Editions, 1973) par Amadou Hampaté Bâ et dans *Le Coiffeur de Kouta* (Paris: Hatier, 1980) par Massa Makan Diabaté.
8. Victor T. Le Vine, « The Cameroun Federal Republic », dans Gwendolen M. Carter, ed., *Five African States. Responses to Diversity* (Ithaca: Cornell University Press, 1963): 263-64; Jean Imbert, *Le Cameroun* (Paris: PUF, 1973) 30.
9. Imbert, *Cameroun*, 31.
10. Imbert, *Cameroun*, 32-33; John D. Hargreaves, *West Africa Partitioned*, 2 vols (Madison: The University of Wisconsin Press, 1974) vol. 1, 19; Harry R. Rudin, *Germans in the Cameroons, 1884-1914* (New York: Greenwood, 1968) 157-62.
11. Hargreaves, *West Africa*, 22-23; Rudin, *Germans*, 43-58. Gugler et Flanagan expliquent cette course à la domination territoriale par la peur, de la part des Anglais, de voir le nouveau Canal de Suez sous domination française ou par le désir de limiter

l'extension des territoires belges dans le bassin du Congo. Voir Joseph Gugler et William G. Flanagan, *Urbanization and Social Change in West Africa* (Cambridge: Cambridge University Press, 1978) 25.

12. Imbert, *Cameroun*, 33; Rudin, *Germans*, 32.
13. Rudin, *Germans*, 90.
14. Rudin, *Germans*, 72.
15. Rudin, *Germans*, 77-82, 107, 114, 202, 210, 241, 378.
16. Frederick Arthur Wells and W. A. Warmington, *Studies in Industrialization: Nigeria and the Cameroons* (London: Oxford University Press, 1962) 129; International Trade Center. United Nations Conference on Trade and Development, *Cameroon. The Market for Selected Manufactured Products from Developing Countries* (Genève: Villa Le Bocage, Palais des Nations, 1969) 123; Edward M. Corbett, *The French Presence in Black Africa* (Washington, D.C.: Black Orpheus Press, 1972) 111; Rubin, *Cameroun*, 79.
17. Le Vine, « The Cameroun Federal Republic », 269; Henri Labouret, *Le Cameroun* (Paris: Centre d'études de politique étrangère, 1937) viii; Corbett, *The French Presence*, 110. Le président Ahmadou Ahidjo l'avait incorporé à la partie française, mais il lui préservait une certaine autonomie. Paul Biya, le nouveau président essaie, pour le moment, de diminuer encore plus les différences entre les parties anglophone et francophone. Voir Sammy Kum Buo, « Biya and the Anglophones », *West Africa*, (12 août 1985): 1639-40; Tunde Agbakiaka, « Anglophone Legal System Attacked », *West Africa* (16 sept. 1985): 1904.
18. Imbert, *Cameroun*, 38.
19. Richard A. Joseph, *Radical Nationalism in Cameroon* (Oxford: Clarendon Press, 1977) 39, 46-47; Louis Ngongo, *Histoires des forces religieuses au Cameroun* (Paris: Karthala, 1982) 15-23.
20. Imbert, *Cameroun*, 36; Dorothy S. Blair, *African Literature in French* (Cambridge: Cambridge University Press, 1976) 8-12.
21. Peter Geschiere, *Village Communities and the State. Changing Relations among the Maka of the Southeastern Cameroon Since the Colonial Conquest* (London, Boston, Melbourne: Kegan Paul International Ltd, 1982) 152-53.
22. Imbert, *Cameroun*, 38-39; Ngongo, *Histoire*, 83-85.
23. Imbert, *Cameroun*, 86.
24. Imbert, *Cameroun*, 85; Le Vine, *Cameroons*, 70.
25. Imbert, *Cameroun*, 78; Le Vine, *Cameroons*, 69; David Hapgood, « Sub-Saharan Education and Rural Development », dans William H. Lewis, ed. *French-Speaking Africa. The Search for Identity* (New York: Walker and Co., 1965): 122-23.
26. John Kalla Kale and Omer Weyi Yemba , « Educational Reforms in Cameroon. The Case of IPAR », dans Ndiva Kafele-Kale, ed., *An African Experiment in Nation Building. The Bilingual Cameroon Republic Since Reunification* (Boulder: Westview Press, 1980): 315.

27. Corbett, *The French Presence*, 12. Pour une description de « l'évolué », voir René Philombe, *Sola, ma chérie* (Yaoundé: Abbia, 1966) 95-96. Souvent « l'évolué » était aussi un « assimilé », c'est-à-dire une personne dont l'éducation, la position sociale et les revenus le rapprochaient des Français. Sans être vraiment un citoyen français, il jouissait de plus de libertés que les autres indigènes. L'indigénat avait ainsi créé deux classes d'Africains. Il a été aboli en 1946. Voir Victor T. Levine and Roger P. Nye, *Historical Dictionary of Cameroon* (Metucken: The Scarecrow Press, 1974). Il y a beaucoup d'ouvrages et de discussions sur la négritude. On trouvera un excellent résumé chez Abiola Irele, « Negritude: Literature and Ideology » dans Michael G. Cooke, ed., *Modern Black Novelists. A Collection of Critical Essays* (Englewood Cliffs: Prentice Hall, 1971): 16-20.

28. Imbert, *Cameroun*, 78; Joseph-Marie Awouma, « Le Mythe de l'âge, symbole de la sagesse dans la société et la littérature africaines » dans Thomas Melone, éd., *Mélanges africains* (Yaoundé: Editions Pédagogiques Afrique-Contact, 1973): 175-78; Melville J. Herskovits, *The Human Factor in Changing Africa* (New York: Knopf, 1962) 466; Gugler, *Urbanization*, 133. J'emploie le terme « traditionnel » dans un sens très général. Il s'oppose à citadin. Il s'applique particulièrement aux personnes qui continuent à perpétuer des habitudes anciennes comme l'initiation et la différentiation entre classes d'âges, même si les rites et les raisons religieuses ou morales qui les soutenaient ont changé depuis le siècle dernier.

29. Il n'y eut pas de bourses pour des lycéens camerounais avant la Deuxième Guerre Mondiale, voir Engelbert Mveng, *Histoire du Cameroun* (Paris: Présence Africaine, 1963) 419. Heskovits dit en outre qu'aucun Camerounais ne reçut une bourse universitaire avant 1957 (*The Human Factor*, 254-55).

30. Edward Mortimer, *France and the Africans 1944-1960. A Political History* (London: Faber and Faber, 1969) 28-29.

31. Robert Delavignette, *L'Afrique noire française et son destin* (Paris: Gallimard, 1962) 92.

32. Mortimer, *France*, 49, 63; Imbert, *Cameroun*, 43, 46.

33. Alain Camus, *Au Cameroun* (Paris: Hachette, 1981) 32.

34. Corbett, *The French Presence*, 87, 99, 100, 106-10; Jean Suret-Canale, « Difficultés du néocolonialisme français en Afrique tropicale », *Revue canadienne des études françaises* 8.2 (1974): 213.

35. Voir Jean Ziegler, *Main basse sur l'Afrique. La Recolonisation* (Paris: Seuil, 1980).

36. Rudin, *Germans*, 19, 171; Imbert, *Cameroun*, 30, 35. Philippe Laburthe-Tolra estime qu'à la fin du 19e siècle, les Beti avaient une riche alimentation. Les guerres entraînaient par contre un manque de sécurité. Voir *Les Seigneurs de la forêt* (Paris: Publications de la Sorbonne, 1981) 285, 324, 340-43. Frédérick Quinn cite cependant une société beti formée dans le but exclusif de combattre la famine, voir « Beti Society in the XIXth Century », *Africa* 50.3 (1980): 294.

37. Debel, *Cameroun*, 197. Certaines de ses maladies se sont propagées rapidement à cause des brassages des populations entraînés par la mise en valeur du territoire et par les travaux forcés. Geschiere, *Village Communities*, 155-56.

38. Voir la communication de Barbara Ischinger, « From Francophonie to Africanism: The Cameroonian and the Senegalese Novels », African Literature Association (Chicago: Northwestern University, 1985) 5.

39. Imbert, *Cameroun*, 45; Mortimer, *France* 242-301; Willard Johnson, « The Union des Populations du Cameroun in Rebellion: The Integrative Backlash of Insurgency » dans Robert I. Rotberg and Ali A. Mazrui, eds., *Protest and Power in Black Africa* (New York: Oxford University Press, 1970): 671-92.

40. Imbert, *Cameroun*, 52-55.

41. Rubin, *Cameroun*, 94-96; Louis-Marie Pouka M'Bagne, *Les Etapes vers l'indépendance du Cameroun* (Yaoundé: chez l'auteur, 1960) 20-21; J.A. Membe, « Pouvoir des morts et langage des vivants », *Politique africaine* 22 (1986): 46-47, 58; Jean Francois Bayart, « La Société politique camerounaise (1982-86) », *Politique africaine* 22 (1986): 29.

42. Sur les débuts littéraires des Camerounais voir Philombe *Le Livre camerounais*, 70-71; 81-83; 85; 98-99. Sur les influences de la tradition littéraire voir Claire L. Dehon, « Les Influences de la littérature orale dans le roman camerounais d'expression française », *Neohelicon* (sous presse).

43. Evidemment, il était plus facile et plus pratique d'imposer le français aux colonies. Pour se faire pardonner leur paresse intellectuelle, les colonisateurs avaient des arguments tout prêts: étant adapté au monde technique moderne, le français faciliterait l'accession des Africains à la civilisation. Comme les vernaculaires étaient associés à l'idée de primitivité, le français devait permettre l'élévation de l'homme vers la connaissance.

44. Voir pour plus d'informations Stephen Arnold, « Preface to a History of Cameroon Literature in English », *Research in African Literatures* 14.4 (1988): 498-515.

45. Voir par exemple Jacques Chevrier, « L'Ecrivain français devant la langue française », *L'Afrique littéraire et artistique* 50 (1978): 49; Kwabena Britwum, « La Socialité du texte et/ou le texte du réel: pour une socio-critique du roman africain », *African Perspective* 1 (1977): 135; Philombe, *Le Livre*, 193-205; Pierre Tchoungui, « Survivances ethniques et mouvance moderne. Imagologie et ethnopsychologie littéraires: le Cameroun dans le miroir de ses écrivains », *Diogène* 80 (1972): 109.

46. Entrevues de l'auteur avec René Philombe, Yaoundé, les 20 et 26 novembre 1981, avec Bernard Nanga, Paris, le 12 décembre 1981 et avec Pabe Mongo, Yaoundé, le 20 novembre 1981.

47. Entrevues de l'auteur avec Philombe, les 20 et 26 novembre et avec François-Borgia Marie Evembe, Yaoundé, le 14 novembre 1981. Philombe s'est d'ailleurs qualifié de « Voltaire, les pieds et les exils en moins ». Voir Louis-Germain Bessala Ngoa « La Vie et l'œuvre de René Philombe », Mémoire de DES, Université de Yaoundé (1973) 36.

48. Albert Gérard suppose que comme le néocolonialisme est « plus insidieux », il « se prêtait mal au traitement lyrique ou romanesque ». Voir « Littérature francophone d'Afrique: le temps de la relève », *La Revue nouvelle* 49.2 (1969): 139. Richard Bjornson pense de même que les romans anticolonialistes « diffusent l'attention des abus du moment présent ». Voir sa communication « Post-Independence Cameroon Fiction », African Literature Association (Gainesville: State University of Florida, 1979) 4.

49. Imbert, *Cameroun*, 51; Robert H. Jackson and Carl G. Rasberg, *Personal Rule in Black Africa* (Berkeley: University of California Press, 1982) 152-56; Emile Mbarga, *Les Institutions politiques camerounaises* (Yaoundé: Ateliers graphiques du Cameroun, 1974) 57-61.

50. Imbert, *Cameroun*, 46. Il le fit en novembre 1982 apparemment sans raison, mais sa santé exigeait un repos. Voir Bayart, « La Société », 5.

51. Henri Bala Mbarga et Clément Mbom, *Précis d'éducation civique au Cameroun* (Yaoundé: Centre d'édition et de production pour l'enseignement et la recherche, 1981) 141-42; Mbu Etonga, « An Imperial Presidency. A Study of Presidential Power in Cameroun » dans Kofele-Kale, *An African Experiment*, 133-57.

52. On trouve ainsi dans *La Reine captive* de David Ndachi Tagne une phrase qui exprime bien son attitude: « notre univers n'a pas besoin de subversifs » (143).

53. Bala Mbarga, *Précis*, 61-83; 95-100.

54. Bala Mbarga, *Précis*, 73, 149. A ce sujet, le gouvernement de Paul Biya n'a pas encore apporté de changements remarquables. Voir Mark Doyle, « Cameroon after the Congress », *West Africa* (8 avril 1986): 673-75.

55. Au moins pendant une bonne vingtaine d'années, la situation s'étant aggravée ces derniers temps. Chutkow, « Cameroon », 1; Debel, *Cameroun*, 70.

56. George Thomas Kurian, *Encyclopedia of the Third World*, 3 vols. (New York: Facts on File, 1982) vol. 1: 314-15. En 1976, le budget de l'éducation s'élevait à 16.8% du budget national. L'armée recevait 10,4%, mais elle ne comptait que 8.500 membres, un nombre bien moins élevé que celui des écoliers. Même observation chez Victor Kamga, *Le Duel camerounais, démocratie ou barbarie* (Paris: L'Harmattan, 1985) 140.

57. Kamga, *Duel camerounais*, 139-40, 143; Michel Prouzet, *Le Cameroun* (Paris: Librairie de droit et de jurisprudence, 1974) 116.

58. Bayart, « La Société », 31-32.

59. Bonnie Campbell, « Social Change and Class Formation in French West African State », *Revue canadienne des études africaines* 8.2 (1974): 285-306.

60. Voir de Lazare Sanduo *Une Dure Vie scolaire* (Yaoundé: CLE, 1972).

61. Entrevues de l'auteur avec Francis Bebey, Paris, le 4 février 1982 et avec Mongo Beti, Rouen, le 12 février 1982. De son vrai nom Alexandre Biyidi, Mongo Beti avait publié *Ville cruelle* sous le premier pseudonyme d'Eza Boto. Ce nom signifirait « les gens aliénés » tandis que Mongo Beti veut dire « l'enfant des hommes libres ». Le changement de pseudonyme est évidemment significatif. Voir Dorothy S. Blair, *African Literature in French* (Cambridge: Cambridge University Press, 1976) 210. Pour Thomas

Melone, Eza Boto se traduit par « les hommes d'autrui » ou « les hommes d'un autre monde ». Quelle que soit la traduction correcte, le terme suggère une aliénation. *Mongo Beti: l'homme et le destin* (Paris: Présence Africaine, 1971) 121.

62. Entrevue de l'auteur avec Samuel Mvolo, Yaoundé, le 11 novembre 1981.

63. Entrevue de l'auteur avec Evembe, le 14 novembre 1981. Il a publié sous le nom de F. B. Evembe et Evemba Njoku 'A' Vembe. Autre exemple de ce genre: Francis Bebey commença l'école primaire à l'âge de dix ans, il la finit à dix-sept ans. Il fréquenta un collège technique, obtint une bourse pour aller aux Etats-Unis. A vingt-deux ans, il entra en classe de première au lycée de la Rochelle. Voir Norman Stokle, « Entretien avec Francis Bebey », *Présence francophone* 16 (1978): 180-82.

64. Entrevue de l'auteur avec Nanga, le 12 décembre 1981.

65. Entrevues de l'auteur avec Mvolo, le 11 novembre et avec Désiré Naha, Yaoundé, le 19 novembre 1981.

66. *Le Livre*, 297.

67. Entrevues de l'auteur avec Charly-Gabriel Mbock, Yaoundé, le 9 novembre 1981; Patrice Ndedi Penda, Douala, le 1 décembre 1981 et Rémy Gilbert Medou Mvomo, Yaoundé, le 20 novembre 1981. La plupart des écrivains français ont aussi un premier métier, mais en moyenne, ils gagnent plus de droit d'auteur que leurs confrères camerounais. Voir l'enquête d'Annie Daubenton, « La Littérature, à quel prix? », *Les Nouvelles littéraires* 2865 (1982): 35-36.

68. Entrevue de l'auteur avec Lydie Dooh-Bunya, Paris, le 2 janvier 1982. Thérèse Baratte et Eno Belinga, *Ecrivains, cinéastes et artistes camerounais* (Yaoundé: chez les auteurs, 1978) 77. Aujourd'hui, Ferdinand Oyono vit au pays puisqu'il a été nommé secrétaire général, il a ainsi l'autorité d'un premier ministre. Voir Tunde Agbakiaka, « Baby and/or bathwater », *West Africa* (2 sept. 1985): 1796.

69. Entrevues de l'auteur avec Bebey, le 4 février et avec Beti, le 12 février. L'opposition de ce dernier au gouvernement Ahidjo s'est tranformée en une opposition tout aussi intransigeante vis-à-vis de celui de Paul Biya, voir « Conférence à Londres », *West Africa* (14 juillet 1986): 1486.

70. Prenant la fiction pour la réalité, certains lecteurs s'étonnèrent que Naha ne se soit pas suicidé comme le suggérait le narrateur dans son livre *Sur le chemin du suicide* (Yaoundé: Editions du Demi-Lettré, s.d.). Entrevues de l'auteur avec Naha, le 19 novembre, Penda le 1 décembre, Bebey, le 4 février et avec Patrice Kayo, Yaoundé, le 18 novembre 1981.

71. Le chef du village s'occupe d'ailleurs de vendre ses livres. Entrevue de l'auteur avec Mongo, le 20 novembre 1981.

72. Kurian, *Encyclopedia*, 1: 315. Tout le monde n'accepte pas ce pourcentage. Logum, *Africa*, donnait entre 15 et 20% (B 397); l'annuaire statistique de l'UNESCO (1981) parlait de 59,5% d'illettrés et *The World Factbook* (Washington, D.C.: Central Intelligence Agency, 1982) donnait 40% de lettrés au sud et 10% au nord. Il se peut que les 40% donnés par le CIA soient basés sur le nombre de personnes ayant passé le permis

de conduire. S'il faut savoir lire pour obtenir le permis, cela ne veut pas dire que ces gens lisent couramment des textes de plusieurs pages de longueur.

73. Entrevue de l'auteur avec Bebey, le 4 février.

74. Il s'agit de son manuscrit sur John Steinbeck. Lettre de Philombe à l'auteur, le 21 juin 1983.

75. « Qui lit en Afrique », *Liaison AGECOP* 44 (1978): 37-38; Jacques Chevrier, « La Lecture en Afrique noire d'expression française, position du problème », *L'Afrique littéraire* 13 (1970): 2-8.

76. Edna L. Koenig, Emmanuel Chia and John Povey, *A Sociolinguistic Profile of Urban Centers in Cameroon* (Los Angeles: Crossroad Press, 1983) 94-95, 100-02.

77. Janick Jossin, « La France se met à lire », *L'Express* 1426 (1978): 76-84. Pour ces résultats un peu étonnants, il faut observer que les sondages en France cherchaient à savoir ce que les Français lisaient pendant leurs loisirs. Alors que ceux faits en Afrique voulaient savoir ce que les gens lisaient en général.

78. Deux articles récents sur deux autres pays africains montrent que la situation n'a pas vraiment changé: Seydou Gueye, « Qui lui quoi en Côte-d'Ivoire », *Notre Librairie* 87 (1987): 113-16; Marc Talansi, « Qui lit quoi au Congo », *Notre Librairie* 92-93 (1988): 192-98.

79. Susan Sniader Lanser, *The Narrative Act. Point of View in Prose Fiction* (Princeton: Princeton University Press, 1981) 180-81.

80. Thomas Melone, « La Critique littéraire et les problèmes du langage: point de vue d'un Africain, *Présence Africaine* 73 (1970): 8.

81. Tout visiteur du Cameroun peut voir que la lecture n'est pas toujours un acte solitaire. Comme peu de gens savent lire facilement, il arrive souvent que le plus éduqué fasse la lecture à haute voix pour amis, connaissances et même simples passants.

82. Parler des écrivains comme d'une « élite » semble exagéré puisqu'on a vu combien leurs revenus pouvaient varier. S'ils ne peuvent écrire pour le « peuple » parce que ce dernier ne sait pas lire, ils n'écrivent pas non plus uniquement pour les hommes au pouvoir. La plupart des romans camerounais intéressent les lycéens aussi bien que les ministres. Voir Karen Keim, « Popular Fiction in Cameroon », *The African Publishing Record* 9 (1983): 7.

83. Entrevue de l'auteur avec Philombe, le 20 novembre.

84. Entrevue de l'auteur, le 18 novembre. Professeur à l'Ecole Normale Supérieure, Kayo a donc beaucoup d'influence sur les jeunes et futurs enseignants. Le coût et la rareté de l'électricité n'est pas un élément à négliger. Voir Corbett, *The French*, 17.

85. Chevrier, « La Lecture », 2. Comme le remarque Patrick Mérand: « Lire est une activité solitaire qui isole de la communauté. Celui qui souhaite passer une demi-journée à dévorer un roman est suspecté de vouloir mépriser les siens. L'Afrique ancestrale n'a jamais admis que ses membres agissent seuls. La lecture est un défi à la vie communautaire au moins tant que tout le monde n'y a pas accès ». *La Vie quotidienne en Afrique noire à travers la littérature africaine* (Paris: L'Harmattan, 1977) 145.

86. « Qui lit », 38; Harris Memel-Fote, « Les Conditions sociales et psychologiques de la création », *Annales de l'Université d'Abidjan* Série D, 2 (1970): 11-18; William Eteki'a Mbumua, *Démocratiser la culture* (Yaoundé: CLE, 1974) 61-62. Si le gouvernement n'encourage ni la lecture ni l'usage du français après l'école, les jeunes oublient ce qu'ils ont appris. Cette indifférence gouvernementale envers l'entretien des connaissances acquises élargit la séparation entre la ville et la campagne. La remarque suivante de Mongo Beti ne manque pas de vérité: « Peu à peu, la logique des régimes politiques fondés sur la surexploitation des firmes occidentales entraînant l'enrichissement pharamineux d'une petite minorité d'autochtones ... tend à ériger le français en apanage d'une caste tout à fait inaccessible à l'écrasante majorité des populations africaines, enfermées dans une sorte de cul-de-sac culturel ». « Les Langues africaines et le néocolonialisme en Afrique francophone », *Peuples noirs, peuples africains* 29 (1982): 110.

87. Entrevues de l'auteur avec Mongo, le 20 novembre et avec Penda, le 1 décembre. Philombe se plaint d'ailleurs de la « footballomanie » qui élève un joueur au rang de héros national. Voir « Quelque chose ne tourne pas rond autour de la balle ronde », *L'Effort camerounais* (17 septembre 1972): 7-8.

88. Entrevues de l'auteur avec Penda, le 1 décembre et avec Medou Mvomo, le 19 novembre.

89. Entrevue de l'auteur avec Jean Dihang l'éditeur en chef de CLE, Yaoundé, le 3 novembre 1981; Robert Cornevin, *Littératures d'Afrique noire de langue française* (Paris: PUF, 1976) 27.

90. P. Leymarie, « CLE: la première maison d'édition en Afrique francophone », *L'Afrique littéraire et artistique* 44 (1977): 65. Il est bien évident que le nombre de titres publiés dépend des finances de CLE, de la censure et de la créativité des auteurs.

91. Entrevue de l'auteur avec Dihang, le 3 novembre.

92. Cornevin, *Littératures*, 27. Bien que diffusée par CLE, les romanciers camerounais ne connaissaient pas en 1981 la maison L'Harmattan. Quant au Monde Noir de Poche publié par Hatier, il n'avait pas encore fait son apparition sur le marché camerounais à cette époque. D'une manière générale, les auteurs ne sont pas très au courant des possibilités de publication ce qui n'étonne guère vu les circonstances dans lesquelles ils travaillent.

93. Entrevue de l'auteur avec Bebey, le 4 février.

94. *Introduction à l'étude du roman négro-africain de langue française* (Abidjan: NEA; Yaoundé: CLE, 1980).

95. Entrevue de l'auteur avec Philombe, le 20 novembre et avec Beti, le 12 février.

96. Cornevin, *Littératures*, 25, 30, 168; Jacques Howlett, « Esquisse d'une histoire de la politique culturelle de Présence Africaine », *Présence Africaine, 1947-1967. Mélanges. Réflexions d'hommes de culture* (Paris: Présence Africaine, 1969); 41-45.

97. Entrevues de l'auteur avec Bebey, le 4 février, avec Philombe, le 20 novembre et avec Dihang, le 3 novembre. Les opinions diffèrent à ce sujet. Certains se veulent camerounais d'abord puis africains et pour d'autres c'est le contraire. Cette différence

d'opinion prouve seulement qu'il y a divers courants culturels, les uns communs, les autres spécifiques.

98. Alors que le gouvernement français avait permis la publication d'ouvrages anticolonialistes tels que *Une Vie de boy* d'Oyono, il a saisi, à cause des pressions camerounaises, *Main basse sur le Cameroun* de Beti où ce dernier critiquait vivement Ahmadou Ahidjo.

99. Pour une liste complète des maisons de publication voir Hans Zell. *The African Book World and Press. Répertoire du livre et de la presse en Afrique* (London, München: Zell, 1983).

100. Originaire du Bénin, Désiré Naha vit au Cameroun depuis plusieurs années. Ses livres s'y vendent exclusivement et le succès qu'il y remporte force à les considérer comme faisant partie de la littérature camerounaise bien qu'ils ne possèdent pas beaucoup de caractères littéraires en commun.

101. Entrevues de l'auteur avec Beti, le 12 février, avec Dooh-Bunya, le 2 janvier et avec Guillaume Oyono Mbia, dramaturge, Yaoundé, le 17 novembre 1981.

102. Entrevue de l'auteur avec Beti, le 12 février. Même l'aide d'un avocat ne résoud pas toujours les problèmes.

103. Entrevues de l'auteur avec Evembe, le 14 novembre. Dans une lettre que Madame Alioune Diop a adressée à l'auteur, elle disait n'avoir aucune connaissance du manuscrit d'Evembe (le 21 juillet 1983). Il arrive d'ailleurs que les auteurs ne se rappellent plus où ils ont envoyé leur manuscrit. Entrevues de l'auteur avec Medou Mvomo, le 20 novembre et avec Mvolo, le 11 novembre.

104. Entrevue de l'auteur avec Philombe, les 20 et 26 novembre. Il a été arrêté en avril 1981. Voir aussi Bessala Ngoa, « La Vie et l'œuvre de René Philombe », Mémoire de DES (Yaoundé, octobre 1973) 25, 27, 28; Richard Bjornson, « Post-Independence Cameroon Fiction », 5. L'attitude du gouvernement vis-à-vis de la critique s'explique par le pouvoir personnel, par l'assimilation de la critique à la subversion et par une vue idéalisée du rôle traditionnel de l'artiste. Ainsi, les griots étaient comme « l'interprète de l'opinion collective. Ils n'expriment rien qui ne réponde aux aspirations du peuple ». Voir Barthélémy Kotchy, « L'Ecrivain et son public, *Annales de l'Université d'Abidjan* série D, 2 (1970): 23; David Ndachi Tagne, *La Reine captive* (Paris: L'Harmattan, 1986) 143.

105. Debel, *Cameroun*, 91. Les éditeurs français considèrent qu'ils ne font de profits qu'à partir du moment où la vente d'un livre atteint les 6.000 selon Dominique et Michèle Frémy, *Quid* (Paris: Laffont, 1978) 137. Lors du Colloque sur la littérature et la critique camerounaise (Yaoundé: Université de Yaoundé, du 17 au 22 avril, 1977) Jean Dihang avait parlé de l'industrie de l'édition (4). Il cite diverses « formes d'encouragement que le gouvernement pourrait utiliser . . . : 1) l'allégement des droits de douane sur les matières qui entrent dans la fabrication du livre éducatif . . . ; 2) l'institution des tarifs préférentiels à la poste pour faciliter l'acheminement des livres d'un point à un autre du pays; 3) l'institution d'une politique de bibliothèques à tous les niveaux: écoles, villages, foyers. . . ;

4) l'insertion des auteurs nationaux dans les programmes scolaires et, enfin; 5) la création d'un fonds de développement de l'industrie de l'édition ».

106. Karen Keim, dans « Popular Fiction », rapporte que, selon Gunter Simon, ancien conseiller technique de CLE, si 1.000 exemplaires d'un titre sont vendus, c'est un succès (9).

107. Entrevues de l'auteur avec Mongo, le 20 novembre, Oyono Mbia, le 17 novembre et Beti, le 12 février.

108. Personne n'a donné à ce jour une explication de ce phénomène. Alain Ricard observe que 75% de la production de livres en langues européennes pour l'Afrique est en anglais et 20% en français. Voir « Race et histoire littéraire », Jeanne-Lydie Goré, éd., *Les Littératures d'expression française. Négritude africaine, négritude caraïbe* (Paris: Université Paris-Nord, Centre d'Etudes francophones, 1973): 22. Beti dit que *Mission terminée* n'a pas atteint les 30.000 exemplaires en français, mais que 130.000 exemplaires de sa version anglaise ont été vendus. Voir « Lettre ouverte à M. Béchir Ben Yahmed », *Peuples noirs, peuples africains* 40 (1984): 9. Pour d'autres chiffres qui montrent la supériorité du nombre de livres publiés en anglais voir Eldred Jones, « Literature and the African Public », dans Torben Lundbeack, ed., *African Humanism, Scandinavian Literature* (Copenhagen: Danish International Developement Agency, 1970): 97; Emmanuel Obiechina, *An African Popular Literature. A Study of Onitsha Market Pamphlet* (Cambridge: Cambridge University Press, 1973) 11.

109. Entrevues de l'auteur avec Beti, le 12 février; Mongo le 20 novembre, Philombe, le 21 novembre. Ce dernier se compare à un planteur qui plante pour la postérité, car il espère donner une leçon qui portera le lecteur à penser.

110. Entrevues de l'auteur avec Etienne Yanou, Yaoundé, le 16 novembre et Bebey, le 4 février.

111. Heinemann à Londres a traduit *Mission terminée, Le Pauvre Christ de Bomba, Le Roi miraculé* de Beti et d'Oyono *Une Vie de boy*. Three Continents Press à Washington a publié une traduction de *Sur la terre en passant* d'Evembe et de Philombe *Contes camerounais*. Kontanz a publié en allemand des œuvres de Bebey et Philombe. Il existe des traductions d'Oyono en néerlandais, russe, suédois et tchèque selon Robert Cornevin, « Le Livre d'or de la culture française: Ferdinand Oyono », *Culture française* 26.4 (1976): 6.

112. Entrevue de l'auteur avec Yanou, le 16 novembre. Les prix cités sont ceux qui avaient cours en 1981-82.

113. Voir « Steep Rise in Prices », *West Africa* 3353 (2 nov. 1981): 2611; Guy Michaud et Georges Torrés, *Le Nouveau Guide de France* (Paris: Hachette, 1982) 322.

114. Il s'agit de *La Colline du fromager* par Daniel Etounga Manguele (Yaoundé: CLE, 1979). Voir Cornevin, *Littératures* (78) pour les prix en 1976. Les autres prix cités proviennent du séjour de l'auteur au Cameroun en 1981. Les chiffres donnés par Debel de 450 francs CFA par livre en moyenne étaient dépassés en 1981 (*Cameroun*, 91).

115. On apprend aux jeunes qu'il faut lire des ouvrages venant de la « Bibliothèque du travail » ou ceux de collections du genre « Mieux Vivre » car il y a « des livres mauvais: ce sont ceux où l'on tue à chaque page, où le héros est le 'bagarreur' dont les poings sont solides. . . . Ce ne sont pas ces livres-là qui développent notre intelligence ». Henri Bala [Mbarga] et Roger Lagrave, *J'aime mon pays le Cameroun* (Yaoundé: Manuel d'Instruction civique, 1961) 16. « Les lecteurs africains demandent plus aux livres des recettes pratiques que des réponses à l'inquiétude métaphysique », Jacques Chevrier, « Regard sur la poésie africaine d'expression française », *L'Afrique littéraire et artistique* 17 (1971): 9.

116. Iyay Kimoni arrive aux mêmes conclusions dans *Destin de la littérature négro-africaine ou problématique d'une culture* (Sherbrooke: Naaman; Kinshasa: Presses Universitaires du Zaïre, 1975) 232-33. Visiblement, il manque au Cameroun l'institution du cabinet de lecture si populaire en France au 19e siècle.

117. Entrevue de l'auteur avec Alexandre Kum'a Ndumbe, Yaoundé, le 11 novembre 1981. Par comparaison, un disque 33 tours d'un musicien local coûtait 3.500 francs CFA. En 1977, il y avait pour tout le pays quarante-cinq salles de cinéma selon Kurian, *Encyclopedia*, 317. La télévision vient d'être introduite, voir Frederick Scott, « Biya's New Deal » *Africa Report* (juillet-août 1985): 60.

118. Entrevue de l'auteur avec Philombe, le 20 novembre. C'est le moyen de communication le plus populaire car le moins cher et il n'exige pas d'effort comme la lecture. En 1982, *The Europe Yearbook* donnait le chiffre de 760.000 postes de radio (London: Europa Publication, 1982) 14.

119. Entrevue de l'auteur avec Patrice Etoundi M'Balla, Yaoundé, le 5 novembre 1981 et avec Jacques Fame Ndongo, Yaoundé, le 17 novembre 1981.

120. Il a commencé de paraître en février 1963 avec quatre numéros par an. Il n'a pas gardé cette régularité et en 1979 il n'y eut qu'un volume contenant les numéros 34 à 39. Il y eut aussi *Ozila* « forum littéraire camerounais », mais sa vie fut plus courte encore de février à juin 1970. Quant au *Cameroun littéraire*, il ne connut qu'un numéro en 1983.

121. Kamga, *Duel*, 156; Prouzet, *Cameroun*, 269; entrevue de l'auteur avec Beti, le 12 février; The Editors, « Censorship in Cameroon », *West Africa* 3349 (1981): 2299; Philombe, *Le Livre*, 121-22.

122. Prouzet, *Cameroun*, 261, 269, 271; The Editors, « Censorship », 2299-301. Scott suggère qu'il y aura peut-être une libéralisation de la censure avec Biya, mais Beti en doute. Voir « Biya's New Deal », *Africa Report* (July-August 1985): 58-61; « Quand Paul Biya fait une ouverture vers Mongo Beti », *Peuples noirs, peuples africains* 44 (1985): 143-58. La censure n'est pas toujours appliquée puisque Eloïse A. Brière a vu en vente à Yaoundé un exemplaire de *Remember Ruben*, voir « Théâtre camerounais: rideau fermé », *Peuples noirs, peuples africains* 19 (1981): 95.

123. Entrevues de l'auteur avec Penda, le 1 décembre; avec Philombe, le 20 novembre. La confusion continue à régner sur les pouvoirs de la censure, voir « Police

Seize Book, *Prisoner Without a Crime* by Albert Mukong », *West Africa* (21 juillet 1986): 1543-44.

124. Il n'est cependant pas insignifiant, puisqu'il critique entre autre le racisme de la société française. Entrevue de l'auteur avec Nanga, Paris, le 12 décembre 1981.

125. Richard Bjornson, « Interview avec deux écrivains camerounais: René Philombe et Rémy Medou Mvomo », *Abbia* 31-33 (1978): 215.

126. Entrevue de l'auteur avec Philombe, le 20 novembre.

127. Jean Calvin Bahoken et Engelbert Atangana, *La Politique culturelle en République Unie du Cameroun* (Paris: Les Presses de l'UNESCO, 1975) 29-30.

128. Bjornson, « Interview », 213-14.

129. Entrevue de l'auteur avec Alexandre Kum'a Ndumbe, Yaoundé, le 9 novembre.

130. Comme le prouve le journal que Tala dirige avec ses étudiants: *New Horizons*. Depuis, Jacques Fame Ndongo a été nommé au Ministère des communications et Bernard Nanga est mort en 1986. Qui prendra la relève?

131. Pour les romans camerounais enseignés dans les classes voir André Ntongo, « La Littérature africaine dans l'enseignement secondaire au Cameroun, une portion congrue », *Littérature africaine et enseignement. Actes du Colloque de Bordeaux, 15-17 mars 1984* (Talence: Presses Universitaires de Bordeaux, 1985): 293-306. La bibliothèque de l'université contient *Le Pauvre Christ de Bomba* et *Mission terminée* de Beti, deux livres interdits en librairie. Pour les mémoires de DES, voir la bibliographie.

132. Cornevin, *Littératures*, 187-90.

133. Prouzet en relève d'autres: « Contradictions encore entre la théorie de 'libéralisme planifié' et le dirigisme des responsables de l'économie. Contradiction enfin, entre le pluralisme officiellement proclamé et l'autoritarisme très net de la vie politique; à cet égard, l'ensemble des règles constitutionnelles apparaissent bien souvent de simples éléments de décors... » (*Cameroun*, 355).

Chapitre II

1. « Qu'est ce que la littérature africaine d'expression française » dans Jeanne-Lydie Goré, éd., *Les Littératures d'expression française. Négritude africaine, négritude caraïbe* (Paris: Université Paris-Nord [Paris XIII], Centre d'Etudes Francophones, 1973): 3.

2. Jacques Chevrier, *Littérature nègre* (Paris: Colin, 1974) 127; Georges Ngal, *Tendances actuelles de la littérature africaine d'expression française* (Kinshasa: Edition du Mont Noir, 1972) 17; Roger Mercier, « Littératures de l'Afrique et des Amériques noires, dans Raymond Queneau, éd., *Histoire des littératures*, 3 vols (Paris: Gallimard, 1977) vol. 2, 1635-36; Robert Pageard, *Littérature négro-africaine* (Paris: Le Livre africain, 1966) 73.

3. Pages 92-101; 113-118. Pour les renseignements bibliographiques sur les romans discutés, voir la bibliographie à la fin du livre.

4. Brian Master, *Sartre: A Study* (London: Heinemann, 1974) 56-65; Jean-Paul Sartre, *Qu'est-ce que la littérature?* (Paris: Gallimard, 1964) 81-82. Les conflits entre classes existent aussi, mais elles ne se définissent pas de la même façon en Afrique qu'en Europe, les fonctionnaires formant la classe du pouvoir et de l'argent quel que soit leur niveau. Voir George M. Lang « From National Consciousness to Class Consciousness: A Bilingual Approach » dans Albert Gérard, ed., *European-Language Writing in Sub-Saharan Africa*, 2 vols (Budapest: Akedémiai Kiadò, 1986) vol 2: 1071.

5. Thomas Melone, *Mongo Beti, l'homme et le destin* (Paris: Présence Africaine, 1971) 21.

6. Pour les renseignements les plus complets sur les anciennes coutumes beti voir Philippe Laburthe-Tolra, *Les Seigneurs de la forêt* (Paris: Publications de la Sorbonne, 1981) 233, 249; Georges Balandier, *Ambiguous Africa. Cultures in Collision*, trans. Helen Weaver (New York: Random House, 1966) 32; Pierre Tchoungi, « Survivances ethniques et mouvance moderne. Le Cameroun dans le miroir de ses écrivains », Thomas Melone, éd., *Mélanges africains* (Yaoundé: Editions Pédagogiques, Afrique-Contact, 1973): 333.

7. Au chapitre 6. Voir aussi *Cette Afrique-là* de Jean Ikelle-Matiba, 11.

8. Le chapitre 6 développe plus ces idées. Voir aussi Kenneth Harrow, « The Poetics of African 'Littérature de témoignage' » dans Stephen Arnold, ed., *African Literature Studies: The Present State/Etat Présent* (Washington, D.C.: Three Continents, 1985): 135-49.

9. Quelques détails supplémentaires rendent douteux la prétendue authenticité du récit. Ainsi, il arrive que des scènes soient décrites alors que ni le narrateur dans la première partie du livre ni Tante Bella dans la seconde n'ont pu y assister. Tous deux ont donc eu recours à d'autres témoins (79-82, 82-91, 205-15).

10. Laburthe-Tolra, *Les Seigneurs*, 279-80, 326, 342-43; Frederick Quinn, « Beti Society in the XIXth century », *Africa* 50.3 (1980): 301-03;

11. Sous A[lexandre] B[iyidi], *Présence Africaine* 1-2 (1955): 135. Il les traitait de « pittoresquistes ».

12. « Joseph Owono et les bêtes polygames », *Présence francophone* 19 (1980): 89, 95. Edely Gassama, lui avait reconnu le bien fondé de ces critiques dans « Aperçu sur la littérature camerounaise d'expression française », *Annales de la Faculté des Lettres et Sciences Humaines de Dakar* 5 (1975): 63.

13. *Cette Afrique-là*, 13.

14. Thérèse Baratte et Eno Belinga, *Ecrivains, cinéastes et artistes contemporains* (Yaoundé: chez les auteurs, 1978) 169-70.

15. Il avait publié un article sur les abus du mariage traditionnel, « Le Problème du mariage dotal au Cameroun français », *Etudes camerounaises* 39-40 (1953): 41-83.

16. Le fait qu'il y ait des femmes dans l'administration ne dément pas cette assertion. Les gouvernements conservateurs savent leur faire une place. Voir Claire L.

Dehon, « De Nouvelles Valeurs dans le roman camerounais », *Présence francophone* 36 (1985): 93-103.

17. David Ndachi Tagne observe dans *La Reine captive* que les mœurs campagnardes n'ont guère beaucoup changé.

18. Le gouvernement Ahidjo a bien compris cette possibilité aussi y a-t-il trouvé une raison supplémentaire d'interdire *Perpétue et l'habitude du malheur* de Mongo Beti et *Les Chauves-souris* de Bernard Nanga.

19. *Cette Afrique-là*, 23.

20. Francis Anani Joppa, *L'Engagement des écrivains africains noirs de langue française* (Sherbrooke: Naaman, 1982) 56.

21. Paris: Gallimard, 1927 et sa suite *Le Retour du Tchad* (Paris: Gallimard, 1928).

22. Casimir Djobo, « *Une Vie de boy* n'est pas mon autobiographie », *Cameroon Tribune* (23 février, 1976): 2.

23. C'est aussi l'opinion de Dorothy S. Blair, *Africain Literature in French* (Cambridge: Cambridge University Press, 1976) 223. Le désir d'écrire une littérature de témoignage a dû lui faire oublier la logique du récit (Kenneth Harrow, « The Poetics »).

24. Le chapitre 4 parle plus longuement du regard.

25. Arthur Flannigan, « The Eye of the Witch: Non-Verbal Communication and the Exercise of Power in *Une Vie de boy* », *French Review* 56.1 (1982): 51-63; Kwabena Britwum, « Regard, mémoire, témoignage ou l'œil du sorcier dans *Une Vie de boy* de Ferdinand Oyono », *Présence francophone* 14 (1977): 37-41. Dans sa communication, Jacques Bourgeacq rapproche les aventures du Toundi avec le rituel Sô dans « The Eye Theme and Narrative Strategy in Oyono's *Une Vie de boy:* A Cultural Perspective », African Literature Association (East Lansing: State University of Michigan, 1986).

26. Lilyan Kesteloot remarquait déjà que pour les Africains, cupidité et hypocrisie étaient les plus grands crimes des Blancs. Voir *Les Ecrivains noirs de langue française: naissance d'une littérature* (Bruxelles: Université Libre de Bruxelles, 1963) 40.

27. Cette idée, Mongo Beti l'exprime clairement dans *Le Pauvre Christ de Bomba*, 51. Laburthe-Tolra dans *Les Seigneurs* observe que le nom du fromager en beti évoque la gloire, la célébrité (301). D'où la double ironie de cette scène.

28. Malick Fall, *La Plaie* (Paris: Albin Michel, 1967) 293-94.

29. Pages 4, 38, 169. Il faut observer que beaucoup de romans camerounais contiennent des scènes avec policiers. Avant l'indépendance voir *Le Vieux Nègre et la médaille* et *Ville Cruelle*. Après l'indépendance: *le Bal des caïmans, Le Drame d'un pays, Le Roi Albert d'Effidi, Sur la terre en passant* et *Le Journal de Faliou* pour n'en nommer que quelques-uns.

30. Jacques Chevrier, « *Une Vie de boy* » *de Ferdinand Oyono* (Paris: Hatier, 1977) 19. Pour plus de précision sur l'ironie voir Kwabena Britwum, « Rire succédant aux larmes, notes sur *Une Vie de boy* de Ferdinand Oyono », *Asemka* 5 (1979): 43-50.

31. John Erickson, *Nommo. African Fiction in French South of the Sahara* (York: French Literature Publication, 1979) 151, 155; Blair y voit une critique de toute administration dans *African Literature*, 225. Angela S. Moger démontre que, chez Maupassant, l'usage d'un narrateur rapportant des événements racontés par une tierce personne rend l'histoire différente de ce qu'elle paraît. L'enchâssement crée ainsi divers niveaux interprétatifs. « Narrative Structures in Maupassant: Frames of Desire », *PMLA* 100.3 (1985): 315-27. Comme on le verra dans les pages suivantes, le texte d'Oyono offre plusieurs sens.

32. Pour s'en rendre compte, il suffit de lire *La Reine captive* de David Ndachi Tagne où le médecin noir traite son boy de maison d'une manière tout aussi répréhensible que celle du Commandant et de Madame Decasy dans *Une Vie de boy* (219-20).

33. Laburthe-Tolra, *Les Seigneurs*, 280; Bourgeacq, « The Eye Theme », 1-20. Les initiations étaient pénibles parce qu'elles symbolisent les difficultés de la vie et que si celles-ci « ne brisent pas l'homme, [elles] le rendent plus fort ». Voir David Ndachi Tagno, *La Reine* (101).

34. Page 123. Laburthe-Tolra, *Les Seigneurs*, 370. Voir le conte « Libóy lí Nkumdûng » dans Charles Bikoi et Emmanuel Soundjock, *Contes du Cameroun* (Paris: EDICEF, 1977) 37-49. Pour un parallèle entre Toundi et l'orphelin des contes voir Susan Domowitz, « The Orphan in Cameroon Folklore and Fiction », *Research in African Literatures* 12.3 (1981): 352-53.

35. Douglas Alexander remarque que l'araignée dans la société beti symbolise la perspicacité, d'où sa présence près du lit de mort de Toundi (*Vie*, 13-14). « Le Tragique dans les romans de Ferdinand Oyono », *Présence francophone* 7 (1973): 26.

36. Entre autres Chevrier, *Littérature*, 267; Bernard Mouralis, « Les Facteurs de la création romanesque en Afrique noire d'expression française », dans Goré, *Littérature d'expression française*, 24; Jean Mayer, « Le Roman en Afrique noire francophone: tendances et structures », *Etudes françaises* 3.2 (1967): 167; Karen Keim, « Popular Fiction in Publishing in Cameroon » *The African Book Publishing Record*, 9 (1983): 7.

37. Voir en particulier les contes sur Bëme le sanglier dans Gabriel E. Mfomo, *Au Pays des initiés* (Paris: Karthala, 1982) 19-29; Laburthe-Tolra, dans *Les Seigneurs*, dit qu'un garçon non initié ne pouvait avoir de contact sexuel (237).

38. Roy Pascal, *The German Novel* (Manchester: Manchester University Press, 1956) 299, 303.

39. Pages 12-13. Et non pas « Qui sommes-nous », observation pertinente faite par Georges-Louis Hingot, « L'Univers colonial dans *Une Vie de boy* de Ferdinand Oyono », PhD., University of California, Los Angeles, 1973, 38.

40. Sundae O. Anozie, *Sociologie du roman africain* (Paris: Aubier, 1970) 190.

41. Même schéma dans *Ville cruelle, Mission terminée, Perpétue et l'habitude du malheur, Remember Ruben* et dans *La Ruine presque cocasse d'un polichinelle*.

42. Mongo Beti aime composer des romans à plusieurs personnages centraux: *Remember Ruben, La Ruine presque cocasse d'un polichinelle, Les Deux Mères de*

Guillaume Dzewatama, future camionneur et dans *La Revanche de Guillaume Dzewatama*.
    43. Thomas Cassirer, « The Dilemma of Leadership as Tragi-Comedy in the Novels of Mongo Beti », *L'Esprit créateur* 10.3 (1970): 225-27; Laburthe-Tolra, *Les Seigneurs*: « Dans les conceptions bëti, la procréation, la guerre et l'actualisation des forces magico-religieuses font partie sans aucun doute du 'travail de l'homme' » (271). De toute façon, le père de Denis le considère adulte depuis cette époque mémorable (368).
    44. La (ou le) sixa était un établissement de la mission où les jeunes filles se rendaient avant leur mariage pour apprendre à élever leur future famille selon les principes chrétiens. L'idée s'est développée pendant la colonisation allemande, elle a été reprise par les Français. Elle n'a existé qu'au Cameroun et elle a donné lieu à des excès. L'institution existait encore en 1959. Voir Mongo Beti, « *Le Pauvre Christ de Bomba* expliqué », *Peuples noirs, peuples africains* 19 (1981): 126.
    45. *Le Pauvre Christ de Bomba*, 56. Pour illustrer ce point voir le texte du missionnaire Maurice Farelly, *Chronique du pays Banem* (Paris: Société des Missions Evangéliques, 1948) 94-95. Il parle de son domestique: « Paresseux, son travail se fait lentement, et le plus possible par les autres. Les écoliers des annexes sont ses domestiques, vont chercher l'eau, coupent le bois... ».
    46. Sur cette classe, voir entre autres Bonnie Campbell, « Social Change and Class Formation in a French African State », *Canadian Review of African Studies* 3.2 (1974): 285-306; Joseph Gugler and William G. Flanagan, *Urbanization and Social Change in West Africa* (Cambridge: Cambridge University Press, 1978); Jean Ziegler, *Main basse sur l'Afrique. La Recolonisation* (Paris: Seuil, 1980).
    47. Voir la bibliographie à la fin de l'ouvrage pour les maisons et dates d'édition. Les titres sont abrégés au premier nom ou au premier verbe.
    48. Comme si souvent chez Mongo Beti, les noms sont évocateurs. En ewondo, Mor-Zamba veut dire « créateur de tout » selon Eloïse Brière, « La Réception critique de l'œuvre de Mongo Beti », *Œuvres et critiques* 3.2-4.1 (1979): 79. Jo le Jongleur évoque le conte du Moyen âge sur le jongleur de Notre-Dame et Evariste était le nom d'un pape au premier siècle après Jésus-Christ.
    49. *Le Pauvre Christ de Bomba* était aussi basé sur une structure tripartite, mais il n'y avait pas de montée, puis descente et enfin remontée. Chaque chapitre donnait au père une raison supplémentaire pour douter de sa mission et Denis pour redouter le châtiment que ses péchés vont lui attirer.
    50. Edward Mortimer, *France and the Africans, 1944-1960. A Political History* (London: Faber and Faber, 1969) 337-39. J. A. Membe observe qu'il existe des contes promettant le retour d'Um Nyobé comme Mor-Zamba annonce celui d'Abéna dans « Pouvoir des morts et langage des vivants », *Politique africaine* 22 (1986); 62-63.
    51. « *La Ruine presque cocasse d'un polichinelle* » dans Ambroise Kom, éd., *Dictionnaire des œuvres littéraires négro-africaines de langue française* (Sherbrooke: Naaman, 1983): 508.
    52. Pages 245-56, 381-86, 400-11 (Paris: Gallimard, 1969).

53. Dans *La Revanche de Guillaume Dzewatama*, Mongo Beti remarque expressément qu'il n'y a pas de « métaphores innocentes » (38, 124).

54. « *La Ruine* », dans Kom, *Dictionnaire*, 508.

55. Voir la bibliographie des romans camerounais. Stephen Arnold, « The New Mongo Beti », *Africana Journal* 13.1-4 (1982): 114.

56. Ce « nous » se retrouve dans *Remember Ruben* aux pages 9, 13, 29, 40. Pour Eloïse Brière, il représente « l'ensemble du peuple d'Ekoumdoum » voir « *Remember Ruben*, étude spatio-temporelle », *Présence francophone* 15 (1977): 32. Elle a repris et mieux défendu son idée dans « La Narration chez Mongo Beti: du singulier au collectif », voir Suzanne Crosta, Robert Alvin Miller et Gloria Nne Onyeoziri, éd., *Perspectives théoriques sur les littératures africaines et caribéennes* (Toronto: Université de Toronto, 1987): 93-110. Pour Bernard Mouralis, il « équivaut à la mauvaise conscience de la collectivité villageoise », « Aspect de l'écriture de *Perpétue* de Mongo Beti », *Colloque sur la littérature et l'esthétique négro-africaines* (Dakar: NEA, 1979): 156. Voir aussi Hassan el Nouty, « Anatomie de *Remember Ruben* » dans Hal Wylie, Eileen Julien and Russell J. Linneman, eds., *Contemporary African Literature* (Washington, D.C.: Three Continents, 1983): 70. Il y a un passage dans *Perpétue et l'habitude du malheur* qui est intéressant au sujet des pronoms utilisés. Il part de la troisième personne du singulier, passe à la seconde du pluriel et se termine par « nous » (294-95). Méthode singulière peut-être, mais qui finit par forcer le lecteur à accepter ses responsabilités.

57. *La Ruine presque cocasse d'un polichinelle* a pour sous-titre *Remember Ruben 2*.

58. Melone faisait déjà cette remarque dans *Mongo Beti*, 264, 269.

59. Pages 294-95. Voir note 53. Pour Laure Hesbois, le roman « résume aujourd'hui . . . l'échec de la révolution camerounaise » dans *Perpétue et l'habitude du malheur* de Mongo Beti et la révolution avortée », *Présence francophone* 14 (1977): 57. Pour d'autres points de vue voir Martin T. Bestman, *Le Jeu des masques* (s.p.: Nouvelle Optique, 1980) 139-43.

60. Cet ouvrage tout comme *Vive le président* de Daniel Ewandé ressemble trop à un pamphlet et pas assez à ce que l'on appelle communément un roman pour trouver une place dans cette étude.

61. Mon expérience au Cameroun dément Adèle King qui pensait que Mongo Beti n'intéressait plus les jeunes. Voir « Audience and Exile: Camara Laye and Mongo Beti », Richard O. Priebe and Thomas A. Hale, eds., *Artist and Audience. African Literature as a Shared Experience* (Washington, D.C.: Three Continents, 1977): 147.

62. Pour les mêmes critiques sur la fonction publique, voir Victor Kamga, *Duel camerounais: démocratie ou barbarie* (Paris: L'Harmattan, 1985) 132-33.

63. Entrevue de l'auteur avec Nanga, Paris, le 12 décembre 1981.

64. Nous partageons là-dessus l'opinion de Jean-Pierre Makouta M'Boukou. Voir *Introduction à l'étude du roman négro-africain de langue française* (Dakar: NEA; Yaoundé: CLE, 1980) 342.

65. Entrevue de l'auteur avec Nanga, le 12 décembre.
66. Cette histoire qu'il raconte est invérifiable, mais répandue.
67. *Dictionnaire des symboles*, 4 vols (Paris: Seghers, 1973) vol. 1.
68. Gabriel Mfomo dit que la chauve-souris présente des caractères contradictoires car elle est à la fois oiseau et mammifère. Selon lui, elle symbolise l'impartialité, qualité que Bilanga ne possède pas du tout. Voir *Au Pays des initiés* (Paris: Karthala, 1982) 15.
69. Voir Campbell, « Social Change », 285-302; Gugler and Flanagan, *Urbanization*, 45-50.
70. Gugler and Flanagan, *Urbanization*, 144-46; Laburthe-Tolra: « Même si la femme va chez ses parents et en vient à concevoir loin du foyer conjugal, l'enfant appartient à son mari puisque c'est lui qui a payé la dot » (*Les Seigneurs*, 203).
71. Eric de Rosny, *Les Yeux de ma chèvre* (Paris: Plon, 1981) 285; Dehon, « De Nouvelles Valeurs », 97; Richard Bjornson « Evembe's *Sur la terre en passant* and the Poetics of Shame », *Studies in Twentieth Century Literature* 4.2 (1980): 152.
72. « Un homme couvert d'honneur hier pourra demain se retrouver à un poste subalterne ou même chômeur ». Michel Prouzet, *Le Cameroun* (Paris: Librairie Générale de Droit et de Jurisprudence Pichon et Durand Auzias, 1974) 262.
73. Ebénézer Njoh-Mouelle, *Développer la richesse humaine* (Yaoundé: CLE, 1980) 21.
74. « Lorsqu'une personnalité de l'ancienne société africaine déclinait son identité en dénombrant, pour terminer, ses possessions ... ce n'était pas pour dire simplement à son interlocuteur qu'il n'avait pas d'inquiétude quant à la satisfaction de ses besoins, mais principalement pour lui donner une idée de sa puissance et par conséquent de sa respectabilité » (Njoh-Mouelle, *Développer*, 12). Voir aussi Bebey: « les billets ne sont pas seulement des sommes d'argent, ils représentent aussi la confiance qu'on accorde à ceux qui en possèdent » (*Poupée*, 16).
75. Philippe Laburthe-Tolra, *Initiations et sociétés secrètes au Cameroun. Essai sur la religion beti* (Paris; Karthala, 1985) 147, 172.
76. *Chauves-souris*, 109. Pabe Mongo dans *Bogam woup* décrit d'une manière humoristique la rumeur publique: « A Mbamais, il y a donc des souffleurs d'opinions qui se gardent bien de montrer leur bouche. Et le peuple Meka était si bien rodé à la chose qu'il devenait un parfait conducteur d'opinions. Il suffisait que Mouameka capte, ... une idée en l'air, il se faisait un devoir de l'ingurgiter, d'y ajouter ses propres velléités et de la transmettre. Les opinions circulaient à Mbamais plus intensément et plus correctement qu'aucun autre trafic au monde. Soufflées et entretenues par des agitateurs, elles prenaient l'orientation et la couleur voulues » (103). Voir à ce sujet l'excellent livre de Jean-Noël Kopfer, *Rumeurs. Le Plus Vieux Média du monde* (Paris: Seuil, 1987).
77. Deux romans décrivent bien ce phénomène: *Sur la terre en passant* par Evembe et *Sociétés africaines et « high society »* par Marie-Thérèse Assiga Ahanda.
78. Sur les atrocités commises par le régime de Francisco Macia Nguema, voir Robert H. Jackson and Carl G. Rosberg, *Personal Rule in Black Africa* (Los Angeles:

University of California Press, 1982) 245-51.

79. L'hymne national du pays anonyme où se passe *Le Bal* est une grossière parodie de l'hymne national camerounais, voir le texte original dans Anne Debel, *Le Cameroun aujourd'hui* (Paris: Editions J.A., 1980) 23. La parodie n'a trompé que les autorités. David Ndachi Tagne l'avait vue aussi. Voir *Roman et réalités camerounaises* (Paris: L'Harmattan, 1986) 260.

80. *African*, 311. L'idée du roman lui serait venue alors qu'il travaillait comme volontaire dans des chantiers internationaux. Voir Baratte et Belinga, *Ecrivains*, 110.

81. Emeka P. Abanime, « Une Utopie africaine *Afrika Ba'a* de Rémy Medou Mvomo », *L'Afrique littéraire et artistique* 51 (1979): 28; Richard Bjornson y voyait aussi l'optimisme que l'église évangélique luthérienne soutient dans sa communication « Post-Independence Cameroon Fiction », African Literature Association (Gainesville: State University of Florida, 1980) 3.

82. David Ndachi Tagne dans *La Reine captive* reprendra le thème d'encouragement pour une modernisation de l'agriculture.

83. Pages 55-110 (Sherbrooke: Naaman, 1982).

84. *La Révolte des romanciers noirs* (Sherbrooke: Naaman, 1973) 237.

85. Erickson voyait déjà cette tendance (*Nommo*, 251, 253)

86. « Traditionalisme et modernisme. Métamorphose d'une théorie », dans M. A. Korostovtsew, ed., *Essays on African Culture*, trans. L. M. Ozerova, B. P. Biryuboz and S. E. Vitman (Moscow: USSR Academy of Sciences, African Institute 1966): 125.

87. « L'Engagement et le problème du public dans la littérature africaine », *Le Français au Nigéria* 9.2 (1974): 9.

Chapitre III

1. Richard Bjornson a bien observé l'emprise de la censure sur la création littéraire dans sa communication « Post-Independence Cameroon Fiction », African Literature Association (Gainesville: State University of Florida, 1980) 2-3.

2. Les termes choisis ici servent à faciliter l'exposé de notre propos et non pas à contredire les théoriciens tels Tzvetan Todorov dans « Les Catégories du récit littéraire » et Roland Barthes qui, dans « Introduction à l'analyse structurale des récits » emploie ce dernier mot dans un sens bien plus général et qui départage les récits suivant leurs fonctions, leurs indices, le type d'actions etc. Analyse complexe qui devrait apporter des résultats intéressants pour le roman camerounais, mais qui nous éloignerait trop du sujet. Voir pour ces deux articles: Communications, 8, *L'Analyse structurale du récit* (Paris: Seuil, 1981): 7, 14-15; 131-57.

3. Voir Y. S. Kantanka Boafo, « Portraits dans *Le Vieux Nègre et la médaille* », *Présence francophone* 19 (1979): 47; Mathieu-François Minyono-Nkondo, « *Le Vieux Nègre et la médaille* » *de Ferdinand Oyono* (Paris: Saint-Paul, 1978) 37; Peter

Igbonekwu Okeh, « Deux Manières de voir l'Afrique, un examen de l'*Enfant noir* de Laye Camara et du *Vieux Nègre et la médaille* de Ferdinand Oyono », *Présence francophone* 9 (1974): 40.

4. La preuve en est que le sous-préfet noir dans *La Reine captive* de David Ndachi Tagne propose d'offrir une médaille au roi des Bakamtsché s'il laisse le gouvernement construire un centre touristique sur le lac sacré de son royaume (Paris: L'Harmattan, 1986) 157.

5. Prince Dika Akwa, *Bible de la sagesse bantoue* (Nendeln: Kraus Reprint, 1973; Paris: Centre artistique et culturel camerounais, s.d.) 103.

6. « Le Tragique dans les romans de Ferdinand Oyono », *Présence francophone* 7 (1973): 24.

7. Exemples de proverbes qui conviennent ici: « En voulant se faire baleine, la sardine a eu tort », « Ne fonde pas tes espérances sur les promesses humaines », dans Akwa, *Bible*, 15, 141. Gervais Mendo Ze voit dans la fin du roman une représentation symbolique du rituel pour les morts. Dans ce cas-là, il s'agit de la mort du Meka vaniteux. Voir *La Prose romanesque de Ferdinand Oyono* (Yaoundé: Université de Yaoundé; Paris: Ministère de l'Education Nationale, 1984) 26.

8. Akwa, *Bible*, 91.

9. *Nègre*, 58.

10. *La Révolte des romanciers noirs* (Sherbrooke: Naaman, 1973) 237. Il n'y a pas que lui pour donner un sens inusité au mot « révolte ». David Ndachi Tagne l'emploie dans le sens de « s'occuper mentalement ». Voir *Roman et réalités camerounaises* (Paris: L'Harmattan, 1986) 261.

11. Paul Ansah fait la même observation dans « The Situation of African Literature Since 1960 », *Présence Africaine*, numéro spécial (1971): 258.

12. *Nègre*, 111. Grace Etounde Ekoto, « Le Voyage à travers *Le Vieux Nègre et la médaille* de Ferdinand Oyono », *Ngam* 5 (1979): 30, 52; Daniel P. Kunene remarque que la maison représente la protection et la forêt le danger, les épreuves dans « Journey as metaphor in African Literature », Stephen Arnold, ed., *African Literature Studies: The Present State/L'Etat présent* (Washington, D.C.: Three Continents, 1985): 189-215. D'une manière schématique l'initiation comprenait: une réclusion dans la forêt, loin du village, un enseignement et des épreuves. La réclusion dans la forêt symbolise le voyage au pays des morts. L'initiation demande souffrance et endurance. Voir sur ce sujet Philippe Laburthe-Tolra, *Les Seigneurs de la forêt* (Paris: Publications de la Sorbonne, 1981) 280, 294 ou du même auteur *Initiations et sociétés secrètes au Cameroun. Essai sur la religion beti* (Paris: Karthala, 1985) 229-98.

13. En plus des significations comprises dans le thème du voyage, l'instrument par lequel il s'accomplit donne des indications sur le personnage et sur sa chance de réussite. Dans *Perpétue*, Essola rentre au village familial en autocar, seule méthode digne pour un jeune citadin désargenté, mais fier quand même. Dans *Christ* à vélo pour le père, noblesse

oblige, à pied pour Denis. Quant à Meka dans *Nègre*, il accomplit le sien à pied, comme ses ancêtres.

14. Olusola Oke, « Une Lecture de *Perpétue et l'habitude du malheur* de Mongo Beti », *Peuples noirs, peuples africains* 29 (1982): 129.

15. « The Journey Motif: Vehicle of Form, Structure, and Meaning in Mongo Beti's *Mission to Kala, Journal of Black Studies* 7.2 (1976): 191-93. Nous partageons le point de vue de Bernard Mouralis qui voyait dans *Mission* une initiation « à rebours », voir « Aspects de l'écriture dans *Perpétue et l'habitude du malheur* », dans ILENA, *Colloque sur la littérature et l'esthétique négro-africaines* (Dakar: NEA, 1979): 161. La fin « ouverte » d'un roman souligne que la « vie est un travail perpétuel », qu'il faut recommencer après chaque échec. Voir Mamadou Gologo, *Le Rescapé de l'éthylos* (Paris: Présence Africaine, 1963) 372.

16. François Salien, « *Mission terminée* », Ambroise Kom, éd., *Dictionnaire des œuvres littéraires négro-africaines de langue française* (Sherbrooke: Naaman, 1983): 374; Eustace Palmer, *An Introduction to the African Novel* (New York: Africana Publishing Corporation, 1972) 146. Des auteurs ont observé des traits picaresques dans d'autres romans, voir, pour *Une Vie de boy*: Daniel Whitman, « The Picaresque in African Fiction », *Ba Shiru* 7.2 (1976): 44-53. Roger Chemain montre les côtés picaresques d'Aki Barnabas dans *Chemin d'Europe*, voir *La Ville dans le roman africain* (Paris: L'Harmattan et ACCT, 1981) 235-37. *Mission* paraît le roman qui offre les traits les plus caractéristiques. Par contre Nnolim ne pense pas que le roman soit picaresque, « Journey Motif », 181-82.

17. *Lazarillo de Tormes* (Boston; Twayne, 1984) 6. Sa définition est basée sur celles de Franck W. Chandler, Claudio Guillén et Ulrich Wicks. Voir pour ce dernier « The Nature of Picaresque Narrative: A Modal Approach », *PMLA*, 89.2 (1974): 240-49 et aussi Whitman, « The Picaresque » 44-53.

18. Thomas Melone, *Mongo Beti, l'homme et le destin* (Paris: Présence Africaine, 1971) 43.

19. Richard Bjornson, *The Picaresque Hero in European Fiction* (Madison: University of Wisconsin Press, 1977) 7, 15. Le roman est aussi une satire qui ridiculise les jeunes gens imbus d'eux-mêmes et qui méprisent la vie coutumière. Eustace Palmer a remarqué que pour Mongo Beti, il n'y a rien de sacré, voir *An Introduction*, 66, 154.

20. « Journey Motif », 188.

21. « Le Roman africain et les modèles occidentaux », *Annales de l'Université d'Abidjan* 3 (1970): 92.

22. Sur les ravages de l'alcool voir *Perpétue*, 20-24.

23. Dans *Mongo Beti* (Paris: Nathan, 1964) 3. Mongo Beti lui-même l'a nié lors de son entrevue avec l'auteur, Rouen, le 12 février 1982.

24. Pour éviter de nouveaux frais, Présence Africaine a repris mot à mot la première édition, fautes et erreurs typographiques comprises. Entrevue avec Beti, le 12 février.

25. Thérèse Baratte et Eno Belinga, *Ecrivains, cinéastes et artistes camerounais* (Yaoundé: Ministère de l'Information et de la Culture, 1978) 34; Charly-Gabriel Mbock, *Comprendre « Ville Cruelle » d'Eza Boto* (Issy-les-Moulineaux: Saint-Paul, 1981) 86.

26. Melone, *Beti*, 67-69; Fame Ndongo, « Mongo Beti ou la nostalgie d'une innocence primitive », *Cameroon Tribune* (5 août 1974): 5.

27. Entretien de l'auteur avec Samuel Mvolo, Yaoundé, le 16 novembre 1981.

28. Entretiens avec Patrice Kayo, Yaoundé, le 18 novembre 1981 et avec Eno Belinga, Budapest, le 29 août 1984. Voir aussi André Ntonfo, « La Littérature africaine dans l'enseignement secondaire au Cameroun, une portion congrue » dans Actes du Colloque International, *Littératures africaines et enseignement. Université de Bordeaux III, 15-17 mars 1984* (Talence: Presses Universitaires de Bordeaux, 1985): 293-306.

29. Selon Jean-Pierre Gourdeau, « le corps de l'homme est assimilé au corps social », dans ce cas la maladie représente le mal qui ronge la société. « Quelques mots de *Sur la terre en passant* de F.-B. M. Evembe », *Annales de l'Université d'Abidjan*, Série D., Lettres, tome 7 (Abidjan: 1974): 183.

30. Richard Bjornson, « Evembe's *Sur la terre en passant* and the Poetics of Shame », *Studies in Twentieth Century Literature* 4 (1980): 147.

31. Laburthe-Tolra, *Les Seigneurs*, 206.

32. Par contre Iyoni n'utilise pas les toilettes de l'appartement moderne dans lequel vit Marie-Chantal, la jeune femme qu'il aime. Il est probable que l'auteur ne la considère pas digne de Iyoni puisqu'elle l'abandonne (77-87).

33. Entretien avec François-Borgia Marie Evembe, Yaoundé, le 14 novembre 1981.

34. Bjornson, « Evembe's *Sur la terre* », 149.

35. Entrevues de l'auteur avec Evembe et Medou Mvomo, Yaoundé, les 14 et 21 novembre 1981.

36. Non seulement il se charge de nourrir et de protéger deux femmes, mais il oblige le père de la seconde à consentir au mariage et il force le village à accepter la jeune femme en donnant une raclée à un homme qui l'avait insultée (168-70, 200). On pourrait peut-être parler de *Bildungsroman*, ici, de roman d'apprentissage comme le fait David J. Mickelsen dans « The *Bildungsroman* in Africa: The Case of *Mission terminée* », *French Review* 59.3 (1986): 418-27. Cependant, il semble préférable d'utiliser le terme « initiation » car les valeurs apprises sont africaines et non pas européennes.

37. A[lexandre] B[iyidi] alias Mongo Beti, « Afrique noire, littérature rose », *Présence Africaine* 1-2 (1955): 135.

38. Par exemple dans *Bogam Woup*, Pabe Mongo raconte comment les vieux jettent un sort sur Bogam (67); dans *La Croix du cœur*, Charly-Gabriel Mbock décrit en détail l'épreuve dite « de la corde » (126-40). Pour un autre exemple d'homme-dieu voir R. P. A. Albert, *Au Cameroun français bandjoun* (Montréal: Ed. de l'Arbre: 1943) 257-59. Dans *La Reine captive*, David Ndachi Tagne utilise le terme « mentalité magique » pour couvrir toutes ces croyances anciennes qui d'ailleurs n'excluent pas le christianisme (205).

39. Entretien de l'auteur avec Etienne Yanou, Yaoundé, le 14 novembre 1981.

40. Laburthe-Tolra, *Les Seigneurs*, 379. Voir aussi des proverbes comme « l'homme d'action n'a pas les mollets gras », « la poule qui caquette ne pond jamais » dans Basile-Juléat Fouda, Henry de Julliot et Roger Lagrave, *Littérature camerounaise* (Nendeln: Kraus Reprint, 1971; Cannes: s.é., 1961) 21.

41. Jean Ikelle-Matiba, *Cette Afrique-là*, 216; Robin Hallet, *Africa Since 1875* (Ann Arbor: The University of Michigan Press, 1974) 315; Jean Imbert, *Le Cameroun* (Paris: PUF, 1973) 38-40.

42. Dominique Hoyet, *Francis Bebey* (Paris: Nathan, 1979) 47. Selon David Ndachi Tagne, Bebey lui aurait dit que le roman se passe en 1956 voir *Roman et réalités camerounaises* (Paris: L'Harmattan, 1986) 82. Pour Norman Stokle, il s'agit de 1960. Voir sa communication « The New Society and the Twist of the Tongue: Bebey's Social Criticism », African Literature Association (Claremont: Claremont College, 1981). Le texte du roman dit que l'histoire se passe dans les années cinquante (17).

43. « Entretien avec Francis Bebey », *Présence francophone* 16 (1978): 187.

44. Voir Ahmadou Ahidjo, *Contribution à la construction nationale* (Paris: Présence Africaine, 1964) 24-25.

45. Fame Ndongo, « Le Roman soporifique *Le Roi Albert d'Effidi*: un débat politique éludé », *Cameroon Tribune* (27-28 mars 1977): 2; Jean-Pierre Makouta M'Boukou, *Introduction à l'étude du roman négro-africain de langue française* (Dakar: NEA; Yaoundé: CLE, 1980) 342.

46. « Post-Independence Cameroon Fiction », African Literature Association (Gainesville: State University of Florida, 1980) 1.

47. Il existe en outre un conflit entre Albert et le village parce qu'il ne partage pas assez ses richesses. Sur ce sujet, voir Laburthe-Tolra, *Les Seigneurs*, 360-61.

48. La correction que lui donnent les jeunes gens symbolise en fait la cérémonie propitiatoire dont parlait Belobo, 54. La fin optimiste s'accorde avec une tendance générale de la littérature camerounaise. Bjornson, « Post-Independence », 1, 3.

49. La route est maudite aussi parce que souvent elle a exigé l'abattage d'arbres sacrés, *Sorcier*, 48. D'un autre côté, elle apporte de l'argent (*Fils*, 147-48; *L'Homme-dieu*, 51-52, 102). Dans *La Poupée ashanti*, Francis Bebey parlait déjà de la route « qui commence devant nous [mais qui] ne s'arrête nulle part. Elle va d'un bout à l'autre de la vie. Elle s'emplit du soleil d'Accra, ou des nuages de Tamalé, qu'importe. Nous aurions tort de la croire toujours égale à elle-même. Elle serpente à travers mille joies, mille vicissitudes, elle arrache au passage des nuées d'espoirs. . . . Elle est pavée de l'intention heureuse de ceux qui ont décidé de faire quelque chose pour l'Afrique » (215).

50. Entretien de l'auteur avec Lydie Dooh-Bunya, Paris, le 2 février 1982. Elle était à cette époque présidente de la Ligue pour la Défense des Droits de la Femme africaine.

51. Cette idée est confirmée par J. C. Froelich, *Animismes. Les Religions païennes de l'Afrique de l'ouest* (Paris: Ed. de l'Orante, 1964) 75. Voir aussi sur l'inceste *Brise*, 77.

52. *Fruit*, 105, 108, 140-41. Dans *La Croix*, la victime d'un viol doit subir l'épreuve de la corde tout comme son assaillant (126-40).

53. Claire L. Dehon, « De nouvelles valeurs dans le roman camerounais », *Présence francophone* 26 (1985): 93-103.
54. Rien n'empêche un mari d'abandonner une femme stérile. Laburthe-Tolra, *Les Seigneurs*, 203-34; Jacques Maquet, *Africanité traditionnelle et moderne* (Paris: Présence Africaine, 1967) 63.
55. On la voit quand même dans *Ville*, 46, 168, 171; *Fils*, 20; *Sola*, 112.
56. Marie dans *Chauves-souris* désire non seulement trouver un homme qui lui assurera sa subsistance et celle de ses enfants, mais qui la traitera bien et l'aimera; le couple dans *Sociétés* s'est marié par amour.
57. A noter que le nom de *fada* donné aux missionnaires était une déformation de l'anglais *father* et, en plus, il se rapproche d'un terme ewondo *fadi* qui veut dire « accaparer, prendre de force » (*Sorcier*, 25).
58. Le livre de Louis Ngongo montre très bien les relations entre l'administration et les églises: *Histoire des forces religieuses au Cameroun* (Paris: Karthala, 1982).
59. Entretien de l'auteur avec Mvolo, le 11 novembre.
60. Il est bien évident que la terminologie utilisée ici sert à mettre en valeur des caractères du roman camerounais. Elle ne cherche pas à réfuter ou à contredire des définitions comme celles de Roland Barthes dans « Introduction » (7) ou celles d'Oswald Ducrot et Tzvetan Todorov dans *Dictionnaire encyclopédique des sciences du langage* (Paris: Seuil, 1972) 378-82.
61. On pourrait citer aussi *Berceau de mon âme* d'Abel Moumé Etia, *Lettres de ma cambuse* de René Philombe, *Doigts noirs* de Jacques Kuoh Moukouri, mais ces textes, à notre connaissance, ne contiennent pas d'éléments fictifs. Plusieurs de ces ouvrages appartiennent, selon Richard Bjornson, à la catégorie des romans autobiographiques. Ici, la catégorie « récit » insiste sur la simplicité et sur la brièveté du texte. Voir « Bibliography of Cameroon Literature », *Research in African Literatures* 17.1 (1986): 109, 111.
62. On pourrait objecter que les récits et que les romans traditionnels font aussi partie de la littérature populaire. Certes, mais les catégories choisies ici servent à mettre en évidence la variété de l'imagination.
63. Entretien de l'auteur avec Désiré Naha, Yaoundé, le 19 novembre 1981.
64. L'université des Mutants a été fondée en 1978 sur l'île de Gorée. Son vice-président est le critique Stanislas Adotevi. Elle suit pour principes les idées de Roger Garaudy, directeur de l'Institut International pour le Dialogue des Civilisations à Paris.
65. Quelques auteurs commencent à sortir des chemins battus tels Werewere Liking avec *Elle sera de jaspe et de corail* un « chant-roman » comme *Aucassin et Nicolette* était une chantefable (Paris: L'Harmattan, 1983) et Yodi Karone dans son *Nègre de paille* (Paris: Silex, 1982). Le premier ne suit en rien l'esthétique camerounaise telle qu'on la décrit tout au long de cette étude, le second s'en écarte par moments quand il rend confuses les limites entre réalité et rêve.

Chapitre IV

1. Voir Gervais Mendo Ze, *La Prose romanesque de Ferdinand Oyono* (Yaoundé: Université de Yaoundé; Paris: Ministère de l'Education, 1984) 113-14.

2. Cette attitude explique pourquoi tant d'employés de l'administration coloniale imitaient la manière de s'habiller des Blancs et pourquoi, durant le présidence d'Ahmadou Ahidjo, les Camerounais non musulmans portaient les babouches, la gandoura et la chéchia. Voir Victor Kamga, *Duel camerounais: démocratie ou barbarie* (Paris: L'Harmattan, 1985) 127; *Pris*, 27.

3. Bernard Mouralis dit ainsi que: « Les personnages mis en scènes par les romanciers s'individualisent tout en évitant soigneusement de se singulariser ». Voir *Individu et collectivité dans le roman négro-africain d'expression française* (Abidjan: Annales de l'Université d'Abidjan, Série D, Lettres, 1969): 121.

4. Pour une liste complète des stéréotypes des Blancs voir Mineke Schipper de Leeuw, *Le Blanc vu d'Afrique* (Yaoundé: CLE, 1973). En fait, malgré leur anti-colonialisme, les romanciers n'ont pas montré les Européens sous un seul aspect, il y en a des bons, des mauvais et d'autres qui ne sont ni l'un ni l'autre. Voir Antony C. Brench, « Significance of the Novel in French Speaking Black Africa », *Philosophical Journal* 3.2 (1966): 123.

5. Ainsi, dans *Ramitou*, la narration passe de « je » à « il » sans aucune explication, 89-91.

6. *Madame Bovary* (Paris: Garnier, 1961) 132.

7. David Ndachi Tagne tente le même genre de description dans *Reine*, 84.

8. Voir ce que dit à ce propos Idelette Dugast, *Contes, proverbes et devinettes des Banem* (Paris: CNRS, 1975) 31-33.

9. *Poupée*, 114; *Fruit*, 73; *Fiancés*, 173; *Perpétue*, 251; *Ramitou*, 78. A remarquer le comique, intentionnel ou non, de la dernière expression qui confond pinson et poisson.

10. Exception Mme Decazy dans *Vie*. C. R. Hallpike, *The Foundations of Primitive Thought* (Oxford: Clarendon Press, 1979) 421.

11. Traditionnellement, cacher ses sentiments avait une valeur stratégique, cela permettait à l'homme de ne pas se laisser dominer par d'autres. Voir Ivan Karp, « Beer drinking and Social experience in an African Society. An Essay in Formal Sociology » dans Ivan Karp and Charles S. Birds, eds., *Explorations in African Systems of Thought* (Bloomington: Indiana University Press, 1980): 112.

12. *Fiancés*, 53; *Nasse*, 139; *Afrika*, 39. C. R. Hallpike dit que dans les sociétés primitives, l'expérience privée des autres était communément considérée comme mystérieuse et impossible à connaître. Voir *The Foundation*, 421. Sur ce sujet consulter Francis Fouet, « Le Thème de l'amour chez les romanciers négro-africains d'expression française » dans *Actes du colloque sur la littérature africaine d'expression française. Dakar, 26-29 mars 1963* (Dakar: Université de Dakar, Publication de la Faculté des Lettres et Sciences Humaines, Langues et Littératures, 14, 1965): 139-40.

13. *Nasse*, 148; *Sola*, 93; *Poupée,* 143. Le conte « La Perceuse d'yeux » exprime bien cette méfiance vis-à-vis de l'amour exclusif, voir Beling-Nkoumba, *Contes du Cameroun, II* (Yaoundé: CLE, 1978) 23-26.

14. Pierre Titi Nwel dit que chez les Basaa, « c'est la patience qui tient le mariage parce que c'est de là que vient la bonne renommée », voir « Le Statut social de la femme dans les mythes basaa d'origine », dans Jean-Claude Barbier, éd., *Femmes du Cameroun. Mères pacifiques, femmes rebelles* (Bondy: ORSTOM; Paris: Karthala, 1985): 25-35.

15. Pierre Hanry, *Erotisme africain. Le Comportement sexuel des adolescents guinéens* (Paris: Payot, 1970) 1.

16. *Brise*, 50; *Fruit*, 38; *Amour*, 48; *Ramitou*, 37. Dans la littérature traditionnelle, on tombait amoureux dès le premier regard. Voir F. V. Equilbeck, *Essai sur la littérature merveilleuse des noirs, suivi de contes indigènes* (Paris: Maison Neuve, 1972; Paris: Larose, 1913, 3 vols) 375; Philippe Laburthe-Tolra, *Les Seigneurs de la forêt* (Paris: Publications de la Sorbonne, 1981) 384.

17. Paris: Folio, 1971, pages 175-78 par exemple. Une exception notable se lit dans *Les Chauves-souris*: « Depuis qu'elle l'avait quitté à la clinique, elle avait eu des remords. Elle avait réfléchi. . . . Marie ne pouvait se le cacher; elle s'était attachée à Bilanga, malgré elle. On n'oubliait pas facilement quelqu'un qui avait des réactions et des sentiments violents. Bilanga avait menacé de la tuer et de se tuer. Mais, ce sont ces paroles qui avaient aussi retenu Marie d'aller revoir Bilanga » (136-37).

18. *Vies*, 5-26, 34; *Chauves-souris*, 27. Laburthe-Tolra remarque que dans la société beti traditionnelle: « la satisfaction du besoin sexuel à elle seule apparaît comme quelque chose de nécessaire mais qui n'engage pas » (*Les Seigneurs*, 239).

19. Il y a des exceptions comme dans *Brise*, 281-82; *Sola*, 27; *Christ*, 148-59; *Fruit*, 71-73.

20. *Brise*, 69. Laburthe-Tolra observe qu'à l'exception de la plainte d'un mari dont la femme s'est enfuie, « toutes les chansons et protestations d'amour émanent des femmes. . . . Elles sont pour la plupart d'un érotisme fort savoureux » (*Les Seigneurs*, 223, 383). Cela expliquerait pourquoi les hommes écrivains sont aussi discrets. Jean-Claude Froelich dit qu'aux « questions sexuelles s'attache quelque fois un sentiment de honte ou de pudeur, mais jamais de culpabilité », voir *Animismes: Les Religions païennes de l'Afrique de l'ouest* (Paris: Ed. de l'Orante, 1964) 77. Tous ne sont pas aussi pudiques voir *Mission*, 134-36; *Siang*, 15-18; *Lettre*, 110-11; *Bal*, 19-20. Dans *Reine*, l'auteur utilise le mot « petting » (191). En fait, le problème de la pudeur dans les livres existe aussi à cause du respect que l'on a pour les mots imprimés. Karen Keim a appris que les gens n'aiment pas *La Prison sous le slip d'Ebela* par Omo Ya Eku à cause de la vulgarité du titre. Voir « Popular Fiction Publishing in Cameroon », *The African Book Publishing Record* 9 (1983): 8. Voir aussi Jeanne-Françoise Vincent, *Traditions et transitions. Entretiens avec des femmes beti au Sud-Cameroun* (Paris: ORSTOM, Berger-Levrault, 1976) 7.

21. Abel Moumé Etia, *Berceau de mon âme* (Douala: chez l'auteur, 1964) 10.

22. *Perpétue*, 100. Ici, il faut compter en plus sur la vantardise, technique de rhétorique traditionnelle toujours acceptée lors des palabres.

23. « Le Suicide dans le roman ouest-africain », *Présence francophone* 23 (1981): 43-60. Cet auteur pense que le suicide est rare dans le roman, mais certainement pas dans le roman camerounais.

24. Léon-Marie Ayissi cite le poème suivant: « L'amour est un poison qui tue et qui guérit. L'amour est un voleur qui trompe le guerrier; à quoi te comparer amour? Le vertige de la joie d'une boisson qu'on a bue exalte le cœur d'un être moins que tu le fais amour ». Voir *Contes et berceuses beti* (Yaoundé: CLE, 1968) 79-80. Ou autre citation: « L'amour . . . est toujours excessif. Il ne connaît que le crescendo. On aime; on aime encore; on aime plus; on aime toujours » (*Lettre*, 129).

25. Basile Juléat Fouda, Henry de Julliot et Roger Lagrave, *Littérature camerounaise* (Nendeln: Kraus Report, 1971; Cannes, s.é., 1961) 21; *Vie*, 92. L'amour est symbolisé par une femme « perceuse d'yeux » voir Beling-Nkoumba, *Contes*, 23-26. Lors des initiations dans la société So, il y avait une cérémonie du « lavage des yeux » ce qui signifiait que l'initié était à même de comprendre les mythes et le sens des coutumes. Voir Susan Domowitz, « The Orphan in Cameroon Folklore and Fiction », *Research in African Literatures* 12.3 (1981): 353.

26. Gabriel E. Mfomo, *Soirées au village* (Paris: Karthala, 1980) 12.

27. Ceci explique la réflexion suivante: « Peut-être même que cela était fait exprès, qu'il lui était donné de voir, non pas de comprendre » (*Nègre*, 64).

28. Le caractère est quelque chose de donné et sur lequel l'homme n'a pas de puissance: « on peut toujours soigner une maladie, mais non le caractère, car celui-ci ne quitte jamais son siège » ou « C'est par son caractère qu'on est sauvé; c'est aussi par son caractère qu'on est perdu », Mfomo, *Soirées*, 44, 47.

29. Domowitz, « The Orphan », 350-51.

30. Laburthe-Tolra, *Les Seigneurs*, 237.

31. Théodore Mayi-Matip, *L'Univers de la parole* (Yaoundé: CLE, 1983) 16-26, 68-74; Geoffrey Parrinder, *Religion in Africa* (New York: Praeger, 1969) 8.

32. C'est la *lingua franca* employée à Yaoundé, à Ebolowa et dans leurs environs.

33. *Mongo Beti, l'homme et le destin* (Paris: Présence Africaine, 1971) 47-57. Pour les noms d'origine pahouine voir Jacques Fame Ndongo, *L'Esthétique romanesque de Mongo Beti. Essai sur les sources traditionnelles de l'écriture moderne en Afrique* (Paris: Présence Africaine, 1985) 297-331. Pour l'explication des noms dans Ferdinand Oyono, voir Mendo Ze, *La Prose*, 19-24.

34. Mayi-Matip, *L'Univers*, 49-58.

35. Edward M. Forster a fait cette distinction entre personnages *flat* et *round* dans *Aspects of the Novel* (Harmondsworth: Penguin, 1962) 103-18.

36. Voir aussi Eloïse Brière, « Discours et narration dans le roman camerounais », Ph.D., U. de Toronto, 1982, 128-202; Laburthe-Tolra, *Les Seigneurs*, 379

37. Laburthe-Tolra, *Les Seigneurs*, 270-80.
38. Ayissi, *Contes*, 25-30.
39. *La Révolte des écrivains d'aujourd'hui* (Paris: Corrêa, 1949) 17.
40. Selon Bernard Mouralis, Mongo Beti ne conçoit le héros qu'obscur et anonyme parce que, pour lui, le véritable héros c'est le peuple. Francis Bebey pense de la même façon. « Mongo Beti et la modernité » dans Eileen Julien, Mildred Mortimer and Curtis Schade, eds. *African Literature in its Social and Political Dimension* (Washington, D.C.: Three Continents, 1986): 89; entretien de l'auteur avec Francis Bebey, Paris, le 4 février 1982.
41. Il est orphelin parce que son père est en prison et parce qu'il ne vit pas avec sa vraie mère ni avec sa famille prise au sens large. Mangwa dans *La Reine* est « presque orpheline » puisqu'elle a perdu sa mère. Après une période pendant laquelle elle essaie de s'assimiler au groupe, elle veut reprendre son destin en main (30). Elle profite alors de la mort de son mari pour quitter le village et se faire une vie en ville. Elle paiera cher son audace. Dans *Mission terminée*, Medza est décrit en termes qui évoquent le bébé extraordinaire des contes, une autre façon de présenter un personnage au-dessus du commun (11, 31). Voir un exemple dans Fouda, *Littérature*, 62-64.
42. African Literature Association (East Lansing: State University of Michigan, 1986).
43. *Vie*, 16. Toundi manque de cette « sagesse [qui] est bien plutôt d'arriver à vivre tout en modifiant aussi peu que possible l'équilibre merveilleux du monde aussi bien [que] l'équilibre de la société », Alassane N'Daw, « Peut-on parler d'une pensée africaine », *Présence Africaine* 58 (1966): 39.
44. D'autres romans prennent leur symbolique dans les deux milieux culturels tels *Sur la terre en passant* et *L'Homme-dieu de Bisso*.
45. Gabriel E. Mfomo, *Au pays des initiés* (Paris: Karthala, 1982) 19-29.
46. Françoise-Borgia Marie Evembe pense d'ailleurs que le véritable héros symbolise les victimes de la société. Entretien avec l'auteur, Yaoundé, le 14 novembre 1981.
47. Ainsi, il n'y a pas de roman centré sur l'indiscrétion, sur l'infidélité ou sur les mensonges de la femme. Pour des vues traditionnelles sur la femme, voir Akwa, *Bible*, 27-28; Fouda, *Littérature*, 73-74; Martin Sop Nkamgang, *La Femme dans la pensée nègre* (Yaoundé: ronéotypé, 1975) 6-11; Sonia Lee, « The Image of the Woman in the African Folktale from the Sub-Saharan Francophone Area », *Yale French Studies* 53 (1976): 19-28.
48. Benjamin C. Ray était arrivé à la même conclusion dans *African Religions* (Englewood Cliffs: Prentice Hall, 1976) 140.
49. Kenneth Harrow partage la littérature négro-africaine en deux: la littérature de témoignage et la littérature de révolte. Cette division met en évidence les deux types de personnages l'actif et le passif. Voir « The Poetics of African *Littérature de témoignage* » dans Stephen Arnold, ed., *African Literature Studies: The Present State. L'Etat présent* (Washington, D.C.: Three Continents, 1985): 135-49.

50. Laburthe-Tolra, *Les Seigneurs*, 260.

51. Traduction de l'auteur de: Helaine Minkus, « Causal Theory in Akwapim Akan Philosophy », dans Richard A. Wright, ed., *African Philosophy: An Introduction* (Lanham, New York, London: University Press of America, 1984): 133.

52. *Poupée*, 105; selon Maurice Doumbé-Moulongo, « l'homme subit la nature des choses avant de pouvoir la modifier » dans *Les Coutumes et le droit au Cameroun* (Yaoundé: CLE, 1972) 54. Voir aussi Benjamin C. Ray pour qui il reste malgré tout une liberté personnelle considérable, *African Religions* (Englewood Cliff: Prentice Hall, 1976) 137.

53. Cette attitude explique pourquoi les événements dans les romans négro-africains « s'y présentent souvent comme le fruit du hasard ou plutôt de l'arbitraire » comme le dit Victor Bol dans « Les Formes du roman africain », *Actes. Dakar, 26-29 mars 1963*, 133.

54. *Ville*, 29, 171, 215; *Afrique-là*, 109; *Perpétue*, 276; *Brise*, 39-40; *Chemin*, 70; *Quand saigne*, 11, 87-89; *Fiancés*, 46.

55. *Pris*, 87; *Fruit*, 23; René Philombe, *Le Livre camerounais et ses auteurs* (Yaoundé: ronéotypé, 1977) 220.

56. Ray, *African Religions*, 140.

57. Claire L. Dehon, « De nouvelles valeurs dans le roman camerounais », *Présence francophone* 26 (1985): 93-103.

58. Claire L. Dehon, « Fate in Mongo Beti's Novels », in Stephen Arnold, ed., *Mongo Beti* (Washington, D.C.: Three Continents, in press).

59. Paris: Buchet-Chastel, 1984. Du moins pour le moment car Mongo Beti prévoyait un troisième volet.

60. Ebénézer Njoh-Mouelle, *Jalons. Recherche d'une mentalité neuve* (Yaoundé: CLE, 1970) 45; ou du même auteur *De la médiocrité à l'excellence* (Yaoundé: CLE 1970) 82.

61. *Sociétés*, 46; Alioune Diop, « Niam N'Goura ou les raisons d'être de *Présence Africaine* », *Présence Africaine* 1 (1947): 10.

62. Entrevue avec l'auteur, Paris, le 4 février 1982.

63. *Pris*, 79. Voir d'autres exemples de ce genre dans *Sociétés*, 34; *Rencontres*, 7-8, 27; *Ramitou*, 38-39, 117-19. Des penseurs s'élèvent contre ce matérialisme, voir Njoh-Mouelle, *Jalons*, 38; Engelbert Mveng, « L'Essor intellectuel et artistique du monde noir », dans *Présence Africaine, 1947-1967. Mélanges. Réflexions d'hommes de culture* (Paris: Présence Africaine, 1969): 101.

64. Les Camerounaises d'aujourd'hui n'ont pas d'autres modèles et elles veulent remplacer la notion traditionnelle du bonheur pour la femme: « la femme n'était pas faite pour être heureuse ». C'était la femme-objet, la femme esclave que l'époux tyran maniait à sa guise. Le bonheur d'une femme ne résidait que dans la peine qu'elle se donnait pour satisfaire son homme » (*Reine*, 101-02).

65. Laburthe-Tolra, *Les Seigneurs*, 279; Fouda, *Littérature*, 23; « Celui qui travaille sous le soleil mangera à l'ombre ».

66. Il est même condamné par Njoh-Mouelle, *De la médiocrité*, 94; *Afrique-là*, 218; *Ville*, 220; *Rencontres*, 27.

67. *Ville*, 174, 220; *Ramitou*, 139; Moukenge-Ndibou, *Afrique noire et développement intégral* (Kinshasa: Imprimerie universitaire, 1971) 49.

68. Bernard Delpech observe un début d'émancipation chez les paysannes éton, elles augmentent leur indépendance monétaire vis-à-vis de leur mari. Elles peuvent s'acheter ce qu'elles désirent au lieu de dépendre d'eux. Voir « Femmes éton devant les tribunaux coutumiers » dans Jean-Claude Barbier, éd., *Femmes du Cameroun. Mères pacifiques, femmes rebelles* (Bondy: ORSTOM, Paris: Karthala, 1985): 327-40.

Chapitre V

1. Voir « L'Effet de réel » dans R. Barthes, L. Bersani, Ph. Hamon, M. Rifaterre, I. Watt, *Littérature et réalité* (Paris: Seuil, 1982): 81-89.

2. Etienne Yanou entrevue avec l'auteur, Yaoundé, le 16 novembre 1981.

3. Paris: Garnier-Flammarion, 1964, 27-36.

4. Voir René Philombe qui dans *Un Sorcier blanc à Zangali* évoque le village de Zangali de la même manière, 103. Francis Bebey lors d'une entrevue avec l'auteur admit qu'il ne voyait pas le paysage, mais bien les hommes. Il se pourrait qu'il y ait là un manque d'entraînement de l'imagination (Paris, le 4 février 1982).

5. Les Camerounais ridiculisent à l'occasion cette habitude de planter des « fleurs inutiles » (*Sola*, 62).

6. Jean Chevalier et Alain Gheerbrandt, *Dictionnaire des symboles*, 4 vols (Paris: Seghers, 1974) vol. 3, 198-98, 264-65.

7. Voir Dorothy S. Blair, « *Tante Bella* » dans *Dictionnaire des œuvres littéraires négro-africaines de langue française*, Ambroise Kom, éd. (Sherbrooke: Naaman, 1983) 568.

8. Paris: Garnier-Flammarion, 1964, 72-73. Il y a naturellement des exceptions, voir *Perpétue*, 31.

9. Paris: Folio, 1972, 30-33.

10. Voir sur l'anthropocentrisme John S. Mbiti, *African Religions and Philosophy* (New York: Praeger, 1969) 48.

11. Mbiti, *African Religions* 48.

12. D'après Willy A. Umezinwa, la forêt chez Mongo Beti est un refuge. Voir « Révolte et création artistique dans l'œuvre de Mongo Beti », *Présence francophone* 10 (1975): 45, et Martin T. Bestman, *Le Jeu des masques* (s.p.: Nouvelle Optique, 1980) 141-43.

13. *Africanité ancienne et moderne* (Paris: Présence Africaine, 1967) 65. Robert W. July parlait d'une « communion avec la Nature » dans son ouvrage par ailleurs si brillant, *The Origins of Modern African Thought* (New York: Praeger, 1967) 216.

14. Alasane Ndaw, *La Pensée africaine* (Dakar: NEA, 1984) 85.

15. Amadou Hampate Bâ remarque que chaque symbole a deux interprétations l'une positive et l'autre négative: *Aspects de la civilisation africaine* (Paris: Présence Africaine, 1972) 40. Jacques Maquet fait la même observation dans *Africanité*, 64.

16. Hampate Bâ, *Aspects*, 16, 119-20.

17. Mbiti, *African Religions*, 48; Pierre Erny, *L'Enfant et son milieu en Afrique noire* (Paris: Payot, 1972) 256.

18. Sur le lexique de la faune et de la flore chez Ferdinand Oyono, voir Gervais Mendo Ze, *La Prose romanesque de Ferdinand Oyono* (Yaoundé: Université de Yaoundé; Paris: Ministère de l'Education Nationale, 1984) 15. Ainsi, un personnage dans *Afrique*, exprime à propos des éléphants une idée courante en Afrique noire: « Pourquoi défend-on de chasser et de tuer ces grosses bêtes qui font plus de mal que de bien? » (58).

19. *Bal*, 9; *Perpétue*, 224-25, 286; *Roi Albert*, 151; *Roi miraculé*, 220. Il faut remarquer que le mot « tigre » sert souvent à désigner la panthère, une erreur linguistique dont il est impossible de retracer les origines.

20. Il ne se fera pas cette réflexion dans quelques cas comme pour la chouette et les canards dont les différents membres d'une même espèce se ressemblent suffisamment qu'ils vivent en France ou en Afrique (*Fiancés*, 103, 116).

21. Il faut ajouter que des noms géographiques et des patronymes permettent aux spécialistes de situer où se passe l'action. Thomas Melone a bien montré la manière précise dont Mongo Beti a rendu l'environnement du *Roi miraculé* et du *Christ du Bomba*. Voir *Mongo Beti, l'homme et le destin* (Paris: Présence Africaine, 1971) 43-65.

22. « Discours et narration dans le roman camerounais », Ph. D., Toronto: University of Toronto, 1982, 30. Ernest Dammann dit que les arbres sont considérés comme des « partenaires vivants et traités en conséquence » dans *Les Religions d'Afrique*, trad. L. Jospin (Paris: Payot, 1964) 55.

23. Brière, « Discours », 30.

24. *Vie*, 26; *Christ*, 50-51; *Perpétue*, 290-92; « Discours », 61.

25. 103-05; « Discours », 57. Voir même idée dans *Afrique, nous t'ignorons*, le Blanc Robert passe sur une passerelle et tombe dans la boue. Il s'exclame alors un « beau baptême! » (104).

26. « Portraits de femmes à travers *Le Fils d'Agatha Moudio* de Francis Bebey », dans Jean-Claude Barbier, éd., *Femmes du Cameroun. Mères pacifiques, femmes rebelles* (Bondy: ORSTOM; Paris: Karthala, 1985) 348.

27. Brière, « Discours », 47-49; voir des signes identiques dans *Nègre*, 149-52.

28. Brière, « Discours », 94; *Ville*, 111.

29. Brière, « Discours », 92; *Ville*, 111; *Fiancés*, 135; 147-48; *Nasse*, 128-29.

30. *Ruine*, 70, 223; Brière, « Discours », 92; *Homme-dieu*, 79-80, 94.

31. *Croix* est un des rares romans à faire allusion à la pluie comme à une « bénédiction », mais elle sert là à représenter l'approbation des ancêtres à un mariage (199).

32. Gervais Mendo Ze a observé que les lieux symbolisaient souvent des concepts dans *La Prose*, 119.

33. *Perpétue*, 55-56; *Afrique*, 58-59; *Fiancés*, 56; *Bogam*, 10-13. Roger Chemain observe que les écrivains noirs africains donnent souvent une vue « d'une noirceur quelque peu exagérée » des écoles et hôpitaux pendant l'époque coloniale. Il attribue leur manque d'objectivité au fait que la colonisation s'est trouvé une justification dans ces deux types d'établissements: voir *La Ville dans le roman africain* (Paris: Karthala et ACCT, 1981) 104. Les romanciers camerounais eux insistent plus sur la dureté de la vie scolaire: séparation du milieu familial et pauvreté des enfants que sur l'impérialisme occidental. Quant aux hôpitaux, ils s'en plaignent surtout depuis l'indépendance (voir *Terre, Chauves-souris*).

34. *Afrika*, 68. James Ndeng Monewosso ne décrit pas tellement la ville qu'il n'oppose ses mœurs à celles du village dans *Pris entre deux forces* (116): « Ici on marche vite; on s'arrête avant de traverser la chaussée; on ne doit uriner ni cracher n'importe où; . . . vous passez devant des personnes à table sans qu'elles vous appellent à manger avec elles . . . ».

35. Roger Chemain dans *La Ville* signale aussi ce « désir de généralisation » et la « volonté d'exemplarité » qui forcent les auteurs à parler de la ville en termes généraux et vagues, 75-76.

36. Chemain, *La Ville*, 80-82.

37. Chemain, *La Ville*, 19, 80, 107.

38. *Lettre*, 105-06. Chemain remarque que « l'attention au cadre se limite donc à ce qui est susceptible de mettre en relief les problèmes sociaux ou politiques » (*La Ville*, 82).

39. Elsy Leuzinger, *Afrique, l'art des peuples noirs*, trad. Denise Meunier (Paris: Albin Michel, 1962) 30.

40. Leuzinger, *Afrique*, 152.

41. Leuzinger, *Afrique*, 20; Chevalier, Gheerbrandt, *Dictionnaire*, vol. 3; Prince Dika Akwa, *Bible de la sagesse bantoue* (Paris: Centre Artistique et Culturel Camerounais, 1955) 19, 75.

42. Michel Butor voit dans la description des objets une manière de décrire les personnages. *Essais sur le roman* (Paris: Gallimard, 1969) 63.

43. Deux est même devenu préférable, *Reine*, 218.

44. *Mission*, 17, 36; *Sorcier*, 39, 46; *Roi miraculé*, 14, 49; *Fiancés*, 47, 50; *Reine*, 162-63.

45. On aimerait pouvoir dire de la couleur, mais le style des romans camerounais n'y fait pas souvent attention. Il y a des exceptions comme: « sur la forêt ruisselait un clair de lune jaunâtre et gluant comme une huile de palme malpropre » (*Christ*, 235).

46. La scène du jeu de balle dans *Mission* représente ainsi d'une manière symbolique la faiblesse des connaissances livresques de Medza et la force caractérielle de son cousin (39-44).

47. *Poupée*, 132-33; *Perpétue*, 149-50; *Afrika*, 8; *Sola*, 30-31; *Vie*, 171-72; *Nasse*, 46-48. Bebey lors d'une entrevue avec l'auteur pense que la présence courante de la violence dans les romans exprime simplement qu'elle fait partie de la vie quotidienne (le 4 février).

48. *Brise*, 137; *Lettre*, 73. Voir aussi Martin Sop Nkamgang, *La Femme dans la pensée nègre* (Yaoundé: ONAREST, 1975), vi.

49. C'est une vue traditionnelle, voir Louis Vincent Thomas, *Anthropologie de la mort* (Paris: Payot, 1975), 408-09.

50. Voilà une leçon étrange dans un roman qui veut promouvoir une modernisation de l'agriculture et des mœurs. Avec une *Vie*, c'est le seul roman qui décrive une partie ou le tout d'un enterrement (226-38); *L'Homme-dieu*, 90.

51. Manga Bekombo, « Notes sur le temps. Conceptions et attitudes chez les Dwala », *L'Ethnographie* 60-61 (1966-67): 60-64; C. R. Hallpike, *The Foundation of Primitive Thought* (Oxford: Clarendon Press, 1979) 383; Kagame, *La Philosophie bantu*, 172-73; Mbiti, *African Religions*, 17, 27; Benjamin C. Ray, *African Religions* (Englewood Cliffs: Prentice Hall, 1976) 41; Louis Vincent Thomas, « Temps, mythe et histoire en Afrique de l'ouest », *Présence africaine* 39 (1961): 28; Dominique Zahan, *The Religion, Spirituality, and Thought of Traditional Africa*, trans. K. F. Martin and L. Martin (Chicago: University of Chicago Press, 1979) 89.

52. *The Religion*, 89.

53. Philippe Laburthe-Tolra, *Les Seigneurs de la forêt* (Paris: Publications de la Sorbonne, 1981) 103-09.

54. *Feeling and Form* (New York: Scribner's Sons, 1953) 326-50.

55. traduction de l'auteur, 331.

56. Hampate Bâ, *Aspects*, 14; Langer, 333. Traduction de l'auteur.

57. Sur la conception cyclique du temps voir Kagame, *Philosophie bantu*, 178.

58. « Approach to African Religion » dans Newell S. Booth, ed. *African Religions. A Symposium* (New York: 1977): 7. Traduction de l'auteur.

59. Maquet, *Africanité*, 63.

60. Voir Léo Bersani, « Le Réalisme et la peur du désir », R. Barthes, L. Bersani, Ph. Hamon, M. Rifaterre, I. Watt, *Littérature et réalité* (Paris: Seuil, 1982): 50-51.

61. La méthode n'est pas neuve, Honoré de Balzac fit de même dans *Eugénie Grandet*. Il faut observer ici que dans le roman camerounais la discontinuité du temps et son élasticité provient à l'occasion d'une faute d'attention ou du manque d'habileté de l'écrivain. Dans *Ramitou* le personnage devient un excellent joueur de tambour sans que l'auteur ne prenne la peine de préparer le lecteur (65-66). Il passe d'ailleurs du « je » au « il » sans raison apparente (27, 41, 89, 91).

62. « Temps et fiction dans *Une Vie de boy* de F. Oyono », *Présence francophone* 21 (1980): 50 52.

63. Voir par exemple: Gabriel E. Mfomo, *Soirées au village* (Paris: Karthala, 1980) « Les Deux Gourmands dos-à-dos » (117-19); Beling-Nkoumba, *Contes du*

Cameroun II (Yaoundé: CLE, 1978) « Comment Bémé devint borgne » (121-23); Basile Juléat Fouda, Henry de Julliot et Roger Lagrave, *Littérature camerounaise* (Nendeln: Kraus Reprint; Cannes 1961) « Le Lapin et la famine » (69-71); Charles Binam Bikoi et Emmanuel Soundjock, *Contes du Cameroun* (Paris: Edicef, 1977) « Wudu-Tortue et Ngom-Porc » (20).

64. *Vie*, 38; *Remember*, 10-11. Brière, « Discours », 52.

65. Victor Kamga, *Duel camerounais: démocratie ou barbarie* (Paris: L'Harmattan, 1985) 140; Jean François Bayart, « La Société politique camerounaise (1982-1986) », *Politique africaine* 22 (juin 1986): 31.

66. Il faudrait peut-être noter ici que les Camerounais aiment les films cow-boys et que, grâce à ce goût, ils ont probablement une idée des sons que font des chevaux au galop.

67. Il y a évidemment des exceptions voir, par exemple, *Croix*, 32. Le petit nombre de descriptions des rapports sexuels explique aussi ce caractère.

68. (Paris: Présence Africaine, 1976) 219.

69. Willy A. Umezinwa, « Révolte et création artistique dans l'œuvre de Mongo Beti », *Présence francophone* 10 (1975): 41.

70. Vladimir Jankélévitch, *L'Ironie* (Paris: Flammarion, 1964) 35; Fernando Lambert, « L'Humour négro-africain », *Recherche, pédagogie, culture* 33 (1978): 5.

71. *L'Humour* (Paris: PUF, 1972) 127. Roger Mercier, Monique et Simon Battestini, *Mongo Beti* (Paris: Nathan, 1964) 57.

72. René Philombe utilise une image identique quand son personnage dit: « Je dégusterais un bon menu d'hilarité » (*Sola*, 78).

73. Voir Fernando Lambert « L'Ironie et l'humour dans *Le Pauvre Christ de Bomba* de Mongo Beti », *Etudes littéraires* 7.3 (1974): 381-94; et du même auteur « L'Humour négro-africain », *Recherche, pédagogie et culture* 33 (1978): 5-9.

74. Matthew Hodgart, *La Satire*. Trad. Pierre Frédérix (Paris: Hachette, 1969) 10, 13. Voir aussi Kwabena Britwum, « Rire succédant aux larmes: notes sur *Une Vie de boy* de Ferdinand Oyono », *Asemka* 5 (1979): 43-50.

75. C'est aussi une parodie de l'initiation, Mongo Beti aime créer un texte qui suit plusieurs directions et plusieurs personnages. Voir Thomas Cassirer, « The Dilemma of Leadership as Tragi-Comedy in the Novels of Mongo Beti », *L'Esprit créateur* 10.3 (1970): 229.

76. Susanne K. Langer, *Feeling and Form* (New York: Scribner's, 1953) 331.

77. Lambert, « L'Ironie », 382-89.

78. « Mongo Beti: la dialectique du tragique et du comique » dans Thomas H. Geno et Roy Julows, éd., *Littératures ultramarines de langue française. Genèse et jeunesse* (Sherbrooke: Naaman, 1974): 55-56.

79. Exemple: Dorothy S. Blair, *African Literature in French* (Cambridge: Cambridge University Press, 1976) 320. C'est d'ailleurs une des raisons pour lesquelles on a plus parlé d'eux ici que des auteurs français contemporains. Les romanciers camerounais

les ont étudiés à l'école et non pas les auteurs à la mode de nos jours.
80. Pierre Danger, *Sensations et objets dans le roman de Flaubert* (Paris: Corti, 1973) 84, 85.
81. *Madame Bovary* (Paris: Garnier, 1961) 30, 60.
82. Voir le chapitre 6 sur les influences étrangères dans le roman camerounais.
83. « Pays réels, pays d'utopies », *Notre Librairie* 84 (1986): 55.
84. « L'Esprit de la civilisation ou les lois de la culture négro-africaine », *Présence Africaine* 8-10 (1956): 52.

Chapitre VI

1. « L'Ecrivain, son travail et son profit », *Présence Africaine* 36 (1961): 81.
2. Voir Joseph Ki-Zerbo, « Positions et propositions pour une néo-culture africaine », *Premier Festival Culturel Panafricain. La Culture africaine. Le Symposium d'Alger, 21 juillet-1 août 1969* (Alger: Société Nationale d'Edition et de Diffusion, 1969): 343. Il est difficile de savoir ce que le Camerounais « moyen » aime lire puisqu'il n'exprime pas publiquement ses goûts. Le seul critère que l'on possède est la quantité d'exemplaires vendus. Dans ce cas, déclarations officielles, critiques littéraires dans le *Cameroon Tribune*, critiques universitaires ne rendent pas compte que les livres qui ont le plus de succès, pour le moment, sont ceux de Désiré Naha dans lesquels les principes dont ce chapitre va parler sont souvent ignorés. C'est un auteur un peu à part du courant principal à cause de ses origines et de sa personnalité.
3. Entrevue de l'auteur avec Bernard Nanga, Paris, le 12 décembre 1981.
4. On pourrait peut-être défendre l'idée que le complexe de persécution du personnage, tout comme celui de Faliou dans *Le Journal de Faliou* de Rémy Gilbert Medou Mvomo, résulte de l'habitude camerounaise de ne pas se considérer personnellement responsable de ses propres déboires. C'est une question à étudier.
5. Il se pourrait que l'administration de Paul Biya se montre moins sévère envers la création artistique et que les artistes puissent jouir de plus de liberté d'expression. L'avenir le dira.
6. Entrevue de l'auteur avec Patrice Ndedi Penda, Douala, le 1 décembre 1981.
7. Jean-Marie Awouma et Jourdain-Innocent Noah, *Contes et fables du Cameroun.* Initiation à la littérature orale (Yaoundé: CLE, 1976) 24-25.
8. Entrevue avec l'auteur, Yaoundé, le 6 novembre 1981.
9. Voir les critiques de Anicet Daniel Noah sur René Philombe « La Passion de retaire l'âme noire », *Cameroon Tribune* (4 novembre, 1979): 2; de Charly-Gabriel Mbock, « *Le Fruit défendu* de Godefroy Essomba, un roman irréligieux sous un titre biblique », *Cameroon Tribune* (1-3 mai 1976): 2; de Fame Ndongo, « Le Roman soporifique *Le Roi Albert d'Effidi*, un débat politique éludé, *Cameroon Tribune* (28 mars 1977): 2. Marcien Towa reproche à l'auteur de « renseign[er] bien peu . . . sur ce que fut

réellement la colonisation allemande » dans « *Cette Afrique-là* de Jean Ikelle-Matiba », *Abbia* 3 (1963): 186.

10. Bien que sur ses neuf romans seuls deux ou trois publiés avant l'indépendance se vendent au Cameroun (le nombre dépend des années), Mongo Beti écrit toujours dans l'espoir que ses compatriotes le liront. Peu avant 1982, il avait même reçu une offre d'un homme qui lui promettait de vendre ses autres titres au Cameroun. Il l'avait acceptée, il lui avait envoyé des livres, mais il n'a jamais su ce qui en était advenu. Il perdit ainsi une somme substantielle. Entrevue avec l'auteur, Rouen, le 12 février 1981.

11. Le poète François Sengat-Kuo ne parle pas différemment quand il dit: « Les mots sont des totems sous toutes les latitudes qui murmurent des secrets aux oreilles initiées » dans *Collier de cauris* (Paris: Présence Africaine, 1970) 20.

12. Les spécialistes estiment qu'il y a environ 200 langues et dialectes encore en usage au Cameroun. Même si certains d'entre eux possèdent des mots en commun, le nombre de personnes qui connaissent telle ou telle langue est nécessairement peu élevé.

13. Les idéophones sont des mots dont le son représente l'objet ainsi désigné. Par exemple, « torrometometome » imite le son d'une motocyclette. Il veut donc dire « motocyclette ». Voir Ruth Finnegan, *Oral Literature in Africa* (Oxford: Oxford University Press, 1978) 64; Mongo Beti, *Roi miraculé*, 16.

14. Le vocabulaire géographique et les noms propres chez Mongo Beti sont caractéristiques d'une région bien définie comme le démontre Thomas Melone dans *Mongo Beti. L'Homme et le destin* (Paris: Présence Africaine, 1971) 45-65.

15. Melone, *Mongo Beti*, 55.

16. Entretiens avec l'auteur, Yaoundé, Paris, novembre-février 1981-82. Le mot ne couvre pas que le village d'origine, mais aussi l'aire culturelle, ethnique et même politique avec laquelle il partage des affinités. Il a donc un sens très élastique. Voir J.-A. Mbembe, « Pouvoir des morts et langage des vivants », *Politique africaine* 22 (juin 1986): 53.

17. Pabe Mongo a lu ainsi son livre *Bogam Woup* pour distraire son village à la veillée. Entrevue avec l'auteur, Yaoundé, le 20 novembre 1981.

18. Entrevues de l'auteur à Yaoundé avec René Philombe et Pabe Mongo, le 20 novembre; avec Etienne Yanou, le 16 novembre; Désiré Naha, le 19 novembre 1981.

19. Les romanciers eux-mêmes trouvent le titre d'écrivain trop pompeux. Voir *Fiancés*, 7; entrevues de l'auteur avec Pabe Mongo, Philombe et Bebey, les 19 et 20 novembre et le 4 février.

20. Selon Rémy Gilbert Medou Mvomo, Ferdinand Owono aurait écrit *Tante Bella* en trois semaines; entrevue de l'auteur, le 20 novembre 1981, à Yaoundé.

21. Entrevues de l'auteur avec Bebey, le 4 février.; Lydie Dooh-Bunya, Paris, le 2 janvier 1982; Patrice Etoundi M'Balla, Yaoundé, le 5 novembre 1981; Etienne Mvolo, Yaoundé, le 11 novembre 1981.

22. Entrevues avec l'auteur, le 21 novembre.

23. Jean Calvin Bahoken et Engelbert Atangana insistent sur l'importance de l'unité:

politique, sociale et dans les arts aussi. En fait, ils reprennent un discours officiel. Ils en trouvent la justification dans la vie coutumière qui, selon eux, entraînait les villageois à vivre, travailler et penser de concert. Voir *La Politique culturelle en République Unie du Cameroun* (Paris: Les Presses de l'UNESCO, 1976) 4; Ministère de l'Information et du Tourisme, *Le Cameroun chante son unité*, 2 vols (Yaoundé: Imprimerie Coulouma et Cie, s.d.) vol. 2, contes 31-34, 54-59. Selon Peter Geschiere, le gouvernement a « tendance à interpréter tout désaccord comme une subversion grave », voir « Paysans, régime national et recherche hégémonique », *Politique africaine* 22 (1986): 94.

24. Les auteurs eux-mêmes se sentent intimidés par le terme « écrivain ». Francis Bebey se considère plus comme un conteur et il ne pense pas faire « correctement le métier d'écrivain ». Entrevue de l'auteur avec Bebey, le 4 février; Samuel Mvolo et Désiré Naha ont exprimé les mêmes sentiments, entrevues, les 11 et 19 novembre.

25. Etienne Souriau, *La Correspondance des arts* (Paris: Flammarion, 1969) 67-97.

26. Quand Joseph Owono a donné pour sous-titre à *Tante Bella* « roman d'aujourd'hui et de demain » et quand René Philombe s'est comparé à un semeur (note 109, chap. 1), ils pensaient à la perpétuation du message, à sa maturation dans l'esprit du lecteur et non pas à la préservation de l'objet qui le contient, c'est-à-dire du livre.

27. Mbembe, « Pouvoir des morts », 57-59.

28. William Eteki'a Mbumua, *Démocratiser la culture* (Yaoundé: CLE, 1974) 25.

29. Entrevue de l'auteur avec Eno Belinga, Budapest, le 30 août 1984.

30. Bernard Mouralis, « Le Roman négro-africain et les modèles occidentaux », *Présence francophone* 2 (1971): 10.

31. Arsène Soreil, *Introduction à l'histoire de l'esthétique française* (Bruxelles: Palais des Académies, 1955) 14.

32. Entrevues de l'auteur avec François-Borgia Marie Evembe, Yaoundé, le 10 novembre 1981, avec Bebey, le 4 février et Beti, le 12 février.

33. *Bogam*, 23. Ange Séverin Malanda et Thomas Mpoyi-Buotu, « L'Engagement littéraire d'un jeune écrivain camerounais », *Peuples noirs, peuples africains* 18 (1980): 112.

34. Citation donnée par Norman Stokle, « Entretien avec Francis Bebey », *Présence francophone* 16 (1978): 185-86.

35. Jarmila Ortová, *Etude sur le roman camerounais* (Prague: Oriental Institute in the Publishing House of the Czeckoslovak Academy of Sciences, 1971) 124, 128, 139; Anthony C. Brench, *The Novelist's Inheritance in French Africa. Writers from Senegal to Cameroon* (London: Oxford University Press, 1967) 60-61, 131.

36. « Writers and Values. Aesthetics and Ethical Questions in the Criticism of African Literature », Société Africaine de Culture, *Le Critique africain et son peuple comme producteur de civilisation. Colloque de Yaoundé: 16-20 avril 1973* (Paris: Présence Africaine, 1977): 33; « L'Esprit de la civilisation ou les lois de la culture négro-africaine », *Présence Africaine* 7 (1956): 57. Pour les mots locaux associant beauté et bonté, voir J. B. Obama, « Culture africaine » dans *Présence Africaine, 1947-*

1967. Mélanges. Réflexions d'hommes de culture (Paris: Présence Africaine, 1969): 135-36.

37. *Jalons II. L'Africanisme aujourd'hui* (Yaoundé: CLE, 1975) 19.

38. « Allocution », dans ILENA, *Colloque sur la littérature négro-africaine* (Dakar: NEA, 1979): 11.

39. Il y a évidemment des exceptions ainsi René Philombe qui espère que son œuvre durera après lui. Voir Richard Bjornson, « Interview avec deux écrivains camerounais, René Philombe et Rémy Medou Mvomo », *Abbia* 26 (1973): 216.

40. Newell S. Booth, « An Approach to African Religion », dans Newell S. Booth, ed., *African Religion: A Symposium* (New York: Nook, 1977): 7; Jacques Maquet, *Africanité traditionnelle et moderne* (Paris: Présence Africaine, 1967) 63-64; Benjamin C. Ray, *African Religions* (Englewood Cliffs: Prentice Hall, 1976) 132.

41. Alphamoye Sonfo, « Le Roman: essai d'esthétique romanesque » dans ILENA, *Colloque*, 141. On ne peut s'empêcher de penser aux lignes de Jean-Paul Sartre: « la fonction de l'écrivain est de faire en sorte que nul ne puisse ignorer le monde et que nul ne s'en puisse dire innocent ». *Qu'est-ce que la littérature?* (Paris: Gallimard, 1964) 31.

42. Voir par exemple Willy A. Umezinwa, « Révolte et création artistique dans l'œuvre de Mongo Beti », *Présence francophone* 10 (1975): 36.

43. A[lexandre] B[iyidi], alias Mongo Beti, « Afrique noire, littérature rose », *Présence Africaine* 1-2 (1955): 135; Ikkideh, « Writers », 93.

44. « Patrice Ndedi Penda, écrivain camerounais », *Afrique littéraire et artistique* 25 (1972): 13.

45. *La Poupée ashanti* de Francis Bebey est une exception notable. Les autorités semblent ne pas s'en être inquiétées, car l'histoire se passe au Ghana (91-104). Par contre, quand Bernard Nanga a décrit une bataille entre des paysans et les aides de Bilanga dans *Les Chauves-souris*, on l'a sévèrement critiqué (195-97).

46. Richard Bjornson dit que CLE s'entend avec le gouvernement pour rejeter les ouvrages « politiquement inacceptables » voir « Post-Independence Cameroon Fiction », African Literature Association (Gainesville: State University of Florida, 1980) 2.

47. Ici, comme si souvent dans les déclarations sur la littérature, il faut interpréter le sens des mots. « Masse » doit se référer au plus grand nombre possible de lecteurs et non pas au peuple camerounais en général. Voir Thomas Melone, *De la négritude dans la littérature négro-africaine* (Paris: Présence Africaine, 1962) 107-08.

48. *De la médiocrité à l'excellence* (Yaoundé: CLE, 1970) 141. Pour William Eteki'a Mbumua, il faut que l'artiste « se sente directement engagé dans la tâche de résoudre les problèmes auxquels sa société se trouve confrontée », voir *Démocratiser la culture* (Yaoundé: CLE, 1974) 28. Même idée dans Jean-Pierre Makouta M'Boukou, « Tâtonnements de la critique des littératures africaines », *L'Afrique littéraire et artistique* 50 (1978): 13. Dans l'esthétique occidentale le roman est associé aux loisirs par contre. Voir Roland Bourneuf et Real Ouellet, *L'Univers du roman* (Paris: PUF, 1972) 5.

49. Engelbert Mveng, « L'Art camerounais », *Abbia* 3 (1963): 10.

50. Des auteurs tels que Paul de Kock, Erckman-Chatrian et Ludovic Halévy ont largement contribué à ce corpus avec des romans comme *Edouard et sa cousine, Le Blocus, L'Abbé Constantin*.

51. Bjonson, « Interview », 215. Mots cités par Eteki'a Mbumua, *Démocratiser*, 29.

52. Léopold S. Senghor pense même que ce concept n'existait pas dans les sociétés traditionnelles, voir « L'Esprit de civilisation ou les lois de la culture négro-africaine », *Présence Africaine* 8-10 (1956): 57.

53. « L'Artiste noir et son peuple », *Présence Africaine* 16 (1957): 34.

54. Makouta M'Boukou, « Tâtonnements », 9.

55. « Pour une littérature créative », dans Société Africaine de Culture, *Le Critique*, 283.

56. Jean-Marc Ela, *La Plume et la pioche. Réflexion sur l'enseignement et la société dans le développement de l'Afrique noire* (Yaoundé: CLE, 1971) 87.

57. Voir par exemple *Roi Albert*, 166-167; *Ruine*, 89, 158-59.

58. Louis-Marie Ongoum, « Roman occidental et conte africain » *Ngam* 1-2 (1977): 32; Ikkideh, « Writers », 93; Cheick M. Cherif Keïta, « Didactisme et images du passé », dans Kofi Anyidoho, Abiosek M. Porter, Daniel Racine and Janice Spleth, eds., *Interdisciplinary Dimensions of African Literature* (Washington, D.C.: Three Continents, 1985): 72-73.

59. Cela peut paraître étrange qu'une administration urbaine défende la coutume, mais elle le fait dans des buts très précis. Ainsi, elle accepte toujours la polygamie, car les hommes en place y trouvent leur plaisir. De plus, le système coutumier n'étant pas démocratique, les dirigeants se réfèrent à ses valeurs pour imposer leur pouvoir sans que la critique ou l'opposition soit possible. Sur l'importance de l'unité de penser, voir Ahmadou Ahidjo, *Contribution à la construction nationale* (Paris: Présence Africaine, 1964) 28, 135.

60. Mongo Beti a déclaré que la littérature camerounaise ne pouvait être de pur divertissement. Voir « Conseils à un jeune écrivain francophone », *Peuples noirs, peuples africains* 44 (1985): 54-55. Entrevue de l'auteur avec Philombe, le 21 novembre.

61. « Allocution », 11.

62. Engelbert Mveng, *Histoire du Cameroun* (Paris: Présence Africaine, 1963) 478; Oto, *Drame*, 5; Jean-Fidèle Ngaha, préface dans James Ndeng Monewosso, *Fanatisme criminel* (Paris: La Pensée Universelle, 1978) 10. A propos de *Quand saigne le palmier*, Jacques Fame Ndongo trouve que l'auteur « narre sans falsifications », « *Lettre ouverte à sœur Marie-Pierre* » et « *Quand saigne le palmier* », *Cameroon Tribune* (18-19 mars 1979): 2. D'une manière générale, « les romans réalistes mettent en garde [les lecteurs] contre toute déformation de la réalité ». Voir Léo Bersani, « Le Réalisme et la peur du désir » dans R. Barthes, L. Bersani, Ph. Hamon, M. Rifaterre, I. Watt, *Littérature et réalité* (Paris: Seuil, 1982): 59.

63. Entrevue de l'auteur avec Medou Mvomo et Philombe, le 21 novembre.

64. A[lexandre] B[iyidi] (alias Mongo Beti), « Afrique noire, littérature rose », *Présence Africaine* 1-2 (1955): 135.

65. Dans *Introduction à l'étude du roman négro-africain de langue française* (Yaoundé: CLE; Dakar: NEA, 1980) 342; « Popular Fiction Publishing in Cameroon », *The African Book Publishing Record* 9 (1983): 10.

66. *Nouvelles interdites* (Lyon: Fédérop, 1978) 10.

67. Bjornson, « Interview », 214. Il se contredit cependant dans *Histoires queue-de-chat* où il déclare avoir « grossi certains tableaux jusqu'à les barbouiller d'invraisemblances » (Yaoundé: CLE, 1971) 7. Ses opinions divergentes proviennent probablement des buts différents assignés à ses œuvres: *Sola* a été composé pour édifier tandis que *Histoires* devait servir surtout de distraction.

68. Léopold S. Senghor, *Liberté I. Négritude et humanisme* (Paris: Seuil, 1964) 24.

69. *Démocratiser*, 31.

70. « Allocution » dans Thomas H. Geno et Roy Julow, éd., *Littératures ultramarines de langue française. Genèse, jeunesse* (Sherbrooke: Naaman, 1974): 10; « Aperçu sur la littérature camerounaise d'expression française », *Annales de la Faculté des Lettres et Sciences Humaines, Université de Dakar* 5 (1975): 62-63; Mongo Beti, « La Négritude une façon de nous blanchir », *Les Nouvelles littéraires* 2518 (6 fév. 1976): 18-19.

71. Sur la négritude, dont on discute ici seulement les liens avec le roman camerounais, voir par exemple Lilyan Kesteloot, *Les Ecrivains noirs de langue française: naissance d'une littérature* (Bruxelles: Université Libre de Bruxelles, 1963) 91-207; Abiola Irele, *The African Experience in Literature and Ideology* (London: Heinemann, 1981) 67-116; pour un bref aperçu du sujet et des controverses, voir Wilfried F. Feuser, « Letters to the Editor. The Decolonization of *Négritude*: A Postscript », *Research in African Literatures* 18.2 (1987): 259-65.

72. Entrevue de l'auteur avec Bebey, le 4 février.

73. Entrevues de l'auteur avec Evembe, le 14 novembre; avec Philombe, le 21 novembre et avec Yanou, le 16 novembre.

74. Entrevues de l'auteur avec Etoundi M'Balla, le 5 novembre; Mvolo, le 11 novembre; Medou Mvomo, le 20 novembre et Philombe, le 21 novembre; Ndedi Penda, le 1 décembre; Dooh-Bunya, le 2 janvier et Bebey, le 4 février.

75. « Satire et humanisme de Bernard Dadié dans *Un Nègre à Paris*, *Etudes littéraires* 7.3 (1974): 417; *Négritude, culture et civilisation* (Le Mée-sur-Seine: Akpagnon: 1970) 215.

76. « L'Humanisme occidental et l'humanisme africain », *Présence Africaine* 14-15 (1957): 32.

77. Maryse Condé disait en 1977 que: « La littérature africaine actuelle est enfermée dans un ghetto et apparemment elle s'y complaît. Elle ne vise en rien à l'universalisme.

Ce seul mot lui fait peur. Elle se veut l'antichambre de l'ethnologie. . . . ». Voir « Non-spécificité de la critique littéraire africaine », *African Perspectives* 1 (1977): 39. Les romanciers camerounais ont démontré qu'elle avait raison en partie seulement puisque plusieurs ont cherché à toucher un public international tout en employant un fond camerounais.

78. Entrevues de l'auteur avec Beti, le 12 février et avec Bebey, le 4 février.

79. Francis Bebey, Mongo Beti et René Philombe ont été traduits en anglais, mais la plupart de leurs collègues n'ont pas eu cette chance. Trois romans de Mongo Beti ont été traduits en espagnol, malheureusement pour lui, voir son article « Cuba et la scandaleuse pratique des traductions pirates », *Peuples noirs, peuples africains* 46 (1985): 1-9. Selon l'éditeur cubain, ses livres seront vendus dans tous les pays d'expression espagnole (8).

80. Entrevue de l'auteur avec Evembe, le 14 novembre.

81. Entrevues de l'auteur avec Etoundi M'Balla et Medou Mvomo, les 5 et 20 novembre.

82. Entrevues de l'auteur avec Mbock, Medou Mvomo, Mongo, les 9, 20 et 23 novembre; Ndedi Penda, le 1 décembre; Nanga, Dooh-Bunya, les 12 décembre 1981 et 2 janvier 1982 et Beti, le 12 février.

83. Ruth Finnegan donne une excellente vue générale sur cette littérature dans: *Oral Literature in Africa* (Nairobi; Oxford University Press, 1978) 315-499. Pour d'autres exemples voir Claire L. Dehon, « Les Influences de la littérature orale dans le roman camerounais d'expression française », *Neohelicon* (sous presse).

84. *Homme-dieu*, 30; *Mission*, 59; *Poupée*, 43; *Perpétue*, 126. Pour une étude stylistique détaillée sur un roman, voir Marcellin Boka, « Comparaisons et métaphores. Fonction et signification dans *Le Vieux Nègre et la médaille* de Ferdinand Oyono », *Revue de littérature et d'esthétique négro-africaines* 2 (1979): 49-66. Selon cet auteur l'expression figurée concrétise « un besoin d'extérioriser les phénomènes . . . de les rendre visibles et tangibles » (65).

85. *Roi miraculé*, 16; *Ramitou*, 23-24, 102; *Vie*, 47; *Pris*, 14.

86. *Sorcier*, 117; *Nègre*, 20; *Roi Albert*, 112; *Nasse*, 105.

Conclusions

1. Roland Bourneuf et Real Ouellet, *L'Univers du roman* (Paris: PUF, 1972) 16, 26, 48.

2. New York: Modern Language Association; New York: Krauss Reprint, 1966, 1.

3. *Liberté I. Négritude et humanisme* (Paris: Seuil, 1964) 24.

4. *African Literature in French* (Cambridge: Cambridge University Press, 1976) 320.

5. African Literature Association (East Lansing: Michigan State University, 1986).

Il faut rappeler qu'un mouvement nationaliste existait dès les années 30. Voir Edward Mortimer, *France and the Africans, 1944-1960. A Political History* (London: Faber and Faber, 1969) 28-29.

6. *Contribution à la construction nationale* (Paris: Présence Africaine, 1964); J.-A. Mbembe, « Pouvoirs des morts et langage des vivants », *Politique africaine* 22 (1986): 67-72; Jean Calvin Bahoken et Engelbert Atangana, *La Politique culturelle en République Unie du Cameroun* (Paris: Presses de l'UNESCO, 1975) 27-30.

7. Paris: Karthala, ACCT, 1984; Paris, Présence Africaine, 1979; Boston: Twayne Publishers, 1984; Paris, Karthala, ACCT, 1984. Ce dernier ouvrage porte d'ailleurs un titre qui induit en erreur puisqu'il s'intéresse principalement aux conditions qui ont amené le développement de la littérature en langue française sous la domination coloniale belge et non pas aux écrivains et à leurs créations.

8. Alpha I. Snow, Ola Balogum, Honorat Aguessy et Pathe Diagne se sont injustement plaint que la littérature noire africaine manquait de pertinence et d'enracinement, *Introduction à la culture africaine* (Paris: 10/18, UNESCO, 1977) 32.

9. « Transformation of the Mental Landscape of French-Speaking Africa. Self-Perception as Reflected in the Novel » dans Pearl T. Robinson and Elliott P. Skinner, eds. *Transformation and Resiliency in Africa as Seen by Afro-American Scholars* (Washington D.C.: Howard University Press, 1983) 160.

Bibliographie des romans camerounais

Les romans qui ne sont jamais sortis dans le commerce ou qui n'existent que sous forme de manuscrit ne sont pas cités ici. Pour ces ouvrages voir Richard Bjornson, « A Bibliography of Cameroonian Literature », *Research in African Literatures* 17.1 (1986): 85-126.

Abossolo, Evina. *Cameroun/Gabon: le DASS monte à l'attaque*. Paris: L'Harmattan, 1985.
Abossolo Zo'obo, Emile. *Contrat de mariage*. Paris: La Pensée universelle, 1980.
Ahanda-Essomba, Henri Godefroy. *Le Fruit défendu*. Yaoundé: CLE, 1975.
Assiga-Ahanda, Marie-Thérèse. *Sociétés africaines et « high society »*. Libreville: Lion, 1978.
Aoue-Tchany, Jean-Clément. *Du Folklore en enfer*. Paris: La Pensée universelle, 1982.
Bebey, Francis. *Le Fils d'Agatha Moudio*. Yaoundé: CLE, 1967.
———. *La Poupée ashanti*. Yaoundé: CLE, 1973.
———. *Le Roi Albert d'Effidi*. Yaoundé: CLE, 1976.
Beti, Mongo (pseud. d'Alexandre Biyidi). *Les Deux Mères de Guillaume Ismaël Dzewatama, futur camionneur*. Paris: Buchet-Chastel, 1982.
———. *Mission terminée*. Paris: Corrêa, 1957.
———. *Le Pauvre Christ de Bomba*. Paris: Laffont, 1956.
———. *Perpétue et l'habitude du malheur*. Paris: Buchet-Chastel, 1974.
———. *Remember Ruben*. Paris: Union Générale d'Editions, 1974.
———. *La Revanche de Guillaume Ismaël Dzewatama*. Paris: Buchet-Chastel, 1984.
———. *Le Roi miraculé*. Paris: Buchet-Chastel, 1958.
———. *La Ruine presque cocasse d'un polichinelle*. Paris: Editions des Peuples noirs, 1979.
Boto, Eza (alias Mongo Beti). *Ville cruelle*. Paris: Présence Africaine, 1954.
Dikolo, Jean-Pierre. *Athlètes à abattre: Une Aventure de Scorpion l'Africain*. Paris: ABC, 1976.
———. *Machines à découdre: Une Aventure de Scorpion l'Africain*. Paris: ABC, 1976.
———. *Main blanche sur la ville: Une Aventure de Scorpion l'Africain*. Paris: ABC, 1976.
———. *Le Scorpion noir contre les tortionnaires rhodésians*. Paris: ABC, 1976.

Dooh-Bunya, Lydie. *La Brise du jour*. Yaoundé: CLE, 1977.
Enobo Kosso, Martin. *Monologue d'une veuve angoissée*. Yaoundé: Semences africaines, 1984.
Etoundi-M'Balla, Patrice. *Lettre ouverte à sœur Marie-Pierre*. Yaoundé: CLE, 1978.
Etounga Manguélé, Daniel. *Cent ans d'aliénation*. Paris: Silex, 1985.
———. *La Colline du fromager*. Yaoundé: CLE, 1979.
Evembe, François-Borgia Marie. *Sur la terre en passant*. Paris: Présence Africaine, 1966.
Ikelle-Matiba, Jean. *Cette Afrique-là*. Paris: Présence Africaine, 1963.
Karone, Yodi (pseud. de?). *Le Bal des caïmans*. Paris: Karthala, 1980.
———. *Le Nègre de paille*. Paris: Silex, 1982.
Kume-Tale (pseud. de King Martin Mbida). *Le Journal d'une suicidée*. Yaoundé: Le Flambeau, 1978.
Kuoh-Moukouri, Thérèse. *Rencontres essentielles*. Paris: Edgar, 1969.
Matip, Benjamin. *Afrique, nous t'ignorons*. Paris: Lacoste, 1956.
Matip, Marie-Claire. *Ngonda*. Yaoundé: Au Messager, 1958.
Mbock, Charly-Gabriel. *La Croix du cœur*. Yaoundé: CLE, 1981.
———. *Quand saigne le palmier*. Yaoundé: CLE, 1978.
Medou Mvomo, Rémy [Gilbert]. *Afrika Ba'a*. Yaoundé: CLE, 1969.
———. *Mon Amour en noir et blanc*. Yaoundé: CLE, 1971.
———. *Le Journal de Faliou*. Yaoundé: CLE, 1972.
Mokto, Joseph-Jules. *Ramitou, mon étrangère*. Yaoundé: CLE, 1971.
Mongo, Pabe (pseud. de Patrice Bekolo Bekolo). *Bogam Woup*. Yaoundé: CLE, 1980.
———. *Un Enfant comme les autres*. Yaoundé: CLE, 1972.
Mvolo, Samuel. *Les Fiancés du grand fleuve*. Yaoundé: CLE, 1973.
Naha, Désiré. *Le Destin a frappé trop fort*. Yaoundé: Editions populaires, 1980.
———. *Sur le chemin du suicide*. Yaoundé: Editions du Demi Lettré, 1979.
Nanga, Bernard. *Les Chauves-souris*. Paris: Présence Africaine, 1980.
———. *La Trahison de Marianne*. Dakar: NEA, 1984.
Ndachi Tagne, David. *La Reine captive*. Paris: L'Harmattan, 1986.
Ndedi Penda, Patrice. *La Nasse*. Yaoundé: CLE, 1971.
Ndeng Monewosso, James. *Fanatisme criminel*. Paris: La Pensée universelle, 1978.
Ndeng [Monewosso], James. *Pris entre deux forces*. Paris: La Pensée universelle, 1975.
Nkamgnia, Samuel. *Si mon mari s'en rend compte*. Yaoundé: Belafrique, 1983.
Nzodom, Epato P. *Sur les pistes d'aventures*. Yaoundé: Semences africaines, 1980.
Oto, James. *Le Drame d'un pays*. Yaoundé: CLE, 1979.
Owono, Joseph. *Tante Bella*. Yaoundé: Au Messager, 1959.
Oyono, Ferdinand. *Chemin d'Europe*. Paris: Julliard, 1960.
———. *Une Vie de boy*. Paris: Press Pockett, 1956.
———. *Le Vieux Nègre et la médaille*. Paris: Julliard, 1956.
Penda. *La Corbeille d'ignames*. Yaoundé: CLE, 1971.

Pfouma, Oscar. *Siang*. Yaoundé: CLE, 1971.
Philombe, René (pseud. de Louis-Philippe Ombedé). *Sola, ma chérie*. Yaoundé: Abbia, 1966.
———. *Un Sorcier blanc à Zangali*. Yaoundé: CLE, 1969.
Rifoe, Simon. *Un Tour du Cameroun en 59 jours à bicyclette*. Yaoundé: CLE, 1965.
Sanduo, Lazare. *Une Dure Vie scolaire*. Yaoundé: CLE, 1972.
Ya Eku, Omo (pseud. d'Otto Owono Mbida). *La Prison sous le slip d'Ebele*. Paris: La Pensée universelle, 1976.
Yanou, Etienne. *L'Homme-dieu de Bisso*. Yaoundé: CLE, 1974.
Yonko, Nana Tabitha. *La Reine*. Paris: La Pensée universelle, 1972.
Zanga Tsogo, Delphine. *Vies de femmes*. Yaoundé: CLE, 1983.

Bibliographie des ouvrages consultés

Abanda Ndengue, Jean-Marie. *De la négritude au négrisme*. Yaoundé: CLE, 1970.
Abanime, Emeka. « Une Utopie africaine: *Afrika Ba'a* de R. Medou Mvomo ». *Revue de littérature et d'esthétique négro africaines* 1 (1982): 83-87.
Abraham, Willie E. *The Mind of Africa*. Chicago: U. of Chicago P., 1962.
Achille, Louis. « L'Artiste noir et son peuple ». *Présence Africaine* 16 (1957): 32-52.
Achiriga, Jinigri. *La Révolte des romanciers noirs de langue française*. Ottawa: Naaman, 1973.
Ackad, Josette. *Le Roman camerounais et la critique*. Paris: Silex, 1985.
Actes du Colloque international. Littératures africaines et enseignement. Université de Bordeaux III, 15-17 mars 1984. Talence: Presses Universitaires de Bordeaux, 1985.
Actes du Colloque sur la littérature africaine d'expression française. Dakar, mars 26-29, 1963. Dakar: U. de Dakar, 1985.
Ade OJo, Samuel. « F. Oyono, chroniqueur de la réalité coloniale au Cameroun ». *Présence francophone* 20 (1980): 31-56.
Adotevi, Stanislas. *Négritude et négrologues*. Paris: Union Générale d'Editions, 1972.
Adoukounou, B. et chanoine Y. K. Bamunoba. *La Mort dans la vie africaine*. Paris: Présence Africaine, 1979.
Africa Contemporary Record. Annual Survey and Documents. New York: Africana, 1981.
Agbakiaka, Tunde. « Anglophone Legal System Attacked ». *West Africa* (16 sept. 1985): 1904.
———. « Baby and/or Bathwater ». *West Africa* (2 sept. 1985): 1796.
Ahidjo, Ahmadou. *Contribution à la construction nationale*. Paris: Présence Africaine, 1964.

Aire, Victor O. « Le Suicide dans le roman ouest-africain ». *Présence francophone* 23 (1981): 43-60.

Albérès, R.-M. *La Révolte des écrivains d'aujourd'hui*. Paris: Corrêa, 1949.

Albert, R. P. A. *Au Cameroun français bandjoum*. Montréal: Edition de l'Arbre, 1943.

Alexandre, Douglas. « Le Tragique dans les romans de F. Oyono ». *Présence francophone* 7 (1973): 24-30.

Alexandre, Pierre. « De l'oralité à l'écriture: sur un exemple camerounais ». *Etudes françaises* 12.1-2 (1976): 71-78.

Allia Séni, Barnabé Kacou et Jean Guenaman. « Une Vision de l'Afrique des indépendances: *Afrika Ba'a* (R. Medou Mvomo), *Tribaliques* (H. Lopes) ». *Présence francophone* 11 (1975): 77-87.

Almeida, Irène d'. « L'Engagement et le problème du public dans la littérature africaine ». *Le Français au Nigéria* 9.2 (1974): 3-12.

Anani Joppa, Francis. *L'Engagement des écrivains africains noirs de langue française* Sherbrooke: Naaman, 1982.

Annales de l'Université d'Abidjan. Actes du Colloque: Situations et perspectives de la littérature négro-africaine (avril 16-25, 1969). Abidjan: U. d'Abidjan, 1970.

Anozie, Sunday. *Sociologie du roman africain*. Paris: Aubier, 1970.

Ansah, Paul. « The Situation of African Literature since 1960 ». *Présence Africaine* (numéro special, 1971): 244-71.

Anta Diop, Cheik. « Quand pourra-t-on parler d'une renaissance africaine? ». *Le Musée vivant* (1948): 58.

Anyidoho, Kofi, Abioseh M. Porter, Daniel Racine and Janice Spleth, eds. *Interdisciplinary Dimensions of African Literature*. Washington D.C.: Three Continents, 1983.

Ardener, Edwin. *Coastal Bantu of the Cameroons*. London: International African Institute, 1956.

Arnold, Stephen H., ed. *African Literature Studies. The Present State/L'Etat présent*. Washington D.C.: Three Continents, 1985.

———. « The New Mongo Beti ». *Africana Journal* 13-14 (1982): 111-23.

———. « Preface to a History of Cameroon Literature in English ». *Research in African Literatures* 14.4 (1983): 498-515.

Aroud, Odile. « Le Thème de la jeunesse dans *Ville cruelle* ». *Le Français au Nigéria* 7.3 (1972): 11-14.

Awouma, Joseph-Marie et Jourdain-Innocent Noah. *Contes et fables du Cameroun*. Yaoundé: CLE, 1976.

———. « Le Mythe de l'âge, symbole de la sagesse dans la société et la littérature africaines ». *Diogènes* 80 (1972): 63-82.

Ayissi, Léon-Marie. *Contes et berceuses beti*. Yaoundé: CLE, 1968.

Bahoken, Jean-Calvin et Engelbert Atangana. *La Politique culturelle en République Unie du Cameroun*. Paris: UNESCO, 1975.

Bala [Mbarga], Henri et Roger Lagrave. *J'aime mon pays: Le Cameroun*. Yaoundé: Manuel d'Instruction Civique, 1961.

——— et Clément Mbom. *Précis d'éducation civique au Cameroun*. Yaoundé: CEPER, 1981.

Balandier, Georges. *Ambiguous Africa*. Trans. Helen Weaver. New York: Random, 1966.

Balzac, Honoré de. *Les Chouans*. Paris: Folio, 1972.

Baratte, Thérèse et Eno Belinga. *Ecrivains, cinéastes et artistes camerounais*. Yaoundé: chez les auteurs, 1978.

Barbier, Jean-Claude, éd. *Femmes du Cameroun. Mères pacifiques, femmes rebelles*. Bondy: ORSTOM; Paris: Karthala, 1985.

Barthes, Roland, L. Bersani, Ph. Hamon, M. Rifaterre, I. Watt. *Littérature et réalité*. Paris: Seuil, 1982.

Bayart, Jean-François. « La Société politique camerounaise (1982-1986) ». *Politique africaine* 22 (1986): 5-35.

Bekombo, Manga. « Note sur le temps. Conceptions et attitudes chez les Douala ». *L'Ethnographie* 60-61 (1966-67): 60-64.

Beling-Nkoumba. *Contes du Cameroun II*. Yaoundé: CLE, 1978.

Bessala Ngoa, Louis-Germain. « La Vie et l'œuvre de R. Philombe ». Yaoundé: U. de Yaoundé, Mémoire DES, 1973.

Bestman, Martin T. *Le Jeu des masques*. S. p.: Nouvelle Optique, 1980.

———. « Une Lecture de *Perpétue* de M. Beti ». *Présence francophone* 24 (1982): 29-46.

———. « Structure du récit et mécanique de l'action révolutionnaire dans *Remember Ruben* ». *Présence francophone* 23 (1981): 61-77.

Beti, Mongo. « Conseils à un jeune écrivain francophone ». *Peuples noirs, peuples africains* 44 (1985): 52-60.

———. « Cuba et la scandaleuse pratique des traductions pirates ». *Peuples noirs, peuples africains* 46 (1985): 1-9.

———. « Les Langues africaines et le néocolonialisme en Afrique francophone ». *Peuples noirs, peuples africains* 29 (1982): 106-18.

———. « Lettre ouverte à M. Béchir Ben Yahmed ». *Peuples noirs, peuples africains* 40 (1984): 1-11.

———. *Main basse sur le Cameroun*. Paris: Maspero, 1972.

———. « La Négritude: une façon de nous blanchir ». *Les Nouvelles littéraires* 2518 (1976): 18-19.

———. « *Le Pauvre Christ de Bomba* expliqué ». *Peuples noirs, peuples africains* 19 (1981): 104-32.

Billard, Pierre. *Le Cameroun fédéral*. Lyon: Imprimerie des Beaux-Arts, 1968.

Binam Bikoi, Charles et Emmanuel Soundjock. *Contes du Cameroun*. Paris: EDICEF, 1977.

B[iyidi], A[lexandre]. « Afrique noire, littérature rose ». *Présence Africaine* 1-2 (1955): 133-45.
Biyiti bi Essame. « F. Bebey, l'exaltation de la femme africaine ». *Le Cameroun littéraire* (23 sept. 1974): 5.
Bjornson, Richard. « Bibliography of Cameroon Literature ». *Research in African Literatures* 17.1 (1986); 85-126.
———. « Evembe's *Sur la terre en passant* and the Poetic's of Shame ». *Studies in Twentieth-Century Literature* 4.2 (1980): 147-58.
———. « Interview avec deux écrivains camerounais: R. Philombe et R. Medou Mvomo ». *Abbia* 31-33 (1978): 213-23.
———. « Introduction ». *Tales from Cameroon* (trans. *Lettres de ma cambuse* et *Histoires queue-de-chat* de R. Philombe). Washington D.C.: Three Continents, 1984, 1-17.
———. *The Picaresque Hero*. Madison: U. of Wisconsin P., 1977.
———. « Post-Independence Cameroon Fiction ». Gainesville: African Literature Association, 1980.
Blair, Dorothy S. *African Literature in French*. Cambridge: Cambridge U. P., 1976.
———. *Senegalese Literature. A Critical History*. Boston; Twayne, 1984.
Boka, Marcellin. « Comparaisons et métaphores. Fonction et signification dans *Le Vieux Nègre et la médaille* de F. Oyono ». *Revue de littérature et d'esthétique négro-africaines* 2 (1979): 49-66.
Bonneau, Richard. « Panorama du roman ivoirien ». *L'Afrique littéraire et artistique* 22 (1972): 2-12.
Booth, Newell S. *African Religions. A Symposium*. New York: NOK, 1977.
Bourgeacq, Jacques. *« L'Enfant noir » de Camara Laye, sous le signe de l'éternel retour*. Sherbrooke: Naaman, 1984.
———. « The Eye Theme and Narrative Strategy in Oyono's *Une Vie de boy*: a Cultural Perspective ». East Lansing: African Literature Association, 1986.
Bourneuf, Roland et Real Ouellet. *L'Univers du roman*. Paris: PUF, 1972.
Bown, Lalage and Michael Crowder, eds. *The Proceedings of the First International Congress of Africanists, Accra, 1962*. Evanston: Northwestern U.P., 1964.
Brench, Antony C. *The Novelists' Inheritance in French Africa: Writers from Senegal to Cameroon*. London: Oxford U.P., 1967.
———. « Significance of the Novel in French Speaking Black Africa ». *Philosophical Journal* 3.2 (1966): 116-28.
Breton, André. *Manifestes du surréalisme*. Paris: NRF, 1967.
Brière, Eloïse A. « Discours et narration dans le roman camerounais ». Toronto: U. Toronto, Ph.D., 1982.
———. « La Littérature camerounaise, nouvelles tendances et faux espoirs. *Peuples noirs, peuples africains* 9 (1979): 69-80.

———. « La Narration chez Mongo Beti: du singulier au collectif » dans *Perspectives théoriques sur les littératures africaines et caribéennes*, Suzanne Crosta, Robert Alvin Miller et Gloria Nne Onyeoziri, éd. Toronto: U. Toronto, 1987: 93-110.

———. « La Réception critique de l'œuvre de M. Beti ». *Œuvres et critiques* 3.2-4.1 (1979): 75-88.

———. « *Remember Ruben*: étude spatio-temporelle ». *Présence francophone*, 15 (1977): 31-46.

———. « Théâtre camerounais: rideau fermé ». *Peuples noirs, peuples africains* 19 (1981): 95-103.

Britwum, Kwabena. « *Mission terminée*: Déracinement et connaissance des choses des Blancs » *Recherche, pédagogie et culture* 47-48 (1980): 59-61.

———. « Les Pitreries de Meka: note sur le comique dans *Le Vieux Nègre et la médaille* de F. Oyono ». *Présence francophone* 19 (1979): 49-58.

———. « Regard, mémoire, témoignage, ou l'œil du sorcier dans *Vie de boy* de F. Oyono ». *Présence francophone* 14 (1977): 37-41.

———. « Rire succédant aux larmes. Note sur *Une Vie de boy* de F. Oyono ». *Asemka* 5 (1979): 41-50.

———. « Romantisme, colonialisme, constatation: une lecture de *Chemin d'Europe* de F. Oyono ». *Présence francophone* 17 (1978): 3-11.

———. « Temps et fiction dans *Une Vie de boy* de F. Oyono ». *Présence francophone* 21(1980): 47-52.

Butor, Michel. *Essais sur le roman*. Paris: Gallimard, 1969.

Campbell, Bonnie. « Social Change and Class Formation in a French West African State ». *Revue canadienne des études françaises* 8.2 (1974): 285-306.

Camus, Alain. *Au Cameroun*. Paris: Hachette, 1981.

Carter, Gwendolen M., ed. *Five African States. Responses to Diversity*. Ithaca: Cornell U.P., 1963.

Case, Frederick Ivor. « La Bourgeoisie africaine dans la littérature de l'Afrique occidentale ». *Canadian Journal of African Studies* 7.2 (1973): 257-66.

Cassirer, Thomas. « The Dilemma of Leadership as Tragi-Comedy in the Novels of M. Beti ». *L'Esprit créateur* 10.3 (1970); 223-33.

Chabas, Bernard et Louis-Pierre Montoy. *Géographie de l'Afrique noire*. Paris: Bordas, 1970.

Chateaubriand, René de. *Atala. René*. Paris: Ganier-Flammarion, 1964.

Chemain, Arlette. « *Ville cruelle*: situation oedipienne, mère castratrice ». *Présence francophone* 13 (1976): 21-47.

Chemain, Roger. *La Ville dans le roman africain*. Paris: L'Harmattan, ACCT, 1981.

——— et Arlette Chemain-Degrange. *Panorama critique de la littérature congolaise contemporaine* Paris: Présence Africaine, 1979.

Chevalier, Jean et Alain Gheerbrant. *Dictionnaire des symboles*. 4 vols. Paris: Soghers, 1973.

Chevrier, Jacques. « L'Ecrivain devant la langue française ». *L'Afrique littéraire et artistique* 50 (1978): 47-52.

———. « La Lecture en Afrique noire d'expression française: position du problème ». *L'Afrique littéraire et artistique* 13 (1970): 2-8.

———. *Littérature nègre*. Paris: Colin, 1974.

———. « Regard sur la poésie africaine d'expression française ». *L'Afrique littéraire et artistique* 17 (1971): 2-10.

———. « Relire M. Beti ». *Jeune Afrique* 613 (1972): 66

———. « *Une Vie de boy* » *de F. Oyono. Analyse Critique*. Paris: Hatier, 1977.

Chutkow, Paul. « Cameroon Stressing Diversity ». *Kansas City Time* (April 30, 1983) section D: 1-2.

Cissey, M. B. « P. Ndedi-Penda, écrivain camerounais ». *L'Afrique littéraire et artistique* 25 (1972): 10-14.

Clignet, Remi. « Quelques remarques sur le rôle des femmes africaines en milieu urbain: le cas du Cameroun ». *Canadian Journal of African Studies* 6.2 (1972): 303-15.

Cohen, William B. *Rulers of Empire: The French Colonial Service in Africa*. Stanford, CA: Hoover Institution Press, Stanford U., 1971.

Colloque sur la littérature et la critique littéraire camerounaise. Yaoundé: 17-22 avril 1977, communications ronéotypées.

Communications, 8. *L'Analyse structurale du récit*. Paris: Seuil, 1981.

« Compte rendu sur *Cette Afrique-là* de J. Ikelle-Matiba ». *Afrique* 27 (1963): 43.

Condé, Maryse. « Non-spécificité de la critique littéraire africaine ». *African Perspectives* 1 (1977): 35-41.

« Conférence à Londres ». *West Africa* (14 juillet 1986): 1486.

Cooke, Michael G., ed. *Modern Black Novelists*. Englewood Cliffs: Prentice, 1971.

Corbett, Edward M. *The French Presence in Black Africa*. Washington D.C.: Black Orpheus, 1972.

Cornevin, Robert. *Histoire de l'Afrique*. 3 vols. Paris: Payot, 1975.

———. *Littérature d'Afrique noire de langue française*. Paris: PUF, 1976.

———. « Le Livre d'or de la culture française: F. Oyono ». *Culture française* 26.4 (1977): 3-6.

Dammann, Ernest. *Les Religions de l'Afrique*. Trad. L. Jospin. Paris: Payot, 1964.

Danger, Pierre. *Sensations et objets dans le roman de Flaubert*. Paris: Corti, 1973.

Daubenton, Annie. « La Littérature à quel prix? ». *Les Nouvelles littéraires* 2865 (1982): 35-37.

Debel, Anne. *Le Cameroun aujourd'hui*. Paris: Editions J.A., 1980.

Deeh Segallo, Gabriel. « *Afrika Ba'a*: un hymne à la révolution verte ». *Cameroon Tribune* (24-25 oct. 1976): 2.

Dehon, Claire L. « De nouvelles valeurs dans le roman camerounais ». *Présence francophone* 36 (1985): 93-103.

―――. « Fate in Mongo Beti's Novels », in Stephen Arnold, ed. *Mongo Beti*. Washington, D.C.: Three Continents, in press.

―――. « Les Influences de la littérature orale dans le roman camerounais d'expression française ». *Neohelicon*, sous presse.

Delavignette, Robert. *L'Afrique noire française et son destin*. Paris: Gallimard, 1962.

Deschamps, Herbert Jules. *Les Religions de l'Afrique noire.* Paris: PUF, 1970.

Dika Akwa, Prince. *Bible de la sagesse bantoue*. Paris: Centre artistique culturel camerounais, 1955.

Diop, Alioune. « Niam N'Goura ou les raisons d'être de *Présence Africaine* ». *Présence Africaine* 1 (1947): 1-14.

Diop, David. «*Mission terminée*, roman par M. Beti». *Présence Africaine* 16 (1957): 186-87.

―――. « *Une Vie de boy* et *Le Vieux Nègre et la médaille*, par F. Oyono, *Le Pauvre Christ de Bomba* par M. Beti». *Présence Africaine* 11 (1957): 125-27.

Djodo, Casimir. « *Une Vie de boy* n'est pas mon autobiographie ». *Cameroon Tribune* (23 fév. 1976): 2.

Dogbé, Yves-Emmanuel. *Négritude, culture et civilisation*. Le Mée-sur-Seine: Akpagnon, 1980.

Domowitz, Susan. « The Orphan in Cameroon Folklore and Fiction ». *Research in African Literatures* 12.3 (1981): 350-58.

Dorsey, David, Phannel A. Egejuru and Stephen Arnold, ed. *Design and Intent in African Literature*. Washington D.C.: Three Continents, 1982.

Doumbé-Moulongo, Maurice. *Les Coutumes et les droits au Cameroun*. Yaoundé: CLE, 1972.

Doyle, Mark. « Cameroon after the Congress ». *West Africa* (8 avril 1986): 673-75.

Ducrot, Oswald et Tzvetan Todorov. *Dictionnaire encyclopédique des sciences du langage*. Paris: Seuil, 1972.

Dugast, Idelette. *Contes, proverbes et devinettes des Banem (sud-ouest Cameroun)*. Paris: Soc. Etudes Ling. et Anthropologiques, 1975.

Editors, the. « Censorship in Cameroon ». *West Africa* 3349 (1981): 2299-301.

Ela, Jean-Marc. *La Plume et la pioche.* Yaoundé: CLE, 1971.

Elaho, Raymond O. « *La Jalousie* d'Alain Robbe-Grillet et *Une Vie de boy* de F. Oyono ». *L'Afrique littéraire et artistique* 42 (1976): 13-19.

Equilbecq, F. V. *Essai sur la littérature merveilleuse des noirs suivis de contes indigènes*. Paris: Maisonneuve, 1972; Paris: Larose, 1913, 3 vols.

Erickson, John. *Nommo: African Fiction in French, South of Sahara*. York. S.C.: French Literature Publications, 1979.

Erny, Pierre. *L'Enfant et son milieu en Afrique noire*. Paris: Payot, 1972.

Escarpit, Roger. *L'Humour*. Paris: PUF, 1972.

Eteki'a Mbumua, William. *Démocratiser la culture*. Yaoundé: CLE, 1974.

Etonde-Ekoto, Grace. « Le Voyage à travers *Le Vieux Nègre et la médaille* de F. Oyono ». *Ngam* 3-4 (1978): 260-89; 5 (1979): 27-56.

Europe Yearbook. London: Europa Publication, 1982.

Fagba, Hubert. « Un Amateur de génie: F. Bebey ». *Bingo* 138 (1964): 14-15.

Fall, Malick. *La Plaie*. Paris: Michel, 1967.

Fame Ndongo, Jacques. *L'Esthétique romanesque de Mongo Beti. Essai sur les sources traditionnelles de l'écriture moderne en Afrique*. Paris: Présence Africaine, 1985.

———. « F. Oyono. Un Puissant Romancier à la verve intarissable ». *Le Cameroun littéraire* (26 août 1974): 13.

———. « *Le Fils d'Agatha Moudio* de F. Bebey ». *Cameroon Tribune* (29 sept. 1975): 2.

———. « *L'Homme-dieu de Bisso* d'E. Yanou ». *Cameroon Tribune* (11 août 1975): 2.

———. « *Lettre ouverte à sœur Marie-Pierre* et *Quand saigne le palmier* ». *Cameroon Tribune* (18-19 mars 1979): 2.

———. « M. Beti ou la nostalgie d'une innocence primitive ». *Le Cameroun littéraire* (5 août 1974): 5.

———. « *Ramitou, mon étrangère* de J.-J. Mokto ». *Cameroon Tribune* (28 juil, 1975): 2.

———. « Un Retour salutaire vers la terre nourricière. D. Etounga Manguélé *La Colline du fromager* ». *Cameroon Tribune* (23-24 déc. 1979); 2.

———. « Un Roman soporifique, *Le Roi Albert d'Effidi*: un débat politique éludé ». *Cameroon Tribune* (27-28 mars 1977): 2.

Farelly, Maurice. *Chronique du pays Banen*. Paris: Société des Missions Evangéliques de Paris: 1948.

Feuser, Wilfried F. « Letters to the Editor. The Decolonization of *négritude*: a Postscript ». *Research in African Literatures* 18.2 (1987): 259-65.

Finnegan, Ruth. *Oral Literature in Africa*. Oxford: Clarendon, 1970.

Fiore, Robert L. *Lazarillo de Tormes*. Boston: Twayne, 1984.

Flannigan, Arthur. « African Discourse and the Autobiographical Novel: M. Beti's *Mission terminée* ». *French Review* 55.6 (1982): 835-45.

———. « The Eye of the Witch: Non-Verbal Communication and the Exercise of Power in *Une Vie de boy* ». *French Review* 56.1 (1982): 51-63.

Flaubert, Gustave. *Madame Bovary*. Paris; Garnier, 1961.

Foe, Benoêt. « Le Romancier camerounais et l'administration coloniale dans l'œuvre de M. Beti ». Yaoundé: U. de Yaoundé, Mémoire DES, 1973.

Forster, Edward M. *Aspects of the Novel*. New York: Harcourt, 1927.

Fouda, Basile Juléat, Henry de Julliot et Roger Lagrave. *Littérature camerounaise*. Nendeln: Kraus reprint, 1971; Cannes, s. é., 1961.

Frémy, Dominique et Michèle. *Quid*. Paris: Laffont, 1978.

Froelich, J. C. *Animismes: les religions païennes de l'Afrique de l'ouest*. Paris; Edition de l'Orante, 1964.

Gakwandi, Shatto A. *The Novel and Contemporary Experience in Africa.* London: Heinemann, 1977.
Gardinier, David E. *Cameroon: United Nations Challenge to French Policy.* London: Oxford U. P., 1963.
Gassama, Edaly. « Aperçu sur la littérature camerounaise d'expression française ». *Annales de la Faculté des Lettres et Sciences Humaines. Université de Dakar* 5 (1975): 39-63.
Géno, Thomas H. et Roy Julow, éd. *Littératures ultramarines de langue française: genèse et jeunesse.* Sherbrooke: Naaman, 1974.
Gérard, Albert, ed. *European-Language Writing in Sub-Saharan Africa.* 2 vols. Budapest: Akadémiai Kiadó, 1986.

———. « Littérature francophone d'Afrique: le temps de la relève ». *La Revue nouvelle* 49.2 (1969): 198-204.
Geschiere, Peter. « Paysans, régime national et recherche hégémonique ». *Politique africaine* 22 (1986): 73-100.

———. *Village Communities and the State. Changing Relations among the Meka of South-Eastern Cameroon since the Colonial Conquest.* Trans. James J. Ravell. London; Kegan Paul International, 1982.
Gide, André. *Voyage au Congo.* Paris: Gallimard, 1927.

———. *Le Retour du Tchad.* Paris: Gallimard, 1928.
Gologo, Mamadou. *Le Rescapé de l'éthylos.* Paris: Présence Africaine, 1963.
Gonidec, P. F. *La République fédérale du Cameroun.* Paris: Berger-Levrault, 1969.
Goré, Jeanne-Lydie, éd. *Les Littératures d'expression française. Négritude africaine. Négritude caraïbe.* Paris: U. Paris-Nord (Paris XIII), Centre d'Etudes Francophones, 1973.
Gourdeau, Jean-Pierre. « Quelques mots de *Sur la terre en passant* de F.-B. M. Evembe ». *Annales de l'Université d'Abidjan* 7 (1974): 181-84.
Gueye, Seydou. « Qui lit en Côte-d'Ivoire? ». *Notre Librairie* 87 (1987): 113-16.
Gugler, Joseph et William G. Flanagan. *Urbanization and Social Change in West Africa.* Cambridge: Cambridge U. P., 1978.
Hallett, Robin. *Africa since 1875.* Ann Arbor: U. of Michigan P., 1974.
Hallpike, Christopher R. *The Foundations of Primitive Thought.* Oxford: Clarendon, 1979.
Hampate Bâ, Amadou. *Aspects de la civilisation africaine.* Paris: Présence Africaine, 1972.

———. *L'Etrange Destin de Wangrin.* Paris: Union Générale d'Editions, 1973.
Hanry, Pierre. *Erotisme africain. Le Comportement sexuel des adolescents guinéens.* Paris: Payot, 1970.
Hargreaves, John D. *West Africa Partitioned.* 2 vols. Madison: U. of Wisconsin P., 1974.

Hauser, Michel. « Lecture idéologique et orientation textuelle ». *Œuvres et critiques* 3.2-4.1 (1979): 9-19.
Hazoumé, Paul. « L'Humanisme occidental et l'humanisme africain ». *Présence Africaine* 14-15 (1957): 29-45.
Hérouard, J. F. « Un Homme d'ensemencement; compte rendu sur Bebey ». *L'Effort camerounais* (28 nov.-5 déc. 1973): 5.
Herskovits, Melville. *The Human Factor in Changing Africa.* New York: Knopf, 1962.
Hesbois, Laure. « *Perpétue et l'habitude du malheur* ou M. Beti et la révolution avortée ». *Présence francophone* 14 (1977): 57-71.
Hingot, Georges-Louis. « L'Univers colonial dans *Une Vie de boy* de F. Oyono ». Los Angeles: UCLA, Ph.D. 1973.
Hodgart, Matthew. *La Satire.* Trad. Pierre Frédérix. Paris: Hachette, 1969.
Hoyet, Dominique. *Francis Bebey.* Paris: Nathan, 1979.
Huannou, Adrien. *La Littérature béninoise de langue française.* Paris: Karthala, 1984.
Hubbard, Louise J. « Women in Mongo Beti's *Perpétue* ». *Annales de l'Université du Bénin, Togo* 4.1 (1977): 63-73.
Igbonekwu Okeh, Peter. « Deux Manières de voir l'Afrique: un examen de *L'Enfant noir* de C. Laye et du *Vieux Nègre et la médaille* de F. Oyono ». *Présence francophone* 9 (1974): 34-43.
ILENA. *Colloque sur la littérature et l'esthétique négro-africaines.* Dakar: NEA, 1979.
Imbert, Jean. *Le Cameroun.* Paris: PUF, 1973.
International Trade Center. United Nations Conference on Trade and Development. *Cameroon. The Market for Selected Manufactured Products from Developing Countries.* Genève: Palais des Nations, 1969.
Irele, Abiola. *The African Experience in Literature and Ideology.* London: Heinemann, 1981.
Ischinger, Barbara. « From Francophone to Africanism: The Cameroonian and the Senegalese Novel ». Chicago: African Literature Association, 1985.
Jackson, Robert H. and Carl G. Rasberg. *Personal Rule in Black Africa.* Berkeley: U. of California P., 1982.
Jahn, Janheinz. *Muntu. L'Homme africain et la culture néo-africaine.* Trad. B. Martinoir. Paris: Seuil, 1961.
Jankélévitch, Vladimir. *L'Ironie.* Paris: Flammarion, 1964.
Johnson, Willard R. *The Cameroon Federation. Political Integration in a Fragmentary Society.* Princeton: Princeton U. P., 1970.
Joseph, Richard A. *Radical Nationalism in Cameroon.* London: Oxford U. P., 1977.
Jossin, Janick. « La France se met à lire ». *L'Express* 1426 (1978): 76-84.
Julien, Eileen, Mildred Mortimer and Curtis Schade, eds. *African Literature in its Social and Political Dimensions.* Washington D.C.: Three Continents, 1986.
Julliot, Henry de. « *La Brise du jour* de L. Dooh-Bunya ». *Cameroon Tribune* (16-17 juillet 1978): 2.

July, Robert W. *The Origins of Modern Africa Thought.* New York: Praeger 1967.
Kadima-Nzuji, Mukala. *La Littérature zaïroise de langue française.* Paris: Karthala, ACCT, 1984.
Kagame, Alexis. *La Philosophie bantu comparée.* Paris: Présence Africaine, 1976.
Kamga, Victor. *Duel camerounais: démocratie ou barbarie.* Paris: L'Harmattan, 1985.
Kane, Mohamadou. *Roman africain et tradition.* Dakar: NEA, 1982.
Kantaka Boafo, Y. S. « Portraits dans *Le Vieux Nègre et la médaille* », *Présence francophone* 19 (1979): 37-58.
———. « *Une Vie de boy*, analyse thématique et stylistique ». *Asemka* 4 (1976): 41-59.
Karp, Ivan and Charles S. Bird, eds. *Explorations in African Systems of Thought.* Bloomington: Indianan U. P., 1980.
Kayo, Patrice. « La Littérature féminine de langue française au Cameroun ». *L'Effort camerounais* (17-24 janv. 1973): 6.
———. « Le Thème du bonheur chez le négro-africain ». *Ozila* 1 (1971): 1-2.
Keene Taska, Betty. « Characteristics of the Contemporary African Novel of French expression: Evolution and Development, 1960-1975 ». New York: City U. of New York, Ph.D., 1976.
Keim, Karen. « Popular Fiction Publishing in Cameroun ». *The African Book Publishing Record* 9 (1983): 7-11.
Kesteloot, Lilyan. *Les Ecrivains noirs de langue française. Naissance d'une littérature.* Bruxelles: ULB, 1963.
Kimoni, Iyay. *Destin de la littérature négro-africaine ou problématique d'une culture.* Ottawa: Naaman, Presses U. du Zaïre, 1975.
Koenig, Edna L., Emmanuel Chice and John Povey. *A Sociolinguisitc Profile of Urban Centers in Cameroon.* Los Angeles: Crossroads, 1983.
Kofele-Kale, Ndiva, ed. *An African Experiment in Nation Building. The Bilingual Cameroon Republic Since Reunification.* Boulder: Westview, 1980.
Kohn, Ingeborg M. « Satire in African Letters: Black Appraisal of White Ethnologists in the Works of F. Oyono, T. U'Tam'si and Y. Ouologuem ». *Studies in Twentieth-Century Literature* 4.2 (1980): 213-27.
Kom, Ambroise. *Dictionnaire des œuvres littéraires négro-africaines de langue française.* Sherbrooke: Naaman, 1983.
Kom, David. *Le Cameroun.* Paris: Editions Sociales, 1971.
Kopfer, Jean-Noël. *Rumeurs. Le Plus Vieux Média du monde.* Paris: Seuil, 1987.
Korostovtsev, M.A., ed. *Essays on African Culture.* Trans. L. M. Ozerova, B. P. Biryukov and S. E. Vitman. Moscow: URSS Academy of Sciences, African Institute, 1966.
Kouamé Kouamé. « Panorama socio-politique de *Perpétue* ». *Revue de littérature et d'esthétique négro-africaines* 1 (1977): 101-18.
Kum'a Ndumbe, Alexandre. *Nouvelles interdites.* Lyon: Fédérop, 1978.

Kum Buo, Sammy. « Biya and the Anglophones ». *West Africa* (12 août 1985): 1639-40.

Kurian, George Thomas. *Encyclopedia of the Third World*. 3 vols. New York: Facts on File, 1982.

Labouret, Henri. *Le Cameroun*. Paris: Centre d'Etudes de Politique Etrangère, 1937.

Laburthe-Tolra, Philippe. *Initiations et sociétés secrètes au Cameroun. Essai sur la religion beti*. Paris: Karthala, 1985.

———. *Les Seigneurs de la forêt*. Paris: Publications de la Sorbonne, 1981.

Lagneau-Kesteloot, Lilyan. *Poètes et écrivains camerounais*. Yaoundé: APEC, 1962.

Lambert, Fernando. « L'Ironie et l'humour dans *Le Pauvre Christ de Bomba* de M. Beti ». *Etudes littéraires* 7.3 (1974): 381-94.

———. « Narrative Perspectives in M. Beti's *Le Pauvre Christ de Bomba* ». *Yale French Studies* 53 (1976): 78-91.

———. « Une Voix nouvelle de la littérature camerounaise: *Le Fils d'Agatha Moudio* de F. Bebey ». *Canadian Journal of African Studies* 9.3 (1975): 503-10.

Langer, Suzanne K. *Feeling and Form*. New York: Scribner's, 1953.

Lautre, Maxine. « F. Bebey, from Cameroon ». *Africa* 40 (1968): 1-4.

Lee, Sonia. « The Image of the Woman in the African Folktale from the Sub-Saharan Francophone Area ». *Yale French Studies* 53 (1976): 19-28.

Leloup, Jacqueline. « L'Humour de F. Oyono à travers *Le Vieux Nègre et la médaille* ». *Cameroon Tribune* (7-8 mars, 1976): 2; (14-15 mars 1976): 2; (22 mars 1976): 2.

Lembezat, Bertrand. *Le Cameroun*. Paris: Nouvelles Editions Latines, 1965.

Leuzinger, Elsy. *Afrique, l'art des peuples noirs*. Trad. D. Meunier, Paris: Michel, 1962.

Le Vine, Victor T. *The Camerouns from Mandate to Independence*. Berkeley: U. of California P., 1964.

——— and Roger P. Nye. *Historical Dictionary of Cameroon*. Metucken: Scarecrow, 1974.

Lewis, William H., ed. *French-Speaking Africa and the Search for Identity*. New York: Walker, 1965.

Leymarie, P. « CLE: la première maison d'édition en Afrique francophone ». *L'Afrique littéraire et artistique* 44 (1977): 64-65.

Linneman, Russel. « The Anti-Colonialism of F. Oyono ». *Yale French Studies* 53 (1976): 64-77.

Lundbaek, Torben, ed. *African Humanism. Scandinavian Culture*. Copenhagen: Danish International Development Agency, 1970.

Magnier, Bernard. « Entretien avec . . . *La Paille et les caïmans* de Y. Karone ». *Notre Librairie* 79 (1985): 9-13.

Makouta M'Boukou, Jean-Pierre. *Introduction à la littérature noire*. Yaoundé: CLE, 1970.

———. *Introduction à l'étude du roman négro-africain de langue française.* Dakar: NEA; Yaoundé: CLE, 1980.

———. « Tâtonnements de la critique des littératures africaines ». *L'Afrique littéraire et artistique* 50 (1978): 7-14.

Malanda, Ange-Séverin et Thomas Mpoyi-Buata. « L'Engagement littéraire d'un jeune écrivain camerounais ». *Peuples noirs, peuples africains* 18 (1980): 99-120.

Maquet, Jacques. *Africanité traditionnelle et moderne.* Paris: Présence Africaine, 1967.

Massa Makan, Diabaté. *Le Coiffeur de Kouta.* Paris: Hatier, 1980.

Master, Brian. *Sartre: a Study.* London: Heinemann, 1974.

Mayer, Jean. « Le Roman en Afrique noire francophone: tendances et structures ». *Etudes françaises* 3.2 (1967): 169-95.

Mayi-Matip, Théodore. *L'Univers de la parole.* Yaoundé: CLE, 1983.

Mbarga, Emile. *Les Institutions politiques camerounaises.* Yaoundé: Ateliers Graphiques du Cameroun, 1974.

Mbembe, J.-A. « Pouvoir des morts et langage des vivants ». *Politique africaine* 22 (1986): 37-72.

Mbiti, John S. *African Religions and Philosophy.* New York: Praeger, 1969.

Mbock, Charly-Gabriel. *Comprendre « Ville cruelle » d'Eza Boto.* Issy-les-Moulineaux: Saint-Paul, 1981.

———. « E. Yanou: *L'Homme dieu de Bisso* ». *L'Effort camerounais* (15-22 nov. 1974): 14.

———. « *Les Fiancés du grand fleuve* de S. Mvolo, un roman qui tient du conte ». *Cameroon Tribune* (24 mars, 1975): 2.

———. « *Le Fruit défendu* de G. Essomba, un roman irréligieux sous un titre biblique ». *Cameroon Tribune* (1-3 mai 1976): 2.

———. « Lettre à l'écrivain camerounais ». *Cameroon Tribune* (18 août 1975): 2.

———. « *Mon Amour en noir et blanc* de R. Medou Mvomo ». *Cameroon Tribune* (2 déc. 1974): 2.

Medou [Mvomo], R. G. « Editorial ». *Le Cameroun littéraire* 1 (1964): 4, 6, 10; 2 (1964): 4, 9.

Melone, Thomas. « La critique littéraire et les problèmes du langage: point de vue d'un Africain ». *Présence Africaine* 73 (1970): 3-19.

———. *De la négritude dans la littérature négro-africaine.* Paris: Présence Africaine, 1962.

———, éd. *Mélanges africains.* Yaoundé: Editions Pédagogiques, 1973.

———. « M. Beti et la terre camerounaise ». *Annales de la Faculté des Lettres et Sciences Humaines de Yaoundé* 1 (1969): 87-118.

———. « M. Beti, l'homme et le destin ». *Présence Africaine* 70 (1969): 120-36.

———. *Mongo Beti, l'homme et le destin.* Paris: Présence Africaine, 1971.

Mendo Ze, Gervais. *La Prose romanesque de Ferdinand Oyono.* Yaoundé: U. de Yaoundé; Paris: Ministère de l'Education Nationale, 1984.

Mérand, Patrick. *La Vie quotidienne en Afrique noire à travers la littérature africaine.* Paris: L'Harmattan, 1977.

Mercier, Roger, Monique et Simon Battestini. *Ferdinand Oyono, écrivain camerounais.* Paris: Nathan, 1964.

Mfomo, Gabriel E. *Au pays des initiés.* Paris: Karthala, 1982.

Michaud, Guy et Georges Torrès. *Le Nouveau Guide de France.* Paris: Hachette, 1982.

Mickelsen, David J. « The Bildungsroman in Africa: The Case of *Mission terminée* ». *French Review* 59.3 (1986): 418-27.

Ministère de l'Information et du Tourisme. *Le Cameroun chante son unité.* Yaoundé: Imprimerie Couluma, s.d.

Minyono-Nkodo, Mathieu-François. *« Le Vieux Nègre et la médaille » de F. Oyono.* Issy-les-Moulineaux: Saint-Paul, 1978.

Moger, Angela S. « Narrative Structures in Maupassant: Frames of Desire ». *PMLA*, 100.3 (1985): 315-27.

Momo Ndjama, Hubert. « *Pris entre deux forces* ». *Cameroon Tribune* (2 déc. 1975): 2

Moore, Gerald. « F. Oyono et la tragi-comédie coloniale ». *Présence Africaine* 46 (1963); 221-33.

———. *Seven African Writers.* London: Oxford U. P., 1962.

———. *Twelve African Writers.* Bloomington: Indiana U. P., 1980.

Mortimer, Edward. *France and the Africans, 1944-1960. A Political History.* London: Faber and Faber, 1969.

Moukenge-Ndibou. *Afrique noire et développement intégral.* Kinshasa: Imprimerie U., 1971.

Moumé Etia, Isaac. *Fables de Douala.* Douala: chez l'auteur, 1934.

Mouralis, Bernard. « *Les Chauves-souris* de B. Nanga ». *Présence Africaine* 119 (1981): 189-91.

———. *Comprendre l'œuvre de Mongo Beti.* Issy-les-Moulineaux: Saint-Paul, 1981.

———. *Les Contre-littératures.* Paris: PUF, 1975.

———. « L'Evolution du concept de littérature nationale en Afrique ». *Research in African Literatures* 18.3 (1987): 272-79.

———. *Individu et collectivité dans le roman négro-africain d'expression française.* Abidjan: Annales U. Abidjan, 1969.

———. *Littérature et développement.* Paris: Silex, ACCT, 1984.

———. « Le Roman africain et les modèles occidentaux ». *Annales de l'Université d'Abidjan* 3 (1970): 87 93.

———. « Pays réel, pays d'utopies ». *Notre Librairie* 84 (1986): 48-55.

———. « *Une Vie de boy* et *Mission terminée* ». *Annales de l'Université d'Abidjan* 3 (1970): 55-57.

Mulokosi, Mug y abuso. « *Mission to Kala*: M. Beti ». *Umma* 3.2 (1973): 26-34.

Mveng, Engelbert. « L'Art camerounais ». *Abbia* 3 (1963): 3-24.

———. « L'Essor intellectuel et artistique du monde noir ». *Présence Africaine* (1969); 94-102.

———. *Histoire du Cameroun*. Paris: Présence Africaine, 1963.

Mvogo, Faustin. « *Pris entre deux forces* de J. Ndeng ». *Cameroon Tribune* (4-5 nov. 1979): 2.

Nantet, Jacques. *Panorama de la littérature noire d'expression française*. Paris: Fayard, 1972.

Ndachi Tagne, David. *Roman et réalités camerounaises*. Paris: L'Harmattan, 1986.

Ndamba, Josué. « A propos de la littérature populaire en Afrique: littérature qui s'adresse au peuple ou littérature qui parle du peuple? ». *Présence francophone* 22 (1981): 71-79.

Ndaw, Alassane. *La Pensée africaine*. Dakar: NEA, 1983.

———. « Peut-on parler d'une pensée africaine »? *Présence Africaine* 58 (1966): 32-46.

Ndzaagap, Timothé. « *Ramitou, mon étrangère* ». *L'Effort camerounais* (20-27 oct. 1971): 6-8.

Ngongo, Louis. *Histoire des forces religieuses au Cameroun*. Paris: Karthala, 1982.

Nguele Amougou, Philémon. « Ferdinand Oyono: survivance théâtrale dans un univers romanesque ». Yaoundé: U. de Yaoundé, Mémoire DES, 1973.

Njoh-Mouelle, Ebenezer. *Développer la richesse humaine*. Yaoundé: CLE, 1980.

———. *Jalons. Recherche d'une mentalité neuve*. Yaoundé: CLE, 1970.

———. *Jalons II. L'Africanisme aujourd'hui*. Yaoundé: CLE, 1975.

———. *De la médiocrité à l'excellence*. Yaoundé: CLE, 1970.

———. « La Tentation de la facilité ». *Abbia* 25 (1971): 1-27.

Nkanza, Kabongo. « J. Owono et les bêtes polygames ». *Présence francophone* 19 (1979): 89-96.

Nkoum, Célestin. « La Langue de E. Boto dans *Ville cruelle* ». Yaoundé: U. de Yaoundé, Mémoire DES, 1977.

Nkowap, René. « F. Bebey et le petit peuple: un populisme différencié ». Yaoundé: U. de Yaoundé, Mémoire DES, 1976.

Nnolim, Charles E. « The Journey Motif: Vehicule of Form, Structure and Meaning in M. Beti's *Mission to Kala* ». *Journal of Black Studies* 7.2 (1976): 81-94.

Nnomo, Marceline. « Pour une étude stylistique de l'œuvre romanesque de F. Bebey: le guillemet dans *Le Fils d'Agatha Moudio* ». *Ngam* 1-2 (1977): 210-39.

Noah, Anicet Daniel. « J. Owono. Un récit passionné sur la dot et ses méfaits ». *Le Cameroun littéraire* (1 oct. 1974): 5.

Nordmann-Seiler, Almut. *La Littérature néo-africaine*. Paris: PUF, 1976.

Noss, Philip. « *The Cruel City* ». *Revue de littérature comparée* 3-4 (juil.-déc. 1974): 462-73.

Obiechina, Emmanuel. *An African Popular Literature. A Study of Onitsha Market Pamphlet*. Cambridge: Cambridge U. P., 1973.

Obout, Philemon. « Que voulait dire M. Beti? ». *Le Cameroun littéraire* 2 (1964): 9.

Ogungbesan, Kolawole. *New West African Literature* . London: Heinemann, 1979.
Ohaegbu, Aloy V. « L'Image de la femme dans les romans de F. Bebey ». *Ethiopiques* 15 (1978): 62-70.
———. « L'Univers romanesque d'Oyono ». *Ethiopiques* 10 (1977): 70-80.
Okafor, Raymond. « La Ville dans quelques romans africains ». *Annales de l'Université d'Abidjan* 9 (1976): 231-30.
Olusola, Oke. « F. Oyono and the Quest for Europe ». *Présence Africaine* 104 (1977): 127-37.
———. « Une Lecture de *Perpétue et l'habitude du malheur* de M. Beti ». *Peuples noirs, peuples africains* 29 (1982): 127-36.
Ongoum, Louis-Marie. « Roman occidental et conte africain ». *Ngam* 1-2 (1977): 20-36.
———. « Satire et humanisme de Bernard Dadié dans *Un Nègre à Paris* ». *Etudes littéraires* 7.3 (1974): 405-19.
Ortovà, Jarmila. *Etude sur le roman au Cameroun*. Prague: Czechoslovak Academy of Sciences, 1971.
———. « Tendances réalistes et critiques dans la prose africaine francophone des dix dernières années ». *Philologica-Pragensia* 23.2 (1980): 110-12.
—— and Vladimir Klima. *Modern Literature of Sub-Saharan Africa*. Prague: Universita 17. Listopadu, 1971.
Ottenberg, Simon and Phoebe Ottenberg. *Cultures and Societies in Africa*. New York: Random, 1960.
Owono, Joseph. « Le Problème du mariage dotal au Cameroun français ». *Etudes camerounaises* 39-40 (1953): 41-83.
Pageard, Robert. *Littérature négro-africaine, le mouvement littéraire contemporain dans l'Afrique noire d'expression française*. Paris: Le Livre africain, 1966.
Palmer, Eustace. *The Growth of the African Novel*. London: Heinemann, 1979.
———. *An Introduction to the African Novel*. New York: Africana, 1972.
———. « Social Comment in the West African Novel ». *Studies in the Novel* 4.2 (1972): 218-30.
Parker, Carolyn, Stephen Arnold, Abioseh M. Porter and Hal Wylie, eds. *When the Drum-beat Changes*. Washington D.C.: Three Continents, 1981.
Parrinder, Geoffroy. *Religion in Africa*. New York: Praeger, 1969.
Pascal, Roy. *The German Novel*. Manchester: Manchester U. P., 1956.
Petnkeu Nzepa, Zacharie. « Idéologie et forme dans *Les Chauves-souris* de B. Nanga et *Sur la terre en passant* de F.-D. M. Evembe ». *Peuples noirs, peuples africains* 53-54 (1986): 143-56.
Philombe, René (pseud. Louis-Philippe Ombedé). *Histoires queue-de-chat*. Yaoundé: CLE, 1971.
———. « De l'humour dans la littérature camerounaise ». *Ozila* 8 (1970): 1-2.
———. *Lettres de ma cambuse*. Yaoundé: CLE, 1965.
———. *Le Livre camerounais et ses auteurs*. Yaoundé: texte ronéotypé, 1977.

———. « Quelque chose ne tourne pas rond autour de la balle ronde ». *L'Effort camerounais* (17 sept. 1972): 7-8.
Pigeon, Gérard G. « Particularités lexicales du français des écrivains négro-africains ». *Présence francophone* 12 (1976): 52-67.
« Police Seize Book, *Prisoner Without a Crime* by Albert Mukong ». *West Africa* (21 juillet 1986): 1543-44.
Ponnuthurai Sarvan, Charles. « French Colonialism in Africa: The Early Novels of F. Oyono ». *World Literature Today* 59.3 (1985): 333-37.
Pouillon, Jean. *Temps et roman*. Paris: Gallimard, 1946.
Pouka M'Bagne, Louis-Marie. *Les Etapes vers l'indépendance du Cameroun*. Yaoundé: chez l'auteur, 1960.
Pouquet, Jean. *L'Afrique équatoriale française et le Cameroun*. Paris: PUF, 1954.
Premier Festival Culturel Pan-africain. *La Culture africaine. Le Symposium d'Alger, 21 juillet-1er août 1969*. Alger: Société Nationale d'Edition et de Diffusion, 1969.
Présence Africaine, 1947-1967. Mélanges. Réflexions d'hommes de culture. Paris: Présence Africaine, 1969.
Prouzet, Michel. *Le Cameroun*. Paris: Librairie Générale de Droit et de Jurisprudence, 1974.
« Quand Paul Biya fait une ouverture vers M. Beti ». *Peuples noirs, peuples africains* 44 (1985). 143-58.
Queneau, Raymond. *Histoire des littératures*. 3 vols. Paris: Gallimard, Encyclopédie de la Pléiade, 1977, vol 1.
« Qui lit en Afrique? ». *Liaison AGECOP* 44 (1978): 37-38.
Quinn, Frederick. « Beti Society in the Nineteenth-Century ». *Africa* 50.3 (1980): 293-304.
Ray, Benjamin C. *African Religions*. Englewood Cliffs: Prentice, 1976.
« Une Révélation littéraire: F. Bebey ». *Afrique* 33 (1964): 49-55.
Riboreau, Guy. « F. Bebey: à la croisée des chemins ». *Liaison AGECOP* 46 (1979): 37-42.
Robinson, Pearl T. and Elliott P. Skinner, eds. *Transformation and Resiliency in Africa as Seen by Afro-American Scholars*. Washington: Howard U. P., 1983.
Rosny, Eric de. *Les Yeux de ma chèvre*. Paris: Plon, 1981.
Rotberg, Robert and Ali Mazrui, eds. *Protest and Power in Black Africa*. New York: Oxford U. P., 1970.
Rubin, Neville. *Cameroun: an African Federation*. New York: Praeger, 1971.
Rudin, Harry R. *Germans in the Cameroons, 1884-1914*. New York: Greenwood, 1968.
Rugyendo, Mukotami. « Ferdinand Oyono: a Dissenting View ». *African Literature Today* 6 (1973): 152-56.
Sartre, Jean-Paul. *Qu'est-ce que la littérature?* Paris: Gallimard, 1964.
Schade, Curtis W. « Politics and the New African Novel: A Study of the Fiction of F. Bebey » *Studies in Twentieth Century Literature* 4.2 (1980): 159-75.

Schipper de Leeuw, Mineke. *Le Blanc vu d'Afrique.* Yaoundé: CLE, 1973.

———. « National Literatures and Literary History ». *Research in African Literatures* 18.3 (1987): 280-92.

Scott, Frederick. « Biya's New Deal ». *Africa Report* (July-August 1985): 60.

Sengat-Kuo, François. *Collier de cauris.* Paris: Présence Africaine, 1970.

Senghor, Léopold S. « L'Esprit de la civilisation ou les lois de la culture négro-africaine ». *Présence Africaine* 8-10 (1956): 51-65.

———. *Liberté I. Négritude et humanisme.* Paris: Seuil, 1964.

Sikounmo, Hilaire. « Du défaitisme dans l'œuvre de F. Oyono ». Yaoundé: U. de Yaoundé, Mémoire DES, 1972.

Simonse, Simon. « African Literature between Nostalgia and Utopia: African Novels since 1953 in the Light of the Mode of Production Approach ». *Research in African Literatures* 13.4 (1982); 451-87.

Smith, Rowland, ed. *Exile and Tradition: Studies in African and Caribbean Literature.* London: Longman, Dalhousie U. P., 1976.

Smith-Bestman, Gisèle. « Signification des sujets dans *Mission terminée* et dans *Le Pauvre Christ de Bomba* de M. Beti ». *Peuples noirs, peuples africains* 23 (1981): 109-19.

Sniader Lanser, Susan. *The Narrative Act.* Princeton: Princeton U. P., 1981.

Société Africaine de Culture. *Le Critique africain et son peuple comme producteurs de civilisation. Colloque de Yaoundé: 16-20 avril, 1973.* Paris: Présence Africaine, 1977.

Sop Nkamgang, Martin. *La Femme dans la pensée nègre.* Yaoundé: ONAREST, 1975.

Soreil, Arsène. *Introduction à l'histoire de l'esthétique française.* Bruxelles: Palais des Académies, 1955.

Souiller, Didier. *Le Roman picaresque.* Paris: PUF, 1980.

Souriau, Etienne. *La Correspondance des arts.* Paris: Flammarion, 1969.

Sow, Alpha I. Ola Balogum, Honorat Aguessy et Pathe Diagne. *Introduction à la culture africaine.* Paris: 10/18, UNESCO, 1977.

Stark, Frank M. « Federalism in Cameroon: The Shadow and the Reality ». *Canadian Journal of African Studies* 10.3 (1976): 423-42.

———. « Persuasion and Power in Cameroon ». *Canadian Journal of African Studies* 14.2 (1980): 273-93.

« Steep Rise in Prices ». *West Africa* (2 nov. 1981); 2611.

Stokle, Norman. « Entretien avec F. Bebey ». *Présence francophone* 16 (1978): 175-90.

———. « The New Society and the Twist of the Tongue: Bebey's Social Criticism ». Claremont: African Literature Association, 1981.

Storzer, Gerald. « Narrative Techniques and Social Realities in F. Oyono's *Une Vie de boy* and *Le Vieux Nègre et la médaille* ». *Critique: Studies in Modern Fiction* 19.3 (1978): 89-102.

Talansi, Marc. « Qui lit quoi au Congo? ». *Notre Librairie* 92-93 (1988): 192-98.

Thomas, Louis Vincent. *Anthropologie de la mort*. Paris: Payot, 1975.
———. « Temps, mythe et histoire en Afrique de l'ouest ». *Présence Africaine* 39 (1961): 12-58.
———. *La Terre africaine et ses religions*. Paris: Larousse, 1975.
Tombekai Dempster, Roland. « L'Ecrivain, son travail et son profit ». *Présence Africaine* 36 (1961): 79-84.
Towa, Marcien. « *Cette Afrique-là* de J. Ikelle-Matiba ». *Abbia* 3 (1963): 184-86.
———. *L'Idée d'une philosophie négro-africaine*. Yaoundé: CLE, 1979.
Umezinwa, Willy A. [Wilberforce]. « Révolte et création artistique dans l'œuvre de M. Beti ». *Présence francophone* 10 (1975): 35-48.
UNESCO. *Annuaire Statisque 1981*. New York: UNESCO, 1981.
———. *Basic Facts and Figures*. New York: UNESCO, 1981.
Vincent, Jeanne-Françoise. *Traditions et transitions. Entretiens avec des femmes beti du Sud Cameroun*. Paris: ORSTOM, Berger-Levrault, 1976.
Wanjala, Chris L., ed. *Standpoints on African Literature*. Nairobi: East African Literature Bureau, 1973.
Wells, Frederick A. and W. A. Warmington. *Studies in Industrialization: Nigeria and the Cameroons*. London: Oxford U. P., 1962.
Whitman, Daniel. « The Picaresque in African Fiction ». *Ba Shiru* 7.2 (1976): 44-53.
Wicks, Ulrich. « The Nature of Picaresque Narrative: A Model Approach ». *PMLA* 89.2 (1974): 240-49.
Wilbois, J. *Le Cameroun*. Paris: Payot, 1934.
Wondji, Christophe. « Approche socio-historique d'un roman africain *Une Vie de boy* de F. Oyono ». *Annales de l'Université d'Abidjan* 7 (1974): 107-24.
The World Factbook. Washington D.C.: CIA 1982.
Wright, Richard A., ed. *African Philosophy: an Introduction*. Lanham: U. P. of America, 1984.
Wylie, Hal, Eileen Julien and Russell J. Linnemann, eds. *Contemporary African Literature*. Washington D.C.: Three Continents, 1983.
Yila, Antoine. « Image du frère aîné dans *Ville cruelle*: la mort, une pourvoyeuse de filiation ». *Peuples noirs, peuples africains* 53-54 (1986): 157-63.
Zahan, Dominique. *The Religion, Spirituality and Thought of Traditional Africa*. Trans. K. E. Martin and L. M. Martin. Chicago: U. of Chicago P., 1979.
Zell, Hans and Carol Bundy. *The African Book World and Press: A Directory*. London: Zell, 1983.
Ziegler, Jean. *Main basse sur l'Afrique. La Recolonisation*. Paris: Seuil, 1980.
Zimmer, Wolfgang. « L'Action est dans le verbe. Entretien avec l'écrivain camerounais F.-B. M. Evembe ». *Présence francophone* 21 (1980): 171-85.
———. *Répertoire du théâtre camerounais*. Paris: L'Harmattan, 1986.

Index

Abbia: 45, 51, 53
Abossolo, Evina: 140
Achebe, Chinua: 247
Afrika Ba'a: 47, 61, 79, 96-98, 100, 156, 177, 179, 186-87, 195, 200, 223, 261, 270
Afrique, nous t'ignorons: 62, 133, 135, 193, 198, 202, 205-07, 210, 215, 222, 225, 229
Ahanda-Essomba, Honoré Godefroy: 129, 166, 184-85
Ahidjo, Ahmadou: 28, 34, 44, 52, 79, 82-83, 85, 88, 109, 113, 124, 181-82, 278
amour: 74, 86, 91, 112, 129-33, 151-52, 158-64, 177, 184, 186-87, 196, 238, 243, 265, 277
APEC: 53-54
arbre: 173, 201-02, 205-07, 216
argent: 67, 86-88, 92-95, 103, 105-06, 112, 121, 130-33, 143, 149, 159, 161, 181-82, 184-86, 207, 215-19, 221, 230, 234, 265, 267, 276
art pour l'art: 52, 64, 257-58
Assiga-Ahanda, Marie-Thérèse: 33, 80, 123, 183, 186, 268
Association des Poètes et Ecrivains Camerounais: voir APEC
Atala: 195, 204
authenticité: 2, 25, 52, 124, 127, 262-63, 266, 270

Bal des caïmans, Le: 61, 79, 96, 154-55, 157, 177, 223, 231
Balzac, Honoré de: 148, 160, 192, 195, 217, 277
Bebey, Francis: 4, 33-36, 42-43, 48, 54, 96, 114, 120-29, 184-85, 194, 215-16, 220-22, 232-33, 239, 245, 250, 253, 259, 262-65, 270
Berceau de mon âme, Le: 5
Beti, Mongo: 4, 6, 31, 33-34, 36, 42-44, 47-48, 59-60, 75-90, 95, 100-01, 105-14, 121, 125-28, 133-34, 136, 166-68, 176, 179-81, 183, 187, 197-98, 202-04, 208, 210, 221-23, 227, 233, 236, 238-40, 243, 252, 254, 259-62, 264-65, 269, 271-72, 278, 280
Bhêly-Quénum, Olympe: 2, 59, 280
Bible: 73-75, 187, 269
Bildungsroman: 73, 75
Biya, Paul: 28, 44, 79

Bogam Woup: 62, 141-43, 149, 151, 170-71, 179, 200, 202, 205, 211-12, 218, 220, 223-26, 233-237
bonheur: 28, 65, 112, 131-33, 161, 163, 166, 172, 175-76, 181, 183-89, 268
Boto, Eza (alias Mongo Beti): 5, 13, 111, 113
bourgeoisie: 29, 33, 117, 256-58
Bouts de bois de Dieu, Les: 60, 256
Brise du jour, La: 62, 129-30, 150, 160-62, 178, 186, 225, 242, 268

Cameroun/Gabon: le DASS monte à l'attaque: 140
Camus, Albert: 250-51, 267
Candide: 87, 193
censure: 27, 30, 38, 41-42, 44, 46, 51-53, 63, 66, 79, 90, 96, 99, 101, 113, 242, 244, 255-56, 281-82
Centre de Littérature Evangélique: voir CLE
Cette Afrique-là: 54, 62, 133-34, 137, 151, 162, 166-67, 175, 268-69
Chateaubriand, René de: 195, 204, 232
Chauves-souris, Les: 44, 46, 51, 54, 61, 79, 89-96, 106, 117, 153, 162, 176, 183, 187, 207, 216-17, 219, 221, 223, 231, 238, 242, 249
Chemin d'Europe: 61, 102, 152, 154, 233, 237
Chouans, Les: 160, 195
Christ: 75, 84, 115, 174
CLE: 40-42, 46-47, 140, 278, 282
Colline du fromager, La: 62, 138-39, 186, 201, 206
colonialisme: 2, 17-28, 31, 43-44, 51, 59-60, 67-68, 71-74, 77-79, 82, 84, 87-88, 94, 98-100, 102-03, 105, 107, 110-11, 113, 123, 125, 133-36, 165, 174, 180, 185, 192, 194, 212-13, 223, 228, 233, 237, 266, 273, 276, 278-81; anticolonialisme: 24, 43, 68-69, 136, 174, 252; néocolonialisme: 2, 23, 27, 78, 84, 99-100
comique: 76, 108, 127, 142, 152-55, 168, 170, 193, 221-22, 226-27, 233-39
Conférence de Brazzaville: 22
Conquérants, Les: 82
Corbeille d'ignames, La: 49, 62, 137
Couchoro, Félix: 279-80
Croix du cœur, La: 61, 156, 198, 207, 210, 221, 223-24, 229
Curtis, Jean-Pierre: 250, 267

Deferre, Gaston: 22
De Gaulle, Charles: 22, 28
destin: 60, 72, 75-76, 83, 100, 105, 109-10, 112, 116, 120, 133, 136-37, 140, 157, 164, 168, 173-83, 186-89, 193, 195, 200-01, 208-09, 222, 225, 227, 232, 277
Destin a frappé trop fort, Le: 45, 48, 62, 179

Deux Mères de Guillaume Ismaël Dzewatama, futur camionneur, Les: 44, 61, 168, 171, 176, 181-82, 188, 204, 208, 210, 222, 227
didactisme: 2, 52, 98, 111, 118-19, 138-40, 143, 172, 176, 227, 241-42, 248, 256-59, 262-63, 266, 273, 280
Dihang, Jean: 40-41
Doguicimi: 279
Doigts noirs: 5
Dooh-Bunya, Lydie: 34, 129, 161, 186, 225, 242, 264, 267-68
Dostoïevsky, Fédor M.: 75, 267, 269
Drame d'un pays, Le: 61, 79, 82, 96
droits d'auteur: 47-48
Dure Vie scolaire, Une: 62, 138

eau: 205, 207-10, 229
Eglise: 20-21, 76-77, 104, 135-36, 234
élite: 29, 38-40, 52, 244-45
Elle sera de jaspe et de corail: 5, 282
enfance: 163, 166-69, 177
Enfant comme les autres, Un: 47, 62, 138
Enfant noir, L': 30, 154
engagement: 52, 241, 254-59, 262-63, 266, 273, 280
Esclave, L': 279
Etoundi M'Balla, Patrice: 33, 129, 188, 214
Etoungua Manguélé, Daniel: 33, 138, 206
Eugénie Grandet: 148, 192
Evembe, François-Borgia Marie: 31, 46, 54, 114-15, 118-19, 128, 154, 214, 248-49, 267-68
Ewande, Daniel: 5

Fables de Douala: 5
Fame Ndongo, Jacques: 51, 54
Fanatisme criminel: 62, 140, 162, 229, 260
Fiancés du grand fleuve, Les: 62, 137-38, 150, 168, 171-72, 186, 188, 195-96, 202-03, 205, 210-11, 213, 228, 236
Fils d'Agatha Moudio, Le: 36, 48, 54, 61, 114, 119-22, 129, 156, 168, 179, 184, 207, 223-24, 227, 234-35, 245, 270
Flaubert, Gustave: 153, 239, 247, 277
fonctionnaire: 28-29, 33, 38, 51, 71, 78, 87, 89-93, 97, 126, 128, 135-36, 138, 149, 161, 181-82, 185, 192, 206-07, 217, 221, 231, 249, 258, 281
Fotso, Victor: 5
Fruit défendu, Le: 62, 117, 129-31, 133, 137, 159-61, 166-68, 176, 184-85, 188, 272

générosité: 105, 143
Germinal: 217, 222, 256
Gorki, Maxim: 75, 269
griot: 40

Hazoumé, Paul: 279
Homme-dieu de Bisso, L': 48, 54, 61, 114, 122-23, 126, 141, 150, 156, 162, 186, 199, 207, 224, 238, 240
humanisme: 241, 264-65
humour: 79, 88, 98, 108, 121, 142, 223, 226, 232, 234-35, 237, 239, 267

Ikelle-Matiba, Jean: 34, 43, 54, 133, 166, 251, 269
illusion: 76-77, 89, 92, 102-04, 106, 109, 117, 124, 127-28, 143, 152, 164, 181, 185, 277
imagination: 3, 24, 35, 37, 49, 52, 63, 89, 138, 210, 240, 248, 250, 253-54, 258, 260-61, 264, 276, 280, 282
individualisme: 24, 27, 35, 45, 60, 93, 100, 110, 118, 133, 150, 162, 169, 172, 188-89, 239, 249, 259, 279, 281
initiation: 74, 80-81, 94, 106-08, 119, 136, 138, 143, 173, 208-09, 224, 226, 243-44, 246, 253, 270
Innocents, Les: 5
ironie: 73, 108, 180, 226, 234, 236, 238, 267, 269, 271

Journal de Faliou, Le: 61, 118-19, 121, 134, 155, 163-64, 175, 180, 221-22, 227-28, 237-38, 248, 270
Journal d'une suicidée, Le: 45, 62, 141, 162, 186

Karone, Yodi: 79, 96, 157, 231, 261, 282
Kayo, Patrice: 39
Koestler, Arthur: 75, 269
Kum'a Ndumbe, Alexandre: 5, 25, 53-54, 260
Kume Tale: 31, 45, 141
Kuoh-Moukouri, Jacques: 5
Kuoh-Moukouri, Thérèse: 33, 122, 129

La Fontaine, Jean de: 27, 267-68
Laye, Camara: 154
Lettre ouverte à Sœur Marie-Pierre: 62, 129-30, 152, 156, 159-60, 179, 188, 208, 218, 268
Ligue des Nations: 18, 22
Liking, Werewere: 5, 281-82

littérature nationale: 277-80; orale: 5-6, 24-26, 30-31, 38, 41, 74-75, 101, 104, 106, 119, 137-39, 156, 164, 166, 169-72, 174, 197, 243-46, 253, 258-59, 261, 269-73, 275, 280, 282

Main basse sur le Cameroun: 89, 109
Makouta M'Boukou, Jean-Pierre: 42, 260
Matip, Benjamin: 33, 133, 138
Matip, Marie-Claire: 45
Mbida, André-Marie: 22, 28
Mbock, Charly-Gabriel: 33, 137, 206, 223, 244, 281
Medou Mvomo, Rémy Gilbert: 33, 47, 53, 79-80, 96-97, 118-19, 123, 128, 212, 222-23, 242, 247-48, 259, 261, 267
Mission terminée: 60-61, 81, 85, 101, 106-10, 119-20, 137, 148, 156, 161, 168, 170, 176, 180, 207, 210, 212, 215, 219-20, 224, 226, 233, 236-38, 246, 270, 272
Mokto, Joseph-Jules: 129-30, 221
Mon Amour en noir et blanc: 61, 129-30, 152, 158, 162, 201, 242
Mongo, Pabe: 33, 35, 47, 138-42, 233-34, 236, 239, 253, 259, 281
mort: 119, 163, 171-73, 175, 178, 200, 223-24, 226, 265
Moume Etia, Abel: 5
Moume Etia, Isaac: 5
Musset, Alfred de: 129, 247, 268
mvet: 24, 270
Mvolo, Samuel: 31-32, 114, 137-38, 202-04, 210, 228

Naha, Désiré: 32-33, 35, 45, 48, 139-40, 187, 242, 260, 281-82
Nanga, Bernard: 31, 33, 35, 43-44, 46, 51, 54, 79, 90-97, 176, 183, 187, 216, 231, 242-44, 249, 261, 282
Nasse, La: 35, 61, 129-31, 148, 156, 159-62, 176, 178-79, 207, 210, 237
Nations-Unies, les: 18
Ndachi Tagne, David: 140, 183, 268
Ndedi Penda, Patrice: 33, 51, 129
Ndeng Monewosso, James: 5, 140-41
NEA: 46
Nègre de paille, Le: 62, 261, 282
négritude: 21, 43, 241, 262-63, 265
Ngonda: 45, 62, 138-39, 268
nom: 70, 73, 77, 86, 90, 97, 109, 127, 141, 151, 163, 165-66, 168-69, 173, 177, 195, 201-04, 218, 229, 235-38, 246
Nouvelle Saison des fruits, La: 42
Nouvelles Editions Africaines, les: voir NEA
Nouvelles interdites, Les: 54

On ne badine pas avec l'amour: 129, 268
Otto, James: 79, 96
Owono, Joseph: 31, 45, 75, 78, 85-87, 111, 122, 134, 157, 229, 240, 251
Oyono, Ferdinand: 4, 31, 33, 43, 48, 60, 73-75, 77, 79, 88, 100, 102-03, 105-06, 114, 152, 165-66, 173, 228, 233, 239, 252, 269, 273, 280
Oyono-Mbia, Guillaume: 5, 47

Pauvre Christ de Bomba, Le: 61, 75-78, 80-81, 85, 88, 100, 107-08, 151, 171, 175, 180, 202, 205, 209-10, 219, 224, 227, 233-34, 260, 269, 278
Penda: 49, 137
Perpétue et l'habitude du malheur: 61, 79, 85-89, 98, 126, 131, 134, 139, 150, 160, 168, 179-80, 198, 201, 204, 212, 218-19, 221, 223, 238, 262, 269-70
personnage: 6, 60, 75-76, 106, 108-09, 139, 191, 223, 227, 271, 275, 277, 281; orphelin: 167, 170-76, 253, 261, 270; victime et témoin: 69, 71, 105, 116, 119, 134, 170, 172, 174-75
Peuples noirs, peuples africains: 34, 85
Pfouma, Oscar: 140
Philombe, René: 4, 26, 32-33, 35-36, 42-43, 45-46, 48, 52-53, 114, 129, 133, 136, 154, 172, 194, 197, 219, 228, 242, 247, 250, 259-60, 262, 264-65, 278
picaresque: 109-10, 233-34
Piège sans fin, Un: 280
Pliya, Jean: 280
Poupée ashanti, La: 61, 96, 129, 148, 150, 161, 184, 219-22, 226, 235, 238, 268
Présence Africaine: 43-44, 46, 113
Pris entre deux forces: 62, 140, 150-01, 162, 177, 185, 188, 218, 224, 236, 238, 272
Prudencio, Eustache: 280
puissance: 94, 105, 117, 179, 181, 216-19, 281

Quand saigne le palmier: 62, 137-38, 164, 198, 205, 223, 229

Ramitou, mon étrangère: 62, 122-23, 129-30, 148, 154, 156, 159-60, 168, 185-88, 197-98, 203, 221, 229-30, 238
réalisme: 64, 66, 75, 86, 90, 125, 134, 169, 187, 191, 193-94, 198, 201, 205, 207, 210-12, 217, 220, 224-25, 229, 231-32, 239-41, 244, 255-56, 259-64, 266-67, 269, 273, 277
récit: 138-39
regard: 70, 120, 152, 157, 159, 163-65, 175, 195, 228, 231
Reine captive, La: 61, 140, 158, 178, 183, 208, 223, 269-71
Remember Ruben: 61, 79-81, 85, 89, 111, 166-67, 171, 209, 222, 227, 261
Rencontres essentielles: 61, 123, 129, 132, 160-61, 188, 226

Revanche de Guillaume Ismaël Dzewatama, La: 44, 61, 171, 176, 181-83, 200, 222, 227
révolte: 78, 96, 99, 105, 107, 124, 132, 141
révolution: 81-85, 96, 124, 127
Rifoe, Simon: 138
rire: 104-05, 108, 127, 143, 179, 232-34, 236, 239, 246, 262
Roi Albert d'Effidi, Le: 61, 114, 124-31, 135, 137, 148, 150-51, 156, 159-60, 168, 172, 184, 186, 194, 212, 215, 219, 223, 233-34, 236-38, 263-64, 270, 273
Roi miraculé, Le: 62, 81, 102, 108-09, 133-34, 150, 153, 180, 208, 210, 219, 226, 233, 235, 237, 239
roman: 5-6; d'amour: 129-33, 140, 158, 176, 243; de mœurs proprement dit: 106-29; historique: 133-37, 194; populaire: 7, 122, 139-41; traditionnel: 137-38
romantisme: 152, 159, 192, 196-97, 256, 276-77
Ruine presque cocasse d'un polichinelle, La: 61, 79-85, 88-89, 167, 170-71, 209-10, 222, 224, 226-27, 235, 244-45, 272
rumeur: 90, 94-95

sagesse: 74, 104-05, 108, 111, 120, 141, 188, 205, 210-11, 257-58, 277
Sanduo, Lazare: 33, 138-39
Sartre, Jean-Paul: 267-68
Sembene, Ousmane: 60, 256, 267, 269
Senghor, Léopold S.: 4, 43, 240, 254, 262-63, 265, 277
Siang: 62, 140, 168, 178, 193, 210, 223
Sociétés africaines et "high society": 61, 80, 100, 176, 183, 186, 192, 268
Soden, Julius von: 17
Sola, ma chérie: 45, 61, 129, 131, 154-55, 158-60, 164, 187, 196-97, 236
Sorcier blanc à Zangali, Un: 62, 133-36, 150-51, 154, 160, 170-71, 172, 177, 194, 220, 228-29, 235-36, 261, 270, 278
Steinbeck, John: 242, 267
suicide: 95, 162, 209, 223-24, 270
Sur la terre en passant: 54, 61, 114-19, 121, 134, 154-55, 175, 180, 186, 188, 192-93, 214, 221, 248-49, 268
Sur le chemin du suicide: 45, 62, 140, 162, 179, 260
Sur les pistes d'aventures: 45, 270

Tala, Kashim Ibrahim: 54
Tante Bella: 45, 61, 63-68, 85, 87, 90, 98, 122, 133-34, 150, 156-57, 162, 168, 179, 224, 229, 240, 262
temps: 120, 135, 137, 194, 205, 225-29, 261, 265
Toulouse-Lautrec, Henri de: 250
Tour du Cameroun en 59 jours à bicyclette: 62, 138-39, 237

Tout pour la gloire de mon pays: 5
Trahison de Marianne, La: 54, 62, 130, 243-44, 249, 261, 282
Traité de Berlin: 17
Trois Prétendants, un mari: 47

Um Nyobé, Ruben: 24, 34, 82, 87-89, 180, 278
Union des Populations du Cameroun: 24, 28
universalité: 241, 264-66, 269

Vie de boy, Une: 60-61, 68-76, 100, 102-03, 106, 116, 118, 134, 151-52, 155, 163, 165-67, 171, 173-75, 178-79, 205, 221, 224, 226-28, 232-35, 237-38, 261, 271, 273
Vies de femmes: 62, 141, 211, 219
Vieux Nègre et la médaille, Le: 61, 102-06, 112, 150, 155, 163, 168, 173, 193, 199, 205, 210, 222, 224, 227, 233, 236, 244
Vigny, Alfred de: 100, 268
Ville cruelle: 5, 13, 31, 44, 47, 61, 85, 101, 111-14, 156, 178, 180, 206, 209, 237, 280
violence: 23, 27, 65-66, 68, 70-72, 76, 78, 83, 86, 91, 99, 134, 160, 167, 180, 223, 232
Vive le président, la fête africaine: 5
Voltaire: 27, 87, 193, 267, 269
voyage: 76, 80, 86, 106-07, 138, 143, 171-72, 195-96, 221

Yanou, Etienne: 32-33, 48, 54, 114, 122-23, 126, 238, 240, 251, 259, 262
Yonko Nana Tabitha: 140
Yourcenar, Marguerite: 250-51, 267

Zanga Tsogo, Delphine: 33, 140-41, 259, 281
Zola, Emile: 217, 222, 277